浙江大學馬一浮書院集刊

經學文獻

研究集刊

Journal of the Studies on Chinese Classics and Literature

虞萬里 主编

第三十一輯

Vol. 31

主編：虞萬里

助理：徐煒君

鄭旭文

高子倩

劉周霏

目　録

Contents

《周易·姤卦》爻辭"包有魚"考

□晁福林

［摘　要］ 關於《周易·姤卦》爻辭"包有魚"本義的解釋，歷來學者，皆以王弼本的"包"字爲釋。這個"包"字，今所見上博簡《周易》本作"棗"，這是迄今所見最早的文本記載。馬王堆漢墓帛書本《周易》這個字作"枹"，猶存先秦時期《姤卦》爻辭"棗"的古音古義。但是王弼本將這個字寫爲"包"，雖然於聲韻方面可以通假，但却將先秦時期《姤卦》爻辭中有確解的"棗"字的意義泛化，從而引起許多歧釋。對比簡本、帛書與王弼本此字轉變的情況，可以看清王弼本"包"字的來歷，也可以進一步認識先秦時期《姤卦》爻辭"包有魚"的古義。

［關鍵詞］ 《周易》;《姤卦》;"包有魚"

［作者簡介］ 晁福林，北京師範大學史學理論與史學史研究中心教授(北京　100875)

《周易·姤卦》的卦爻辭主旨可從其卦名進行推測，《釋文》謂《姤卦》的"姤"，"古文作遘"。①《説文》訓"遘"爲"遇也"。②《姤》卦的彖傳和孔穎達疏皆釋"姤"爲"遇也"。當代專家丁四新先生從李富孫、宋翔鳳等説，指出"遘爲本字，姤爲俗字"。③這就可以顧名釋義，謂《姤卦》的姤，意即遇，卦義亦是遇事而預判吉凶。

再從卦爻辭文意上看，可以説《姤卦》主旨是對於所遇事情吉凶的判斷，此卦的"九二""九四"兩爻謂"包有魚"或"包無魚"，意謂遇此情況結果是吉抑或是凶。這兩爻文字雖然簡明，但歷來釋解多歧。近年所見上博簡和馬王堆漢墓帛書皆有關於《姤卦》的完整文字，爲詮釋兩爻本義提供了寶貴契機。今不揣譾陋，試析如下。

一、歷來學者關於"包有魚"含義的探討

《周易·姤卦·九二》爻辭"包有魚，無咎"，《九四》爻辭"包無魚，起凶"。皆涉及包"有魚"

---

① 黄焯:《經典釋文彙校》卷二，中華書局，1980 年，第 18 頁。

② 段玉裁:《説文解字注》第二篇下"辵部"，上海古籍出版社，1981 年，第 71 頁下。

③ 丁四新:《楚竹簡與漢帛書〈周易〉校注》，上海古籍出版社，2011 年，第 121 頁。

或"無魚"的問題。關乎此,歷代學者多有歧義。這些解釋之犖犖大端者有以下幾種。

其一,説"包有魚",即庖廚裏有魚。這是最習見的解釋,爲王弼率先提出,孔穎達從之,他們皆謂"包"即庖廚之庖,"包有魚"意思是説自家廚中之魚,"非爲犯奪"他人而得,"故無咎也"。①清儒李富孫據《釋文》"包本亦作庖",指出"庖與包通",②亦認爲"包有魚",即庖廚有魚。當代專家丁四新先生從李富孫説,也認爲"以包爲庖,義較長"。③當代專家高亨、徐芹庭等亦持此説。④

其二,説"包有魚"是白茅所承所裹的魚。三國時期學者虞翻據《詩經·野有死麕》"白茅包之"之語,從卦象上判斷魚有"包"所承,不會失落,所以爲"無咎"之卦象。⑤尚秉和取虞氏易説包通苞,亦引詩"白茅苞之"爲説。⑥

其三,謂即"包苴之魚"。宋儒程頤説"包有魚"即"包苴之魚",⑦是用草袋所包裹的用於饋贈的魚。宋儒蘇軾認爲這裏的"包"指包裹,説"包有魚","包者,魚之所不能脱也"。⑧或有學者將包釋爲罩,謂用之捕魚。宋儒林栗説:"包,罩也。罔(網)罟之類也。"⑨

其四,謂"包有魚"的"包"意爲緩。宋儒楊萬里以"包"爲"緩辭",説"包有魚",即"衆漁求魚,一漁先得魚",因爲太過着急,所以"魚不可得而有矣",而緩則可得,"取之緩則有之堅"。⑩

其五,謂"包有魚"指包含有魚之義,或指婚姻,或指魚水之歡。如,黎翔鳳引聞一多"魚爲女性之象徵"説,謂:"包有魚有取妻之義,女結婚則爲男所佔有。"⑪又如廖名春先生據《姤卦》"講男女相遇之理",説"包有魚"意即"男女相遇而包含魚水之意"。⑫

總括歷來學者們的認識,主要是將"包有魚"的"包"通假讀若庖,理解爲庖廚;或謂"包有

---

① 阮元校刻:《十三經注疏·周易正義》卷五《姤卦》,中華書局,1980年,第57頁下。

② 李富孫:《易經異文釋》卷三,王先謙編:《清經解續編》第2册,上海書店,1988年,第1321頁下。

③ 丁四新:《楚竹簡與漢帛書〈周易〉校注》,第124頁。

④ 諸家説見高亨:《周易古經今注》,《高亨著作集林》(第一卷),清華大學出版社,2004年,第344頁;徐芹庭:《周易口訣義疏證》,中國書店,2009年,第145頁;張立文:《帛書周易注譯》,中州古籍出版社,1992年,第77頁。

⑤ 李鼎祚著,陳德述整理:《周易集解》卷九《姤》,巴蜀書社,1991年,第181頁。

⑥ 尚秉和:《周易尚氏學》卷十三,中華書局,1980年,第208頁。

⑦ 程頤:《周易程氏傳》卷三,中華書局,2011年,第253頁。按,宋儒吕大臨亦謂"包有魚"指包苴之魚,説"古者遺魚肉皆包苴"(《易章句》,《藍田吕氏遺著輯校》,中華書局,1993年,第138頁)。清儒朱駿聲説包有魚,即用於贄獻或饋餉的"包苴之物"(《六十四卦經解》卷六《姤》,古籍出版社,1958年,第191頁);清儒李光地亦認爲"包有魚",即"包苴之有魚"(《周易折中》卷六《姤》,巴蜀書社,2008年,第174頁)。

⑧ 蘇軾:《東坡易傳》卷五,清嘉慶十年虞山張氏刻本。按,當代學者李炳海亦取包爲包裹之義,謂"魚放在包裝裏不取出來"(《周易古經注解考辨》,華夏出版社,2017年,第276頁)。

⑨ 林栗:《周易經傳集解》卷二二《夬姤》,清鈔本。

⑩ 楊萬里:《誠齋易傳》卷十二《姤》,九州出版社,2008年,第156頁。

⑪ 黎翔鳳:《周易新釋》,遼寧大學出版社,1994年,第196頁。

⑫ 廖名春:《〈周易〉經傳十五講》,北京大學出版社,2004年,第125頁。

魚"的"包"即《詩經》的"白茅包之";[①]或者以鄭玄釋《禮記・少儀》提到的"苞苴"指"編束萑葦以裹魚肉"。[②]並且以此爲據，說"包有魚"即"包(苞)苴之魚";或將"包"釋爲罩，轉釋爲網，認爲"包有魚"即以網捕魚;或謂"包"意爲緩;或謂"包有魚"的包，義即包含。這些說法皆以王弼本《周易》"包有魚"爲據進行釋解，皆有文字通假或文獻的相關記載爲依據，不可謂無根之說。依董仲舒"易無達占"所言，[③]可以說易卦所占筮者，可以有不同的理解，並無絶對的最終結論。歷來關於"包有魚"的不同理解，都是有理據的。然而，這些釋解都是漢以降的以王弼本爲出發點的解釋，如今，我們見到戰國時期的上博簡及馬王堆漢墓帛書裏的《周易》，經過對比，可以肯定先秦時期《姤》卦的情況與從王弼本出發的解釋並不相同。

二、說上博簡的"𣝅"和石鼓文的"橐"

《周易・姤卦》爻辭"包有魚"的"包"，上博簡《周易》作"𣝅"，清儒段玉裁在訓釋"𣝅"字時說，石鼓文也有這個字，並以石鼓文的詩意來解釋"𣝅"字。因此，我們有必要對"𣝅""橐"兩字進行討論。

先說上博簡《周易・姤卦》的"𣝅"字。

上博簡《周易》第 40—41 簡載《姤卦》的兩段爻辭内容如下：

九二，[illegible](𣝅)又(有)魚，亡(無)咎。

九四，[illegible](𣝅)亡(無)魚，已凶。[④]

簡文的"[illegible]"本爲束口的囊形，囊中之物爲"缶"，濮茅左先生釋爲"𣝅"，是正確的。那麽，"𣝅"字的本義是什麽呢?《說文》釋謂"囊張大皃"，並謂其爲"缶聲"字。[⑤]"𣝅"在《說文》裏屬"㯻"部。這個字從束，圂聲。楷寫這個字，省掉了"囗"，只餘"豕"所以寫成了"㯻"，[⑥]爲什麽以

① 阮元校刻:《十三經註疏・毛詩正義》卷十五《召南・野有死麕》，第 292 頁下。

② 阮元校刻:《十三經注疏・禮記正義》卷三五《少儀》，第 1514 頁中。

③ 董仲舒著，蘇輿撰，鍾哲點校:《春秋繁露義證》卷三《精華》，中華書局，1992 年，第 95 頁。

④ 上博簡《周易》第 40—41 簡，馬承源主編:《上海博物館藏戰國楚竹書》(三)，上海古籍出版社，2003 年，第 190—191 頁。本文所稱"簡本"，即指上博簡《周易》之本。

⑤ 段玉裁:《說文解字注》第六篇下"㯻部"，第 276 頁下。

⑥ 《說文》"㯻"部的四個字(橐、囊、櫜、𣝅)小篆字形皆有"囗"，後皆被省去。如"橐"所從石，原作外囗内石之形，楷寫時即只作石。

“槖”爲部首字呢？徐楷指出“槖之言涸也，物雜厠其中也”。[①]原來“槖”字所從的“豖”本爲“圂”之省，而圂又爲“溷”之省。所以“槖”雖從“豖”，却不以豖爲聲，而以溷爲聲。《説文》“槖”部的字（囊、橐、櫜、橐）皆指盛物的口袋，段玉裁説“囊”指其中有物之口袋，“言實其中如瓜瓠也”。“橐”是其中尚無物的口袋，“言虚其中以待”。[②]後世説囊是有底之袋而橐則是無底的袋。“櫜”是車載的大口袋。知曉了“槖”部這幾字的意義，就容易瞭解“橐”的意義了。《説文》訓“橐”謂“囊張大皃”。“橐”字從“缶”，囊可以張大的部分，一是袋口，二是袋腹。橐就是侈口大腹的囊。李零先生説：上博簡《周易・姤卦》的“橐”爲“大囊之義”，[③]是正確的説法。

橐所從的“缶”，即後世的瓦盆，清儒郝懿行説：缶的器形“口微斂而腹大，正如今汲水罐也”。[④]橐字從缶，乃取缶爲侈口大腹的形制特點，以明其本意。橐字不僅從缶取義，而且從缶得音爲幽部字。[⑤]關於它的形制，今可舉一件春秋時期“缶”的器形圖，以作參考（見圖 1）。[⑥]

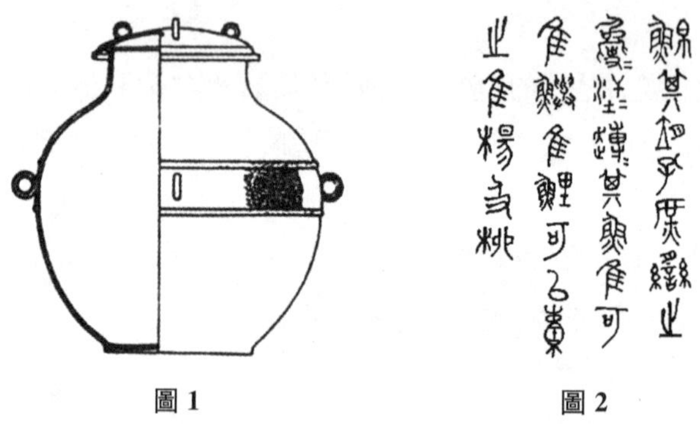

圖 1　　圖 2

這件缶，口稍外侈，大腹，中部兩側有耳，郝懿行説缶類乎後世的“汲水罐”，是正確的。橐字從缶，其形當相類。

段玉裁訓釋“橐”字，把它和捕魚之事相聯繫。他用以説明“橐”字本義時，引用了《石鼓文》首章“汧沔”的末句（見圖 2）：[⑦]

---

① 徐楷：《説文解字繫傳》卷十二，中華書局，1987 年，第 124 頁下。

② 段玉裁：《説文解字注》第六篇下“槖部”，第 276 頁下。按，裘錫圭先生説囊字“初文應作[illegible]，象一個束縛上口的有底的袋子”（《文字學概要》，商務印書館，1988 年，第 165 頁），其説甚是。

③ 李零：《讀上博楚簡〈周易〉》，《中國歷史文物》，2006 年第 4 期，第 62 頁。

④ 郝懿行：《爾雅義疏》卷中之二，上海古籍出版社，1983 年，第 664 頁。

⑤ 《説文》所列槖部的幾個字，皆從其中部所從者得音，如囊，以其所從的襄得音爲陽部字，橐以其所從的石得音爲鐸部字，櫜以其所從的咎得音爲幽部字。

⑥ 徐頴君之孫缶，見劉雨、盧岩編著：《近出殷周金文集録》第 1041 號，中華書局，2002 年，第 63 頁。

⑦ 郭沫若：《石鼓文研究》，《郭沫若全集・考古編》第 9 卷，科學出版社，1982 年，第 44 頁。

其魚隹可(何)?隹鱮隹鯉;可(何)以橐之?隹楊及柳。①

這段話的意思是説,河裏面有哪些魚?有的是鱮魚和鯉魚。用什麽捕獲鱮和鯉呢?就是要用楊柳枝條編就的“橐”。段玉裁將“橐”字釋爲“苞苴之苞”,是不妥當的,因爲苞苴是盛魚之草袋,非捕魚之具。儘管如此,還是應當肯定他引用《石鼓文》的文句爲證,則是很重要的精見。

我們需要討論一下段玉裁所説《石鼓文》裏的那個字。先鋒本《石鼓文》原拓作“”,②其中部所從者比較模糊,郭沫若先生楷寫作“”,是可信的。

在段玉裁之後,郭沫若先生也釋這個字爲“橐”,並謂:

“橐”之言罩也,“之”指汧水,言汧之兩岸有楊柳垂罩也。宋人多誤橐爲貫,又均從捕魚上着想,如梅聖俞詩“何以貫之維楊柳”,蘇軾詩“其魚維鱮貫之柳”,於字形、詩意兩失。明潘迪更解爲“包裹承藉之義”,尤屬大殺風景。③

郭沫若釋“橐”意爲罩,岸柳罩汧水,頗有詩情畫意,然此釋難與《説文》所訓“橐”字本意相合。詩句明謂“隹鱮隹鯉;可(何)以橐之”,橐是用來捕鱮魚、鯉魚的工具,與岸無關。

段玉裁、郭沫若釋“”爲“橐”,一定是認爲“”字中部所從的是“缶”,而不是“壬”。周代文字中缶、壬兩個字確有相似之處。如彝銘裏的缶字和壬字(圖 3):④

圖 3

上列的字例,左側的三個是“缶”;右側的三個是“壬”。對比兩類字的相似之處,最爲突出的是,缶與壬的豎劃中間肥大作點狀或短劃狀,壬字的下部或作兩端上曲狀而與缶的下劃相近。這可能是他們釋石鼓文的“”爲橐的主要原因。但兩者的區别仍是比較明顯的,故而得不到後來專家的認可。

① 段玉裁:《説文解字注》第六篇下“橐部”,第 276 頁下。

② 郭沫若:《石鼓文研究》,《郭沫若全集·考古編》第 9 卷,第 137 頁。

③ 郭沫若:《石鼓文研究》,《郭沫若全集·考古編》第 9 卷,第 72 頁。

④ 字例從左至右,依次見蔡侯朱缶、麓伯簋“匋”所從缶字、邛君壺“匋”所從缶字、趞曹鼎、鬲攸比鼎、吉日壬午劍。前三字見《金文編》,中華書局,1985 年,第 367 頁;後三字見《金文編》,第 979 頁。

在郭沫若之後，20世紀80年代，何琳儀先生指出這個字當釋爲“槖”，爲“從束壬聲”字，[①]意爲任、載。但何先生並未進一步解釋石鼓文的詩句之意。後來，陳世輝、湯餘惠兩先生承何説，謂此句詩意爲：“用什麽盛魚？用楊柳條編的魚簍。”[②]從而使詩意暢通。

本世紀初，陳劍先生贊同何説，並進而解釋詩句之意。他舉證古代文獻中以“壬”爲聲符之字（如衽、紝）多有貫穿連綴之義，指出：“將楊柳枝條自魚鰓穿入，魚口貫出，亦即將魚穿在楊柳枝條上，也就是‘槖魚’。”[③]何、陳兩家釋石鼓文此字爲“槖”，完全正確。説其意爲貫魚，亦卓然合理有據。

迄今所見，關於石鼓文這句詩意的理解就有貫魚（陳劍説）、罩水（郭沫若説）、承藉魚（潘迪説）、盛魚（陳世輝、湯餘惠説）等多種解釋，除了岸柳罩水一説與魚無關以外，其他三説，皆以捕獲魚之後如何將魚帶回爲釋，雖然不爲無據，但愚以爲石鼓文詩意還是以解釋爲如何捕獲汧水裏的鰟魚、鯉魚較妥，故而還有另尋它説的餘地。

我們再來討論石鼓文的“槖”字。

“槖”字從壬，雖然可以讀爲任，用如抱、載、貫等意，但總與捕魚之旨相懸隔，愚以爲從“壬”與從“缶”一樣，亦表示張大之意。在古文獻裏，“壬”用若張大之意者並不少見。如，《詩經》“有林有壬”，毛傳：“壬，大。”[④]《爾雅・釋詁》：“壬，大也。”[⑤]清儒王念孫引程瑶田《九穀考》之説指出：“《爾雅・釋詁》壬、戎皆訓爲大，壬與荏字可通，荏菽、戎菽，大豆之稱也。”[⑥]從壬之字每有大之意。除荏菽指大豆以外，飪，指大熟；[⑦]衽，指衣服的大襟；妊，指孕婦之大腹等，皆説明“壬”在古文獻或作偏旁時可有“大”之意。可以推測，石鼓文的“槖”字從壬，亦取壬字的“大”意，若以《説文》訓“橐”字之例，也可以説石鼓文的“槖”字和“橐”一樣，亦是“囊張大皃”。石鼓文製作的時代多有異説，今依郭沫若先生説，應當是秦襄公時所作。[⑧]其爲春秋早期，與戰國中期的上博簡《周易》的時代相距不算太遠。總之，上博簡《周易・姤卦》爻辭的“橐”字，與石鼓文的“槖”字本義是一致的，皆指侈口大腹的一種器具。

愚以爲先秦時期，橐、槖皆指麻枲之布做成的侈口大腹的袋子，此物若以枝條編織，則類乎

① 何琳儀：《秦文字辨析舉例・釋槖》，《人文雜誌》，1987年第4期，第82頁。

② 陳世輝、湯餘惠：《古文字學概要（修訂本）》，福建人民出版社，2017年，第281頁。

③ 陳劍：《説石鼓文的“槖”字》，復旦大學出土文獻與古文字研究中心網站，2014年8月24日。按，何琳儀和陳劍先生兩家之説，承蒙友人告知。特鳴謝，並誌愚漏檢之失。

④ 阮元校刻：《十三經注疏・毛詩正義》卷十四《小雅・賓之初筵》，第485頁下。

⑤ 阮元校刻：《十三經注疏・爾雅注疏》卷一《釋詁上》，第2568頁中。

⑥ 王念孫：《廣雅疏證》卷十上，中華書局，1983年，第333頁下。

⑦ 《説文・食部》：“飪，大熟也。”（段玉裁：《説文解字注》第五篇下，第218頁下）

⑧ 郭沫若：《石鼓文研究》，《郭沫若全集・考古編》第9卷，第39—42頁。

後世的魚簍之形,可以推測“橐”即是用以捕魚的工具。

石鼓文詩云“隹鱮隹鯉,可(何)以橐之”,意謂用什麽捕獲鱮魚、鯉魚呢?就要用“橐”來捕獲它。“橐”和“橐”一樣,也是捕魚之具。雖然是名詞,但又用作動詞,指捕魚之事。這種名詞用若動詞,是古文獻裏並不少見的現象。如:

許子冠乎。

從臺上彈人。

左右欲刃相如。①

“冠”本爲帽子,戴帽子亦稱“冠”。“彈”本爲彈丸,用以打人,亦稱“彈”。“刃”本爲刀鋒,用以刺人,亦稱“刃”,這些都是名詞用如動詞的例子。再如,“耙”是碎土及平整耕地的工具,碎土和平整耕地就稱爲“耙地”。“針”是刺之具,用以治病時就稱爲“針灸”。“叉”本爲有齒之工具,用以捕魚,即稱“叉魚”。我們前面説的“橐”“橐”,作爲工具之名,亦用若捕魚之稱。石鼓文所言的“橐之”,猶言“冠之”“彈之”“刃之”,亦是名詞用如動詞之例。石鼓文詩云“何以橐之,唯楊及柳”,意指楊柳枝條所編就的“橐”來捕魚。陳世輝、湯餘惠兩先生説是“用楊柳條編的魚簍”,②可謂深明詩旨。

還應當説明一點,即《周易》諸傳本,或有將包作苞、胞、庖等者,在解釋上博簡時專家或以爲簡文借橐爲包。這恐怕是顛倒了前後次序,王弼本的“包”字非《姤卦》的初文,我們雖然無法肯定“橐”字是否初文,但可以肯定它比“包”字要早得多,所以簡本的“橐”不可能借包爲之。

三、説馬王堆帛書《周易·姤卦》裏的“枹”

馬王堆漢墓帛書《周易》也載有《姤卦》的這兩段爻辭,内容如下:

九二,枹有魚,無咎,不利賓。

九四,枹無魚,正(征)凶。③

① 這幾例,依次見《孟子·滕文公》(阮元校刻:《十三經注疏·孟子注疏》卷五,第2705頁中)、《左傳》宣公二年(同上書《春秋左傳正義》卷二一,第1867頁上)、《史記·廉頗藺相如列傳》(《史記》卷八一,中華書局,1959年,第2442頁)。

② 陳世輝、湯餘惠:《古文字學概要(修訂本)》,第281頁。

③ 馬王堆漢墓帛書《周易經傳·狗(姤)卦》,裘錫圭主編:《長沙馬王堆漢墓簡帛集成》(叁),中華書局,2014年,第15頁。

枹，指叢生的樹木，《爾雅》稱之爲“朴枹”，郭璞注“朴屬叢生者爲枹”。[1]清儒郝懿行説：“朴猶薄也，薄謂相迫近也。枹即苞也。”[2]枹叢生而柔軟，類乎草，故而與苞相通。用於編織背簍、魚簍等物，不僅可用楊柳枝條，叢生的枹也是可用之物，蓋因其柔軟且低矮易取也。

帛書本《周易》改上博簡《周易》的“橐”爲“枹”。此改變，應當有兩個方面的因素，一是如前所述，戰國時期的“橐”是爲楊柳枝條編就的捕魚工具，而枹是叢生的可用於編織的柔軟枝木，在可用於編織的柔軟枝條這一點上，橐與枹有相一致之處。二是兩者之間存在着音同而相相通假有關係。“橐”從缶得音，爲輕唇音非紐幽部字；“枹”從包得音，爲重唇音幫紐幽部字。古之輕唇音的字後世多轉變爲重唇音的字。橐、枹兩字當是輕唇音轉而爲重唇音的一個表現。[3]

可以推測，枹字未失橐字原義。枹，指枝條叢生的朴木。《詩經》形容其狀謂“芃芃棫朴”，毛傳：“朴，枹木也。”[4]郭璞注《爾雅》説：“朴屬叢生者爲枹。”[5]叢生的枝條是爲編制魚簍等物的可用之材，當然，楊樹和柳樹的枝條更較柔韌，編起來更爲順手，但叢生的枹之枝條亦是可用之物。由此可見帛書本《周易》改橐爲枹，猶存“橐”字音義。

王弼本則將專屬意義的“枹”改爲“包”，雖然從語音上説是完全可以的，但是改爲含意甚廣、多種意義皆可使用的“包”字，並由此可以引生出諸種不同的解釋，則是不妥的。所以我們不應當把上博簡《周易》的“橐”字以及帛書本《周易》的“枹”字，直接對應王弼本而釋其爲“包”。這是因爲，王弼本將枹簡化而改變爲“包”，雖然也是同音假借，但這種假借却已經改變了“橐有魚”的“橐”字的原意。同音假借字使用的原則當是不改變原字的本義，舍此，便是不合適的假借。

---

① 《爾雅・釋木》，阮元校刻：《十三經注疏・爾雅注疏》卷九，第2637頁中。

② 郝懿行：《爾雅義疏》卷下之二，第1094頁。

③ 清代學者李元、錢大昕提出“古無輕唇音”的論斷，錢大昕還列舉大量材料爲證，如伏羲讀爲庖羲，扶服讀爲匍匐，汶山讀爲岷山，封域讀爲邦域，紛讀爲豳，妃讀爲配，負讀爲背，鳳讀爲鵬等（見其所著《十駕齋養新録》卷五，上海書店，1983年，第101—111頁）。其多爲學者所贊同，但其説的“古”，是什麽時代，尚不明確。許多材料表明，西周到秦漢時期皆有輕唇音字與重唇音字相互轉化的現象，如錢大昕所舉春秋時詩《詩經・邶風・谷風》“凡民有喪，匍匐救之”，重唇音的“匍匐”即被戰國時期的《檀弓》篇引作輕唇音的“扶服”。可證春秋戰國時已有重唇——輕唇之變。《大雅・既醉》“景命有僕”，毛傳：“僕，附也。”（阮元校刻：《十三經注疏・毛詩正義》卷十七，第537頁上）又是一例。另一方面，也有不少字由輕唇音的字轉變爲重唇音的字。情況比較複雜，不可一概而論，但輕唇、重唇音字的相互轉化，則是普遍存在的現象。另外，這種輕、重音之轉化，也存在於同一個字，例如枹字，在《詩經・大雅》的時代稱爲“朴”（見《詩經・大雅・棫朴》毛傳），屬於幫紐幽部。到了春秋戰國時期的《左傳》《國語》書中，則指鼓槌，屬於奉紐幽部。可見同一個字的讀音在西周到春秋時期也有重唇音到輕唇音的變化。

④ 阮元校刻：《十三經注疏・毛詩正義》卷十六《大雅・棫朴》，第514頁上。

⑤ 阮元校刻：《十三經注疏・爾雅注疏》卷九《釋木》，第2637頁中。

四、如何用“槖(櫜、枹)捕魚?

我們在前面討論了上博簡《周易·姤卦》的“槖”字、石鼓文的“櫜”字、馬王堆漢墓帛書《周易·姤卦》的“枹”字,指出這幾個字皆爲捕魚之具,就是《爾雅·釋器》所說的“罶(笱)”這種用楊柳條編的魚簍,若頸部稍細,可用於在魚梁捕魚,稱爲“笱”或“罶”。《爾雅·釋器》所載捕魚具有笱、罶。①清儒王念孫說:

> 笱謂之罶,《釋文》:“罶,本或作罪。”罶、罪、簍並同,今人謂之取魚具,爲魚簍。聲亦相近也。《小雅·魚麗》篇“魚麗於罶”,《苕之華》篇“三星在罶”,傳並云:“罶,曲梁也,寡婦之笱也。”②

此種罶可以用作盛魚的魚簍,但若製作成口部外侈、頸部細長、腹部寬大的魚簍,則可用於捕魚。那麼用其捕魚的具體方法是怎樣的呢?

用罶捕魚事,《說文》有解釋,謂:“曲梁,寡婦之笱,魚所留也。”“曲梁”指在河水裏用石塊築起的水壩,呈彎曲之形,在其中部往往留有缺口,河水可由此處順暢流通。魚兒往往由此順流而下。在此處設置“罶”(即魚簍),魚兒能進而不能出,拿起罶即將魚兒捕獲。後人多泥於《說文》之釋,以爲曲梁就是罶若笱。段玉裁引《爾雅·釋器》及《小雅·魚麗》及《苕之華》篇毛傳之釋,說明他是傾向於釋罶爲在曲梁所置的笱,而非指曲梁。③後人或以爲罶僅指“曲梁”,實未達一間。《爾雅·釋器》說:“嫠婦之笱謂之罶。”④ 明謂罶即笱。《說文》釋罶之意當指曲梁所置寡婦之笱。在曲梁上置罶(笱)捕魚,用力小而獲魚多,上古社會人們照顧寡婦這樣的弱勢群體,所以將曲梁捕魚之處讓給寡婦。關於照顧弱勢群體,《禮記·禮運》篇云“矜寡孤獨廢疾者,皆有所養”,⑤是爲典型之論。《詩經》所云“彼有遺秉,此有滯穗,伊寡婦之利”,⑥將拾取麥田收割後的遺穗,留給寡婦,與將在曲梁以笱捕魚之利讓給寡婦,正是同一類型的事體。《說文》所云“曲梁,寡婦之笱”,必當如此解釋,方符合罶字本義。關於罶是否可以通借作“簍”,《說文》明謂

①④ 阮元校刻:《十三經注疏·爾雅注疏》卷五《釋器》,第 2599 頁上。

② 王念孫:《廣雅疏證》卷七下,中華書局,第 224 頁下。

③ 段玉裁:《說文解字注》第七篇下“网部”,第 355 頁下。

⑤ 阮元校刻:《十三經注疏·禮記正義》卷二一《禮運》,第 1414 頁上。

⑥ 阮元校刻:《十三經注疏·毛詩正義》卷十四《小雅·大田》,第 477 頁上。

“罶,罶或从婁”,[①]實認爲罶與罶爲一字。這兩個字的讀音有所不同,罶屬於段玉裁所分的第三部,即幽部,後世讀音爲來紐。罶則屬於段玉裁所分的第四部,即侯部,其讀音亦屬來紐。上古時期的有些韻部劃分不甚明顯,幽部、侯部、魚部就是這種情況,即段玉裁所説其所分出的第二、三、四、五部在《詩經》的時代“較然畫一”,[②]在具體訓釋時他用“合音”來説明韻部區分不明的現象。[③]他説罶、罶兩字的讀音爲“三部、四部合音”,[④]就是指出這兩個字雖然後世分屬侯部、幽部,但在《詩經》的時代却是無甚區别的。

總之,上博簡《周易·姤卦》的“橐”和石鼓文的“橐”,兩者雖然古音不同,但其造字本義一致,皆侈口大腹之具,具體來説,就是楊柳枝條編就的捕魚工具。可以用作魚簍,也可以製成罶,在曲梁上捕魚。

罶的使用情況是,先在小河淺處築起一道石梁,梁的缺口處,水流較集中,罶置於梁的缺口處,以張大的口部正對缺口。漢儒謂“罶,曲梁也”,[⑤]朱熹説:“罶,以曲薄爲笱,而承梁之空者也。”[⑥]即此之意。魚游至此處,便順水到了罶中。《詩經》有“敝笱在梁,其魚魴鰥”之句,[⑦]即指在曲梁上置笱(罶)捕魚之事。《説文》訓罶之意謂“魚所留也”,罶口大而頸細長,魚無法轉身游出。所以魚在罶中有進無出,只得滯留於罶中。《説文》又謂“罶或从婁”,指出罶與罶爲異形同字,這種魚具或作“笱”。[⑧]由此可見,橐、罶、罶,三字古音雖皆幽部字,但聲紐較遠,因此難以通假。這三個字,蓋爲同一物品在不同時期或不同地區的不同稱謂。此種現象爲古漢語中習見。如缶字,《方言》説:“缶謂之甂、甌,其小者謂之瓶。”[⑨]可見,缶有不同讀音的幾個稱謂。作爲捕魚之具的“橐”,又稱爲罶或罶,應當也是這種情況。再從石鼓文的詩意看,“何以橐(橐)之,隹楊及柳”,我們前面已經指出,橐就是楊柳枝條編就的魚簍。它可以用若動詞,指以橐捕魚。王念孫説“罶、罜、罶並同”,並引《詩經》“魚麗於罶”,説明這些字都是“取魚具”(即捕魚之具),是可信的。

用魚簍捕魚事,見於《詩經》:

---

①④ 段玉裁:《説文解字注》第七篇下“网部”,第355頁下。

② 段玉裁:《説文解字注·六書音均表》一,第811頁上。

③ 古漢語中,將兩字急讀爲一字的現象,稱爲“合音”。段玉裁此處所言合音,指兩韻部讀音可合,與一般所説的“合音”不同。

⑤ 阮元校刻:《十三經注疏·毛詩正義》卷九四《小雅·魚麗》,第417頁中。

⑥ 朱熹集注:《詩集傳》卷九《魚麗》,中華書局,1958年,第109頁。

⑦ 阮元校刻:《十三經注疏·毛詩正義》卷五《齊風·敝笱》,第354頁上。

⑧ 《爾雅·釋器》謂“嫠婦之笱謂之罶”(阮元校刻:《十三經注疏·爾雅注疏》卷五,第2599頁上)。

⑨ 《方言》卷五,中華書局,2006年,第61頁。

魚麗於罶，鱨鯊。君子有酒，旨且多。

魚麗於罶，魴鱧。君子有酒，多且旨。

魚麗於罶，鰋鯉。君子有酒，旨且有。①

"麗"有附著之義，②"魚麗於罶"，指魚困附於罶中。用罶捕魚爲習見之事，故以之比喻吉凶。"橐（罶）"中有魚，因爲捕魚有收獲而喜，所以《姤卦》爻辭言"橐（罶）有魚，亡咎"，反之則置罶而無獲，是爲"凶"。

當然，自王弼以後，以"包"爲庖，謂爻辭意指庖廚有魚謂吉，無魚謂凶；亦可以讀"包"爲苞，意謂苞苴中有魚爲吉，無魚爲凶。這些都是可以説得通的。然此兩者皆取義較泛。庖廚或苞苴中有魚固然吉利，但若有肉或其他美食，亦可爲吉。若無，亦可謂凶。所以其選項不是唯一的。以橐（枹、罶、婁）等在魚梁捕魚，以有無表示吉凶，則是唯一的，有魚即有，無魚則無，不會再有其他的東西，不像庖廚或苞苴裏可以有其他東西代替。總之，從表示吉凶的義項來説，"橐有魚"具有表示吉凶的唯一性，比之於取義較泛的"庖廚有魚""苞苴有魚"説法，應當更爲合理。

五、簡短的結語

我們從簡本、帛書本與今本的文字對比，可知今本"包有魚"的"包"的來歷，即：橐——枹——包。通過分析，我們還可以知道，帛書本《周易》改橐爲枹，猶存古音古義，並且適應了文字簡化的趨勢，還是比較合適的。但王弼本的改枹爲包，則是將其原意泛化，從而使得爻辭意義無法確解，所以説是不合適的更動。許多例證表明，王弼本《周易》對於上博本及帛書本字句的更動是正確的，多有匠心與精義，但王弼本《姤卦》爻辭的這個更動，則不在此列。

---

① 阮元校刻：《十三經注疏·毛詩正義》卷九四《小雅·魚麗》，第 417 頁中—下。按，清儒承培元指出"橐即'包有魚'之包"（《廣説文答問疏證》卷一《周易》，清光緒間廣雅書局叢書本，第 5 葉 A），是爲卓識，但又以橐爲包裹字，故而未達一間。

② "麗"有"附"義，《尚書·多方》"不克開於民之麗"、《吕刑》"越兹麗刑"，《周禮·地官·鄉士》"各麗其法"，所言"麗"皆"附"之意。《周易·離卦·彖傳》"離，麗也"，王弼注："猶著也。"（阮元校刻：《十三經注疏·周易正義》卷三，第 43 頁）要之，麗之附著之義，類乎後世所言的掛靠。《詩經·小雅·魚麗》"魚麗於罶"，清儒胡承珙説："《傳》：'麗，歷也。'承珙案：'麗''歷'疊韻爲訓，《爾雅》：'歷，傅也。''傅'與'附'同，謂附箸也。《周禮·秋官·大司寇》注：'麗，附也。''麗''歷'皆有'附箸'之義，故以爲訓。"（《毛詩後箋》卷十六，黄山書社，1999 年，第 793 頁）是皆可證，"魚麗於罶"意即魚附著於罶中。

《左傳》兩“務人”名號異文新證*

□陳　哲

[摘　要] 《左傳・文公十八年》中的人名“公冉務人”在馬王堆帛書《春秋事語・魯文公卒章》作“公襄目人”“公襄貿人”,《左傳・哀公十一年》中的人名“公叔務人”在《禮記・檀弓下》作“公叔禺人”,過去學者頗有疑議。文章在文獻考證的基礎上,從語流音變的角度解釋這兩組異文的形成。“公冉”應源自“公襄”,“襄”的舌根鼻音韻尾-ŋ在語流中易受其後一字“目/貿/務”的雙唇鼻音聲母 m-影響發生逆同化音變而變爲-m 韻尾,“襄”因此被記寫爲“冉”。“禺人”應源自可讀爲“務信”或“務仁”的“務人”,“務”的雙唇鼻音聲母 m-在語流中易受其前一字“叔”的舌根塞音韻尾-k 影響發生順同化音變而變爲舌根鼻音韻尾 ŋ-,“務”因此被記寫爲“禺”。

[關鍵詞] 《左傳》;《春秋事語》;《禮記》;異文;語流音變

[作者簡介] 陳哲,暨南大學文學院(廣州　510632)

古今中外的語言普遍存在語流音變的現象,其中,在語流内前後音節彼此之間互相影響而產生音變的情況也被稱爲“連音變讀”“連讀音變”,音變的類型主要有同化、異化、減音、增音、合音等多種。①關於上古漢語中的語流音變,沈兼士、俞敏、馮蒸、施向東、趙彤等學者有過專門研究,②由這些研究可以看出,在相對凝固的詞語如聯綿詞和人名、物名、地名等專名中,相鄰音節在連續發音時尤其容易相互影響而發生音變,且往往會用新的文字來更準確地記録新的

* [基金項目]本文爲國家社科基金重大項目“上古漢語字詞關係史研究”(22&ZD300)階段性成果。

① 參羅常培、王均:《普通語音學綱要(修訂本)》,商務印書館,1981 年,第 171—202 頁。

② 沈兼士:《聯綿詞音變略例》,《沈兼士學術論文集》,中華書局,1986 年,第 283—286 頁(原載《輔仁大學語文學會講演集(第三輯)》,輔仁大學印書局,1942 年);俞敏:《古漢語裏面的連音變讀(sandhi)現象》,《俞敏語言學論文集》,商務印書館,1999 年,第 343—362 頁(原載《燕京學報》,第 35 期,燕京大學哈佛燕京學社,1948 年);馮蒸:《“攻吴”與“勾吴”釋音》,《古漢語研究論文集(二)》,北京出版社,1984 年,第 103—107 頁;施向東:《梵漢對音與古漢語的語流音變問題》,《南開語言學刊》,2002 年第 1 期,第 44—51 頁;趙彤:《出土文獻中反映的語流音變現象》,耿振生等主編:《語苑探賾——慶祝唐作藩教授九秩華誕文集》,商務印書館,2021 年,第 332—342 頁;趙彤:《語流音變和聯綿詞的讀音》,陳斯鵬主編:《漢語字詞關係研究 2》,中西書局,2021 年,第 384—390 頁。馮蒸雖僅討論個案,但發現了上古漢語語流音變中的“減音”這一音變類型。

讀音。從這個角度來研究一些過去存疑未解的上古文獻異文，可能會有新的收穫。本文試以《左傳》所記人名“公冉務人”“公叔務人”的相關異文爲例進行討論。

一、“公冉”與“公褱”

《左傳・文公十八年》記魯卿叔仲惠伯有家臣名爲“公冉務人”：

> 仲以君命召惠伯，其宰公冉務人止之，曰：“入必死。”叔仲曰：“死君命，可也。”公冉務人曰：“若君命，可死；非君命，何聽？”弗聽。乃入，殺而埋之馬矢之中。公冉務人奉其帑以奔蔡，既而復叔仲氏。①

此段敘東門襄仲設計殺害叔仲惠伯，該事件也見於馬王堆漢墓帛書《春秋事語・魯文公卒章》，“公冉務人”作“公褱目人”“公褱貿人”：

> 東門襄中（仲）殺適（嫡）而羊（佯）以【君】令（命）召惠【伯】，□□□□，亓（其）宰公褱目人曰：“入必死。”【惠伯】曰：“入死＝（死，死）者（諸）君令（命）也。”其宰公褱貿人曰：“□□□□□□□劫於禍而□□□□能無患，其次□▨▨□□也□▨何聽？”……▨入，東門襄【仲】殺而貍（埋）□路□□中。②

帛書此段雖有殘損，但仍可看出與《左傳》之文在情節、人物、對話上的對應關係，帛書的“公褱目人”和“公褱貿人”與《左傳》的“公冉務人”顯然指向同一人物。“務”（明母侯部）與“目”（明母覺部）、“貿”（明母幽部）音近相通很好理解，但“冉”“褱”異文的性質則有爭議。蕭旭舉《戰國策・楚策四》“冉子”在馬王堆帛書《戰國縱橫家書・虞卿謂春申君章》中作“褱子”，以證“冉”“褱”音近。③郭永秉指出《戰國縱橫家書・虞卿謂春申君章》原整理者注已點明“褱子”即穰侯魏冉，彼“褱”讀爲“穰”而“冉”正是其名，二者恐非音近通用關係，因此認爲“公褱”“公冉”的關

---

① 《春秋左傳注疏》卷二十，阮元校刻：《十三經注疏》，中華書局，1980 年，第 1861 頁 B。

② 裘錫圭主編：《長沙馬王堆漢墓簡帛集成》，中華書局，2014 年，第壹册，第 75 頁圖版，第叁册，第 176—177 頁釋文注釋。該篇釋文注釋執筆者爲郭永秉，“貿”字的釋讀據郭永秉注釋所引陳劍意見。

③ 蕭旭：《群書校補》，廣陵書社，2011 年，第 45 頁。

係待考。[①]王輝認爲“冉”（日母談部）、“襄”（心母陽部）古音較遠，關係待考。[②]魯普平亦將此“襄”“冉”異文列爲“馬王堆簡帛存疑字詞”之一。[③]

學者之所以多對複姓“公襄”“公冉”異文的性質存疑，主要是因爲“襄”（心母陽部）和“冉”（日母談部）的上古音韻地位看起來有一定距離，且“襄”聲系與“冉”聲系未見確切相通之例，難以坐實音近通假關係。但應注意的是，中古音“襄”是心母開口三等字，而“襄”聲系有“讓”“壤”“穰”等字是日母開口三等字，“囊”“曩”“蠰”等字是泥母開口一等字，一些學者根據這種諧聲分佈指出“襄”字上古聲母可構擬爲清鼻音 *n̥-；[④]“冉”是日母開口三等字，“冉”聲系有“枏”“抩”“䳿”等字是泥母開口一等字，“冉”的上古聲母學者一般構擬爲 *nj-或 *n-；“襄”“冉”在上古的主元音一般擬爲 *a。由此可見，“襄”和“冉”的聲母、主元音其實音值頗近，開合等第亦相同，主要的語音差異是其韻尾有-ŋ、-m 之别。孟蓬生認爲“襄”“冉”異文反映了上古音陽部和談部的相通。[⑤]但泛言相通尚不能理清“襄”“冉”異文之間的演變關係。究竟是從“襄”變爲“冉”，或從“冉”變爲“襄”，還是另有共同來源？可以回到具體材料再作細緻分析，争取探究異文形成的過程和動因。

在傳世和出土的文獻材料中，複姓“公冉”僅見於《左傳》“公冉務人”一例，複姓“公襄”則又見於人名“公襄昭”。《廣韻·東韻》：“魯大夫公襄昭，魯襄公太子野之後。”[⑥]《姓解》：“公襄。《世本》：‘魯大夫公襄昭。’”[⑦]《古今姓氏書辨證》：“公襄。《世本》曰：魯大夫公襄昭。魯襄公太子子野之後。”[⑧]《世本》在宋以後亡佚，清人將上述宋代文獻載録的“公襄昭”條輯入唐人徵引過的《世本·氏姓篇》。[⑨]此外，《史記·仲尼弟子列傳》之“公良孺”，《索隱》載南朝“鄒誕本作‘公襄儒’”。[⑩]複姓“公良”較多見，如《墨子·貴義》載衛國有“公良桓子”，[⑪]戰國楚璽有

① 裘錫圭主編：《長沙馬王堆漢墓簡帛集成》，第叁册，第 176—177 頁注釋 6。按：關於魏冉稱“冉子”之例，閻若璩《四書釋地又續》曾指出：“匡章……《戰國策》齊宣王與羣臣皆稱爲‘章子’，蓋於人名下繫以‘子’字，當時多有此稱謂。田盼人稱爲‘盼子’，田嬰人稱爲‘嬰子’，田文人稱爲‘文子’，以及秦魏冉亦稱爲‘冉子’，皆此類。”載《皇清經解》卷二二，清咸豐十年（1860）廣州學海堂補刊本，第二一葉。

② 王輝：《簡帛人物名號彙考》，中西書局，2021 年，第 120—121 頁。

③ 魯普平：《馬王堆簡帛字詞校補》，華東師範大學博士學位論文，2018 年，第 242 頁。

④ 參邊田鋼：《上古漢語清鼻音聲母音位化構擬新探》，《中國語文》，2021 年第 2 期，第 166—167 頁；施瑞峰：《上古漢語聲母諧聲類型在古文字資料釋讀中的效用》，香港中文大學博士學位論文，2022 年，第 164—165 頁。

⑤ 孟蓬生：《上古漢語同源詞語音關係答問》，《民俗典籍文字研究》，第八輯，商務印書館，2011 年，第 294 頁。

⑥ 周祖謨：《廣韻校本》，中華書局，2011 年，第 30 頁。

⑦ 邵思撰，侯立睿點校：《姓解》，上海古籍出版社，2018 年，第 109 頁。

⑧ 鄧名世撰，王力平點校：《古今姓氏書辨證》，江西人民出版社，2006 年，第 25 頁。

⑨ 《世本八種》，中華書局，2008 年，茆泮林輯本第 84 頁。

⑩ 《史記》，中華書局，2014 年，第 7 册，第 2697 頁。

⑪ 王焕鑣：《墨子集詁》，上海古籍出版社，2005 年，第 1062 頁。

“公良佗”,[①]秦漢印章有“公良路子”“公良長孺”。[②]“公良”“公襄”很可能是同一複姓的不同記録形式,正猶蟲名“螳螂”在《説文》虫部“蜋”字條作“當蜋”而在《爾雅·釋蟲》和《説文》虫部“蠰”字條作“蟷蠰”。[③]就文本用字的時代層次而言,帛書《春秋事語》抄寫時間不晚於西漢初期,今本《左傳》則是在西漢晚期劉歆、尹咸等整理中秘古文本和民間傳本後再輾轉流傳而來,[④]故帛書之用“襄”字很可能要早於今本《左傳》底本之用“冉”字。再對比文獻中的使用數量來看,“公冉”很可能是“公襄/公良”的後出變體,故僅一見。

考慮“公襄”“公冉”的先後關係和“襄”“冉”二字所在的語音環境,筆者認爲,從語流音變的角度可對“襄”“冉”異文的成因作出合理解釋。處在“襄”字後一音節位置的“目”“貿”“務”都是讀雙唇鼻音聲母 m-的明母字,當前後兩個音節連讀時,“襄”的舌根鼻音韻尾-ŋ 若受到後一音節“目/貿/務”的雙唇鼻音聲母 m-影響,則容易發生逆同化音變而變爲-m 韻尾,從而使“襄”被記寫爲“冉”。這個過程可以表示爲:

襄 *n̥jaŋ＋m-→* njam-(冉)＋m-

帛書《春秋事語》所記複姓“公襄”,可證宋代文獻記録、徵引的先秦複姓“公襄”是淵源有自而非向壁虛造。不過,《春秋事語》之“公襄務人”爲魯文公時人,而文公爲襄公曾祖,若《春秋事語》所記史事可信,則複姓“公襄”在襄公前已有之,而“公襄”得姓於襄公太子子野之説可能是後人的附會。

二、“務人”與“禺人”

《左傳·昭公二十五年》記季公若謀劃除去季孫意如事,提到:

> 公若獻弓於公爲,且與之出射於外,而謀去季氏。公爲告公果、公賁,公果、公賁使侍

① 程鵬萬:《古璽複姓考釋三則》,《古籍研究》,2005·卷上(總第 47 期),安徽大學出版社,2005 年,第 147 頁。

② 金懷英編:《秦漢印典》,上海書畫出版社,1997 年,第 677 頁。

③ 參張儒、劉毓慶:《漢字通用聲素研究》,山西古籍出版社,2002 年,第 460 頁。《説文》“蟷”字作上下結構。

④ 有關討論可參黄覺弘:《左傳學早期流變研究》,中國社會科學出版社,2010 年,第 156—166 頁;徐建委:《〈春秋〉“閽弑吴子餘祭”條釋證——續論〈左傳〉的古本與今本》,《北京師範大學學報》(社會科學版),2015 年第 5 期,第 74—75 頁。

人僚柤告公。①

杜預注:"公爲,昭公子務人。"公爲是魯昭公之子,參與鼓動昭公討伐季孫之事。後昭公事敗出逃齊國,而歸咎於公爲,《左傳·昭公二十九年》説:

公賜公衍羔裘,使獻龍輔於齊侯,遂入羔裘。齊侯喜,與之陽穀。公衍、公爲之生也,其母偕出,公衍先生,公爲之母曰:"相與偕出,請相與偕告。"三日,公爲生,其母先以告,公爲爲兄。公私喜於陽穀,而思於魯,曰:"務人爲此禍也。且後生而爲兄,其誣也久矣。"乃黜之,而以公衍爲大子。②

杜預注:"務人,公爲也。始與公若謀去季氏。"由上述記載可知,"務人"與"爲"是名與字的關係。公爲也是魯哀公之叔,故《左傳·哀公十一年》又稱之爲"公叔務人":

公叔務人見保者而泣,曰:"事充政重,上不能謀,士不能死,何以治民?吾既言之矣,敢不勉乎?"……公爲與其嬖僮汪錡乘,皆死,皆殯。③

公叔務人戰死之事,亦見於《禮記·檀弓下》,稱作"公叔禺人":

戰于郎,公叔禺人遇負杖入保者息,曰:"使之雖病也,任之雖重也,君子不能爲謀也,士弗能死也,不可。我則既言矣。"與其鄰童汪踦往,皆死焉。④

王引之從孔穎達説認爲"務""禺"音近,提出應以"務人"爲正,"務人"義同"爲人":

務,亦爲也。《繫辭傳》:"唯幾也,故能成天下之務。"虞翻注曰:"務,事也。"見李鼎祚《周易集解》《韓子·喻老篇》曰:"事,爲也。""務人"猶言"爲人"。春秋時,宋有"向爲人"見成十五年《左傳》是也。"務人"《檀弓》作"禺人",《正義》曰:"禺、務聲相近,聲轉字異也。"或曰:"《説文》:'禺,母猴屬。''爲,母猴也。'故'禺人'字'爲'。"案"禺"若爲母猴屬,則與"人"

① 《春秋左傳注疏》卷五一,阮元校刻《十三經注疏》本,第2109頁B。
② 《春秋左傳注疏》卷五三,阮元校刻《十三經注疏》本,第2122頁C。
③ 《春秋左傳注疏》卷五八,阮元校刻《十三經注疏》本,第2166頁A—B。
④ 《禮記注疏》卷十,阮元校刻《十三經注疏》本,第1311頁A。

字意義不倫，豈有上言獸而下言人者乎？或説非是。文十八年《左傳》有“公冉務人”與此同名，則“務”字不誤。①

王氏所駁“或説”以“禺人”爲正，與盧文弨、張澍、朱駿聲等所持意見相同。②龐光華亦以“禺人”爲正，認爲是“禺”的合口介音將其後鼻音聲母同化爲唇鼻音聲母，故轉而記作“務”。③劉釗則認爲“務人”與春秋早期郜公鐘、簋器主名“敄人”都應讀爲“瞀人”，《莊子·列禦寇》《列子·黄帝》有“伯昏瞀人”，而“禺人”相應地讀爲“愚人”。④

王引之已指出據“禺人”作訓解之説存在的問題，不過，他將“務人”訓爲“爲人”亦有可商。“務”雖可訓“爲”，但上古漢語中動詞“務”一般指專門從事、追求某一事項、工作，其義域不若動詞“爲”寬廣，組合搭配上也較有限制，文獻中“務”後所接賓語似未見“人”這類有生命的對象，故“務人”恐難以如字讀而訓作“爲人”。至於將“務人”讀作“瞀人”、“禺人”讀作“愚人”，則與“爲”在名字意義上又不能相配。因此，筆者認爲“務人”可能應讀爲“務信”或“務仁”，如此則與作爲之“爲”可以呼應。“信”和“仁”的聲符爲“人”，出土和傳世文獻中“人”與“仁”、“仁”與“信”多見音近通用之例。⑤先秦兩漢古書中就有“務信”“務仁”的表述。《荀子·强國》：“古者禹湯本義務信而天下治，桀紂棄義倍信而天下亂。”《淮南子·氾論》：“故亂國之君，務廣其地而不務仁義，務高其位而不務道德。”由此看來，在人名異文“公叔務人”“公叔禺人”中，“務人”之“務”是能表示命名理據的本字，而“禺人”之“禺”應該只是記録讀音的借字。“公叔務人”還見於《漢書·古今人表》《孔子家語·曲禮子貢問》。

雖然以“禺人”爲正的判斷缺乏解釋力，但龐光華用語流音變分析“務”“禺”異文成因的思路仍值得重視。“務”是讀雙唇鼻音聲母 m-的明母侯部三等字，“禺”是讀舌根鼻音聲母 ŋ-的疑母侯部三等字，“務”“禺”之間在語音上主要是聲母發音部位的差别。雖然上古唇音聲母字與喉牙音聲母字之間存在若干諧聲、假借現象，但就具體理據而言主要有兩類，一類是唇音字與來源於清唇鼻音 *m̥-的中古曉母字之間的交替，一類可能是由二等介音-r-主導的交替。⑥“務”

① 王引之撰，虞思徵等校點：《經義述聞》，上海古籍出版社，2017 年，第 1332 頁。

② 參周法高：《周秦名字解詁匯釋補編》，中華叢書編審委員會，1964 年，第 32 頁。

③ 龐光華：《上古音及相關問題綜合研究——以複輔音聲母爲中心》，暨南大學出版社，2015 年，第 122 頁。

④ 劉釗：《古文字中的人名資料》，《古文字考釋叢稿》，岳麓書社，2004 年，第 377 頁。

⑤ 參劉釗：《從秦“交仁”等印談秦文字以“仁”爲“信”的用字習慣》，《出土文獻與古文字研究》，第八輯，上海古籍出版社，2019 年，第 230—247 頁。

⑥ 後一類的討論可參潘悟雲：《漢、藏語歷史比較中的幾個聲母問題》，趙秉璇、竺家寧編：《古漢語複聲母論文集》，北京語言文化大學出版社，1998 年，第 307—334 頁；張纜平：《古音韻釋要》，群言出版社，2005 年，第 291—292 頁；施瑞峰：《上古漢語聲母諧聲類型在古文字資料釋讀中的效用》，第 43—157 頁。

和"禺"的關係没有證據顯示屬於這兩種音近交替的情況，而其前一字"叔"正好是收舌根塞音韻尾-k 的覺部字，由此可推知，"務""禺"異文的形成應是由於"叔"與"務"連讀産生的順同化音變。在語流中，"叔"字的韻尾-k 將其後一字"務"的聲母 m-同化，使雙唇鼻音 m-變爲與舌根塞音-k 發音部位相同的舌根鼻音 ŋ-，因此"公叔務人"之"務"會被當成"禺"而記録下來。其變化如下所示：

-k＋務 * mo➝-k＋ * ŋo(禺)

周家臺秦簡 321 和馬王堆帛書《五十二病方・狂犬齧人》行 60 有藥名"槖莫"，帛書整理者指出"槖莫"即《急就篇》和武威醫簡中的藥名"槖吾"，施瑞峰指出"槖吾" * t^haag-ŋaa 的讀音是由"槖莫" * t^haag-maag 發生順同化音變所致。①從"莫"到"吾"和從"務"到"禺"的用字差異，皆緣於音節連讀時前字韻尾影響後字聲母而産生的順同化音變。上一節所論從"褱"到"冉"的用字差異，則緣於音節連讀時後字聲母影響前字韻尾而産生的逆同化音變。

三、小　　結

過去對照文獻所記史事可知《左傳・文公十八年》之"公冉務人"與馬王堆帛書《春秋事語・魯文公卒章》之"公褱目人""公褱貿人"爲一人，而《左傳・哀公十一年》中"公叔務人"與《禮記・檀弓下》之"公叔禺人"爲一人，但難以妥善解釋這兩組同人異稱的成因。今於相關姓名的文獻考證基礎上，以語流音變的視角分析兩組異文的形成。"公冉"應源於"公褱"，"褱"的舌根鼻音韻尾-ŋ 在語流中易受後一字"目/貿/務"的雙唇鼻音聲母 m-影響發生逆同化音變而變爲-m 韻尾，"褱"因此被記寫爲"冉"。"禺人"應源於可讀爲"務信"或"務仁"的"務人"，"務"的雙唇鼻音聲母 m-在語流中易受前一字"叔"的舌根塞音韻尾-k 影響發生順同化音變而舌根鼻音韻尾 ŋ-，"務"因此被記寫爲"禺"。

古文獻異文是研究古漢語語流音變現象的重要語料，語流音變的分析思路反過來又是解釋古文獻疑難異文成因的利器之一，值得我們關注和研究。在透過語流音變視角解釋古文獻人名異文的關係、性質時，一方面應考慮解釋的排他性，當比較常見的異文成因如音近通假、形

① 施瑞峰：《上古漢語聲母諧聲類型在古文字資料釋讀中的效用》，第 148 頁。其文中擬作-g 的入聲韻尾相當於本文的-k。"莫"可能還發生了韻尾脱落的音變。

近訛誤、義近替换、避諱改字等皆無法很好地解釋某一組異文,再採取語流音變等比較特殊的分析思路;另一方面,若文獻足徵,應儘可能綜合考慮使用頻率、名與字的意義對應關係、詞語本身的構造理據等多種綫索,將一組異文内字詞的先後、正變順序基本釐清,再結合語音分析加以確認,以求儘量避免誤判變異方向。

附記:

邊田鋼《上古漢語唇、牙喉聲母通轉僞例辨析及啓示》(《中國語言學集刊》第16卷第2期,“ZJU古典文獻學專業”公衆號2024年5月16日推送)對“務”“禺”異文的所謂音近通假關係亦有所質疑,但認爲《礼记·檀弓下》“公叔禺人”的故事可能存在“公叔務人禺(遇)人……”一類的記録形式,《檀弓下》在創作或流傳過程中將“務人”誤抄作緊鄰之“禺人”,導致文句缺乏謂語而復增“遇”字成今本面貌。其解釋思路與本文不同,敬請讀者參看。

“天帝”與“神王”的秩序

——論五帝祭祀與五德終始説的矛盾及太一信仰的展開*

□羊凌霄

［摘　要］ 五帝祭祀與五德終始説本是源頭、譜系及内涵均不相同的兩個系統，自秦始皇依託秦地故有的畤祭體系引入五德説後，二者漸於矛盾中融合。黄帝在兩個譜系中的重疊，給予兩者互相流動的可能。嬴政轉變了宣公時得“金瑞”祀“白帝”的簡明對應模式，捨棄自身所獲“金瑞”以迎合水德之運，又用“黑帝”缺位來彰顯自身的黑帝身份，建立起新的對應模式，但旋即被劉邦因水德而立北畤的舉措打破。始皇時託名水德的苛法政治，在儒生、方士的歷史記憶中留下深刻陰影，因而文帝、武帝時期的德運更迭更注重實質的政治内容，其内核被置换爲儒生的“禮樂政治”與方士的“黄帝之治”，“太一”作爲曾被黄帝祭祀的“上帝”，被確立成畤祭體系的最高神，由此形成崇土德而尊太一的新格局。

［關鍵詞］ 五帝祭祀；五德終始；太一；方士

［作者簡介］ 羊凌霄，安徽大學文學院博士研究生（合肥　230601）

自秦始皇二十六年（前221）採納齊人之説以秦爲水德，源自燕齊的五德終始理論便與秦地舊有的五帝祭祀傳統交匯一處，然而秦既自認爲水德却又不祭黑帝，割裂了五帝與五德的對應關係，於是畤祭與德運的聯繫遂成爲學界研究的焦點。傳統的説法多認爲畤祭與德運有關，清人何焯已言“無黑帝者，秦自以水德，當其一也”，①其後顧頡剛②、呼林貴③、裘錫圭④、

* ［基金項目］本文爲安徽大學大自然文學協同創新中心23年重點課題“秦漢方士群體的自然觀念與自然書寫”（ADZW23-07）階段性成果。

① 何焯著，崔高維點校：《義門讀書記》卷十六，中華書局，1987年，第263頁。

② 顧氏已經注意到“西畤”之“西”、“金瑞”之“金”與“白帝”之“白”連成一個系統，“確與五行説十分合拍”且“秦之爲金德亦甚明白”，但又認爲西畤、畦畤皆是西漢末期才竄入《史記》的記載。説見顧頡剛：《五德終始説下的政治和歷史》，《古史辨》（第五册），上海古籍出版社，1982年，第492—500頁。其後胡適則指出“西畤”“畦畤”絶無可疑，只因二畤皆不在雍地，故不在西漢五畤之列。説見胡適：《論秦畤及〈周官〉書》，《古史辨》（第五册），第637頁。

③ 呼林貴：《秦尚水德説質疑》，《考古與文物》，1983年第2期，第88—89頁。

④ 裘氏認爲《月令》系統中少皞得金德、尚白色恰與商祖契“生乃呼曰‘金’”（《子羔》）的情況若合符節，並推測鄒衍五德終始説定商爲金德受到“契得金德”這一舊説的影響。説見裘錫圭：《釋〈子羔〉篇“鈍”字並論商得金德之説》，《裘錫圭學術文集》（第二卷），復旦大學出版社，2012年，第497—503頁。

王暉①、楊權②等前輩學者均從不同視角闡明了二者的聯繫。但20世紀以來,學者如錢穆③、劉寶才④、李培健⑤、史黨社⑥等均提出了有力的反證,其中最爲關鍵的兩點是:(一)五德終始理論源自東方,主體爲五人帝,專言帝德運移。四帝畤祭傳統則屬秦國故有,主體是五天帝,重在月令行政,二者本不相同;(二)五德終始的順序爲土、木、金、火、水,其邏輯是五行相勝,而五帝祭祀的順序爲木、火、土、金、水,其邏輯是五行相生,彼此亦不容混淆。

五德終始説與五帝祭祀在邏輯推演與理論建構上確實矛盾重重,但是隨著二者於秦地交匯,便在官方意識的主導下艱難融合,至劉歆構建《世經》帝德譜系時,原本屬於月令系統的太皞、炎帝、黄帝、少皞、顓頊五帝,已全部羼入五德終始這一王朝更迭論的循環之中,這意味著"天帝"與"神王"的終極統一。實際上,經過秦始皇、漢高祖、漢文帝與漢武帝的歷次改造,畤祭與德運的關係産生過多次變動,畤祭體系往往成爲迎合王朝改德换命的突破口。另一方面,由於五德終始説帶有强烈的天道聖統色彩,故過往研究主要圍繞正統論展開,認爲秦漢帝國接受五德理論旨在構建王朝的合法性,然而凝聚在五德説内核中的正統性或許並没有今人想象的如此重要,秦立水德二世而亡,而漢興七十餘年亦未改德,德運的廢立並未對王朝盛衰産生太大影響。⑦因此,立足於務實的政治視角,不難發現各方勢力真正關心的是隱藏在五德説皮相下的五德之治,争立德運的背後,折射出的是不同群體對於現實政治的各自考量與相互博弈,德運的選擇關乎施政綱領的確立,這是驅使帝王將相、儒生方士不斷捲入這一論争的内在動力。以下試論之,未能圓照之處敬祈方家批評。

一、秦人畤祭傳統與五德説的引入

秦人畤祭起源甚早,據《史記》中《十二諸侯年表》《六國年表》《秦本紀》及《封禪書》的記載,

---

① 王氏認爲黑帝顓頊爲秦人高祖,秦人於伯益太廟中禘祀顓頊,故不立黑帝祠。説見王暉:《秦人崇尚水德之源與不立黑帝畤之謎》,《秦文化論叢》,第三輯,西北大學出版社,1994年,第264—268頁。王夢鷗此前亦有類似理解,其稱"秦人以爲自己一家當了水德,故他們的祖廟就可以代表黑帝祠,不須更立此祠"。説見氏著《鄒衍遺説考》,臺灣商務印書館,1966年,第113頁。

② 楊權:《新五德理論與兩漢政治:"堯後火德"説考論》,中華書局,2006年,第101頁。

③ 錢穆:《評顧頡剛〈五德終始説下的政治和歷史〉》,《古史辨》(第五册),第621—625頁。

④ 劉寶才:《水德與秦制》,《西北大學學報》(哲學社會科學版),1986年第1期,第94—95頁。

⑤ 李培健:《西漢德運考》,陝西人民出版社,2019年,第30—35頁。

⑥ 史黨社:《秦祭祀研究》,西北大學出版社,2021年,第113—121頁。

⑦ 王紹東、雷戈等學者亦察覺了這一點,認爲對五德説塑造的"統治合法性"不宜估計過高。説見王紹東、白音查干:《論秦始皇對五德終始學説的改造》,《人文雜志》,2003年第6期,第129頁。又見雷戈:《道術爲天子合:後戰國思想史論》,河北大學出版社,2008年,第166—171頁。

可知秦襄公八年(前770)立西畤祭白帝,秦文公十年(前756)年立鄜畤亦祭白帝,秦宣公四年(前672)立密畤祭青帝,秦靈公三年(前422)立上、下畤祭黄帝、炎帝,秦獻公十八年[①](前367)復立畦畤祭白帝。據此材料,秦人六畤四帝之祭即月令系統的五色帝祭祀,本無疑義。然而除《封禪書》明確記載秦祭"五色帝"外,其餘材料多稱秦人所祭爲"上帝",遂引起學者懷疑,其中以田天的論述最具代表,其所駁者有五:

> 其一,秦人諸畤的祭祀對象是"上帝",祭祀性質爲郊祭。其二,……諸畤祭祀對象既爲"上帝",不可能同時爲"五帝"。其三,《史記》記秦人諸畤祭五色帝的文字,全在《封禪書》中,不見於《秦本紀》和《十二諸侯年表》。後者文字多來源於《秦記》,較爲可靠。……其四,《封禪書》對雍諸畤所祭諸帝的敘述存在諸多疑點。其五,秦代人對"五帝"已不陌生,若雍諸畤仍堅持祭"四帝",則殊不可解。[②]

田氏據此認爲秦人所祭並非"五色帝",其後牛敬飛對此進行了專門批評,認爲《封禪書》的記載應有所本,並推測是篇所記是"秦國逐漸祭祀五方色帝之歷程"。[③]

平心而論,牛氏對田天提出《秦本紀》之"上帝"與《封禪書》之"五色帝"記載的矛盾,並未做出有力澄清。實際上,田氏質疑的前提本身就極爲可疑,因爲秦祭五色帝的記載恰恰見於其所信任的《十二諸侯年表》,表中明載秦襄公八年"初立西畤,祠白帝",[④]《集解》引徐廣言"《年表》云'立西畤,祠白帝'",[⑤]可知《封禪書》所記無誤,但令人感到費解的是,這一極爲關鍵的材料多爲諸家忽略。然而據此認爲秦人所祭白、青、黄、炎四帝即月令系統之五色帝亦稍嫌未安,田氏提出"五方帝系統,是五人帝在陰陽五行説大盛之後,開始與五行相配而生的結果,而非分别單獨産生,最後組合而成的",因此當以五帝同祀的面貌出現,而不應像秦地諸畤一般陸續出現。[⑥]

考察早期相關記載,五帝同祀的確是更爲常見的祭祀模式,《史記・封禪書》云"晉巫祠五

---

① 《史記・六國年表》載秦獻公十七年"櫟陽雨金,四月至八月",《秦本紀》則稱"十八年,雨金櫟陽",時間略有牴牾,然據《封禪書》秦靈公作上、下畤後五十五年獻公作畦畤,則或以十八年較爲可信。

② 田天:《秦漢國家祭祀史稿》,生活・讀書・新知三聯書店,2015年,第32—33頁。

③ 牛敬飛:《被誇大的前郊祀時代——從〈秦漢國家祭祀史稿〉對史料的誤用説起》,《清華大學學報》(哲學社會科學版),2017年第1期,第80—82頁。

④ 《史記》(點校本二十四史修訂本)卷十四,中華書局,2014年,第670頁。

⑤ 《史記》卷五,第230頁。

⑥ 田天:《秦漢國家祭祀史稿》,第31頁。

帝、東君、雲中、司命、巫社、巫祠、族人、先炊之屬",[①]是晉有五帝之祭;《晏子春秋·諫上》載楚巫微勸齊景公致五帝之祀"以明君德",故景公命其齋於牛山,可知齊、楚的祭祀傳統乃五帝合祭;[②]《孔叢子·儒服》載子高告信陵君"祈勝之禮",稱"命勇謀之將以禦敵,先使之迎於敵所從來之方,爲壇,祈克乎五帝,衣服隨其方色,執事人數從其方之數,牲則用其方之牲",[③]《問軍禮》亦載孔鮒對陳涉言"戰之所在有大山川,則祈焉,禱克於五帝",[④]若《孔叢子》所記不誤,是魯、趙之軍禮亦祭五帝。此外,《周禮》太宰、掌次、大司徒、充人、小宗伯、司服、大司寇、小司寇所職掌均與祭祀五帝有關。

諸書所祭五帝,即《吕氏春秋·十二紀》《小戴禮記·月令》及《淮南子·天文訓》所言之大皞、炎帝、黄帝、少皞、顓頊,[⑤]此與《史記·封禪書》所記白帝(少皞)、青帝、黄帝、炎帝若合符節,可見二者聯繫緊密。然而,月令之五帝分屬春(木)、夏(火)、季夏(土)、秋(金)、冬(水)五時,構成一個完整的時間序列,秦畤四帝則是花費四百餘年才陸續建成的一個殘缺的系統(白帝三畤而黑帝無畤),其中的差異顯而易見。在不輕易否定《封禪書》可靠性的前提下,我們只能得出一個結論——即秦畤系統不是遵照五行學説建立的。[⑥]回到《史記》的記載可以發現,秦人早期祭祀五帝的邏輯非常清晰,即一方只祭一帝,《封禪書》稱"秦襄公既侯,居西垂,自以爲主少皞之神,作西畤,祠白帝",十六年後"文公夢黄蛇自天下屬地,其口止於鄜衍。文公問史

---

① 《史記》卷二八,第 1658 頁。

② 張純一撰,梁運華點校:《晏子春秋校注》卷一,中華書局,2014 年,第 35—38 頁。部分學者已發現《晏子春秋》所載意味著齊、楚早有五帝祭祀傳統。見饒宗頤:《中國史學上之正統論》,中華書局,2015 年,第 16—17 頁。又見徐興無:《讖緯文獻與漢代文化構建》,中華書局,2003 年,第 278 頁。

③ 傅亞庶:《孔叢子校釋》卷四,中華書局,2011 年,第 298 頁。

④ 傅亞庶:《孔叢子校釋》卷六,第 421 頁。

⑤ 關於月令系統,學界已有較多研究,此不贅述。值得注意的是,有學者提出《禮記·月令》出自《明堂陰陽》(據鄭玄《三禮目録》所引《别録》之文),與《周書·月令》類似,二者皆源自《鄒子》,屬於陰陽家的傑作。説見容肇祖:《〈月令〉的來源考》,《容肇祖集》,齊魯書社,1989 年,第 67—71 頁。王夢鷗亦認爲"五德終始"更近於《淮南子·時則訓》所敘月令(如孟春'盛德在木'、孟夏'盛德在火'之類),是種"透過五行相生原理"來安排"王者一年行政的綱領"。説見王夢鷗:《鄒衍遺説考》,台灣商務印書館,1966 年,第 54—56 頁。

⑥ 在現存的春秋時期文獻中並没有以五行配五方、五色的學説,《管子》中《幼官》《幼官圖》《輕重己》諸篇均未提及五行,《五行》篇五行僅與天干相配,至《四時》篇中五行才與五方、五色等元素相配伍,然五行在此仍是一組比較邊緣的元素。鄒衍五德終始説出現後五行才成爲這一圖式的核心元素,但其説到戰國末期才産生一定影響。見安子毓:《從五方五色到五德終始——論五行説核心之變遷》,《南京大學學報》(哲學·人文科學·社會科學版),2021 年第 4 期,第 68—72 頁。筆者曾考察戰國末期楚地辭人作品,發現其中展現出的宇宙圖式也並非五行體系,而是更爲古老的四時體系,説明不宜高估五行系統的影響。見羊凌霄:《從"四時"學説看宋玉"悲秋"主題》,《三峽大學學報》(人文社會科學版),2023 年第 2 期,第 24—26 頁。

敦,敦曰:'此上帝之徵,君其祠之。'於是作鄜畤,用三牲郊祭白帝焉",①不論是襄公"居西垂"抑或文公夢黄蛇"止於鄜衍",均是方位與帝色相對應,而黄蛇在此並非土德的祥瑞,而是作爲"上帝之徵"被史敦與文公認可,其中並無五行學説的色彩。换言之,在襄公立西畤祭少皞時,絶不可能預先規劃出月令五帝的系統,也不可能預料到後來會出現六畤四帝的格局,文公東獵至其祖地(汧渭之間)營建都邑,在靠近新邑處再立畤以便祭祀白帝,其邏輯與襄公一致。其後歷經文、寧、武、德四世共九十年,至宣公四年才作密畤祭青帝,又二百五十年後,靈公才立畤祭黄帝、炎帝。②其時間跨度過於漫長,至宣公、靈公之時,或已無法準確理解前代的祭祀體系,《秦駰禱病玉版》即稱"周世既叟(没),典灋(法)蘚(散)亡。惴惴小子,欲事天地、四亟(極)、三光,山川、神示(祇)、五祀、先祖,而不得氒(厥)方",③就説明了這種現象。

無論如何,宣公、靈公的祭祀確實變亂了早期畤祭簡明的對應關係,至獻公時(前 368)這種關係又有新的變化,《封禪書》載"櫟陽雨金,秦獻公自以爲得金瑞,故作畦畤櫟陽而祀白帝",此前周太史儋曾對獻公言"秦始與周合,合而離,五百歲當復合,合十七年而霸王出焉"。④太史儋之説與孟子五百年必有聖人出説及鄒衍的五德終始説極爲接近,且此時立畤的行爲也與具有五行色彩的"金瑞"聯繫起來。⑤這意味著原本的方位帝體系開始融入五行體系中,導致後人將宣公所立畦畤與早期的西畤、鄜畤混同起來。至此,秦人的畤祭模式才逐漸穩固,但六畤四帝的格局一方面與戰國新起的月令體系不相符合,另一方面也與早期一方配一帝的對應模式不同,這便是秦始皇引入五德説前所面臨的體系上的闡釋困境。

秦始皇引入五德説在秦並天下後(前 221),《封禪書》稱:

> 秦始皇既并天下而帝,或曰:"黄帝得土德,黄龍地螾見。夏得木德,青龍止於郊,草木暢茂。殷得金德,銀自山溢。周得火德,有赤烏之符。今秦變周,水德之時。昔秦文公出獵,獲黑龍,此其水德之瑞。"⑥

"或曰"之辭據後文可知乃"齊人"所奏,史稱"騶衍以陰陽主運顯於諸侯,而燕齊海上之方士傳

---

① 《史記》卷二八,第 1634 頁。

② 有學者推測青帝、黄帝、炎帝之祭與秦人對外擴張有關,可備一説。見徐興無:《讖緯文獻與漢代文化構建》,第 277 頁。

③ 轉引自李零:《秦駰禱病玉版的研究》,《中國方術續考》,中華書局,2006 年,第 345 頁。李零、李學勤等學者均以爲秦駰即秦惠文王,其説可從。

④ 《史記》卷二八,第 1642 頁。

⑤ 趙瀟:《論五德終始説在秦的作用和影響》,《齊魯學刊》,1994 年第 2 期,第 82 頁。

⑥ 《史記》卷二八,第 1643 頁。

其術不能通”，則此説乃方士進獻，溯其源流則始於鄒衍。齊人所奏之譜系爲：黄帝土德、夏木德、殷金德、周火德、秦水德，已與鄒衍之説有别，今較爲可信的鄒衍遺説出自《吕氏春秋・應同》，其稱“凡帝王者之將興也，天必先見祥乎下民”，故而“黄帝之時，天先見大螾大螻”，“禹之時，天先見草木秋冬不殺”，“湯之時，天先見金刃生於水”，“文王之時，天先見火，赤烏銜丹書集於周社”，此後“代火者必將水”但“水氣至而不知，數備，將徙于土”。①

《應同》所列之帝德譜系爲黄帝土德、禹木德、湯金德、文王火德，水德則暫付闕如，恰如楊權所稱是個“尚未完成一輪五德循環的帝德譜”，②與《史記》所載相比，除條列的瑞應有别和未定秦爲水德外，《應同》所載黄帝、禹、湯、文王均爲直承瑞應之王，多爲王朝開國之君，而《封禪書》除黄帝外，則將德運繫於夏、殷、周、秦，這是由於秦的瑞應繫於秦文公，按照《應同》之説“水氣至而不知”，則德運早已轉移，故而齊人所奏五德譜系主要突出不同王朝，將其作爲承接瑞應的主體，而大幅弱化了神聖君王的地位。然而齊人的這種處理尚未盡善盡美，故而又能看到另一種類似的五德譜系，即《淮南子》高誘注稱：“《鄒子》曰：‘五德之次，從所不勝。’故虞土，夏木，殷金，周火。”③此説又見於《文選・齊故安陸昭王碑文》李善注：“《鄒子》曰：五德從所不勝，虞土，夏木，殷金，周火。”④至清人倪璠注《周大將軍趙公墓誌銘》時又變作：“《鄒子》曰：‘五德從所不勝：虞土，夏木，殷金，周火，秦水。’”⑤高誘及李善所引皆稱“虞土”，故有學者疑心《應同》篇記載的黄帝土德並不可靠。⑥

“虞土”與黄帝土德確實互相矛盾，趙瀟以爲是黄帝到虞舜爲子孫相傳，故可看做一個朝代。⑦然而據五德終始理論，一個王朝的末期象徵著德運的衰竭，即秦始皇所稱“秦代周德，從所不勝”，故《應同》將德運繫於黄帝、禹、湯、文王，而不繫於虞舜、夏桀、殷紂。實際上，《淮南子・齊俗訓》之文並未明確提出德運轉移的理論，因而劉文典在點校高誘注時，審慎地未將“虞土”云云歸入《鄒子》本文，李善不得見《鄒子》原書，其注應是從高誘處轉引而致誤。虞、夏、商、周常作爲朝代名被提及，如《禮記・文王世子》引《記》曰“虞夏商周，有師保，有疑丞”，⑧《史記・五帝本紀》更直接説道“自黄帝至舜、禹，皆同姓而異其國號……帝舜爲有虞”。⑨虞這一朝

① 吕不韋著，陳奇猷校釋：《吕氏春秋新校釋》卷十三，上海古籍出版社，2002年，第682—683頁。

② 楊權：《五行相勝框架下的四個帝德譜》，《深圳大學學報》(人文社會科學版)，2007年第1期，第145—146頁。

③ 劉文典撰，馮逸、喬華點校：《淮南鴻烈集解》卷十一，中華書局，1989年，第358頁。

④ 蕭統編，李善注：《文選》卷五九，上海古籍出版社，1986年，第2561頁。

⑤ 庾信撰，倪璠注，許逸民校點：《庾子山集注》卷十五，中華書局，1980年，第1013頁。

⑥ 黄瑜、熊凱：《〈應同〉篇與鄒衍、後期墨家新論》，《重慶社會科學》，2006年第2期，第36—37頁。

⑦ 趙瀟：《論五德終始説對秦的影響——宗教政治學的一次歷史大實踐》，《宗教學研究》，1994年第1期，第13—14頁。

⑧ 《禮記正義》卷二十，北京大學出版社，2000年，第741頁。

⑨ 《史記》卷一，第53頁。

代作爲五德説的主體被凸顯，可説是對齊人五德譜的進一步完善。但高誘注有虞氏之祀“其服尚黄”時又提到“舜，土德也”，[①]明確地以舜來頂替黄帝在五德譜系中的標誌性地位，這當然是背離鄒衍學説的，有《應同》及《封禪書》可證。但這種譜系的出現並非偶然，而是涉及五德終始説與五帝祭祀的原生性矛盾。

五德説與五帝説有著千絲萬縷的聯繫，但又彼此矛盾，除前言提及的“天帝、人帝”與“相生、相勝”的問題外，二者在譜系上亦矛盾重重，此點爲前人較少關注。五德譜系是人間帝王的譜系，五帝譜系則是五方上帝的譜系，彼此原不相干。然而黄帝却被二者同時認定爲譜系中的一個重要環節，均是土德的象徵，這似乎意味著人間之王可化爲天上之帝，人帝譜系具有通向天帝譜系的可能。事實上諸多文獻的確是這樣認爲的，例如精研五德説的賈誼，便於《新書》中稱“穀食之法，固百以是，則至尊之壽，輕百年耳，古者五帝，皆踰百歲”，繼而提出“以此言信之，因生爲明帝，没則爲明神，名譽之美，垂無窮耳”。[②]是以五帝皆由“明帝”化爲“明神”。《孔子家語・五帝》篇的論述則更爲詳細：

> 孔子曰：“昔丘也聞諸老聃曰：‘天有五行，木火金水土，分時化育，以成萬物。其神謂之五帝。’古之王者，易代而改號，取法五行，五行更王，終始相生，亦象其義。故其爲明王者，而死配五行，是以太皞配木，炎帝配火，黄帝配土，少皞配金，顓頊配水。”……康子曰：“陶唐、有虞、夏后、殷、周獨不配五帝，意者德不及上古耶？將有限乎？”孔子曰：“……自太皞以降，逮于顓頊，其應五行而王，數非徒五，而配五帝，是其德不可以多也。”[③]

《家語》之説或受劉向、歆父子影響，已明顯將五帝譜系與五德譜系統合而爲一。[④]但同賈誼一

---

① 劉文典撰，馮逸、喬華點校：《淮南鴻烈集解》卷十一，第357頁。

② 賈誼撰，閻振益、鍾夏校注：《新書校注》卷一，中華書局，2000年，第30頁。

③ 高尚舉、張濱鄭、張燕校注：《孔子家語校注》卷六，中華書局，2021年，第341—346頁。

④ 《孔子家語・五帝》受“新五德理論”的影響體現在兩個方面：其一，將太皞、炎帝、黄帝、少皞與顓頊全部視作“易代而改號，取法五行”的五德譜系中的帝王，統一了月令體系與五德譜系；其二，稱“夏后氏以金德王”，“殷人用水德王”，“周人以木德王”，“堯以火德王”與“舜以土德王”，將原本不在五德譜系中的堯、舜納入其中。這一新譜系的特點是以“五行相生”的順序排列帝位，並標舉“堯後火德”。《漢書・郊祀志》明言“劉向父子以爲帝出於震”，“其後以母傳子，終而復始”，是以學界基本認可此説“要麼是劉向創立的，要麼是劉歆創立的”（楊權：《新五德理論與兩漢政治》，第131頁）。此外，詳考出土文獻，《五帝》篇既不見於阜陽雙古堆一號墓1號木牘與《家語》對應的22個章題，亦不在定州漢簡《儒家者言》與《家語》對應的十章之内，缺乏堅實的考古材料證明；與傳世文獻對勘，是篇乃雜抄《禮記・月令》《禮記・檀弓上》與《左傳・昭公二十九年》之文，凡其論“五德”之處，均爲諸書所無。此條經審稿專家提示引起筆者重視，特此表示感謝。需要强調的是，這僅能説明《五帝》篇部分内容年代較晚，要判斷整部《孔子家語》的年代尚需進一步的專門研究。

樣,《家語》也認爲五帝乃承接五德之運的人王所化,還進一步提出之所以殷、周等君王不能位列五帝,是因爲天帝之德只有五行而"不可多也",這對於考察秦始皇爲何堅持只立四帝之畤是個啓示(詳見下文)。據此可知,高誘注以虞舜來代替黄帝的土德,斬斷了天帝譜系與神王譜系的連接點,區分了天帝與神王的身份,但這種處理背離了戰國以來的實際情況,此其一。

其二,帝子理論的産生給兩個譜系帶來了新的矛盾。將人王認作天帝之子的起源很早,裘錫圭所舉上博簡《子羔》中已將禹、契、后稷視作"天帝之子"。①當帝子理論與五帝系統、五德學説結合後,就産生了帝子相剋導致德運轉移的説法,《封禪書》載:"高祖之微時,嘗殺大蛇。有物曰:'蛇,白帝子也,而殺者赤帝子。'……立爲漢王。因以十月爲年首,而色上赤。"②赤帝子斬白帝子的故事在《高祖本紀》中更爲詳細,學界對於這一傳説有許多不同看法,③但基本認可其説源自月令中的五色帝系統。令人疑惑的是,五色帝本依五行相生的順序分管時政,而赤帝子傳説却隱含"火勝金"的相勝意識,故楊權推測此傳説只繼承了月令系統的方位、顔色,而未繼承其五行生勝關係,乃"准火德制";④李培健更頗具新意地提出該傳説源自兵陰陽家"因五勝"思想,與月令系統乃至五德説均無關係。⑤實際上,四時除相生外亦可相勝,《黄帝内經·素問》中《金匱真言論》假"岐伯"言:"春勝長夏,長夏勝冬,冬勝夏,夏勝秋,秋勝春,所謂四時之勝也。"⑥此即相勝之説,只是並不按照四季推移的正常順序運行;而李氏關注到金、火背後的軍事含義,却忽略了帝子理論背後的天命轉移意味,稱白帝子、赤帝子,正意味著雙方承接了不同的德運。

更爲重要的是,帝子理論體現了一種簡明的對應關係,如火德即對應赤帝,這與秦人早期的畤祭邏輯一致,如此則一王只應祭祀一帝,以赤帝傳説爲例,白帝子既爲其所滅,固不當再祀白帝;而黑帝則是王朝未來的挑戰者,亦不應受祀。但雍地四畤與月令五帝的傳統早已成爲既定的歷史現實,由此,在將五德説引入月令系統時便産生了新的矛盾。因此,黄帝的錯位以及對應關係的混亂,便成爲秦漢帝王引入五德説時所面臨的結構性問題,許多看似不合常規的設置(如不祭黑帝或標舉太一)恰恰反映了各個時期爲彌合兩個系統的不同考量。

---

① 裘錫圭:《新出土先秦文獻與古史傳説》,《裘錫圭文集》(第五卷),第261—263頁。

② 《史記》卷二八,第1657頁。

③ 顧頡剛即認爲劉邦爲赤帝子、秦爲白帝子之説是西漢末期的僞竄,見顧頡剛:《五德終始説下的政治和歷史》,《古史辨》(第五册),第492—500頁。錢穆、徐興無、楊權等學者多不認同這種觀點。

④ 楊權:《新五德理論與兩漢政治》,第112—114頁。

⑤ 李培健:《"漢高斬蛇"故事新解——兼論歷史故事研究的方法論》,《史林》,2015年第4期,第46—48頁。

⑥ 郭靄春:《黄帝内經素問校注》,中國中醫藥出版社,2021年,第47頁。

二、"西皇之使"與"黑帝"的缺位

秦地六畤四帝的祭祀格局有轉變爲月令五帝模式的潛質，此當爲嬴政所熟知。《史記·秦本紀》載秦昭襄王五十四年（前253）"郊見上帝於雍"，①此即《封禪書》所稱"唯雍四畤上帝爲尊……秦以冬十月爲歲首，故常以十月上宿郊見"的雍地四畤祭祀，②四畤系統將西畤、密畤排除在外，使得白、青、黄、赤各據其一，這種格局已經很接近月令系統的五帝模式，顯示出昭襄王試圖以月令系統整合秦地畤祭傳統的意圖。③其後吕不韋召集門客著《吕氏春秋》，其成書年代雖略有争議，④但确定在秦王政八年（前239）時已完成，《十二紀》月令系統作爲全書核心，已廣爲秦人所知，而記載了五德説的《有始覽·應同》篇，即使依照陳奇猷推測是"遷蜀後所作"，⑤至遲也不會超過秦王政十二年。也就是説，無論是月令五帝系統還是五德終始理論，早在秦始皇兼併六國前已傳入秦地成爲極其重要的思想資源，嬴政完全有條件同劉邦一樣自認爲水德並"立黑帝祠"，將畤祭與德運對應起來，而不必等到齊人於十餘年後進言。因此，嬴政不立黑帝祠並非是對月令系統感到陌生，而應有著更深的考慮。

秦自襄公時立西畤祭白帝，此後文公、獻公亦立新畤祭之，故劉邦起兵時造作赤帝子斬白帝子傳説，以秦始皇爲白帝之子。學者多以秦爲水德，應屬黑帝子，故劉邦之説爲無稽之談。但甚爲可怪的是文獻中確有嬴政與白帝相關的記載，《淮南衡山列傳》記伍被之言：

> 昔秦絶聖人之道，殺術士，燔《詩》《書》……又使徐福入海求神異物，還爲僞辭曰："臣見海中大神，言曰：'汝西皇之使邪？'臣答曰：'然。''汝何求？'曰：'願請延年益壽藥。'神曰：'汝秦王之禮薄，得觀而不得取。'……"秦皇帝大説，遣振男女三千人，資之五穀種種百工而行。徐福得平原廣澤，止王不來。⑥

據裘錫圭考證，"《楚辭》中兩見'西皇'之稱，《離騷》説'詔西皇使涉予'，《遠遊》説'遇蓐收乎西

---

① 《史記》卷五，第274頁。

② 《史記》卷二八，第1655頁。

③ 徐興無：《讖緯文獻與漢代文化構建》，第277—278頁。

④ 争論焦點是"維秦八年"指秦王政六年（前241）還是八年，參見[日]青山大介：《從思想史的角度來分析秦國改曆——〈吕覽〉成書年代與顓頊曆》，《國學論衡》，第八輯，社會科學文獻出版社，2020年，第131—136頁。

⑤ 陳奇猷：《吕氏春秋成書的年代與書名的確立》，吕不韋著，陳奇猷校釋：《吕氏春秋新校釋》，第1888頁。

⑥ 《史記》卷一一八，第3750—3751頁。

皇'"(聞一多先倡此説),後者"當然是指西方帝少皞的"。①徐福自認爲"西皇"使者,則是以嬴政爲白帝。

此外,始皇帝還曾親獲金瑞,《漢書·五行志》載秦始皇二十六年(前221):"有大人長五丈,足履六尺,皆夷狄服,凡十二人,見于臨洮。……是歲始皇初并六國,反喜以爲瑞,銷天下兵器,作金人十二以象之。"②作金人之事又見《史記》之《秦始皇本紀》《陳涉世家》及《六國年表》,《六國年表》稱:"二十七,更命河爲'德水',爲金人十二,命民曰'黔首',同天下書,分爲三十六郡。"③係其事於秦始皇二十七年,與《五行志》略有不同,但其將鑄造金人之事與改名"德水"及命民"黔首"並列,顯然將其視作配合秦始皇推演"終始五德之傳"的措施之一。又據《太平御覽》引《秦紀》:"始皇東遊,望氣者云:'五百年後金陵有天子氣。'於是始皇東遊以厭之,改金陵爲秣陵,塹之以絶其氣。"④秦始皇改金陵爲秣陵,或亦有防止其與自身金瑞相衝的考慮。

秦始皇稱西皇、改秣陵,均與其獲金瑞有關,這給予我們幾方面的啓示:其一,秦人歷來有祭祀白帝的傳統,而秦始皇也的確試圖發展自身與金德的聯繫,加上金陵本爲楚武王所置,嬴政改金陵爲秣陵之事更易被劉邦知悉,故而促使劉邦造作出赤帝子斬白帝子之説。另外楚地本有南方出帝之説,范增曾引楚南公"楚雖三户,亡秦必楚"之論,《漢書·藝文志》將《南公》三十一篇繫於陰陽家,亦鄒衍之流裔,其説已有南方帝的意味,而始皇帝常以"東南有天子氣"故"因東游以厭之",⑤更增强了這種傳聞的可信度,從而導致民間對秦朝德運的認識與官方錯位。

其二,嬴政以水德之王自命爲西皇,雖是强爲遷合,但可見始皇帝的確有由人王轉化爲天帝的企圖,這從其兼併天下後的一系列舉措中均可看出,如西嶋定生提到秦始皇採用的"皇帝"稱號有天帝之義,其建造的"極廟"與阿房宫均"再現了天極及以天帝爲中心的星象世界",象徵"皇帝正是下凡的天帝"。⑥此外,值得注意的是方士群體在秦漢幾次重要的德運論争中均發揮了重要作用,例如向嬴政進獻水德説的齊人,文帝時的公孫臣、新垣平以及武帝時的公孫卿等

---

① 裘錫圭:《"東皇太一"與"大龕伏羲"》,《裘錫圭學術文集》(第二卷),第549頁。裘氏因疑《遠遊》非屈原之作,故認爲《離騷》中"西皇"並非《遠遊》之"西皇",然據力之師考證,《遠遊》爲屈原之作無疑,見力之:《〈遠遊〉之"韓衆"必先於屈原——兼論〈遠遊〉的作者問題》,《中州學刊》,2019年第4期,第146—147頁;又參力之:《用詞彙史鑒定法斷〈遠遊〉非屈作之問題種種》,《河南師範大學學報》(哲學社會科學版),2019年第3期,第92—98頁。退一步説,即使《離騷》所指"西皇"並非少皞,徐福所稱"西皇"亦當與《遠遊》同。

② 《漢書》卷二七,中華書局,1964年,第1472頁。

③ 《史記》卷十五,第907頁。

④ 李昉等:《太平御覽》卷十五,中華書局,1960年,第74頁。

⑤ 《史記》卷八,第444頁。

⑥ [日]西嶋定生:《秦漢帝國:中國古代帝國之興亡》,社會科學文獻出版社,2017年,第35—36頁。

人。然而按照《封禪書》之説，燕齊方士熱衷的是"形解銷化，依於鬼神之事"，但却又傳鄒衍"陰陽《主運》"之術，以修仙爲目的的方士却始終對五德終始這一政治理論抱有濃厚興趣，這意味著五德説與神仙學説有著某種聯繫。考察秦漢時期方士所進獻的改德與修仙之論，往往前後踵至，相爲表裏。過去由於没有意識到五德譜系向五帝譜系遷移的可能，使得這種聯繫被長期塵埋。實際上，方士所進之"五德説"往往與帝王修仙相關，秦始皇二十八年(前 219)齊地方士徐福等人在嬴政改德獲瑞的次年即"上書，言海中有三神山，名曰蓬萊、方丈、瀛洲，仙人居之。請得齋戒，與童男女求之"，①據前引伍被之言，徐福自認爲"西皇之使"博得始皇大悦，始皇大費周章地再次發船入海，就是爲了使自己由人間的"西皇"化作天上的"白帝"，而方士所掌握的便是使人王化作天帝的方法。這點在武帝時期更爲明顯，李少君、公孫卿與公王帶等人連番向武帝進獻黄帝神話，就是爲了迎合"漢當土德"的五德學説，進而鼓動武帝效法黄帝"仙登於天"，改换德運成了登仙的一個先決條件。②

通過神仙學説，方士將五德説與五帝體系部分地聯接了起來。但仍有問題需要進一步解釋，即始皇帝分明是定秦爲水德，何以却要成爲西皇。這個問題早已引起古人關注，《宋書》引史臣之論，稱：

> 張蒼則以漢水勝周火，廢秦不班五德。賈誼則以漢土勝秦水，以秦爲一代。……難者云："漢高斷蛇而神母夜哭，云赤帝子殺白帝子，然則漢非火而何？"斯又不然矣。漢若爲火，則當云赤帝，不宜云赤帝子也。白帝子又何義況乎？蓋由漢是土德，土生乎火，秦是水德，水生乎金，斯則漢以土爲赤帝子，秦以水德爲白帝子也。
>
> 難者又曰："向云五德相勝，今復云土爲赤帝子，何也？"答曰："五行自有相勝之義，自有相生之義。不得以相勝廢相生，相生廢相勝也。相勝者，以土勝水耳；相生者，土自火子，義豈相關。"③

"難者"在此提出兩個問題：其一，高祖身爲赤帝子何以漢不爲火德？史臣認爲"赤帝"與"赤帝

① 《史記》卷六，第 317 頁。

② 《史記·曆書》載："至今上即位，招致方士，唐都分其天部，而巴落下閎運算轉曆……因詔御史曰：'……蓋聞昔者黄帝合而不死，名察度驗，定清濁，起五部，建氣物分數。然蓋尚矣。書缺樂弛，朕甚閔焉。朕唯未能循明也，紬績日分，率應水德之勝。……'"水德之勝即土德(見《集解》引徐廣注)，武帝詔書中"合而不死"的黄帝與獲得"土德"的黄帝顯然是一致的，其源自公孫卿等方士主張的神仙學説。關於武帝時期方士造作黄帝神話的詳情，可參看筆者《漢武帝時期方士與文學》第三章第二節《影射的同構：黄帝升天神話》，廣西師範大學碩士學位論文，2022 年，第 50—55 頁。

③ 《宋書》卷十二，中華書局，1974 年，第 259—260 頁。

子"不同,赤帝對應的是火德,赤帝子則對應土德,白帝子則對應水德;其二,王朝既然以相勝爲次序,何以帝子理論又依照相生理論運行?史臣認爲相生、相勝是兩套邏輯,可並行不悖。史臣之論試圖建立一套新的天帝與人王的更迭系統,即每個王朝的開創者均是天帝之子,須向天帝領受天命,如土德王爲赤帝之子、水德王爲白帝之子,這套體系是相生的;另一方面,每個王朝的德運又恰好是克制前代德運的,如秦水克周火、漢土克秦水,其體系是相勝的。這樣就形成了天帝迭相生而人王迭相勝的循環模式,避免了神權之間的分裂,也使得五帝同祀成爲可能。依此理論,則秦始皇的確爲黑帝,同時亦是白帝子。

然而徵諸史籍,此種説法雖極爲精巧却不盡可靠。首先,帝子理論並不一定遵循天帝迭相生的邏輯,其僅是劉邦起兵初期爲神化自身而創造的傳言,劉邦在繼承秦之水德後亦未再自認爲白帝子,而是爲黑帝立祠,這表明帝子和德運在其心中是相互對應的。①其次,嬴政也從未自稱爲白帝子,而是自詡西皇,依照史臣"漢若爲火,則當云赤帝"的邏輯,秦稱西皇則當金德,此亦與秦之水德不合。實際上,這涉及德運説與祥瑞説的矛盾,即秦始皇雖親獲金瑞,但五德的運轉已定格至水德,黄帝土德、禹木德、湯金德、文王火德的序列早已確定。故而以秦文公獲黑龍爲祥瑞並定秦爲水德,是始皇根據五德説做出的官方决策,具有政治上的絶對權威;而自認西皇則隱含著始皇的私慾,更多是一種個人意圖。因此,徐福自稱西皇之使、劉邦稱秦爲白帝子,均是根據秦始皇展現的私人意圖而提出的説法,並不能代表秦帝國的官方態度。

秦始皇曾獲金瑞並希望成爲西皇,但由於金德已歸屬殷朝且秦地本有白帝祭祀,故而在構築官方德運歸屬時只能遵照齊人之説將秦定爲水德,此即《史記·秦始皇本紀》所稱:

> 始皇推終始五德之傳,以爲周得火德,秦代周德,從所不勝。方今水德之始,改年始,朝賀皆自十月朔。衣服旄旌節旗皆上黑。數以六爲紀,符、法冠皆六寸,而輿六尺,六尺爲步,乘六馬。更名河曰德水,以爲水德之始(治)。剛毅戾深,事皆决於法,刻削毋仁恩和義,然後合五德之數。於是急法,久者不赦。②

可見秦爲水德是秦代的官方定調,如果説自詡西皇隱含嬴政的私心,那麼定秦爲水德與不祭黑帝則體現了始皇帝公諸朝野的正式態度。前章論及,五德説與五帝祭祀存在内生性矛盾,五色

① 《五行大義》亦稱"木王則蒼帝之子,火王則赤帝之子,土王則黄帝之子,金王則白帝之子,水王則黑帝之子",可證此説。(蕭吉:《五行大義》卷二一,中華書局,2022 年,第 314 頁。)

② 《史記》卷六,第 306 頁。辛德勇據宋人蘇轍《古史》,將句中"之始"改爲"之治",可從。見辛德勇:《〈史記〉續校之〈秦始皇本紀〉》,辛德勇自述(https://mp.weixin.qq.com/s/SIH5EeunkKi3_MJrs0Gu5A),2022 年 3 月 18 日。

帝的祭祀由原先的一方祭祀一帝的簡明對應模式趨向混亂，而德運與王朝之間仍保持了簡明的對應關係。爲了彌合二者的矛盾，嬴政構建了一種新的對應方式，即通過黑帝的缺位來彰顯自身的黑帝身份，時祭的邏輯就變成了某德不祭某帝，但祭其他四帝。因此，需要從幾方面重新認識何焯“秦自以水德，當其一也”的説法。

首先，秦代周德，推行了一系列的制度變革，顧頡剛認爲這是“中國歷史上第一次用了五德終始説而制定的制度”，包括德運、正朔、服色、度數、音律及政術六個部分。①依顧氏推測，則這套制度即鄒衍爲五德説設計的“禨祥度制”（《史記・孟子荀卿列傳》），然徵諸典籍，這些制度反似源自月令系統，《吕氏春秋・十二紀》中相關材料如下：

德運：太史謁之天子，曰：“某日立冬，盛德在水。”（《孟冬紀》）

正朔：孟冬之月，日在尾。（高誘注：孟冬，夏之十月。尾，東方宿，燕之分野。是月，日躔此宿）（《孟冬紀》）

服色：天子居玄堂左个，乘玄輅，駕鐵驪，載玄旂，衣黑衣，服玄玉。（《孟冬紀》）

音律、度數：其音羽，律中應鐘，其數六。（《孟冬紀》）其音羽，律中黄鐘，其數六。（《仲冬紀》）其音羽，律中大吕，其數六。（《季冬紀》）

政術：1.（是月也）察阿上亂法者則罪之，無有揜蔽。2.工有不當，必行其罪，以窮其情。3.以爲天子取怨于下，其若有此者，行罪無赦。4.其有侵奪者，罪之不赦。5.可以罷官之無事者，去器之無用者。塗闕庭門閭，築囹圄，此所以助天地之閉藏也。（《孟冬紀》《仲冬紀》）②

《吕覽》之説，又略見《禮記・月令》《淮南子・天文訓》及《時則訓》等篇。月令系統之德運、正朔、服色、度數與政術與始皇帝所推行的“水德之治”幾無二致，以冬之水德爲運，以十月爲正，服色尚黑，以六爲紀，其政尚法，其中諸多“无赦”“不赦”之辭，正體現了秦政“事皆決於法，刻削毋仁恩和義”的特點。

月令系統旨在規定王者一年的行政綱領，亦即虎溪山漢簡《閻昭》所稱“舉事能謹順春秋冬夏之時，舉木、水、金、火之興而周還之，萬物皆興，歲乃大育，年讎（壽）益，民不疾役（疫），强國可以廣地，弱國可以柳强適”。③始皇帝明顯是將月令系統孟冬、仲冬、季冬三季的行政原則嫁接到五德説中，並使其擴充爲整個朝代的國家綱領，這正是其試圖彌合五德説與五帝系統的表現。而《吕覽》明言三冬之月“其帝顓頊”，高誘注稱“顓頊，黄帝之孫，昌意之子，以水德王天下，

---

① 顧頡剛：《五德終始説下的政治和歷史》，《古史辨》（第五册），第425—429頁。

② 吕不韋著，陳奇猷校釋：《吕氏春秋新校釋》卷十、十一、十二，第522、574、622、522、523、575頁。

③ 湖南省文物考古研究所編著：《沅陵虎溪山一號漢墓》，文物出版社，2020年，第123頁。

號高陽氏，死祀爲北方水德之帝"。①可知施行冬政者即顓頊，而始皇帝推行同樣的制度，自然有代黑帝行政的意涵在内，故其不祭黑帝正是以己當之。

其次，秦始皇自命爲西皇、建極廟，可見其有成爲天帝的企圖。然此更多是迎合始皇帝私心的舉措，以黑帝自居才是嬴政展現的官方態度。《孔子家語》稱"自太皞以降，逮于顓頊，其應五行而王，數非徒五，而配五帝，是其德不可以多也"，天之五德其數有限，既然嬴政要由水德之王成爲新的黑帝，自然就需要黑帝之位空缺，以留待自己填補，秦地無黑帝祠的現況恰好符合始皇意圖，故其未再做出變動。而嬴政自命爲黑帝後便再未親至雍地舉行畤祭，或是以此表明地位的平等。

此外，《東觀漢記》記載的一段話亦使人深省：

> 自漢草創德運，正朔服色未有所定，高祖因秦，以十月爲正，以漢水德，立北畤而祠黑帝。……議者曰："昔周公郊祀后稷以配天，宗祀文王以配上帝。圖讖著伊堯赤帝之子，俱與后稷並受命而爲王。漢劉祖堯，宜令郊祀帝堯以配天，宗祀高祖以配上帝。"有司奏議曰："追跡先代，無郊其五運之祖者。故禹不郊白帝，周不郊帝嚳。"②

提到帝王不郊祀"五運之祖"的問題，並舉了"禹不郊白帝"與"周不郊帝嚳"二例。此雖以禹爲金德、以周爲木德，是受劉向、歆父子"新五德説"影響，但畤祭與郊祀的性質相似，《封禪書》載"唯雍四畤上帝爲尊……故常以十月上宿郊見"，是以畤祭爲郊祭，《吕不韋列傳》稱始皇九年（前238）"上之雍郊"，③更是嬴政直接舉行郊祀的記録。因此，嬴政不祭黑帝顓頊似亦符合郊祀傳統，因舊的五運已由新運替代。④

三、土德改制與標舉"太一"

《史記·曆書》載："漢興，高祖曰'北畤待我而起'，亦自以爲獲水德之瑞。雖明習曆及張蒼

① 吕不韋著，陳奇猷校釋：《吕氏春秋新校釋》卷十，第524頁。

② 吴树平校注：《東觀漢記校注》卷一，中華書局，2008年，第8頁。

③ 《史記》卷八五，第3050頁。

④ 唯《漢記》討論的是以先祖配天的情況，未論及先祖即天帝時的處理方式，故此問題尚需進一步研究。古人祭天即祭天帝，故衛宏《漢舊儀》稱："凡聖王之法，追祭天地日月星辰山川萬神，皆古之人也，能紀天地五行氣，奉其功以成人者也。故其奉祀，皆以人事之禮，食之所食也，非祭食天與土地、金、木、水、火、土、石也。"（孫星衍等輯：《漢官六種》，中華書局，1990年，第99頁。）

等,咸以爲然。"①劉邦以秦無北畤爲瑞,祭黑帝以承接秦之水德,就此完成了德瑞、畤祭與德運的統一。由是,秦始皇所構建的對應關係被再次打破,新的畤祭體系進一步接近流行的月令系統,因其本就源自劉邦"吾聞天有五帝"的通俗之説,德運與畤祭的對應關係也變爲一德祭五帝。然自高祖定漢爲水德後,社會上始終湧動著一股改换土德的思潮,其中又有兩支力量作爲此思潮之主導,一爲儒生,一爲方士。二者通過不同的路徑重構了五德説的内核,最終促成了土德改制。

在文帝即位之初,賈誼便"以爲漢興二十餘年,天下和洽,宜當改正朔,易服色制度,定官名,興禮樂。乃草具其儀法,色上黄,數用五,爲官名悉更,奏之",②此是儒生首倡土德改制。而文帝十四年(前166)魯人公孫臣又進言"始秦得水德,今漢受之,推終始傳,則漢當土德,土德之應黄龍見。宜改正朔,易服色,色上黄",③其後趙人新垣平參與其中,亦"頗言正曆服色事",④這是方士進土德之説。臣、平之流並非獨自推動改制,而是"與諸生申明土德,草改曆服色事",⑤可見文帝朝的第二次土德改運,實際上是由儒生與方士共同推動的。但由於新垣平僞造祥瑞事敗露,此事也就此擱置。此後,直到武帝太初元年(前104),公孫卿等方士才又推動太初改曆,故武帝詔御史言:"蓋聞昔者黄帝合而不死,名察度驗,定清濁,起五部,建氣物分數。然蓋尚矣。書缺樂弛,朕甚閔焉。朕唯未能循明也,紬績日分,率應水德之勝。……其更以七年爲太初元年。"⑥而同時期的倪寬、司馬遷等均"猶從土德",⑦支持由方士主導的改德活動。正是在雙方共同努力下,土德才最終成爲西漢的法定德運。

過去學界一般認爲這一曠日持久的德運之争,其實質是要重塑漢家的正統性,爲劉氏的統治提供法理支持。這種認識有其道理,但尚未深入五德説的政治内核,五德説所含括的德運、正朔、服色、度數、音律與政術六個方面,真正能對各階層切身利益産生巨大衝擊的只有"政術"一項。秦政那種"刻削""戾深"的特點,在漢初士人的心中留下深刻的陰影,如陸賈《新語·無爲》稱"秦始皇設刑罰,爲車裂之誅……非不欲治也,然失之者,乃舉措太衆、刑罰太極故也",⑧賈誼亦言"秦王置天下於法令刑罰,德澤亡一有,而怨毒盈於世,下憎惡之如仇讎",⑨身爲方士的伍被亦以"秦爲無道,殘賊天下,殺術士,燔《詩》《書》,滅聖跡,棄禮義,任刑法",以致"父不寧子,兄不安弟,政苛刑慘,民皆引領而望,傾耳而聽,悲號仰天,叩心怨上,欲爲

①④⑥ 《史記》卷二六,第1505頁。
② 《漢書》卷四八,第2222頁。
③ 《史記》卷二八,第1661頁。
⑤ 《漢書》卷二五,第1213頁。
⑦ 吴树平校注:《東觀漢記校注》卷一,第8頁。
⑧ 王利器校注:《新語校注》卷四,中華書局,1986年,第71頁。
⑨ 《漢書》卷四八,第2253頁。

亂者,十室而八"。[①]此類反思,可謂不勝枚舉,因而漢初各家在推出新的德運理論時,五德之治便是一個不得不嚴肅考慮的問題。

事實上,鄒衍很可能並未留下五德之治的具體措施,秦始皇所推行的水德之治,均是從月令系統中轉出,其思想内核更是源自法家。這種理論核心的空洞化,使得後世可以藉助五德説的外衣,來根據不同需求構建出新的施政綱領。自文帝時就有儒生賈誼、方士公孫臣及新垣平試圖對舊有的五德説進行改造,賈誼採取的方法是用儒家的禮樂制度,來填補五德説中的政術缺位,即其所稱"改正朔,易服色制度,定官名,興禮樂"中的"興禮樂",通過推動土德改運來達到"興禮樂"的目的,才是賈誼真正的政治意圖。因此縱觀《新書》,於德運之論幾不著一辭,對朝代興衰與時政得失却做了大量總結,《新書·大政下》稱"故民之治亂在於吏,國之安危在於政。故是以明君之於政也慎之,於吏也選之,然後國興也",[②]《脩政語上》亦言"故人主有欲治安之心而無治安之政者,雖欲治安顯榮也,弗得矣",[③]賈誼意識到政術對於國家至關重要,是以其在《數寧》篇言:

> 自禹以下五百歲而湯起,自湯已下五百餘年而武王起。故聖王之起,大以五百爲紀。自武王已下過五百歲矣,聖王不起,何怪矣。及秦始皇帝似是而卒非也,終於無狀。及今,天下集於陛下,臣觀寬大知通,竊曰足以操亂業,握危勢,若今之賢也。[④]

此論聖王,言及禹、湯、武王、秦始皇及漢文帝,與五德説有關。賈誼認爲此時形勢極爲嚴峻,譬若"抱火措之積薪之下而寢其上",故而希望文帝肩負起聖王之責扭轉危局。而爲治之首,便是建立"馳騁鐘鼓之樂",其後則要使諸侯"附親軌道,致忠而信上"、令匈奴與"四荒"之民"鄉風慕義,樂爲臣子",涉及一系列内政外交的設想。

由此可見,賈誼"興禮樂"的背後,是欲藉此革除弊政,提振君權,而非建立一個空洞的合法性,李源澄已發現賈誼"改制之實在於更化",[⑤]是以引起绛侯周勃、灌嬰、東陽侯張相如及御史大夫馮敬等軍功階層的激烈反對。而公孫臣等重提土德改制時,文帝使"博士諸生刺《六經》中作《王制》",時任丞相的張蒼再次與其針鋒相對,甚至把災異視爲祥瑞,提出"河決金堤"是水德之符這樣荒謬的説法。董仲舒據五德説創三統説,其意更爲明晰,《春秋繁露》首卷即云:"受命

① 《漢書》卷四五,第 2171—2172 頁。
② 《新書校注》卷九,第 348 頁。
③ 《新書校注》卷九,第 362 頁。
④ 《新書校注》卷一,第 30 頁。
⑤ 李源澄:《秦漢史》,商務印書館,1947 年,第 47 頁。

之君，天之所大顯也。……故必徙居處、更稱號、改正朔、易服色者，無他焉，不敢不順天志而明自顯也。若夫大綱、人倫、道理、政治、教化、習俗、文義盡如故，亦何改哉？故王者有改制之名，無易道之實。"①董氏認爲居處、稱號、正朔、服色云云，不過是虚名，真正重要的是儒家的倫理精神與政治教化，這些是不可更改的，並最終需要通過"制禮作樂以成之"，來彰顯治國功業的完成，可見董仲舒亦是借改制之名推行儒家的禮樂制度。

方士群體是推動改制的主力，其採取了一種新的方式來構建土德之治。據《吕覽》《史記》諸書記載，第一任土德的歸屬者是"黄帝"，也是《史記・五帝本紀》唯一提及德運歸屬的帝王，稱其"有土德之瑞，故號黄帝"。②方士構建土德之治的方法是向武帝進獻黄帝神話，元鼎四年（前113）秋，公孫卿先後向武帝進獻"札書"與"鼎書"，"鼎書"中論及黄帝之治是："黄帝且戰且學仙。患百姓非其道者，乃斷斬非鬼神者。百餘歲然後得與神通。黄帝郊雍上帝，……鼎既成，有龍垂胡顤下迎黄帝。黄帝上騎，群臣后宫從上者七十餘人，龍乃上去。"③公孫卿提出"黄帝且戰且學仙"，將戰争與神仙視作土德之治的核心，而武帝也"欲放黄帝以上接神仙人蓬萊士，高世比德於九皇，而頗采儒術以文之"。④元封七年（前104）十二月，公孫卿等方士又"多言古帝王有都甘泉者"，⑤引得武帝"朝諸侯甘泉"，並在此營建諸侯府邸，而甘泉正是公孫卿前所言"黄帝接萬靈明廷"之處，可見武帝此舉仍是效法黄帝，在甘泉大會諸侯後，武帝便於本年夏改元太初，並改德運爲土。⑥

方士通過構建黄帝故事，使武帝在各方面不斷向黄帝靠攏，但是方士群體並未將黄帝奉爲畤祭系統中的最高神，背離了漢初以來畤祭與德運對應的原則。月令系統定土爲中央，本有尊崇的"土"的含義，董仲舒便稱"五行莫貴於土。土之於四時無所命者，不與火分功名"，黄帝本身便具備成爲最高神的潛力。⑦但自謬忌奏祠太一方，稱"天神貴者太一，太一佐曰五帝"後，太一逐步凌駕於黄帝之上，並於武帝立泰畤祭天後，成爲漢代國家祭祀體系中的最高神。

關於太一的問題，學界已有較多研究。⑧一般認爲，武帝標舉太一來建立新的國家祭祀體

① 蘇輿撰，鍾哲點校：《春秋繁露義證》卷一，第18—19頁。
② 《史記》卷一，第7頁。
③ 《史記》卷二八，第1674頁。
④ 《史記》卷二八，第1678頁。
⑤ 《史記》卷二八，第1683頁。
⑥ 此次改曆的細節可參看郭津嵩：《公孫卿述黄帝故事與漢武帝封禪改制》，《歷史研究》，2021年第2期，第93—106頁。
⑦ 蘇輿撰，鍾哲點校：《春秋繁露義證》卷十，第316頁。
⑧ 其要者如錢寶琮：《太一考》，《錢寶琮科學史論文選集》，科學出版社，1983年，第207—264頁；葛兆光：《衆妙之門——北極與太一、道、太極》，《中國文化》，1990年第2期，第46—65頁；李零：《"太一"崇拜的考古研究》，《中國方術續考》，中華書局，2006年，第158—181頁。

系，其用意是建立大一統的神權，以此來强化漢帝國一統天下的合法性，恰如成祖明先生所説，這一祀典的建立"標誌著戰國秦漢以來道家和陰陽家所提出的新天道觀和五行學與國家宗教祀典合一，成爲帝國的信仰。在這一信仰中，不再强調人間帝王與皇天上帝之間宗法血緣關係或是靠累世功德建立關係，而是强調宇宙秩序（五行流轉）在現實政治中的體現，爲大漢布衣取天下找到神聖的天命信仰依據"。[①]换言之，太一祭祀的建立更爲注重的是其在統攝神權上的象徵意義。

而在政治層面上，作爲上帝象徵的"太一"，在武帝時期所發揮的實際作用却與"黄帝"相似，公孫卿將黄帝之治定爲"且戰且學仙"，太一的主要職能也圍繞著這兩點展開：首先是"戰"的方面。元鼎五年（前 112）秋，武帝將伐南越，便"告禱太一。以牡荊畫幡日月北斗登龍，以象太一三星，爲太一鋒，命曰'靈旗'。爲兵禱，則太史奉以指所伐國"，[②]太一在此被視作兵神，饒宗頤據馬王堆出土的《太一出行圖》也指出"太一將行"有"用兵"之義，[③]這便與黄帝的兵神地位相符；其次是"仙"的方面，太一具有輔助帝王成仙的功能，齊人少翁曾營建甘泉宫，於宫中"畫天、地、太一諸鬼神，而置祭具以致天神"，即畫太一來感召天神。太初改曆前夕，武帝亦先"以十一月甲子朔旦冬至日祠上帝明堂"，稱"天增授皇帝太元神策，周而復始。皇帝敬拜太一"，而後才奔赴海上"考入海及方士求神者"。[④]其後王莽引《紫閣圖》，更稱"太一、黄帝皆仙上天，張樂崑崙虔山之上"[⑤]，"太一、黄帝皆得瑞以仙"，[⑥]將太一與黄帝登仙之事並舉。在實質的政治含義上，太一基本繼承了公孫卿爲黄帝擬定的政治内容，可謂復刻的黄帝，從而避免了其對實際政治産生太大干擾，由是就形成了崇土德而尊太一的格局。

通過以上研究，可知各方推動土德改制的目的，在於借機推行"土德之治"。然而更深層地看，儒生、方士之所以會在武帝時如此積極地推動五德説的改制，是因爲其敏鋭地察覺到武帝之政有向法家政治轉化的趨勢，而此時漢朝的法定德運仍是水德，這就給武帝推行與秦政類似的苛政帶來潛在的法理依據。武帝即位以來就實行著"外事四夷，内興功利"的政治、軍事戰略，使得國家財政承受了極大負擔，同時各種自然災害的頻發，也導致這種負擔進一步加劇，楊振紅統計景帝中元三年（前 147）至宣帝神爵元年（前 61）的災害記録，發現這 87 年間共有各類

---

① 成祖明：《内部秩序與外部戰略：論〈輪台詔〉與漢帝國政策的轉向》，《清華大學學報》（哲學社會科學版），2016 年第 2 期，第 146 頁。

② 《史記》卷二八，第 1676 頁。

③ 饒宗頤：《圖詩與辭賦——馬王堆新出〈大一出行圖〉研究》，《新美術》，1997 年第 2 期，第 5 頁。

④ 《史記》卷二八，第 1682 頁。

⑤ 《漢書》卷九九，第 4154 頁。

⑥ 《漢書》卷九九，第 4160 頁。

災害55次,其中“旱、蝗災發生最爲頻繁,尤以武帝末年最爲嚴重”。①在此天災頻仍、征伐不斷的時期,社會各階層便出現各種反抗的活動,而武帝的應對措施却是重用任法、興利之臣,《酷吏列傳》所載張湯、趙禹、義縱、王温舒、杜周等十人均受武帝重用,但嚴刑峻法的實施並未使局勢好轉,反而有愈演愈烈之勢,《平准書》載“自造白金五銖錢後五歲,赦吏民之坐盜鑄金錢死者數十萬人。其不發覺相殺者,不可勝計。赦自出者百餘萬人”,元狩五年到元鼎四年(前118—前113),五年之間竟誅殺數十萬人,赦免者亦高達百餘萬,而其導致的結果是“天下大抵無慮皆鑄金錢矣。犯者衆,吏不能盡誅取”。②與此同時,各地的反抗活動也接連不斷,《酷吏列傳》載“自温舒等以惡爲治,而郡守、都尉、諸侯二千石欲爲治者,其治大抵盡放温舒,而吏民益輕犯法,盜賊滋起。南陽有梅免、白政,楚有殷中、杜少,齊有徐勃,燕趙之間有堅盧、范生之屬。大群至數千人……小群以百數,掠鹵鄉里者不可勝數也”,後武帝雖發兵清剿數萬人,但其不久便“復聚黨阻山川者,往往而群居,無可奈何”。③

苛法政治的弊端在元鼎、元封年間已經顯露無遺,而武帝征伐四夷的事業也就此告一段落,恰如田余慶所説“漢武帝在元封年間已經完成了歷史賦予他的使命,從此著手實行政策的轉折,應當説正是時候”,④而儒生與方士的確也把握住了這一歷史轉折的關鍵期,二者推動土德改制的目的正在於扭轉愈發嚴峻的法家政治,而漢武帝對於儒生構建出的禮樂政治始終興致缺缺,故方士就利用武帝好大喜功與熱衷鬼神方術的特點,將企圖扭轉法家政治的意圖包裝在禮祀制度中,以此推動武帝政治轉向,這種意圖集中地反映在武帝辭人群體創制的《郊祀歌》中,《帝臨》即云:

> 帝臨中壇,四方承宇,繩繩意變,備得其所。清和六合,制數以五。海内安寧,興文匽武。后土富媪,昭明三光。穆穆優游,嘉服上黄。⑤

此即祠太一、后土之樂,據許雲和考證作於元鼎六年(前111)。⑥《郊祀歌》是爲配合武帝建立最高國家祭祀系統而作,是武帝的文治武功達到頂峰的象徵,其作用不僅是向天地鬼神陳説功業,更是向群臣百姓乃至四夷邊民宣告漢家統治的繁盛氣象,可謂漢帝國向天地四方公佈的一

① 楊振紅:《漢代自然災害初探》,《中國史研究》,1999年第4期,第51頁。
② 《史記》卷三十,第1728頁。
③ 《史記》卷一二二,第3824頁。
④ 田余慶:《論〈輪台詔〉》,《歷史研究》,1984年第2期,第4頁。
⑤ 《漢書》卷二二,第1054頁。
⑥ 許雲和:《樂府推故》,北京大學出版社,2012年,第36頁。

個宏大政治宣言,在此明確提出"海内安寧,興文偃武"的政治主張,必然是武帝與群臣深思熟慮的結果。自元鼎四年至後元二年(前 87)的二十六年間,武帝藉巡狩封禪在民間施行了大量寬仁政策,如免除巡行之處的賦税、勞役,賜其布帛、牛酒、金錢,有時甚至直接大赦天下。①這些善政雖然未能徹底扭轉武帝時期的酷吏政治,以至於武帝末年大案頻起,但確實緩解了民間積壓的部分社會矛盾,爲武帝最後悔悟而轉向守文政治争取了時間。而"太一"便是推動善政的重要載體,郊祠太一時顯現大量祥瑞,成爲武帝大赦天下的重要動力。

隨著漢初五帝祭祀與五德説的進一步發展,二者均超越了原先形式化的貧乏,被寄寓了更多的現實内容,各種政治主張作爲内核使其愈發充盈,散發出强烈的理論魅力。原先充滿矛盾的一德崇五帝模式,也變爲更加合理的一德崇太一模式。元鼎五年(前 110)武帝於汾陰獲寶鼎,有司建言"五帝,太一之佐也,宜立太一而上親郊之",武帝的態度是"疑未定",直到公孫卿建言"今年得寶鼎,其冬辛巳朔旦冬至,與黄帝時等",武帝才消去疑慮,於甘泉營建太一祠壇。而迎鼎至甘泉時"有黄雲蓋焉",祭祀太一時,祠衣"尚黄",又有"黄氣上屬天",這些瑞應均與黄帝有關,可見祭祀太一也是黄帝之治的内容之一。②武帝祭太一即是模仿黄帝祭上帝,公孫卿稱"黄帝郊雍上帝""接萬靈於明廷",武帝亦模仿黄帝故事郊祀太一,其所祭之神與黄帝所祭之神相同,體現出武帝地位開始與黄帝持平,這意味著武帝的神性更爲凸顯,"天帝"與"神王"的距離被拉近了,此轉變遂成爲劉向、歆父子將"天帝"譜系徹底匯入"神王"譜系的先聲。

四、結　語

自顧頡剛先生《五德終始説下的政治和歷史》一文横空出世,學界多將目光聚焦於西漢后期産生的"新五德終始理論"。實際上,舊有的五德終始説留下的疑難問題尚多,畤祭與德運的關係即是一例,自秦襄公至漢武帝的六百餘年間,二者出現了四種不同的對應模式,分别是秦宣公得"金瑞"祠"白帝"的簡明模式,秦始皇推"水德"不祠"黑帝"的缺位模式,漢高祖承"水德"祠五帝的月令模式,以及漢武帝改"土德"崇"太一"的黄帝模式。勾勒此一演進脈絡,可以展現出五帝、五德體系在歷史進程中複雜的變動過程,同時也提醒我們關注思想變動背後的政治動機和社會動力,使思想、政治與社會融通无碍。

---

① 這一制度主要是由方士建立,其通過重構漢帝國的禮祀系統,將武帝的民間政策引向較爲寬容的方向。詳細的分析參見羊凌霄:《方仙道的興起與方士系統的建立》(未刊稿)。

② 《史記》卷二八,第 1672—1674 頁。

《論語》媚奧章鄭玄注的復原及詮解與人神原型的重塑*

□許子濱

［摘　要］《論語》媚奧章鄭玄注，保存在前人的輯佚本和唐寫本之中，而唐寫本殘缺的文字，可據輯佚本及鄭玄相關禮注予以補綴。古堂室之制，以奧爲尊位，蓋可追溯至西周之時，孔子既言及之，而《韓非子》所記曾子與衛將軍文子故事更爲此提供事例。依鄭義，竈、爨爲古今語。爨祭老婦與五祀之竈神別異，不可混同。祭祀後爲報先炊而舉行老婦之祭，猶如《周禮》祭爟以報其爲明之功。"何謂也"爲反詰之辭，含意隱微，却是解讀此章的關鍵處。本文結合《論語》《左傳》及《説苑》，重塑不一樣的王孫賈形象。後人解讀王孫賈問語，大多受到《孟子》記彌子瑕説的"孔子主我，衛卿可得"的干擾，想當然地把兩事比附起來。然而，參照敘事，審時度勢，可以推知王孫賈問語不太可能像彌子瑕懷有不軌意圖。孔子説，"獲罪於天，無所禱也"，表示若天罰有罪，則禱祀奧、竈亦無濟於事。曾子責數子夏有過，謂其應受天罰，可作參照。媚奧章鄭注全然不談人事喻意，與其他漢人純據人事爲説大異其趣。涵詠媚奧章鄭注上下文，"媚"似是敬神之詞，不必有諂瀆之意。王孫賈所説的竈，不應受鄭注引據的禮書之竈或爨所限。源於古希臘文化的俄羅斯紅屋角與爐竈對角斜向，以及古羅馬神話的女竈神崇拜，爲重塑竈神原型及理解奧、竈如何構成對比關係提供合適的條件。

［關鍵詞］ 鄭玄；《論語鄭氏注》；媚奧；竈；爨；老婦之祭；Red Corner；Vesta

［作者簡介］ 許子濱，嶺南大學中文系（香港屯門）

一、緒　　言

今人所見唐寫本《論語鄭氏注》（以下簡稱《論語注》）、《八佾》篇媚奧章注文，只有援據輯佚本及鄭玄（127—200）相關禮注予以補綴，才能得其全文。就媚奧章注文的復原、句讀與疏釋而言，現有學人的研究結果仍有不足，有補訂的必要。本文旨在運用以鄭還鄭、以鄭注證補鄭注

---

*　［資助項目］本文爲"'禮制語境'的理論建構及實踐策略——《論語鄭氏注》禮説綜合研究"研究計劃部分成果，該計劃爲香港政府研究資助局優配研究金資助項目（編號：RGC GRF/LU13602121）。

之法，復原鄭玄注文，詮解並確立其要義，旁及平議清人對鄭義的掌握得當與否；其尤要者，在於探究鄭玄如何將媚奧章引入其經注體系之中，用資符譣，説明鄭玄以禮制爲本的詮釋策略及其成效。本文就漢晉後人對《論語》此章的接受，與鄭玄注作比較，突顯鄭玄《論語注》的區别性特徵。在復原、詮解鄭義的基礎上，本文將結合文獻敘事重塑不一樣的王孫賈形象，並結合域外文化、分析心理學等材料，重塑竈神原型，爲解讀《論語》媚奧章經義提供新視角、新思路。

二、媚奧章鄭玄注的復原

前人輯録的媚奧章鄭玄注佚文，馬國翰(1794—1857)僅有"奧西南隅"而已。[①]除此語外，劉寶楠(1791—1855)録有《太平御覽》鄭注"王孫賈自周出仕於衛也"，"宗廟及五祀之神皆祭於奧，室西南隅謂之奧"，"明當媚其尊者。夫竈者，老婦之祭"。[②]孫同康(1866—1935)《論語鄭注集釋》本之。[③]《太平御覽》編纂者並未註明所録舊注出自何家。馬國翰未予輯録，想是出於謹慎的考慮。[④]取《太平御覽》引文與唐寫本(見附圖一)比勘，可知其文確爲鄭注無疑。馬氏若得見唐寫本，當可釋疑。輯佚本文字雖甚詳細，但劉寶楠意識到，所引者仍是節録，並非全文。若不是有唐寫本，今人便不可能復原注文全貌。兹先列傳世文獻節引本及唐寫本媚奧章注，然後拼合兩者如下：

1. 傳世文獻節引本：

> 王孫賈自周出仕於衛也。　　　宗廟及五祀之神皆祭於奧。室西南隅謂之奧。明當媚其尊者。夫竈者，老婦之祭。

① 馬國翰引陸德明《經典釋文》文，見氏著：《玉函山房輯佚書》，江蘇廣陵古籍刻印社，1990年，第4册，《論語鄭氏注》卷二，第302頁。

② 《太平御覽》引《論語》"與其媚奧"章正文所附兩處雙行夾注。見李昉編纂：《太平御覽》卷五二九，中華書局，1960年，第3册，第2401頁。就點校本所見，劉寶楠引鄭注訖於"明當媚其尊者"，"夫竈，老婦之祭"以下爲鄭注，誤，今正。見劉寶楠撰，高流水點校：《論語正義》，中華書局，1990年，第100—101頁。

③ 孫同康：《論語鄭注集釋》，林聖智主編：《傅斯年圖書館所藏未刊稿鈔本》，史語所，2017年，經部第21册，第302頁。

④ 《太平御覽》引舊注而馬國翰未録爲鄭注者，又如《述而》"子疾病"章，馬氏輯本僅録《後漢書·方術傳》注所引，而未有採擷《太平御覽》附引舊注。見《玉函山房輯佚書》，第4册，《論語鄭氏注》卷二，第308頁。若取此舊注與唐寫本相較，知其同爲鄭注無疑。鄭静若已注意到《太平御覽》引述鄭注的情況。見氏著《論語鄭氏注輯述》，學海出版社，2016年，第32—33頁。

2. 唐寫本:(〼表示多個缺字或不詳字數的缺文)

王孫賈自州(周)出士(仕)於衛。宗廟及吾(五)[祀]〼 南隅謂之奧。竈者,爨也。凡祭之礼,尸〼性。恠此言於(與)我義返(反),故問之也。

明當媚〼 竈者〼。[①]

兩相比勘,可見傳世文獻節引本與唐寫本詳略不同。節引本可用於補綴唐寫本殘缺的有兩處:一是唐寫本夾注首行"宗廟及五祀"與第二行"南隅謂之奧"之間,應是殘缺"之神皆祭於奧室西"八字;二是唐寫本夾注首行"明當媚"與第二行"竈者"之間,應是殘缺"其尊者夫"四字,而"竈者"下缺"老婦之祭"四字。至於"尸〼性"的復原,就只能依靠鄭玄禮注。唐寫本《論語注》"與""於"、"反""返"兩兩互訛,見於《八佾》同篇的,有哀公問社章注:"遂以爲社与(於)其野。"[②]又有管仲之器章正文"反坫"之"反",注文皆寫作"返"。[③]"恠此言於我義返"當爲"怪此言與我義反",旨在點明王孫賈問"與其媚於奧,寧媚於竈。何謂也?"的因由。

就注文"宗廟及五祀之神皆祭於奧室西南隅謂之奧"的句讀而言,王素在"室"下斷句,"奧""室"連讀,是爲"奧室"。[④]陳金木同。鄭注訓釋"奧"義,實本《爾雅》爲説。《爾雅・釋宫》宫室同義("宫謂之室,室謂之宫"),室中四隅異名,其中"西南隅謂之奧",原文承上省去"室"或"宫"字,好在郭璞(276—324)注文連忙拈出所在之"室中"。[⑤]鄭玄禮注"室中西南隅謂之奧"三見,明言奧在室中,爲《論語注》提供外證。[⑥]然則,注文必須於前一"奧"字斷句,以"室"字連下讀。後世雖有"奧室"一詞,但不可與此混爲一談。

注文"尸〼性","尸"字下應有説明祭祀内容的文字。所謂"祭必有尸"(《禮記・曾子問》),古人祭宗廟及五祀皆有尸。"性"字連接上文,當爲"牲"字誤寫。同篇告朔之餼羊章注文的"牲"字則是"生"的誤寫。[⑦]禮書及鄭玄注爲補綴注文提供充分必要的條件,而復原後的注文是

① 王素:《唐寫本論語鄭氏注及其研究》,文物出版社,1991 年,第 20 頁;陳金木:《唐寫本論語鄭氏注研究——以考據、復原、詮釋爲中心的考察》,文津出版社,1996 年,第 396 頁。鄭静若本"祀"字作"禮",誤。見《論語鄭氏注輯述》,第 312 頁。

② 王素:《唐寫本論語鄭氏注及其研究》,第 21 頁。

③ 王素:《唐寫本論語鄭氏注及其研究》,第 22 頁。

④ 王素:《唐寫本論語鄭氏注及其研究》,第 26 頁注四九;陳金木:《唐寫本論語鄭氏注研究——以考據、復原、詮釋爲中心的考察》,第 396 頁。

⑤ 郝懿行:《爾雅義疏・三・釋宫第五》,商務印書館,1934 年,第 2 頁。

⑥ 《禮記・曲禮上》"居不主奧"、《士喪禮》及《儀禮・少牢饋食禮》"司宫筵于奧"鄭注。見《禮記正義》,上海古籍出版社,2008 年,第 34、1458 頁;《儀禮正義》,上海古籍出版社,2008 年,第 1115 頁。

⑦ 詳參拙文《告朔與朝享:〈論語〉告朔之餼羊章鄭玄注的辨識與詮解》,《史林》,2019 年第 3 期,第 26—33 頁。唐寫本《公冶萇》"晏平仲"章注文之"姓"則爲"性"之誤。

禮注的擴充延伸,可互爲補足,呈現鄭玄禮學體系結構的一面。今考鄭玄注《禮記·月令》"其祀户",引逸《中霤禮》之文云:

> 凡祭五祀,於廟,用特牲,有主有尸,皆先設席于奥。①

取此逸文與上引《論語注》比勘互證,可知宗廟及五祀之祭,皆行於廟,且皆包含設席於奥、延尸入室即席受祭的儀節,而五祀一致用特牲。結合《儀禮·少牢饋食禮》"司宫筵于奥。祝設几于筵上,右之"及《特牲饋食禮》"祝筵、几于室中,東面"之文,可知士與大夫祭禮,分别由祝與司宫先爲神明敷席,席面向東,於右邊設几,再由祝接神。延尸入室即席受祭,所設几筵,不管是在廟室還是在廟門外西室,都以奥爲位。鄭玄因而通統地説"宗廟及五祀之神皆祭於奥"。

在確定《論語注》有"尸"及"特牲"之後,現可據尸入室成禮及後續祭儀補綴其餘缺文。《儀禮·特牲饋食禮·記》云:"尸卒食而祭饎爨、雍爨。"鄭玄注云:

> 雍,孰肉,以尸享祭,竈有功也。舊説云:"宗婦祭饎爨,亨者祭雍爨。"用黍、肉而已,無籩、豆、俎。《禮器》曰:"燔燎於爨。""夫爨者,老婦之祭,盛於盆,尊於瓶。"②

文中"雍"字皆爲"饔"(饗)之借字。"饔"本義爲"孰食"(《説文》③),《周禮》設"内饔"之官,職掌牲體之"割、亨、煎和"。④依鄭義,天子諸侯廟祭,其祭儀按時間順序先後分爲祼、獻、肆、饋食。肆指進所解牲體,在薦孰之時。鄭注改稱所薦之牲爲"肉"。尸卒食而祭爨,以報老婦即先炊者之功。其祭儀甚簡,祭物甚便,就地取材,注引舊説以爲用黍祭饎爨、用肉祭饔爨。《儀禮》之饎爨,又别稱廩爨,指炊煮黍稷之爨。⑤《儀禮》另有饔爨,兼牲(牛、羊、豕)肉與魚、腊之爨而言,《周禮》統稱曰"外内饔"。饎爨與饔爨,經典有單言者,如《詩·小雅·楚茨》"執爨踖踖",毛傳點明此爨兼該饔爨與廩爨。鄭玄禮注固有合稱"祭爨"的文例。如《周禮·夏官·司爟》"凡祭祀,則祭爟",鄭注云:

---

① 《禮記正義》,第 602 頁。

② 《儀禮正義》,第 1427 頁。

③ 許慎:《説文解字》,香港中華書局,2014 年,第 107 頁。

④ 孫詒讓撰,王文錦等點校:《周禮正義》,中華書局,1987 年,第 268 頁。

⑤ 此處以饎爨與廩爨同實,從孫詒讓説。見孫氏《周禮正義》,第 283 頁。劉寶楠"疑廩爨即饎爨之别設者也"。見劉氏《論語正義》,第 101 頁。

報其爲明之功，禮如祭爨。①

爟指燎爝照明。祭爟謂祭先火，以報其爲明之功；祭爨謂祭先炊，以報其造食之功。兩者性質相類，同爲人鬼之祭，同屬小祀而通用於祭祀之禮。②鄭玄以兩者相提並論，固其宜也。《論語注》"凡祭之禮"相當於《司爟》的"凡祭祀"。凡爲全稱，宗廟及五祀之祭自不例外。《論語注》謂"竈者，爨也"，禮注多言"爨，竈也"，兩字同義，故可互訓。上引禮經《特牲饋食禮·記》云：

禮，尸卒食而祭饎爨、饔爨也。

"祭饎爨、饔爨"可合稱"祭爨"。又，據唐寫本行款格式，可推斷"尸▨牲"中殘缺七字（參見王素書圖版三）。"尸"下一字殘存""，字迹漫漶。唐寫本《里仁》篇注文"卒"字作""，又殘存上部作""（參見王素書圖版六），均作"卆"形。草書"卒"字習見作"卆"（合九十爲文）。合證兩處注文，"尸"下一字當是"卒"字。然則《論語注》"凡祭之礼，尸▨牲"可大致復原爲：

凡祭之礼，尸卒食而祭爨，用特牲。

唐寫本此章正文末尾的雙行夾注，首行殘存"明當媚"三字，第二行殘存"竈者"二字。按唐寫本行款推算此注的抄寫字數，扣除下章經文"周監於二代"開首的"子曰"二字，再對照《太平御覽》引文"明當媚其尊者。夫竈者，老婦之祭"，可以推知"明當媚"下面殘缺了"其尊者夫"，而"竈者"下面則殘缺了"老婦之祭"，兩行同缺四字，長短相埒。若此推算不錯，則《太平御覽》大致完整地保存了這部分注文。注文引《禮器》"夫竈者，老婦之祭"作結。"夫"用於判斷句開頭的用法，亦見於《論語·顏淵》。

綜上考述，媚奧章鄭注可以重新復原。現依照唐寫本的體式，迻録注文與正文於下：（爲醒目計，正文字體稍微放大，用楷體標示，而注文字體則一仍引文大小）

王孫賈問曰："與其媚於奧，寧媚於竈。何謂也？"王孫賈自周出仕於衛。宗廟及五祀之神皆祭於奧。室西南隅謂之奧。竈者，爨也。凡祭之禮，尸卒食而祭爨，用特牲。

① 孔穎達疏亦然，如《禮記·禮器》孔疏云："禮，祭至尸食竟而祭爨神。"孫詒讓撰，王文錦等點校：《周禮正義》，第2399頁。

② 詳參孫詒讓撰，王文錦等點校：《周禮正義》，第2399—2400頁。

怪此言與我義反，故問之也。子曰："不然。獲罪於天，無所禱也。"明當媚於尊者。夫竈者，老婦之祭。

經此復原，鄭注全文大抵完整。

三、媚奥章鄭玄注的詮解

就筆者所見，古今學者理解鄭玄注，稱得上貼近其原意的恐怕只有黄以周(1828—1899)。在寫給重新輯集《論語鄭氏注》的孫同康信中，黄氏對孫氏普遍採信劉寶楠《論語正義》的做法大不以爲然，並舉例批駁劉説。就中黄氏論及媚奥章云：

> "與其媚於奥"章，鄭注云："宗廟及五祀之神皆祭於奥。室西南隅謂之奥。明當媚其尊者。夫竈，老婦之祭。"鄭意奥、竈分作尊卑二神，與俗解異。俗解以奥竈爲一神，何復作兩人之喻？此説之不可通者也。鄭注以奥祭宗廟、五祀之神，是神之尊者也。又曰："夫竈者，老婦之祭。"明其神卑，不足媚也。則此竈，明非夏時所祭五祀之竈神矣。"何謂也"，是反詰之辭，明無是理也。其意欲媚其尊者，是以奥自比，奥近内之尊者也。劉氏申鄭，乃謂祭奥、祭竈連文，指夏祭，言奥、竈本一神，是以俗解申之，而實與鄭義相左。既左其義，則其語不可通，乃謂鄭注不全其下必有辨矣。①

黄氏但憑傳世文獻節引本立説，其辨明鄭義却能如此精確。今人得見鄭注，幾近完整，恐亦難置喙。黄氏闡幽抉微，於鄭義多所發明，辨析鄭義與"俗解"的同異，尤其明晰。"俗解"泛指通俗解説，就是劉寶楠也不免爲其誤導。黄文剖析鄭義，可注意者有以下各端：1.鄭注將奥、竈分作二神之祭，而俗解却以奥、竈同祭一神，又説奥、竈分喻兩類人，與之大别。2.二神有尊卑之分，一爲宗廟及五祀之神，另一爲老婦爨神，分别甚明。3.竈指老婦之祭，"寧媚於竈"之竈斷非五祀之竈神。4.王孫賈用"何謂也"來反詰，表明他認爲這句俗語没道理。黄氏總結的鄭義四端，經得起上文復原的鄭注的檢驗。至於黄氏推想，在鄭玄意中，王孫賈自比於奥，以己身爲近内尊者，則有未安。

---

① 黄以周：《儆季雜著五·文鈔三·與孫君培書》，詹亞園、韓偉表主編：《黄以周全集》，第10册，上海古籍出版社，2014年，第571—572頁。"宗廟及五祀之神皆祭於奥室西南隅謂之奥"，校點者原於"室"字斷句，誤矣，引文標點亦不盡妥當。

反觀劉寶楠對鄭注的理解,失誤非常嚴重。劉氏認定《論語》之竈,就是《禮記·月令》分配作夏祭的竈神。劉氏一股勁兒詳引《禮記·月令》鄭注、孔疏,以及鄭玄《駁五經異義》,最終只能得出近乎俗解的"奥、竈本一神"。①劉氏據《禮器》鄭注,得知祭廟之禮,尸卒食而祭爨,其祭在爨室,②却又説五祀之竈與老婦同爲竈神,其間分別只在祭儀(夏祭與盆瓶之祭)。其結論以爲,《論語》奥竈連文,專指夏祭,與盆瓶之祭劃然有别。③劉氏猜想,"故此《注》(引者按:《論語注》)亦引《禮器》之文,其下必有辨别之語,今已脱佚,無由詳其説矣。"④殊不知《論語注》原文解"竈"爲老婦之祭,未曾牽扯《月令》五祀之竈作解,更無所謂"辨别"夏祭與盆瓶之文。揆乎鄭意,只引《禮器》"夫竈者,老婦之祭"爲證,文意便自完足。推究劉氏致誤之由,在於無法撇清五祀之竈與老婦之竈的轇轕。在鄭玄看來,五祀之竈神與爨祭之老婦判然有别。黄以周指斥劉寶楠未能擺脱俗解的羈絆,所述鄭義大謬不然,可謂鞭辟入裏。至於劉氏詮解王孫賈設問的意圖,以爲"時人以竈設主,主者,神之所棲,親媚之,易爲福也。奥則迎尸祭之,尸者,人所象似,非神所憑,媚之或無益也。賈仕衛,有媚於衛君,故引人言以自解説,且疑夫子盡禮亦是媚,故問夫子當明媚道也"。⑤此本奥竈一神異位、兩祭兩禮爲説,以神事比喻人事,深陷俗解的窠臼,溢出了鄭義專説神事的範圍之外。陳金木析述古今注家對媚奥章的詮解,總結時抄録劉寶楠"奥、竈本一神"及上引一段文字,推崇劉説"能曲盡鄭注矣!"⑥"奥、竈本一神"决非鄭注原意,且鄭注何嘗以神事譬喻人事?劉寶楠從節引本作解,不但没有察覺鄭注與俗解方枘圓鑿,反而强相牽附,以致推衍太過。説劉氏"曲盡鄭注",恐怕有違事實。

前人不見"與其媚奥"章鄭注全文,只憑文獻節引本詮解鄭義,即有疏失,亦無可厚非。今人得睹唐寫本,理應後出轉精,對鄭義有更詳細、更精確的理解。因此,媚奥章鄭注的復原及重新詮解,實在有其必要性和迫切性。《論語注》以禮説經,形成套路。舉凡經文關涉禮制之處,鄭玄必然將之納入其禮學體系,使連成一體。媚奥章注文也不例外。而且,鄭注的字裏行間,還包含著他對經文義理的發明,值得仔細咀嚼。因此,要想復原和詮解鄭注,就必須把這條鄭注放在其經注的整體中來細加考察,再結合鄭注對説話人用意的解讀。現在針對鄭注的各項要義,條分縷析,逐一爲之疏通别白如下。

1. 奥指室中西南隅;竈同爨。

古人爲室,廟寢之制略同。室中北邊有墉而南邊有户牖,户牖都不在室南邊的正中央,而是户在東南而牖在西南。據《爾雅·釋宫》所記,室内四個角落(四隅)各有專名,西南隅即謂之

①③④⑤ 劉寶楠撰,高流水點校:《論語正義》,第102頁。

② 春秋之時,爨室與居室分離之例,有《禮記·檀弓上》所記"曾子之喪,浴於爨室"。喪禮,死浴於適室(正寢),今曾子浴於爨室,可見其居室與爨室不在一處。

⑥ 陳金木:《唐寫本論語鄭氏注研究——以考據、復原、詮釋爲中心的考察》,第397頁。

奥。郝敬(1558—1639)描畫堂室之制最爲明晰：

> 古者前堂後室，負陰抱陽。堂向明，以中爲尊，當兩楹間，左右通達。堂後爲室，室主陰，以右爲尊，向東迎生氣也。户在東南隅，户内曰窔，進東北隅曰宧，移轉西北隅曰屋漏，又轉西南隅曰奥。奥最深處。①

劉熙《釋名》確切地説解奥字取義："不見户明，所在秘奥也。"②其他三個角落通過户牖得到光綫的照射，只有奥位處牖下，所在的西南隅採光最爲不足，顯得幽深隱蔽。奥成爲祭祀及尊者常居之處，想是隱秘陰闇之處最便於人神感通、陰陽交感，引而申之，通神的所在也成爲尊位，亦爲新婚夫婦設席之處。③不可不知的是，廟門有塾，塾有室有堂(見附圖二)，室中西南隅同稱奥，異處而同名。《考工記》有夏后氏門堂，鄭玄注云"門側之堂"，並引《爾雅・釋宮》云："門側之堂謂之塾。"④《禮記》稱門塾爲"祊"。鄭玄注《禮器》"設祭於堂，爲祊乎外"，以祊爲祭明日之繹祭，並因祭於廟門之旁，故名此處爲"祊"。⑤是知奥有兩處。今舉禮書所記廟寢之奥及相關儀文於下：

(1) 宗廟祭禮，爲神布席於奥之儀：

a.《儀禮・特牲饋食禮》記祭日陳設，其中"祝筵、几于室中，東面"，鄭注云："爲神敷席也，至此使祝接神。"⑥此是臨祭使祝敷神席，用以接神。禮，堂上以南面爲尊，室中以東面爲尊。爲神設席於室，東面，正合禮制。

b.《少牢饋食禮》："司宮筵于奥。祝設几于筵上，右之。"鄭注云："布陳神坐也。室中西南隅謂之奥。席東面，近南爲右。"⑦此屬大夫禮，有司各有分職，司宮布席而祝設几，有别於士禮由祝兼掌其事。

c.《士昏禮》：舅姑既歿，則婦入三月乃奠菜，設舅席於廟室之奥，東面，右几，設姑席於北方，南面。

---

① 郝敬：《論語全解》，《續修四庫全書・經類・四書類》，上海古籍出版社，1995 年，第 153 册，第 105 頁。

② 任繼昉纂：《釋名匯校》，齊魯書社，2006 年，第 282 頁。

③ 詳參林素英：《先秦至漢代成室禮、五祀祭之性質、思維特色及禮制之轉化》，《成大中文學報》，第 25 期(2009 年 7 月)，第 1—44 頁；彭美玲：《借用當代新學試論〈儀禮〉尸祭禮意及人祖感通的可能性》。顧炎武以爲，"是奥本人之所處，祭時乃奉神於此"。見氏著，黄汝成集釋，欒保群、吕宗力校點：《日知録集釋》，上海古籍出版社，2006 年，上册，第 394 頁。顧説可備一説。

④ 孫詒讓撰，王文錦等點校：《周禮正義》，第 3441 頁。

⑤ 《禮記正義》，第 1010 頁。

⑥ 《儀禮正義》，第 1358 頁。

⑦ 《儀禮正義》，第 1458 頁。

d.《聘禮》:“厥明,賓朝服釋幣于禰。有司筵几于室中。”有司當指司宫及祝之屬。

e. 鄭玄注《禮記·曾子問》“厭祭”云:“厭,厭飫神也。厭有陰有陽。迎尸之前,祝酌奠,奠之且饗,是陰厭也;尸謖之後,徹薦、俎、敦,設於西北隅,是陽厭也。”[①]“厭”即饜,義同“飫”,飽食滿足的意思。厭祭指祭時無尸,僅以酒食饗神,使其饜飫。祭於奥(室内西南隅幽暗處),稱陰厭;祭於屋漏(室内西北隅露光處),謂之陽厭。二者先後舉行。其祭儀見於《特牲饋食禮》及鄭注。

(2) 喪禮爲神布席於奥之儀:

a.《儀禮·士喪禮》記大斂後設奠之禮,有云:“燭升自阼階。祝執巾,席從,設于奥,東面。”有别於始死襲奠及小斂奠在尸旁,大斂奠設於室内之奥。此後既殯,奠於室之奥,設席,東面。朝夕奠、朔月奠、薦新奠亦如之。以其設席於奥,故使執燭者南面照明。[②]

b.《儀禮·士虞禮》“布席于室中,東面,右几,降,出”,此爲神布席於奥也。

(3) 婚禮爲夫婦設卧席於奥之儀:

《儀禮·士昏禮》:“婦至……媵布席于奥,夫入于室,即席……御衽于奥,媵衽良席在東,皆有枕,北上。”鄭玄注云:“衽,卧席也。……止,足也。”[③]是奥爲鋪設卧席之處。

(4) 奥阼爲賓主之位:

《禮記·仲尼燕居》記孔子答子張問政,提出:“目巧之室,則有奥阼”,“室而無奥阼,則亂於堂室也。”鄭注點明“奥阼賓主之處”。[④]

奥究竟由神位引申爲尊者所居之位,抑或倒過來,疑不能定。《禮記·曲禮上》云:“爲人子者,居不主奥。”鄭注謂與父同宫之子者“不敢當其尊處”。孔穎達(574—648)疏通奥尊的意藴:“主猶坐也。奥者,室内西南隅也。室嚮南,户近東南角,則西南隅隱奥無事,故呼其名爲奥。常推尊者于閑樂無事之處,故尊者居必主奥也。”[⑤]所言西南隅隱奥無事,大抵取自皇侃義疏。[⑥]後人解説《論語》奥義,主調大抵根源於此。賈誼(前200—前168)《新書·禮》載姜太公解説不放縱太子發嗜食鮑魚的道理,指出:“尋常之室無奥剽之位,則父子不别。”[⑦]若此事可信,則室以奥爲尊位,可追溯至西周之時。上引《仲尼燕居》,孔子有“室而無奥阼,則亂於堂室也”之語,鄭注以奥阼賓主之處解之。《韓非子》記載曾子故事,堪爲鄭注提供事例。《説林下》記:

① 《禮記正義》,第802頁。
② 《儀禮正義》,第1115頁。
③ 《儀禮正義》,第122頁。
④ 《禮記正義》,第1938頁。
⑤ 鄭注、孔疏,見《禮記正義》,第34、35頁。
⑥ 皇侃《禮記》疏義早佚,其説奥尚見於《論語義疏》。皇氏云:“牖内隱奥無事,恒尊者所居之處也。”見氏撰,高尚榘校點:《論語義疏》,中華書局,2021年,第63頁。
⑦ 賈誼著,吴雲、李春臺校注:《賈誼集校注》,中州古籍出版社,1989年,第170頁。

> 衛將軍文子見曾子。曾子不起而延於坐席，正身於奥。文子謂其御曰："曾子，愚人也哉！以我爲君子也，君子安可毋敬也？以我爲暴人也，暴人安可侮也？曾子僇，命也。"①

當時，衛將軍文子與曾子相見，曾子只管正身坐於奥處，不肯起身讓出尊位，有失主人待賓之禮，被文子斥爲侮而不敬。

《論語注》謂"竈者，爨也"，與禮注訓竈爲爨一貫。禮書中爨字多見，鄭注或説"爨，竈也"，或以漢制説之曰"爨，今之竈"。②《周禮》《儀禮》有爨而無竈，賈公彦據此以爲，周公制禮言爨，自孔子時始改稱竈。③若然，爨、竈是古今語。④至於《説文》云"竈，炊竈也"；"爨，齊謂之炊爨"，⑤即言齊人謂炊曰爨。依段玉裁(1735—1815)注，炊、爨互訓，而竈是炊爨之處，爨是爨，竈是竈，二字義别。鄭玄禮注之所以一概説"爨，竈也"，段玉裁認爲，"此因爨必於竈，故謂竈爲爨"。⑥段説應合許義，却非鄭義。

綜合禮書所見，鄭注之奥、竈，可用宦懋庸(1842—1892)"奥、竈有在廟者，有在家者"予以概括。⑦

2. 五祀指包括竈在内的五神，行祭於廟，有别於祭於四郊的五官神之祭。老婦爲爨神，與五祀之竈神别異。

《周禮·大宗伯》列出地祇之祭，包括"社稷、五祀、五嶽"。注此"五祀"，鄭玄不取鄭衆(?—83)五色帝之説，而改釋爲五行之官(句芒、蓐收、玄冥、祝融、后土)，合稱五官之神，在四時依五行方位行祭於四郊。"五祀"位列社稷與五嶽之間，實爲尊神，不能與同書《小祝》或《禮記·月令》五祀小神相提並論，故鄭説此"五祀"，與彼門、户、中霤、竈、行之五祀劃然分開。鄭玄《駁五經異義》特意申明五祀之竈與祝融之祭截然不同。

許慎《五經異義》論及竈神，從古《周禮》説，謂是祝融，非老婦。《禮記·禮器》云：

> 孔子曰："臧文仲安知禮？夏父弗綦逆祀而弗止也，燔柴於奥。夫奥者，老婦之祭也，盛於盆，尊於瓶。"

---

① 韓非著，陳奇猷校注：《韓非子新校注》，上海古籍出版社，2000年，第493頁。

② 孫詒讓撰，王文錦等點校：《周禮正義》，第282頁。

③ 《儀禮正義》，第1356頁。

④ 參周悦讓説。見氏著，任迪善、張雪菴校點，劉方復校：《倦游庵槧記》，齊魯書社，1996年，第413—414頁。漢代文獻使用爨竈的情況，可詳劉善澤：《三禮注漢制疏證》，岳麓書社，1997年，第34頁。

⑤ 許慎：《説文解字》，第152、60頁。

⑥ 段玉裁：《説文解字注》，上海古籍出版社，1988年，第106頁。

⑦ 宦懋庸：《論語稽》，《續修四庫全書·經類·四書類》，上海古籍出版社，1995年，第157册，第281頁。

夏父弗綦爲宗人，執掌祭祀之事，却有違禮二事：既躋僖公，又燔柴於奥（當作竈），孔子譏評夏父弗綦之所爲，實由魯國執政臧文仲縱容所致。孔疏引許慎《五經異義》云：

> 竈神，今禮戴説引此燔柴盆瓶之事。古《周禮》説："顓頊氏有子曰黎，爲祝融，祀以爲竈神。"謹案：同《周禮》。①

今大戴禮以竈者爲老婦之祭，與古《周禮》以之爲祝融之祭異義，許君以竈神爲祝融，爲王者所祭，由是主張用古《周禮》説，從古不從今。鄭君以爲不然，主張竈者是老婦而非祝融。《禮器》鄭注云：

> 奥，當爲"爨"，字之誤也。或作"竈"。禮，尸卒食而祭饎爨、饔爨也。時人以爲祭火神，乃燔柴。
>
> 老婦，先炊者也。盆、瓶，炊器也。明此祭先炊，非祭火神，燔柴似失之。②

又，孔疏引鄭駁云：

> 祝融乃古火官之長，猶后稷爲堯司馬，其尊如是，王者祭之，但就竈陘，一何陋也。祝融乃是五祀之神，祀於四郊，而祭火神於竈陘，於禮乖也。③

《禮器》注呼應《駁五經異義》，鄭玄主張從今禮戴説，以爲《禮器》之"奥"爲"爨"之誤，《儀禮・特牲饋食禮》引《禮器》即如是作。而且，鄭玄所見《禮記》或本，確有"奥"逕作"竈"者。即就許君所言"竈神，今禮戴説"，可知其所見本子正作"竈"字。《孔子家語》紀録此事，語境最稱完具，《曲禮子貢問第四十二》云：

> 冉求曰："臧文仲知魯國之政，立言垂法，于今不亡，可謂知禮矣？"孔子曰："昔臧文仲安知禮？夏父弗綦逆祀而不止，燔柴於竈以祀焉。夫竈者，老婦之所祭，盛於甕，尊於瓶，

---

① 《禮記正義》，第986頁。

② 《禮記正義》，第984頁。

③ 《禮記正義》，第986頁。諸書所引許慎《五經異義》及鄭玄《駁五經異義》，文句歧出，就中黄永武沿用袁堯年所攟集的本子，排比衆書所引，最爲詳贍。參看黄永武：《許慎之經學》，臺灣中華書局，1982年，第379—380頁。

> 非所祭也。故曰禮也者,猶體也。體不備,謂之不成人。設之不當,猶不備也。"①

孔子的話原是回應冉求的提問,並曾藉此申明禮的真諦。"燔柴於竈以祀焉"同樣可作鄭注的佐證。凡此可證,鄭玄訂正小戴此處禮文,理據充分。在古祭禮的系統中,燔柴用於祭祀天神中的日、月、星、辰,有特定的意義,《周禮·大宗伯》有明文。②《禮記·祭法》更直截了當地説:"燔柴於泰壇者,祭天也。"燔柴指在壇上堆積木柴,並實牲牛於柴上,整個祭法又稱實柴。然後點火燔燎,升煙上達於天,用以報陽。燔柴僅適用於祭祀天神,夏父弗綦却用來祭祀爨神老婦,違失禮制如斯其甚。對於竈神究爲祝融抑或老婦的争議,鄭玄以爲,祝融貴爲五官中的火正,即火神,位列地祇"五祀"之一,依禮當受祀於四郊,若如祭五祀之神般行祭於竈陘,顯然過於簡陋,有失祭祀尊神的應有之義。

必須辨明的是,依鄭義,五祀之祭竈與老婦之祭分别甚明,一爲地祇,一爲人鬼,不可混同。先看五祀之竈。鄭玄注解《月令》"孟夏之月,其祭竈",詳細敘寫祀竈祭儀云:

> 祀竈之禮,先席於門之奥,東面,設主於竈陘,乃制肺及心肝爲俎,奠於主西。又設盛于俎南,亦祭黍三,祭肺、心、肝各一,祭醴三。亦既祭徹之,更陳鼎俎,設饌於筵前。迎尸,如祀户之禮。③

注引逸《中霤禮》文。今知祀竈迎尸如祀户禮,亦略如祭宗廟之儀。④此奥指廟門外西室(以神位在西故)之奥,與祀門、户於廟室之奥,同名爲奥而所在位置不同。祀竈涉及兩個處所,包含兩個步驟。先是設席於廟門外西室之奥,席面向東,又設主於竈陘。其祭儀,乃先在竈行降神之禮,先後祭肉、醴、黍稷,既祭,徹之,更陳鼎俎饌食於奥席之前,是祀竈之盛在於奥,亦在此成禮。⑤南宋饒雙峰(即饒魯,號雙峰,以號行,1193—1264)説得甚好:"凡在五祀,先設主席而祭於其所,親之也。後迎尸而祭於奥,尊之也。祭於其所,近於褻;止祭於奥,又非神所栖,故兩祭之,以冀其必一來享也。"⑥以祀竈爲例,先祭於其所,即主所在的竈陘,是褻近的表現,有親之

① 高尚舉、張濱鄭、張燕校注:《孔子家語校注》,中華書局,2021年,第597頁。
② 孫詒讓撰,王文錦等點校:《周禮正義》,第1297頁。
③ 《禮記正義》,第655頁。
④ 《禮記正義》,第602頁。
⑤ 祀竈之儀,參黄式三:《論語後案》,鳳凰出版社,2008年,第66頁。
⑥ 元明儒者轉相引述饒雙峰語,而文字歧出,不盡一致。此處轉引元胡炳文:《四書通·論語通》卷二,影印《文淵閣四庫全書》,上海古籍出版社,1987年,第203册,第16頁a。復參元倪士毅:《四書輯釋》,《續修四庫全書》,上海古籍出版社,1995年,第160册,第535頁。宋趙順孫(1215—1276)《四書纂疏》文字幾乎全同,却冠以"愚謂"。見氏著《四書纂疏·論語纂疏》卷二,影印《文淵閣四庫全書》,第201册,第18頁a—19頁a。

之意;後迎尸祭於奥,即前所設席處,是尊敬的表現,有尊之之意。既親且尊,兩祭成禮,盡顯求神媚神之道。祭祀一神,而設主、迎尸各有所在,於兩位行兩祭,此種特有的方式可概括爲一神異位、兩祭兩禮。據《特牲饋食禮》《少牢饋食禮》,竈位於廟門外東邊。"竈陘",鄭注未聞,孔疏謂是竈邊,用土造成,用來承祭之物,似是想當然耳。①

再談老婦之祭。上文引述《禮器》和《孔子家語》,相互比勘,可見兩文有一處明顯差異:《禮器》言"老婦之祭",《孔子家語》却説"老婦之所祭",僅一"所"字之差,就引致歧解。加插"所"字後,"老婦之祭"的意思就變成"竈是老婦所祭的對象",而老婦就順理成章地變成主祭者。王肅(195—256)正是這樣理解,故其注云:"老婦主祭也。"②持説與鄭義相乖。後人確有遵循王肅之説者,舉宋人爲例,從其説者就有應鏞(生卒不詳)。應氏明説:"蓋五祀設主而迎祭于奥,皆室人親薦,而婦人之老者主其祀,物則盛于盆,酒則尊于瓶。"③老婦之祭被説成"婦人之老者主其祀"。杜佑(735—812)説得真切:"竈神是祭老婦,報先炊之義也。"④然則,《孔子家語》之"所"字當爲誤衍。問題是,竈神與老婦之祭如何區分?鄭注、孔疏已爲此一問題預留答案。《禮器》鄭注説"禮,尸卒食而祭饎爨、饔爨也";孔疏説得更清楚,"禮,祭至尸食竟而祭爨神"。老婦之祭純粹是祭祀禮成之後爲報先炊之功而舉行的簡單祭儀。

相對祭祀五祀之竈來説,老婦之祭顯得簡陋。《禮器》記其祭儀云"盛於盆,尊於瓶",盆所以淅米、瓶所以汲水,本來都是人生日用的尋常炊器,如今用盆來權當盛食之具,用瓶來權充盛酒之尊,祭器如此簡陋,先炊老婦在祭祀譜系中地位卑微也可想而知。祭祀譜系之中,居人間之神,有五祀(《禮記·月令》),有七祀(《禮記·祭法》),先炊老婦未見鄭玄歸入"小神"之列,理固宜然。儘管老婦之祭不設籩、豆、俎,仍得用特牲,甚而用老婦人爲尸受祭。金履祥(1232—1303)推想,"竈者,老婦之祭,或是老婦爲尸"。⑤王文清(1692—1779)《祀灶禮考略》以"專祀而禮尊""旁祀而禮卑"區分二祭,説甚精審。謹録其文,作爲辨析二祭的總結:

> 先王以斯人飲食日用之需,不可不報其本,故設爲祭灶之禮。其禮有二:一爲專祀而禮尊。《月令》:夏祭灶,先設主,祭於灶陘,然後迎尸祭于奥,祭用特牲,略如祭宗廟之儀,所謂五祀之一也。一爲旁祀而禮卑。凡宗廟祭祀,尸食畢,宗婦祭熺爨,烹者祭饔爨,而其

---

① 《禮記正義》,第657頁。朱熹猜測,竈陘"想是竈門外平正可頓柴處。陘非可做好安排,故必祭于奥,以成禮也。五祀皆然"。朱熹:《朱子語類》,文津出版社,1986年,第2册,第622頁。

② 高尚舉、張濱鄭、張燕校注:《孔子家語校注》,第598頁。

③ 秦蕙田:《五禮通考》卷五三,聖環圖書公司,1994年,第貳册,第11頁a。

④ 杜佑撰,王文錦等點校:《通典》(校點本),中華書局,1988年,第2册,第1420頁。

⑤ 金履祥:《論孟集註考證》卷二,影印《文淵閣四庫全書》,第202册,第3頁。

> 神爲先炊，惟盛食于盆，盛酒于瓶以祭之而已。所謂老婦之祭也。春秋時以爨神爲火神而燔柴祭之。孔子所以譏文仲之不能止也。①

此文敷暢鄭義，確有所見。夏祀竈神與先炊老婦之祭，神事大小不同，如實反映在禮數規格的懸殊之上，兩者不可同日而語。再者，宗廟之祭（包括先祖及五祀在内），祭後皆有祭先炊老婦的環節。祭五祀之竈與祭爨，一先一後，兩不相妨。祭竈爲特祭，受夏祭所限。相反，祭爨爲常祭，可廣泛用於宗廟及五祀之後。孔穎達想出"夏祀竈神，其禮尊，以老婦配之耳"之説，試圖協調兩祭。②馬端臨（1254—1323）擴而充之，以爲配祭通用於五祀。③此説於禮無徵，立説新巧，未可信據。總之，夏祀竈神與老婦之祭必須區分開來，後人稱呼竈神不甚嚴格，以致五祀之竈神與先炊老婦之神時見錯出，混淆不清。

鄭注以先炊解老婦，蓋據漢制爲説。先炊早見於《史記・封禪書》：漢高祖之時，"長安置祠祝官、女巫。其梁巫，祠天、地、天社、天水、房中、堂上之屬；晉巫，祠五帝、東君、雲中〔君〕、司命、巫社、巫祠、族人、先炊之屬"。④"族人、先炊"，《漢書・郊祀志》作"族人炊"。⑤唐張守節《史記正義》云："先炊，古炊母神也。"⑥先炊或炊母之名，蓋沿古稱，⑦應是先民塑造的竈神原型。《禮器》改稱"老婦"，尚存上古文化的痕迹。

3. "何謂也"的詮解與王孫賈設問的意圖。

媚奧章鄭注著重解釋王孫賈的設問，並就其意圖有所著墨，其中"怪此言與我義反，故問之也"是整條注文的重點所在。黄以周早就注意到"何謂也"的用法，認爲這是"反詰之辭，明無是理也"。"明無是理"意思是説，在王孫賈看來，世俗流傳的"與其媚於奧，寧媚於竈"這句諺語，並不合理。後人在未窺鄭注全豹的條件下，單憑片段注文揣摩其意，難乎其難。黄以周之説，雖然點到即止，却與唐寫本原注契合無間。原注説"怪此言與我義反"，表明王孫賈認爲世俗之言並沒道理，與我的理解恰恰相反。黄氏此説，精確不可移易。王孫賈先是覆述俗諺，然後以"何謂也"提問，要想揣摩他的語意，就必須從此切入，方有探驪得珠的可能。

通檢今本《論語》，"何謂也"出現過六次。以"何謂也"發問，用於句末，或單獨成句。就語

① 王文清撰，黄守紅校點：《王文清集》，岳麓書社，2013年，第683頁。

② 《禮記正義》，第985頁。

③ 馬端臨：《文獻通考》卷八六，中華書局，1986年，上册，第782頁。

④⑥ 《史記》，中華書局，1982年，第4册，第1378頁。

⑤ 《漢書》，中華書局，1962年，第4册，第1211頁。

⑦ 饒宗頤《談古代神明的性别》説："吾國古代對氣、水、火之神亦有母之稱謂。莊子稱'伏羲以襲氣母'。又有所謂水母及炊母之名目：王褒《九懷・思忠》云'玄武涉兮水母，與吾期兮南榮'，此水母指黿。《史記・封禪書》云'晉巫先炊'，《正義》云：'古炊母之神也。'炊神指竈神，母一名之運用更爲廣泛。"

法結構論,“何謂也?”“也”字作句末語氣詞用,同“邪”或“耶”,表示疑問語氣。“何謂”是謂何的倒裝,符合疑問句中代詞賓語前置的結構方式。研究《論語》以至上古漢語語法的學者,大多從語法角度分析“何謂也”的結構,而忽略了這句話的語意功能,如何永清《論語語法通論》。[①]對於“何謂也?”的語意功能,學者一般以爲只是表達“何以如此”,或詢問上句所説的話或事是甚麼意思。《論語》“何謂也?”確有這種用法,但並不盡然,包括王孫賈問語在内的某些用例,就不能簡單地説是問甚麼意思。一般而言,疑問與反詰有明顯的差異。反詰與疑問不同,疑問必有答辭,反詰不須答辭,見於《論語》的如“禮云禮云,玉帛云乎哉”“曾是以爲孝乎”等。“何謂也”用作“反詰之辭”,通過提問來反詰。這種用法的“何謂也”,語意微妙,必須細心揣摩。經典中最明顯的用例出現在《左傳》。《左傳》隱公元年記鄭伯克段於鄢的故事。事後,鄭莊公與潁考叔對話,莊公賜予潁考叔食物,潁考叔請求把當中的肉羹留給其母。“公曰:‘爾有母遺,繄我獨無!’潁考叔曰:‘敢問何謂也?’公語之故,且告之悔。”杜預(222—285)點明“何謂也”之意云:“據武姜在,設疑也。”[②]潁考叔明知莊公有母,不直接説“你不是也有母親”,而是故意設疑反問,以增强其話語的力度。又如《禮記·曾子問》記孔子與曾子就祭尸及厭祭的反覆問答,曾子問曰:“祭必有尸乎? 若厭祭亦可乎?”孔子曰:“祭成喪者必有尸,尸必以孫。”又曰:“有陰厭,有陽厭。”曾子問曰:“殤不祔祭,何謂陰厭、陽厭?”曾子反詰:祭殤不備禮,祭儀簡略,爲何還説有陰厭、陽厭呢? 孔疏串講文意,覆述曾子語:“何謂備有陰厭有陽厭也?”[③]補上“也”字,語氣完足。《論語》的某些“何謂也?”也必須依此爲解。皇侃已措意及之,如樊遲曰:“何謂也?”(《爲政》)皇侃云:“樊遲亦不曉‘無違’之意,故反問之‘何謂也’。”[④]《憲問》記子張引述《尚書》“高宗諒陰,三年不言”,問道:“何謂也?”(《憲問》)皇侃解釋子張發問的語意説:“子張讀《尚書》,見之不曉,嫌與世異,故發問孔子‘何謂也’。”[⑤]王孫賈的問語也屬其例。鄭玄正是據“何謂也”解讀王孫賈設問的用意。“怪此言與我義反”,揣摩王孫賈的心思,認爲王孫賈想説的是,俗諺跟他意中的理解相反,爲此感到疑惑不解。

王孫賈在《論語》裏出現過兩次,一次是就媚奧媚竈問題跟孔子對答,另一次出現在孔子的話語裏。《憲問》記孔子與季康子討論衛國君政大事:

> 子言衛靈公之無道也,康子曰:“夫如是,奚而不喪?”孔子曰:“仲孫圉治賓客,祝鮀治

① 何永清:《論語語法通論》,臺灣商務印書館,2016 年,第 453 頁。

② 《十三經注疏·左傳注疏》,藝文印書館,2013 年,第 6 册,第 37 頁。

③ 《禮記正義》,第 809 頁。

④ 皇侃撰,高尚榘校點:《論語義疏》,第 28 頁。

⑤ 皇侃撰,高尚榘校點:《論語義疏》,第 386 頁。

宗廟,王孫賈治軍旅。夫如是,奚其喪?”

孔子慨嘆衛靈公無道,季康子於是問“既然是這樣,爲甚麽還没有敗亡其國?”孔子道出箇中原因:衛國未有敗亡,全賴有三位能臣分掌國政。所謂“國之大事,在祀與戎”,衛國不僅祭祀、軍戎有能人主事,外交亦然。王孫賈統率軍隊,説明他有突出的軍事才能。其餘兩人同樣見於《論語》。仲孫圉即孔文子,其人曾是孔子及其弟子談論的話題。《公冶長》云:“子貢問曰:‘孔文子何以謂之“文”也?’子曰:‘敏而好學,不恥下問,是以謂之“文”也。’”孔子專就好學一端,解釋孔文子死後得取謚號爲“文”的緣故。如果説孔子提及王孫賈,不必帶有褒義,那麽,他在這裏談論孔文子,就從好學的角度正面評價其人。《雍也》篇記:“子曰:‘不有祝鮀之佞,而有宋朝之美,難乎免於今之世矣。’”用帶貶義的“佞”來形容祝鮀,説明其人巧言令色,敗壞世風。儘管佞人不可取,孔子還是肯定祝鮀在祭祀大事上的才幹和表現。除了《論語》以外,《左傳》及《説苑》相關處,爲了解王孫賈其人提供唯一依據。《左傳》定公八年記:

> 晉師將盟衛侯于鄟澤,趙簡子曰:“群臣誰敢盟衛君者?”涉佗、成何曰:“我能盟之。”衛人請執牛耳。成何曰:“衛,吾温、原也,焉得視諸侯?”將歃,涉佗捘衛侯之手,及捥。衛侯怒,王孫賈趨進,曰:“盟以信禮也,有如衛君,其敢不唯禮是事而受此盟也?”衛侯欲叛晉,而患諸大夫,王孫賈使次于郊。大夫問故,公以晉詬語之,且曰:“寡人辱社稷,其改卜嗣,寡人從焉。”大夫曰:“是衛之禍,豈君之過也?”公曰:“又有患焉,謂寡人‘必以而子與大夫之子爲質’。”大夫曰:“苟有益也,公子則往,群臣之子敢不皆負羈紲以從?”將行,王孫賈曰:“苟衛國有難,工商未嘗不爲患,使皆行而後可。”公以告大夫,乃皆將行之。行有日,公朝國人,使賈問焉,曰:“若衛叛晉,晉五伐我,病何如矣?”皆曰:“五伐我,猶可以能戰。”賈曰:“然則如叛之,病而後質焉,何遲之有?”乃叛晉。晉人請改盟,弗許。①

據《左傳》紀事,王孫賈不但在鄟澤之盟表現出色,還在衛靈公叛晉的重大舉措上發揮作用,促成其事。在鄟澤之盟中,面對大國的脅迫和侵犯,王孫賈毫無懼色,敢於挺身而出,申張“盟以信禮”的基本精神。幸得其人辭嚴義正,衛靈公的體面和衛國的尊嚴才得到維護。衛靈公得以背叛晉國,取得群臣、工商及國人的擁護和支持,全靠王孫賈居中斡旋、鼓動國人。應該説,《左傳》塑造的王孫賈,有謀略,善辭令,形象相當正面。王孫賈名字,劉向(前77—前6)《説苑·權謀》寫作“王孫商”。篇中綰合定公十年《傳》續記鄟澤盟後之事,既云“趙氏聞之,縛涉佗而斬

① 楊伯峻:《春秋左傳注》,中華書局,1990年,第964—965頁。

之，以謝於衛。成何走燕"，又補記：

> 子貢曰："王孫商可謂善謀矣！憎人而能害之，有患而能處之，欲用民而能附之。一舉而三物俱至，可謂善謀矣！"①

子貢形容王孫賈善謀，用語恰如其分。姑勿論《論語》王孫賈的形象是否正面，《左傳》紀事，以及《説苑》裏子貢對其人的評語，大體一致，從中可見，王孫賈言行有值得史家大書一筆之處。魯定公十年，魯定公與齊景公在夾谷會盟，孔子襄助定公行禮，正當其時。孔子到衛國之前，王孫賈已是顯貴之臣。皇侃説"賈在衛執政，爲一國之要"，②固然是事實，這個事實在孔子適衛前已出現。章太炎(1869—1936)大概也注意到相關文獻的紀事，質疑孔安國(約前156—約前74)説王孫賈這樣問是爲了諷勸孔子媚己。章氏反問：

> 王孫賈，衛之能臣，如欲攬致孔子，自有辭，必不作是鄙言也？③

這個質疑，有事實根據，相當有力。朱子(1130—1200)曾説：

> 王孫賈庸俗之人，見孔子在衛，將謂有求仕之意，欲孔子附己，故有媚奥與媚竈之言。彼亦須聞有孔子之聖，但其氣習卑陋，自謂有權可以引援得孔子也。④

清人描摩其人心理更見活靈活現："王孫賈疑其有求仕之心，欲其附己，又不便直言，因借俗言以諷。"⑤把國家重臣看成庸俗之人，説他沾染了卑陋的習性，這與章太炎"必不作是鄙言"的判斷恰恰相反。章説有事實依據，朱説則不然，有先入爲主、循環論證之嫌。朱子之後，學者大多不明就裏，都對王孫賈懷有偏見。如果説真德秀(1178—1235)用"不善"來定性王孫賈，厭惡之意尚算温和，那麽，莊煦(明世宗嘉靖、神宗萬曆年間在世)直斥王孫賈爲"姦雄"，貶抑的論調已到極點。⑥

---

① 劉向撰，向宗魯校證：《説苑校證》，中華書局，1987年，第333頁。
② 皇侃撰，高尚榘校點：《論語義疏》，第63頁。
③ 章太炎：《廣論語駢枝》，《章太炎全集(六)》，上海人民出版社，1982年，第210頁。
④ 朱熹：《朱子語類》，文津出版社，1986年，第2册，第622頁。
⑤ 喇沙里、陳廷敬等編：《日講四書解義》卷四，影印《文淵閣四庫全書》，第208册，第49頁a。
⑥ 真德秀：《四書集編・論語集編》卷二，影印《文淵閣四庫全書》，第200册，第5頁b—第6頁b；莊煦：《四書蒙引別録》，影印《文淵閣四庫全書》，第206册，第11頁b—第12頁a。

古今中外學者大多認定，王孫賈問語隱含不軌意圖，其人甚是不堪：有説是爲了諷勸孔子媚己，欲藉延攬孔子，壯大自己聲勢；有謂是假託俗言，爲自貶身價從周室出仕衛侯辯護。衆口一辭，紛然不止。夷考其實，持此説法的人，都直接或間接地受到《孟子》裏彌子瑕説的"孔子主我，衛卿可得"的影響，壓根兒認定王孫賈就像彌子瑕一樣，形成先入爲主之見。今考《孟子·萬章上》云：

> 萬章問曰："或謂孔子於衛主癰疽，於齊主侍人瘠環，有諸乎？"孟子曰："否。不然也。好事者爲之也。於衛主顔讎由。彌子之妻，與子路之妻，兄弟也。彌子謂子路曰：'孔子主我，衛卿可得也。'子路以告，孔子曰：'有命。'孔子進以禮，退以義，得之不得曰有命，而主癰疽與侍人瘠環，是無義無命也。"①

主於某人，指客居他國，寄住於某人之家。《孟子·盡心下》記"孟子之滕，館於上宫"。"館於"見於禮書，《儀禮·聘禮》有曰"卿館於大夫，大夫館於士，士館於工商"，適用於官方場合。傳聞孔子到了衛、齊兩國，都寄住在兩國君主狎近者之家。孟子指斥這些傳聞只是好事者所爲，並進一步澄清事實，説孔子到了衛國，是寄住在衛國賢大夫顔讎由之家。孟子還揭露了孔子在決定主於誰家的一段插曲。原來子路與彌子瑕及顔讎由三人有這麽一層淵源：子路與彌子瑕爲連襟關係，顔讎由同爲二人妻兄。彌子瑕知道孔子要住到顔讎由家，便主動告訴子路："孔子主我，衛卿可得也。"意思是説：只要孔子住在我家，衛國卿位便唾手可得。彌子瑕這麽説，無非是爲了借重孔子的名聲，和孔子私下結交，好爲自己謀取權利。子路把彌子瑕的話轉告孔子，孔子答説"有命"，以此拒絶彌子瑕，顯然是知道此人得到衛靈公嬖幸，不行正道，識穿了他的不良意圖。孟子指出，孔子進退一以禮義爲準的，將仕途窮達歸之於天命，不被姦言牽動而動摇其信念，還反問："若孔子主癰疽與侍人瘠環，何以爲孔子？"後人把兩事比附起來，想當然地用彌子瑕對子路説的話解釋王孫賈的問語，把媚奧媚竈看成是向孔子暗示要他阿附的意思。綜觀古今中外論者之説，最先明確提出這個想法的是吕大臨(1044—1091)。《論語解》云：

> 室西南隅謂之奥，尊者所居也。竈，主飲食家之所有事也。故以"奥"況人君，"竈"況執事。當孔子之時，天下之國皆執政用事，王孫賈所以勸孔子者，猶彌子云"夫子主我，衛卿可得"之意也。孔子以爲有命自天，若無義無命，是所謂"獲罪於天"也。②

---

① 參焦循撰，沈文倬點校：《孟子正義》，中華書局，1987年，第657頁。

② 吕大臨著，陳俊民輯校：《藍田吕氏遺著輯校》，中華書局，1993年，第431—432頁。

表面看來,這兩件事似乎頗爲相似:孔子説"獲罪於天,無所禱也",如果是爲了拒絶王孫賈,就和他用"有命"來拒絶彌子瑕的用意尤其相似。張岱(1597—1684)明言:

> 王孫賈此問,與彌子"衛卿可得"同意。對彌子則曰"命",稱"命",所以屏絶宵小。對賈則曰"天",稱"天",所以震讋權奸。兩邊都是啞謎,並不曾説破。①

年輩稍前於張岱的馮夢龍(1574—1646)更説:"賈分明尊己卑君,諷孔子之媚己,與彌子瑕意同。"②斬釘截鐵,儼如陳述事實。近人蔣伯潛(1892—1956)的想象更形完整,《四書讀本》先引彌子瑕告子路語,繼而推衍説:"彌子瑕爲靈公之倖臣,賈爲衛之執政,均欲與孔子接近。賈此語,殆即爲彌子瑕之言而發。"③若然,則王孫賈與彌子瑕同時爭相攬致孔子。是耶? 非耶? 恐怕需要事實證明。夷考其實,彌子瑕爲衛靈公侍臣,備受愛寵,有恃無恐,勾結南子,沆瀣一氣,當時盡人皆知。此等小人惡名昭彰,不必也不能同孔子口中的撑住衛國的重臣比量齊觀。倘若先入爲主,把王孫賈看成是彌子瑕同一類人,而毋視史實,就難免流於臆測。而且,只要審視當日衛國時勢,便知彌子瑕與王孫賈不宜同等看待。任啓運(1670—1744)《四書約指》云:"或謂王孫賈在衛算不得權臣,當時市權只有彌子瑕一人。或是他自家欲酌所媚而問耳。此説與注雖背,然於時勢頗合。"④就文獻僅有的紀事可見,王孫賈治軍旅、善謀略,決非權傾朝野、專横跋扈之輩。當時恃寵弄權,籠絡人心,想或不止彌子瑕一人,但王孫賈恐非其團夥。姑勿論王孫賈有否因自我需要向孔子請教媚道的可能,惟審時度勢,他的問語裏不太可能像彌子瑕般懷有不良意圖。若果説者不爲成見所囿,主動結合《論語》及《左傳》等紀事,就能够看出不一樣的王孫賈,從而對媚奥章産成不同於俗解的看法。在芸芸注家中,確能找到這樣的解人,明人管志道(字登之,1536—1608)云:

> 所謂奥,必指彌子瑕、侍人瘠環之屬。其時,孔文子執衛政,而賈與祝鮀預焉,是所謂竈也。蓋有激於衛人之舍執政而結靈公之近臣者,故發此傷時之問。朱子謂諷孔子之附己,未必然。⑤

---

① 張岱著:《四書遇》,《張岱全集》,浙江古籍出版社,2017年,第97頁。
② 馮夢龍著,阿袁編注:《論語指月》,安徽人民出版社,2012年,第37頁。
③ 蔣伯潛:《四書讀本》,啓明書局,1941年,第38頁。
④ 梁章鉅:《論語旁證》,《續修四庫全書》,第155册,第75頁。
⑤ 沈守正:《重訂四書説叢》,《續修四庫全書》,第163册,第569頁。

管氏此説，顛覆成説，突破了成説狹隘的認知與格局。其説由結合史實而得，“發此傷時之問”直探王孫賈的心意，證明媚奥章存在多種解讀的可能。可惜管氏之説至今没有得到應有的重視，仍如一股清泉，静静流淌，未能撼動更談不上改變俗解。今人通過管氏開啓的這扇窗户向外遠望，不僅能够開拓視野，也可能找到意境遼闊的一片天地。

4. 鄭玄對“天”的理解。

據《太平御覽》節引鄭注，與唐寫本抄寫行款比對，可得出孔子答語注大概只有“明當媚其尊者。夫竈者，老婦之祭”。原注果真如此，則除“不然”外，鄭玄未有直接解釋“獲罪於天，無所禱也”。鄭玄經注對“天”的解釋，可用於填補《論語注》的這塊空白。如所周知，鄭玄對“天”概念的内涵與周延有特定的看法。鄭玄“天”説係其宇宙生成論的重要一環，帶有鮮明的陰陽五行、占候災異説的色彩。《尚書・堯典》有“在璿璣玉衡，以齊七政”，鄭玄注云：“璿璣玉衡，渾天儀也，皆以玉爲之。七政，日月五星也。”①其注《尚書考靈曜》有云：“天者純陽，清明無形，聖人則之，制璿璣玉衡，以度其數。”②天道七政也反映在《論語注》之中。鄭玄注《子路》“子曰：‘善人教民七年，亦可以即戎矣’”即引“天以七紀滿其七數”爲證。③其注《公冶長》之“天道”亦云：“天道，謂七政變動之占。”④明言占星之術，即按日月五星的運行變化推測人間世事的吉凶。錢大昕引鄭玄此注，指出古書(《易傳》《左傳》《國語》等)言天道，皆主吉凶禍福而言，合乎鄭義。⑤焦循(1763—1820)極力抨擊鄭玄以“七政”解説孔子天道。⑥鄭玄據《周易》、緯書構建其天學體系，將無形之天人格化成上帝，整合《周禮》而成其天帝譜系。《周易》豫卦象辭“雷出地豫，先王以作樂崇德，殷薦之上帝，以配祖考”，鄭注云：“上帝，天也。”⑦鄭玄所述的天帝譜系，名目錯出，光怪陸離，昊天上帝、天皇大帝，或簡稱“昊天”，或變稱“北辰”，居於紫微宫，乃天神之最尊者；其下又有五天帝，居太微宫，即東方蒼帝靈威仰、南方赤帝赤熛怒、中央黄帝含樞紐、西方白帝白招拒、北方黑帝汁光紀。此五帝加上至上帝，即所謂“六天”或“六帝”。《論語・鄉黨》記孔子“迅雷風烈，必變”，《禮記・玉藻》“若有疾風迅雷甚雨，則必變，雖夜必興，衣服冠而坐”可

---

① 鄭玄注，王應麟輯，孔廣林增訂：《尚書鄭注》，《叢書集成初編》，商務印書館，1937 年，第 6 頁。

② [日]安居香山、中村璋八輯：《緯書集成》，上海古籍出版社，1994 年，上册，第 344 頁。

③ 王素：《唐寫本論語鄭氏注及其研究》，第 143 頁。

④ 王素：《唐寫本論語鄭氏注及其研究》，第 43 頁。輯佚本文字大同小異。

⑤ 錢大昕：《十駕齋養新録》卷三《天道》，上海書店，1983 年，第 45 頁。

⑥ 焦循云：“孔子言天道，在消息盈虚，在恒久不已，在終則有始，在無爲而物成，爲格物、致知、正心、修身、齊家、治國、平天下之本，爲伏羲、神農、黄帝、堯、舜、文王、周公以來治天下之要，與七星變占不同。桓譚知識緯之謬，而尚緣天道性命，聖人所難言也，是不知孔子所言之天道非伎數巧慧所能托也。鄭氏以此解《論語》，淺之乎觀聖人矣！”見氏著，謝路軍主編，鄭同校：《焦循文集》第 5 册《焦孝廉論語補疏》，九州出版社，2016 年，第 571—572 頁。

⑦ 胡自逢：《周易鄭氏學》，文史哲出版社，1990 年，第 33 頁。

用於注釋其文。《周易》震卦卦辭“震來虩虩,笑言啞啞”,孔穎達疏云:“震之爲用,天之威怒,所以肅整怠慢,故迅雷風烈,君子爲之變容施之於人事。”①鄭注《鄉黨》云“敬天之怒”,②同乎《玉藻》注,凡此皆言人格化上帝之所爲。天怒普遍見於經文,如《尚書·泰誓》“皇天震怒”、《洪範》“天帝怒鯀”、《詩·大雅·蕩》“逢天僤怒”等均爲其例。《後漢書·郎顗傳》記順帝陽嘉間,郎顗條便宜諸事,有云“丁丑,大風掩蔽天地。風者號令,天之威怒。皆所以感悟人君忠厚之戒”。③風者天之號令的觀念,源出緯書,鄭玄箋詩多承其意。人君通過狂風感應上帝的威怒。竹添光鴻(1842—1917)駁斥朱子以“天”爲理之説,串連起《論語》諸“天”,包括“天將以夫子爲木鐸”“吾誰欺? 斯天乎?”“噫! 天喪予! 天喪予!”“天生德於我”,與“獲罪於天”,以爲“此章之天,有獲罪無禱之言,明是天帝之天”,④皆就主宰説。果如其説,則鄭玄理解的天並不背離孔子原意。⑤

回到孔子説的“獲罪於天,無所禱也”,按鄭玄的理解,此天當是代言上帝。《論語注》他處可補苴此注的空白,此即《述而》所記孔子病、子路請禱事。現迻録正文及唐寫本鄭注於下:(爲醒目計,正文字體稍微放大,用楷體標示,而注文字體則仍按引文大小)

子疾病,子路請禱。禱,謂謝過於鬼神乎。子曰:“有諸?”觀子路曉禱礼不也。子路對曰:“有之;誄曰:‘禱乎上下神衹。’”誄,六祈之辭。子路見誄辭云尔謂孔子今疾,亦當謝過於鬼神。子曰:“丘之禱久矣。”孔子自知無過可謝,云禱久矣,明素恭肅敬於鬼神,且順子路之言也。⑥

---

① 《十三經注疏·周易》,第1册,第114頁。

② 王素:《唐寫本論語鄭氏注及其研究》,第122頁。

③ 范曄:《後漢書》,中華書局,1982年,第1074頁。

④ [日]竹添光鴻:《論語會箋》,廣文書局,1999年,上册,第191—195頁。

⑤ 傅斯年《性命古訓辨證》以爲:“孔子之言天道,雖命定論之彩色不少,要非完全之命定論,而爲命定論與命正論之調合。”“其歸宿必至於俟命論。所謂俟命論者,謂修德以俟天命也。”(史語所,1992年,第37頁a—第38頁b)謝無量説:“至於孔子恒稱天,殆指一有知識有意志位乎人上而長存者言之也。”又舉媚奥章等例歸納説:“以上諸章所言天,似皆謂天有知識有意志。後世或以天體漠然無知,殆異於孔子之意也。孔子對於天極其虔敬。《春秋》詳載日蝕災變,皆以其出於天之意志,以示罰戒於人者,故當恐懼修省。《論語·鄉黨》篇記孔子‘迅雷風烈必變’,亦此義也。”(見氏著《孔子研究》第十三章《孔子晚年思想》,北京理工大學出版社,2020年,第231頁)子安宣邦著,吴燕譯《孔子的學問——日本人如何讀〈論語〉》指出,“天喪予”及“知我者其天乎”等天子同義,“都説明孔子相信作爲終極意義的‘天’的存在”。(三聯書店,2019年,第93頁)太宰純曰:“天者,指蒼蒼之天而言,天之冥冥,其神至尊,其命叵測,是以君子畏之。”(參[日]山本日下:《論語私考》,《中國典籍日本注釋叢書·論語卷》,第6册,上海古籍出版社,2021年,第62—64頁)

⑥ 王素:《唐寫本論語鄭氏注及其研究》,第80頁。

禱祀是用來向鬼神認錯道歉，藉此求福。在鄭玄看來，“禱”呼應媚奧媚竈，“罪”指罪過，依此爲解，孔子的語意是説假如有罪過於天，向奧竈禱祀也無濟於事。鄭注堪與王充（約 27—約 97）説合觀。王充《論衡·感虚篇》云：

> 孔子疾病，子路請禱。孔子曰：“有諸？”子路曰：“有之；《誄》曰：‘禱爾于上下神祇。’”孔子曰：“丘之禱久矣。”聖人修身正行，素禱之日久，天地鬼神知其無罪，故曰“禱久矣”。《易》曰：“大人與天地合其德，與日月合其明，與四時合其敘，與鬼神合其吉凶。”此言聖人與天地鬼神同德行也。即須禱以得福，是不同也。湯與孔子俱聖人也，皆素禱之日久。①

孔子無過可謝，而天地鬼神亦知其無罪。與此相反，孔門弟子不能做到無罪於天。《論衡·禍虚篇》引“傳”曰：

> 子夏喪其子而喪其明，曾子弔之，哭。子夏曰：“天乎！予之無罪也！”曾子怒曰：“商，汝何無罪也？吾與汝事夫子於洙、泗之間，退而老於西河之上者，使西河之民，疑汝於夫子，爾罪一也。使民未有異聞，爾罪二也。喪爾子喪，喪爾明，爾罪三也。”子夏投杖而拜，曰：“吾過矣！吾過矣！吾離群而索居，亦以久矣！”夫子夏喪其明，曾子責以有罪，子夏投杖拜曾子之言，蓋以天實罰過，故目失其明；己實有之，故拜受其過。②

引傳記文與《禮記·檀弓上》大同。曾子責數子夏有三大罪過，謂子夏因罪受上天譴責懲罰而失明。子夏原以爲自己無辜失明，於是質問上天説：“天乎！予之無罪也！”鄭玄注云：“怨天罰無罪。”③以此例彼，孔子説“獲罪於天，無所禱也”，可知若天罰有罪，則禱祀奧、竈亦無濟於事。宇野哲人（1875—1974）：“孔子認天有賞罰之權，以爲若背天意，則必受罰。”④得其大意。

四、媚奧章鄭玄注的區別性特徵

《論語注》關涉禮制之處俯拾即是，蔚然大觀。如同鄭玄其他經注，《論語注》以禮制爲軸

---

① 黄暉撰：《論衡校釋》，中華書局，1990 年，第 247—248 頁。

② 黄暉撰：《論衡校釋》，第 272—273 頁。

③ 《禮記正義》，第 271 頁。

④ ［日］宇野哲人著，陳彬龢譯：《孔子》，商務印書館，1930 年，第 89 頁。

心，向外輻射，展現一個周延多元的網絡型組織結構。鄭玄解説《論語》各章，究心於建構禮制語境，形成範式，其具體操作是本《三禮》爲説（尤以《周禮》爲正），"以經證經"，"引禮證禮"，會通彼此，尋繹經義。鄭玄對《八佾》篇媚奥章的解讀，純粹以禮説經，將其注經套路貫徹到底，展現明顯的區别性特徵。把鄭注放在漢人以至唐前之人接受媚奥章的大背景來考察，可以清楚看出鄭注的獨特之處。

於今所見漢人對媚奥章的解讀，以董仲舒（前179—前104）及孔安國（約前156—約前74）最早。《春秋繁露·郊語》云：

> 天者，百神之大君也。事天不備，雖百神猶無益也。何以言其然也？祭而地神者，《春秋》譏之。孔子曰："獲罪於天，無所禱也。"是其法也。故未見秦國致天福如周國也。《詩》云："唯此文王，小心翼翼，昭事上帝，允懷多福。"多福者，非人也，事功也，謂天之所福也。①

《公羊傳》僖公三十一年有譏不郊而猶三望，"《春秋》譏之"，當指此類。天既是百神之大君，則"獲罪於天"等於説獲罪於天神大君。雖然董仲舒未曾論及王孫賈問語，但根據他對孔子答語的理解，可以肯定他是就祭神立論的。而且，顯而易見，董仲舒將"獲罪於天"之天解讀爲百神之大君，恰恰與屬於地祇的奥、竈對言。除此之外，保存至今寥寥可見的鄭玄以外的漢人之説，不再發現據神事爲説的例子，直到鄭玄才回歸祭神的禮制語境。相反，除鄭玄外的漢人之説，一致以人事解説其意。何晏（?—249）《論語集解》引孔安國曰："王孫賈，衛大夫也。奥，内也，以喻近臣也。竈，以喻執政也。賈者，執政者也。欲使孔子求昵之，故微以世俗之言感動之也。"②此以奥、竈爲喻體，分别對應本體的近臣、執政，純從人事之喻意作解，全然不提祈禱祭神之事。竹添光鴻指出："孔注以奥喻近臣、以竈喻執政，並不以祭爲言也。"③孔安國注確是如此。唐魏徵（580—643）等人編撰的《群書治要》引崔寔（約103—約170）《政論》云：

> 長吏或實清廉，心平行潔，内省不疚，不肯媚竈。④

---

① 董仲舒撰，蘇輿義證，鍾哲點校：《春秋繁露義證》，中華書局，1992年，第398頁。

② 皇侃撰，高尚榘校點：《論語義疏》，第64頁。何晏《論語集解》所引孔安國注，可能是後人假託。説見陳鱣：《〈論語〉古訓敘》，陳鱣撰，李林點校：《陳鱣集》，浙江古籍出版社，2018年，上册，第24—25頁。

③ ［日］竹添光鴻：《論語會箋》，上册，第191—195頁。

④ 魏徵等編撰：《群書治要》卷四十五《〈崔寔政論〉治要》，北京理工大學出版社，2013年，第655頁。

視媚竈爲諂媚權幸,和後代文人筆下媚竈成爲巴結權貴的比喻一樣。梁紹(161—214,初平末爲尚書)劾奏云:

> (尚書郎吴)碩以瓦器奉職天臺,不思先公而務私家,背奥媚竈,苟諂大臣。昔孔子誅少正卯以顯刑戮,碩宜放斥,以懲姦僞。若久舍不黜,必縱其邪惑,傷害忠正,爲患不細。①

梁紹奏書彈劾吴碩,痛斥其人出身低微而身居要職,爲政竟不以公家爲先而追逐私家之利。文中以奥、竈分别照應上文的公、私,據此可知其意中奥喻國君而竈喻權臣。陳壽(233—297)《三國志》記載:

> 平虜將軍劉勳,曹操所親,貴震朝廷。嘗從畿求大棗,畿拒以他故。後勳以不軌伏法,操得其書,嘆曰:"杜畿可謂不媚於竈者也。"稱畿功美,以下州郡,曰:"昔仲尼之於顔子,每言不能不嘆,既情愛發中,又宜率馬以驥。今吾亦冀衆人仰高山,慕景行也。"②

杜畿不阿附權貴劉勳,其剛正的情操大獲曹操讚賞。曹操援引孔子與顔淵故事,砥礪士風,所言杜畿不媚於竈,從側面反映他對媚竈的理解。

總括而言,孔安國(何晏《集解》引)、崔寔、梁紹、曹操都從人事喻意解讀媚奥章,後世《論語》注家多沿其説,成爲主流。如果説董仲舒以神事解説談不上完全和徹底的話,相比之下,鄭玄之注在這方面就顯得純粹,與其他漢人形成鮮明的對比。

五、媚奥章鄭注平議

在辨明媚奥章鄭注的區别性特徵後,現在先以古今人説爲襯托,平議鄭注。只要細閲《論語》經文,便知孔子答語中的"禱"字照應王孫賈問語的兩個"媚"字。應該説,"媚"具體表現於"禱",孔子的答語呼應王孫賈的問語。奥、竈都是禱神的處所,③都指向祭神祈禱的行爲。鄭

① 袁宏撰,李興和點校:《袁宏〈後漢紀〉集校》卷二七《孝獻皇帝紀》,雲南大學出版社,2008年,第341頁。

② 《三國志》,商務印書館,1958年,第4348頁。

③ 古今注家有誤以奥竈爲神名者,吴劍修辨之甚明,可參。見吴劍修:《誤解的衍生:〈論語〉"與其媚于奥,寧媚于灶"考》,《國學學刊》,2023年第1期,第25—35頁。

汝諧(1126—1205)指出:王孫賈所問,是"托祭以爲諷";孔子所答,是"因祭而對以無所禱"。[①]撇除"諷"(諷喻)不説,鄭氏確能看出當中話題的本質所在。松平賴寬(1703—1763)説得對:"王孫賈托禱祀言之,則孔子亦以禱祀答之。"[②]蔣伯潛從《論語》編纂者的角度考慮,認爲媚奥章與同篇前面數章的話題相類,朱子以祭祀爲説蓋得其實。蔣伯潛提到:"上數章皆言祭祀,本章孔子復以'獲罪於天,無所禱也'爲答,故朱子就祭祀之禮釋之。"[③]朱子未見鄭玄《論語注》,承程頤(1033—1107)等人之説的餘緒,援引《月令》鄭注,爲媚奥媚竈作解,學者靡然向風,與其扣緊禱祀主題不無關係。

"媚"字《左傳》多見,意謂取悦、討好,獻媚於人或神,都是我有所求,務從彼好,欲取得對方歡心。媚人,指巴結他人,一般帶有貶義,諂媚尤甚。媚,或單言,或複合成詞如"求媚""取媚"。此等"媚"字,固然多用於指稱媚人,但亦有用於媚神。《左傳》昭公二十年記晏子對齊景公語,有云:"進退無辭,則虚以求媚。"杜預注云:"作虚辭以求媚於神。"[④]要取悦的對象肯定是神明。《國語》裏的媚,既有媚人,也有媚神。後者如周宣王不籍千畝,虢文公進諫,就享祀時至的結果説:"若是,乃能媚於神而和於民矣。"媚的這種用法,不一定都像媚人般帶有强烈的貶義。何況《詩經》之媚,如《駟鐵》"公之媚子",錢大昕(1728—1804)就認爲都是美詞,連帶《論語》媚奥媚竈也被看成敬神之詞。錢氏云:

> 問:"公之媚子",朱氏《傳》以爲"所親愛之人",而嚴華谷直以"便嬖"當之。田獵講武而以便嬖扈從,豈國家美事?詩人美君,殆不如是。曰:"媚子"之義,當從毛、鄭,謂能以道媚於上下,使君臣和合者也。《詩三百篇》言"媚于天子""媚于庶人""媚兹一人""思媚周姜""思媚其婦",皆是美詞。《論語》"媚奥""媚竈",亦敬神之詞,非有諂瀆之意。唯晚出《古文尚書·冏命》有"便辟側媚"字,而傳訓爲"諂諛之人"。《古文書》多僞,此亦其一證也。王肅以子爲卿大夫之稱,其非"便嬖"可知。[⑤]

所舉《詩》中媚之多例,都是美詞,最明顯的用例莫過於"媚兹一人""媚于天子"等,鄭箋無一例外地訓"媚"爲"愛"。[⑥]《駟鐵》"公之媚子",毛傳云:"能以道媚於上下者。"鄭玄箋釋其意云:

---

① 鄭汝諧:《論語意原》卷一,影印《文淵閣四庫全書》,第 199 册,第 17 頁 b—18 頁 a。

② [日]松平賴寬:《論語徵集覽》,《中國典籍日本注釋叢書·論語卷》,第 1 册,第 224 頁。

③ 蔣伯潛:《四書讀本》,第 38 頁。

④ 《十三經注疏·左傳注疏》,第 6 册,第 857 頁。

⑤ 錢大昕撰,陳文和主編:《嘉定錢大昕全集》第 9 册《潛研堂文集·潛研堂答問》卷三,鳳凰出版社,2016 年,第 72—73 頁。

⑥ 見於《大雅》之《下武》《假樂》《卷阿》諸篇鄭箋。

"'媚於上下'謂使君臣和合也。"①據此,媚字是讚美之詞。②是知媚字可美可惡。前人蓋爲成見所囿,見媚就把事情往壞處想。如朱子説孔子也這樣想:"王孫賈之意,欲夫子媚己。緊要是'媚'字不好。"③元胡炳文(1250—1333)沿之云:"纔説媚之一字,便已非理。"只一"媚"字就把王孫賈定性爲獲罪於天的壞人。④如是者,媚奧媚竈都指向諂媚。涵詠媚奧章鄭注上下文意,王孫賈所説的"媚",或如錢大昕所説,不過是"敬神之詞,非有諂瀆之意"。

許慎《説文》説解"禱"字本義云:"告事求福也。"⑤禱爲祭名,《周官·大祝》"五曰禱",即其一例。綜觀鄭玄經注,禱同爲求福,即祈求鬼神福祐的意思,而《論語》"子路請禱"鄭注云"謝過於鬼神",⑥向鬼神認錯道歉,藉此求福,兩義一貫,並不矛盾。觀乎《禮記·禮器》"祭祀不祈",鄭注云:"祈,求也。祭祀不爲求福也。"⑦祭祀的本質,是向神明致敬,表示感恩報功,而不是祈求福報。禱與此不同,因應特定的祈求而禱告鬼神。

前人有斷言媚奧媚竈純乎人事,與神事了無關涉,乾脆切斷奧、竈與禱的聯結。如張文彬説:

> 孔安國謂奧在内,以喻近臣,竈則家之所有事者,以喻執政。此但指一家房屋位次爲説,並不指祭言。不然,門西之奧,安所用媚?且門、行與竈同祭門西,何以門行都不媚,而獨媚竈?總是錯,總是無理。⑧

張氏主張奧、竈應當就一家房屋位次釋之,不宜牽扯祭祀之事,反問如是廟門外西室之奧,爲何要媚於其處。而且,五祀之所祭,除竈外,還有門、行,爲何獨獨媚竈而不及他處。由於無法釋疑,所以張氏認爲,就祭禮釋讀奧竈終是錯誤,殊不合理。後來俞樾(1821—1907)也説:

> 媚奧、媚竈,皆媚人,非媚神也。古以奧爲尊者所居,故《曲禮》曰:"爲人子者,居不主

---

① 《十三經注疏·詩經》,第 2 册,第 234—235 頁。

② 錢鍾書反駁錢大昕説,以爲"錢氏意在尊經衛道,助漢儒張目,而拘攣於單文互訓,未爲得也"。見氏著《管錐編·毛詩正義·四二·駟鐵》,香港中華書局,1980 年,第 121 頁。媚可爲美詞,亦可爲惡詞,視乎語境而定其美惡。

③ 朱熹:《朱子語類》,第 2 册,第 621 頁。

④ 胡炳文:《四書通·論語通》卷二,影印《文淵閣四庫全書》,第 203 册,第 17 頁 a。

⑤ 許慎:《説文解字》,第 8 頁。

⑥ 王素:《唐寫本論語鄭氏注及其研究》,第 80 頁。

⑦ 《禮記正義》,第 983 頁。

⑧ 毛奇齡:《四書改錯》,《續修四庫全書》,第 165 册,第 147 頁。

> 奥。"而春秋時,有奥主之稱,昭十三年《左傳》"國有奥主"是也。竈則執爨者居之,所謂厮養卒也。當時之人以居奥者雖尊,以爲居奥者雖尊,不如竈下執爨之人實主飲食之事,故媚奥不如媚竈。《國語·周語》載人之言曰:"佐饔者嘗焉。"即此意也。王孫賈引之,蓋以奥喻君,以竈自喻。孔《注》未得其旨。①

俞氏站在純粹發明人事喻意的立場,以奥、竈相對而言,分别配對尊者所居與執爨者所在。厮養卒所爲,雖説只是析薪炊烹(即砍柴作飯)的粗活,但襄佐炊烹之人得其便利,却可以嘗到美食。王孫賈以奥、竈爲喻體,背後的喻意不過如此而已。俞樾之説,有得有失,得與失糾結在一起:所得在於純從人事立説,可以擺脱自朱子以來受《月令》五祀鄭注限制,同是一神異位(奥、竈),説起喻義却言人人殊;所失在於割裂奥竈與禱的聯結,没有認清媚奥章的主題終究是禱祀,不免有因噎廢食之弊。俞説未允,其啓發後人,爲解開媚奥章的奥秘提供新視角、新思路,却值得肯定。

朱子熱衷於解讀媚奥章,在多種著作《論孟精義》《四書或問》《四書章句集注》②及《朱子語類》中都對此有詳略不同的討論,足以互爲補充。朱子如此重視媚奥章,用心所在,如所周知,是想藉著"獲罪於天"闡發其天理説,凸顯其理學的依據。抑有進者,朱子就祭祀之禮釋讀媚奥章,援引《月令》五祀鄭解釋奥竈的關係,是後人對此章的基本認識。朱子《四書章句集注》云:

> 王孫賈,衛大夫。媚,親順也。室西南隅爲奥。竈者,五祀之一,夏所祭也。凡祭五祀,皆先設主而祭於其所,然後迎尸而祭於奥,略如祭宗廟之儀。如祀竈,則設主於竈陘,祭畢,而更設饌於奥以迎尸也。故時俗之語,因以奥有常尊,而非祭之主;竈雖卑賤,而當時用事。喻自結於君,不如阿附權臣也。賈,衛之權臣,故以此諷孔子。③

朱子所論祀竈之禮,《四書或問》自言是依據"《月令》'夏三月其祀竈'而鄭氏之注云爾也"。④朱子復據孔穎達疏,以爲鄭注實本逸《中霤禮》,推想"蓋唐初猶有是書,而今亡之也"。⑤比對朱注與所據鄭玄禮注,很容易看出兩者的源流關係。問題是,鄭玄據逸《中霤禮》注《月令》五祀之

① 俞樾:《俞樾全集》,浙江古籍出版社,2017年,第2册,第886頁。

② 有關朱子諸書的關係及其成書年代,參考陳逢源:《朱熹注四書之轉折——以〈學庸章節〉、或問爲比對範圍》,《東吴中文學報》,2008年第15期,第17—40頁。

③ 朱熹:《四書章句集注》,中華書局,2012年,第65頁。

④ 朱熹:《四書或問》卷八,影印《文淵閣四庫全書》,第197册,第12頁a。

⑤ 朱熹:《四書或問》卷八,影印《文淵閣四庫全書》,第197册,第12頁b。

祭,不等於說他據此解讀《論語》媚奥章。今人得見《論語注》原貌,確知鄭玄未據《月令》五祀爲說,不像朱子及後人般將奥、竈當作一神異位,也不存在兩祭兩禮的可能。朱子認定王孫賈爲"權臣",頗有循環論證的意味。朱子就祭祀之禮釋讀媚奥章,推衍太過,頗受後儒詬病。顧炎武(1613—1682)於朱說深感疑惑,認爲"本一神也,析而二之,未合語意"。[①]毛奇齡(1623—1716)駁議朱說更是不遺餘力,在《四書賸言補》《四書改錯》提出一連串問題質疑朱說:從來行祭,無在家室者,如延尸入室,豈非殊失禮意?祭四祀皆設主而不祭於其所,爲何竈獨有兩祭?陘爲竈門外平正處而不適用於行祭,才轉而祭於奥?諸如此類,毛氏一一驗諸禮文,揆諸情理,斷定朱子所釋祭法一概錯誤。[②]其中訓陘爲絶坎,蓋得鄭義。[③]石韞玉(1755—1837)亦於朱說深致疑焉。石氏云:"孔注曰:'奥以喻近臣,竈以喻執政。'朱子《集注》則以奥喻君、以竈喻權臣,與孔說大同小異,而非其旨。按:竈有常神,奥爲虚位。奥所祀之神,即竈神也,安得析奥與竈而兩屬之乎?"[④]石氏覆述顧炎武說,對一神兩祭持否定立場。清人如曹之升(生卒不詳)、宦懋庸(1842—1892)等皆支持朱說,反駁毛奇齡謂朱子"自造禮文"的指控。[⑤]平心而論,衆人紛争不止,無非是對相關禮制之關目看法不同,如鄭玄注《禮記·月令》,言五祀祭於廟,注《周禮·宫正》言七祀於宫中。後人對此持有不同意見,毛奇齡執持五祀祭於廟之文,據此質疑朱子祭於其所之說,曹之升就尸入祭儀反駁毛說,爲朱說辯護。其實,鄭玄禮注兩稱宫廟,隨文爲說,不必把兩注看成違迕,七祀究竟在廟抑或在宫即其一例。[⑥]面對禮經的參差不齊,鄭玄每每想方設法調和其間,如《月令》五祀與《祭法》七祀,鄭玄即以前者爲殷制、後者爲周制。凡此等處,鄭注不見得盡愜人意。就媚奥章論,朱子據《月令》鄭注立說,引致清人對其祭儀確當與否紛争不止。平情而論,控辯雙方各有所據,却都離不開鄭玄禮注。歧見迭出,紛然殽亂,都是因爲不睹《論語注》原文而捉錯用神,都脱離了鄭玄原意。今天看來,此番争論,都未能搔到癢處。

相反,若能扣緊禱祀的主題,對王孫賈與孔子問對的語意,就有可能看得真切。宋翔鳳(1777—1860)《論語說義》云:

> 祭祀之道,致其誠敬以事鬼神,本非求福而福自至。自貴及賤,各有當祭。遠近汚隆,

① 顧炎武著,黄汝成集釋:《日知録集釋》,第394頁。

② 毛奇齡:《四書賸言補》卷一,影印《文淵閣四庫全書》,第210册,第4頁a—第8頁a。

③ 《說文》云:"陘,山絶坎也。"許慎:《說文解字》,第305頁。毛奇齡說竈陘,可用於補充段玉裁注。

④ 石韞玉:《讀論質疑》,《續修四庫全書》,第155册,第7頁。

⑤ 曹之升:《四書摭餘說》卷之一《媚奥》,蕭山曹氏家塾本,嘉慶戊午(1798年),第27頁b—28頁a。宦懋庸:《論語稽》,《續修四庫全書》,第157册,第281頁。

⑥ 孫詒讓分析《宫正》與《月令》兩處鄭注之異同,頗爲精審,所得結論爲:"此注(引者按:指《宫正》注)與《月令》注義亦無迕也。"孫詒讓撰,王文錦等點校:《周禮正義》,第225頁。

> 分別無競，厥儀罔愆，忠信不行，而祭遂煩瀆，求施報之私於鬼神之際。以大夫之職，而謁款於天神；以至尊之儀，而羅舞於私室，意在美備以格思，忘爲僭侈而獲罪。諸侯以下，相習成風，移乎士庶，限於一祀者，亦專爲媚悦。校論奥竈，俗諺流行，以致權臣諷諭大聖。蓋在當時，上下神祇至於五祀報告之禮，皆失本原。聖人不言，孰救其弊？先王之制雖立一祀，必本於天，妄議及之，已干天意。非彼愚人所得禱祈，況其大者，宜有禍殃。"獲罪於天"之説至是乃發者，聖人之心悲乎舉世矣！①

宋氏説義，申明祭祀本義不在求福而在表達人的誠敬，唯其如此，不求福而福自至。春秋之時，自諸侯以下行祭，競相祭祀求媚，大多脱離了祭祀本原，違背應有的禮義。宋氏針砭春秋時弊，洞見陋習的根本所在，發明孔聖之意。即使未脱前人奠定的權臣諷諭大聖的基調，宋氏説義大抵未有叛棄媚奥章的祭祀本旨。

六、探尋《論語》媚奥章原意的新視角、新思路

鄭玄注經，貫徹以禮制通釋群經的策略，媚奥章鄭注貫徹此一詮釋策略。鄭玄"以經證經/引經證經"或"引禮證禮"，向來被視爲嚴謹論證的不二法門，爲後人所遵循。整體而言，鄭玄的詮釋策略本身並無問題，且時見成效，《論語注》對"禘自既灌而往""繪事後素"等章的詮釋，策略運用得宜，所言皆爲正解。鄭玄的詮釋策略卓有成效，無疑值得借鏡，但毋庸諱言，其注有時也會失效。探究其失效的原因，主要是受到文獻本身條件的限制，即使所處時代較爲近古，鄭玄得見的禮書與《論語》文本之間，也有合有不合，更不用説文獻闕略不全的情況。此等局限，導致鄭玄的詮釋策略未能發揮應有的效能。面對這種困境，有時擺落鄭注的枷鎖，借助跨學科的研究成果，儘管就文通義，或許也有可能尋得經義。朱子在"就文通義"方面，每能展現高明的一面，但其注釋媚奥章却未爲允當，或應歸咎於未有完全擺脱鄭玄禮注的羈絆。在復原鄭注並爲鄭義疏通證明之後，我們可以儘可能讓媚奥章脱離禮書的規限，利用其他文獻（包括鄭玄其他禮注）重探經義。實際上，上文考察過的鄭注中的爨神，以及下文即將展開討論的其他鄭注，都透露了媚竈之竈原型的訊息，只因此等注文不甚起眼，所以未有得到後人的注目。

和奥不限一處一樣，包括禮書在内文獻所見的竈、爨也不一而足。劉熙《釋名》道出竈、爨

① 宋翔鳳著，楊希校注：《論語説義》，華夏出版社，2018年，第42—43頁。

名實的關係:“竈,造也,創造食物也”;“爨,銓也,銓度甘辛調和之處也”。[①]以聲訓解釋竈、爨的功能。若準其釋爨之例,則竈當爲創造食物之處。竈主飲食,是人家飲食之所由,爲人生日用之所急,這是古今中外注家的共識。王孫賈所言之竈,爲物、用途及所處,即使用於禱祀,也不必爲鄭注引據的禮書之竈或爨所限,更何況此等文獻所見之竈並非只有一種。先看《論語》及《左傳》人名,鄭裨竈,字諶。竈與諶相關,諶應爲煁之借字。[②]《説文》與《爾雅》所見,煁與烓異名同實。段玉裁辨析二字云:“然則行竈非爲飲食之竈。若今火爐,僅可炤物,自古名之曰烓,亦名之曰煁。”[③]是知煁、烓是可移動的火爐。古人煁、竈同稱,故郭璞注煁云:“今之三隅竈。”[④]三隅似非室隅,應像鬹三足釜一樣的三足。鄭玄箋《詩》曾提及烓竈。《小雅·白華》“樵彼桑薪,卬烘于煁”,毛傳云:“卬,我。烘,燎也。煁,烓,竈也。”鄭箋云:“人之樵,取彼桑薪,宜以炊饔膳之爨以養食人。桑薪,薪之善者也,我反以燎於烓竈,用炤事物而已。喻王始以礼取申后,礼儀備,今反黜之,使爲卑賤之事,亦猶是。”[⑤]竈爨原用於養食人家,烓竈用於照明。劉書年(1811—1861)《貴陽經説》有《室中有竈説》,對文獻中的烓竈做過一番頗爲精彩的考述,現不厭其煩具録其文如下:

> 古人之竈有在庖廚者,亦有在室中者。庖廚之竈所以炊爨具食也。室中之竈,則設火以禦寒。《説苑·刺奢篇》云:“靈公天寒鑿池。宛春諫曰:‘天寒起役,恐修民。’公曰:‘天寒乎?’宛春曰:‘公衣狐裘,坐熊席,隩隅有竈,是以不寒。’”隩即奥字。《爾雅》:“西南隅謂之奥。”《釋文》:奥或作隩。按:孫炎作隩。《堯典·正義》引孫炎注云:“室中隱隩之處也。(自注:古奥隩多通用。……)”《吕覽·分職篇》亦載其事。隩隅作陬隅。陬隅即指隩隅也。是古人天寒時,於室之西南隅設竈置火,以禦寒矣。以此準之,他書尚多可據。《衛策》云:“衛人迎新婦,……車至門,教送母曰:‘滅竈,將失火。’入室見臼,曰:‘徙之牖下,妨往來者。’主人笑之。”昏禮,新婦至壻家大門外,即下車,入,升自階西,作室。此新婦方至門,下車,扶以入,庖廚遠在北堂之後,無由見之。是必室中之竈,入門望見火盛,故使滅竈,恐將失火焚屋。夫婦禮成,室中未有臼,竈尚存,不遷他處者,其文係當時説士設辭取譬,不必實有其事,然足見平時室内有之也。又,《莊子·寓言》:陽子居南之沛,至於梁,其

① 任繼昉纂:《釋名匯校》,第306頁。

② 諸家如王引之等有關煁字之解説,見《古文字詁林》編纂委員會編纂:《古文字詁林》,上海教育出版社,2019年,第10册,第868頁。

③ 段玉裁:《説文解字注》,第482頁。

④ 《十三經注疏·爾雅》,第8册,第42頁。

⑤ 《十三經注疏·詩經》,第2册,第517頁。

> 往也,其家公執席,妻執巾櫛,舍者避席,煬者避竈。未有君子舍於逆旅主人而作其爨下者。《困學紀聞》卷十引《莊子》逸篇:"仲尼讀《春秋》,老子據竈觚而聽。"庖廚非讀書之地,孔、老豈相率入廚肄業乎? 是必皆室中之竈矣。置之奥隅者,室中惟此至深密而不向風,又尊者所常居耳。但此竈必可常施,亦可徹,非如廚竈一定不移。《説文》:"烓,行竈也。""煁,烓也。"《爾雅》:"煁,烓也。"惟可施可徹,故竈能行。煁烓即此竈之名也。《小雅·白華》"樵彼桑薪,卬烘於煁",箋:"人之樵,取彼桑薪,宜以炊饔膳之爨,以養食人。桑薪,薪之善者也,我反以燎於煁竈,用炤事物而已。"按:古人夜居於室,不用膏燈,燎薪於竈,取明以炤物,與用燭同。是確爲室中有竈之説,而此竈可以禦寒,亦以取明,則不僅於嚴冬用之,四時並可常設也。其制,據《白華·正義》云:"烓者,無釜之竈。此竈上然火照物者,今之火爐。"按:炊爨之竈,爲上穿以置釜,爲旁穿以納火。無釜之竈,則窳其上以置火,而不爲旁穿,形卑於竈;以炤室,則四壁皆明;以煖身,則四旁皆可坐人。孔説當矣。竈煖身則謂之煬,《玉篇》:"煬,對火也。"《廣雅》:"煬,向也。"①

此文證明古人之竈,有在庖廚而固定不移的,也有在室中而可挪動的,前者用於炊爨煮食,後者用於禦寒、照明。辨證多據而明晰,結論大致可取。就中《莊子·逸篇》仲尼與老子寓言,謂非庖廚之竈而是室中之竈,恐有未安。《太平御覽》同引此則寓言,原文作:"仲尼讀《春秋》,老聃踞竈觚而聽。"附注云:"觚,竈額也。"②竈額即後世文獻習見的"竈突",也就是竈上煙囱。《説文》云:"柧,棱也。"③是觚、棱皆指棱角,確有訓詁上的依據。《吕氏春秋·諭大》記季子曰:"燕雀争善處於一屋之下,子母相哺也,姁姁焉相樂也,自以爲安矣。竈突決,則火上焚棟,燕雀顔色不變,是何也? 乃不知禍之將及己也。爲人臣免於燕雀之智者寡矣。……其爲竈突近也,而終不知也。"④兩處竈突,均爲竈觚,都是指帶有煙囱的庖廚之竈。孔子讀《春秋》而老子倚著竈突聆聽,以生活場景襯托二人心志相孚。若當時竈在屋内(不一定和居室分離),所謂"孔、老豈相率入廚肄業"的質問便是無的放矢。劉氏根據後世的情況揣量古制,未必站得住脚。《莊子》所記,可以反證竈之所在不必限如禮書或後人所言。

或本劉氏室中之竈爲説,以爲《論語》媚奥章所指者即爲其物。范百海云:

> 讀劉氏此説,可以識古人家用火鑪之制。且疑五祀之竈,亦即指此,非庖廚之竈也。

---

① 劉書年:《室中有竈説》,《貴陽經説》,第829頁。
② 李昉編纂:《太平御覽》卷一八六,第1册,第903頁。
③ 許慎:《説文解字》,第125頁。
④ 陳奇猷校釋:《吕氏春秋校釋》,學林出版社,1990年,第722—723頁。

> 此竈上當畫有神像,謂之竈君。《戰國策》載復塗偵對衛君言,夢見竈君。即此竈之神。故下文云前人之煬,則後之人無從見。謂爲煬者所蔽,不能見正面之竈神,非不能見全竈也。《論語》王孫賈有與其媚奥寧媚於竈之説。古有奥祭,《禮記》言:“燔柴於奥。夫奥者,老婦之祭也。盛於盆,尊於瓶。”是奥既有祭,當有奥神。而竈即在奥隅。奥暗而竈明,修媚者當避暗而向明。則奥神不如竈君也。若以竈爲廚竈,君子遠庖廚,與室隅之奥,有何相關哉?又按《莊子》薪火傳也。蓋即室隅竈内之薪,爲眼前指點語。①

此説未免求之太深,其可疑者有三:一則,若竈爲烓竈(火鑪)而置於隩隅,既同在一處,則奥與竈該如何區别?再則,奥與竈皆當爲禱祀之所,並無所謂奥神,謂烓竈爲神不知有何實據?三則,烓竈用於禦寒及照明,用途有限,若天氣不寒,又非夜中,試問何須用之?當然,奥與竈確有可能分處室内的不同角落,從而構成對比關係,像王孫賈説的那樣。

奥與竈爲何構成對比?我國古代文獻及出土實物可資印證的甚少。然而,放眼世界,藉著其他古老文明之助,即據域外文化、分析心理學等材料,就有可能重塑爨竈之神的原型,進而探尋奥與竈的聯結。蔣錫金、曲秉誠編譯的《俄羅斯人民的口頭文學》把《伊利亞與符拉箕米爾王的失和》連俄文“большой угол”的句子翻譯成:“把這個好漢子讓坐在堂奥”。②原注交代用“堂奥”作譯詞的原因:“又名‘紅屋角 красный угол’,是室中最高貴的地方,只有高貴的賓客,才讓他坐在那個位子。”譯者的説明更爲詳細:

> (原文 большой угол,譯者是“大屋角”)一般地都位在室内的西南角上,接受了希臘正教的俄羅斯人,就在那個角上懸掛聖像。現代的蘇聯家庭中還有這種“大屋角”或“紅屋角”,不過懸掛的已經是斯大林等的肖像和國旗了。很有趣的,中國古代也曾有過這種風俗,而且也是在西南角上。《禮記》:“五祀先設主席而祭於其所,親之也;迎尸而祭於奥,尊之也。”又説:“爲人子不主奥”。奥,就是室内的西南隅。中國的堂宇,除了説殿堂廳堂之外,原也有高大的意思,與 большой угол 恰巧相合,故譯作“堂奥”,用其本義。與後來借指學問的深處解的“堂奥”不同。特記下原委,供民俗學的研究者參考。③

---

① 范百海:《還齋脞録》(1933 年),卷下,第 7—8 頁。

② 蔣錫金、曲秉誠編譯:《俄羅斯人民的口頭文學》,時代出版社,1950 年,第 70 頁。

③ 蔣錫金、曲秉誠編譯:《俄羅斯人民的口頭文學》,第 71 頁。譯者引述《禮記》似乎不甚嚴謹,“五祀先設主席”云云,出自饒雙峰語,後人輾轉引用,文字互有同異;“爲人子”句,見《曲禮上》,原文當作“爲人子者,居不主奥”。

俄羅斯人在室内角落(不必在西南隅[①])懸掛神像,這種風俗很可能源於古希臘文化。譯者將之與我國室奥文化兩相對照,認爲兩者恰巧相合。俄羅斯人農家居室 izba 中的 большой угол (紅屋角),英語音譯爲 krasnyi ugol,意譯 red corner,又稱 beautiful corner、sacred corner、icon corner、spiritual corner。普通見於今日東歐和中歐斯拉夫民族(Slavic people)的居室。紅屋角位置尊尚,如 Alison Hilton 所説,"Anyone entering the izba would bow to the icons before greeting the hosts or speakin. Guests of honor were seated in the icon corner."[②]這種格局,和孔子强調的室必有奥拃確甚相似。至於選擇室中何隅爲紅屋角,則視乎兩個因素而定:一是光綫的照射角度,另一是爐竈的所在。紅屋角一般在室中南、東或東南角處,但絶不會在跟死亡和魔鬼相關聯的西或北邊,而且,紅屋角必須處於跟爐竈連成對角綫的位置(見附圖三),構成"竈—奥相對的格局"("opposite 'stove—krasnyi ugol'")。[③]Cherry Gilchrist 對紅屋角的描述頗爲詳細。説:

> Diagonally across from the Red Corner, is the place where the stove often stands, the *pechka* that is also known as the "Little Mother". While the Orthodox icon guarantees a link with the heavenly rites of Byzantium, the stove is the elemental crucible of lift itself. A Russian proverb, which literally translates as "To dance from the stove", means "To begin at the beginning": the stove is the origin and the perpectuator of life. Without *pechka*, there is no life in the home; she is the source of warmth and comfort that may actually keep the family alive during the long Russian winters. The *pechka* is muti-purpose—not only is it used for heating the home and for cooking, but traditionally it was also the place for sleeping. The classic construction of the stove is as a large box shape, constructed out of brick with a plaster finish; its flat top, six feet or so

---

① 紅角度的位置不限於西南隅:"The choice of the corner was governed by two factors: the angle of the light and the location of the stove, which had continued to retain its spiritual role. The 'red' corner would always be in the southern, eastern, or south-eastern part of the building—and never in the western or northern parts which was associated with death and evil. Moreover, the corner was situated strictly diagonally in relation to the stove, which ensured that anyone entering the house would first be greeted by the sight of the iconostasis." "What's the significance of the 'red corner' in Russian homes?", *Russia Beyond*, Lifestyle, June 24, 2022.參考網頁:https://www.rbth.com/lifestyle/335163-red-corner-meaning.

② Alison Hilton, "Russia Folk Art", Bloomington & Indianapolis: Indiana University Press, p.25.

③ Ana Luleva, "The Table in the Traditional Bulgarian House", "Ethnologia Bulgaria", Vol.1(1998), p.60.

below the ceiling, provides an excellent sleeping platform.[①]

爐竈"pechka"又名小母親,具有多功能性,是生命的起源和延續,是温暖和舒適的本源。作者就紅屋角與爐竈連成對角綫,説明兩者同在一個居室的關係。這種居室格局體現了與古拜占庭即東羅馬帝國的關係。紅屋角與爐竈的這種關係,恰巧與我國奥、竈的關係極爲相似。在文化心理學的視域下,爐竈或其所承載的火,與生殖崇拜攸關。Erich Neumann(1905—1960)的論述,確實值得關注。他説:

> But at the center of the mysteries over which the female group presided stood the guarding and tending of the fire. As in the house round about, female domination is symbolized in its center, the fireplace, the seat of warmth and food preparation, the "hearth," which is also the original altar. In ancient Rome this basic matriarchal element was most conspicuously preserved in the cult of Vesta and its round temple. This is the "old round house or tent with a fireplace in the middle. Models of these prehistoric houses were found in the form of cinerary urns in the Roman Forum."
>
> Here we are concerned only with the transformative aspect of the oven, in which it appears as sacral, life-transforming vessel, as the mystery of the uterus. In Roman mythology, the oven goddess and her festival, the Fornacalia, play an important role in connection with the archaic national bread, the *far*. So evident is the connection between transformation, birth of the bread, nourishment, and the Feminine that an old proverb says: "The oven is the mother." Of a woman about to give birth it is said: "The oven will soon cave in," and among many peoples invalids and cripples are said to be in need of "rebaking."[②]

① "The Red Corner and the Symbolism of the Russian Home," by Cherry Gilchrist,參考網頁:https://cherrycache.org/2020/08/30/the-red-corner-and-the-symbolism-of-the-russian-home/. On August 30, 2020. Adapted from "The Russian House and the Craft of Living," by Cherry Gilchrist, Chapter 3, "Russian Majic—Living Folk Traditions of an Enchanted Landscape", Quest Books Theosophical Publishing House, Wheaton, Illinois, 2009.

② "The Great Mother: an analysis of the archetype", by Erich Neumann, translated by Ralph Manheim with a new forward by Martin Liebscher, Princeton & Oxford: Princeton University Press, 2015, pp.284—285, 285—286.參考林素英:《先秦至漢代成室禮、五祀祭之性質、思維特色及禮制之轉化》,《成功大中文學報》,第25期(2009年),第1—44頁。

源於古羅馬神話中女竈神“Vesta”(維斯塔)崇拜,爐竈成爲母親的象徵,代表生命的孕育和延續,所以古諺語説“爐竈是母親”。因應其獨特的地位,爐竈就處於房屋的重要位置,所具精神意義濫觴於原始祭壇。爐竈的這層原始意義,尤其是當中包含的母系社會的基本元素,適足以説明禮書及鄭注中老婦的原型。《禮器》及鄭注中的老婦之祭,真正保存了我國爨竈祭祀的原始痕迹。先炊老婦,是母親崇拜的表現,帶有對創造食物者的感恩心意,與西方神話的女神相仿佛。其禮器之粗陋(以炊器盆、瓶爲禮器)、祭儀之簡略,在在反映爨神在退出主要祭壇前的情況,散發出先民或母系社會時期原始而樸素的味道。然則,《禮器》的“夫爨者,老婦之祭,盛於盆,尊於瓶”,蓋我國先民竈神崇拜風俗的遺留,蘊含豐富的文化意味。自此風俗退潮殆盡之後,後人只知五祀有竈,不解何來旁出一個先炊老婦,因而憑空生出配祀之説。

竈或爨爲人家飲食所繫,爲人所急,所以家祭中以祭竈的禮俗最爲源遠流長。據史書所載,早於漢代武帝時期,連天子也祭祀竈神。天子尚且如此,民間更不用説。《説文》“祉”下云:“目豚祠司命。从示比聲。漢律曰:‘祠祉司命。’”①是祀竈或司命,在高帝或武帝時便立法規定。應劭《風俗通義》記漢時民間用豬(同豬)祀司命之俗。在蕓蕓衆神之中,竈神與人最稱褻近,古人想象竈神的職責是監視人的言行,直接向天帝打小報告,控告人的罪過。《太平御覽》引《淮南子萬畢術》就有“竈神每日升天,白人罪”的傳説。②萬畢是劉安的門客,證明這種傳説至遲流行於西漢初年。葛洪(283—343)《抱朴子内篇》亦傳其説。③通過道教信仰的傳播,竈神的傳説更普及於民間。④相關傳説也順理成章地滲透到鄭玄的禮注之中。《禮記・祭法》總述自天子、諸侯以下以遞於嫡士各級貴族與庶士、庶人所祭,有七祀、五祀、三祀、二祀的差等,其中庶人或立户、或立竈。鄭玄注云:

> 此非大神所祈報大事者也。小神居人之間,司察小過,作譴告者爾。《樂記》曰:“明則有禮樂,幽則有鬼神。”鬼神,謂此與?……竈,主飲食之事。⑤

大神指郊廟社稷而言,與門、户同類的竈主管人家飲食之事,列於小神,固其宜也。此注謂小神居人之間,伺察人家小過,向上天稟告,作爲上天譴責告下的依據,與萬畢所言若合符節。這種

① 許慎:《説文解字》,第 8 頁。

② 李昉編纂:《太平御覽》卷一八六,第 1 册,第 903 頁。

③ 《抱朴子内篇・微旨》云:“又月晦之夜,竈神亦上天白人罪狀。”見王明:《抱朴子内篇校釋》,中華書局,1988 年,第 125 頁。

④ 參[日]狩野直喜著,周先民譯:《從〈太上感應篇〉看道教的道德》,《中國學文藪》,中華書局,2011 年,第 222—223 頁。

⑤ 《禮記正義》,第 1799 頁。

傳説雖屬“悠謬之譚”，但“其來已久”，[①]對理解俗言媚竈不無助益。民間五祀，正如馬端臨所言“五祀無尊卑隆殺之數”，[②]門、户、井、竈、中霤，關涉“人之所處、出入、所飲食”（《白虎通・五祀》[③]）。揆諸情理，應不受《禮器》身份等級所限。如果這個推想不誤，則王孫賈所引的應是民間廣泛流傳的俗諺。王夫之（1619—1692）提出，室奥可單言而門奥不可，五祀中唯中霤可設主於奥而餘祀不可，思疑此奥實指中霤，只是中霤縱據恒尊之位而不如竈之主火。[④]其説别開生面，只是斷言唯中霤祭於奥，未免過於絶對。鄭玄、朱子及從其説者鑿鑿言之的凡祭五祀皆祭於奥，仍未爲所動。吴英（生卒不詳）已辨明户亦祭於奥，不獨中霤爲然。[⑤]無獨有偶，李光地（1642—1718）亦措意及之，也對媚奥媚竈别立一解説：

> 愚意古五祀皆有祭，門、户、行、竈，不待言矣，中霤惟上古穴居野處鑿土通明時有之，後世聖人易以宫室，則中霤之祭，當於何所乎？室中有奥，蓋神道祖考之位，生人主者之居，是一家之最尊者。則疑中霤之祭，當設於此也。五祀之中，中霤爲貴，然竈者，飲食所從出，婦人孺子咸奔趨焉。故時俗爲此語，而賈述之。禮文殘缺，不可考究。妄意如此，未必其是也。[⑥]

李氏勾勒上古以來宫室的及發展演變，推想中霤之祭理應在奥位，而竈以飲食爲養，爲家人奔趨親昵，兩者形成對比。這番推想本乎人之情理，並非純屬臆測，可備一説。[⑦]若綰合李氏“時俗爲此語，而賈述之”與鄭注“怪此言與我義反，故問之”，王孫賈不以俗語爲然，或帶傷時之意，亦未可知。

唐人陸龜蒙（?—約881）《祀竈解》反思祀竈的禮俗，與孔子語意不無相通之處，兹録其文於下：

> 竈壞，煬者請新之。既成，又請擇吉日以祀。告之曰：竈在祀典，聞之舊矣。《祭法》曰：“王爲群姓立七祀。其一曰竈。達於庶人。庶士立一祀，或立户，或立竈。”飲食之事，

---

① 郝敬語，見氏著《論語全解》，《續修四庫全書》，第153册，第107頁。

② 馬端臨：《文獻通考》卷八六，上册，第781—782頁。

③ 陳立撰，吴則虞點校：《白虎通疏證》，中華書局，1994年，第77頁。

④ 王夫之：《四書稗疏》，《續修四庫全書》，第164册，第685頁。

⑤ 吴英：《有竹石軒經句説》卷十七，清嘉慶二十三年（1818），第45頁a—b。

⑥ 李光地：《榕村四書説・讀論語劄記》，卷上，影印《文淵閣四庫全書》，第210册，第15頁b—第16頁a。

⑦ 唐文治具引李文，並案斷爲“别備一義”。見氏著，張旭輝、劉朝霞整理：《論語大義》，上海人民出版社，2018年，第34頁。

> 先自火化以來,生民賴之,祀之可也。説者曰:"其神居人間,伺察小過,作譴告者。"又曰:"竈鬼以時録人功過,上白於天。當祀之以祈福祥。"此僅出漢武帝時方士之言耳。行之惑也。苟行君子之道,養老而慈幼,寒同而飽均,喪有哀,祭有敬,不忘禮以約己,不忘樂以和心,室闈之行,父子兄弟夫婦,人執一爨,以自糊口,專利以飾詐,崇姦而樹非,雖一歲百祀,竈其和我乎?天至高,竈至下,帝至尊嚴,鬼至幽仄。果能欺而告之,是不忠也。聽而受之,是不明也。下不忠,上不明,又果何以爲天帝乎?①

陸氏分析祀竈信仰合理與否,儼然爲孔子立言,謂天帝有知,決非竈神所能欺瞞,若然則祀竈獻媚亦無益。文中引述鄭玄禮注及俗言竈神白人罪於天之事,並斥之爲方士惑衆虚無之言,以自覺和行動破除信仰。秦蕙田(1702—1764)《五禮通考》卷五十三《五祀》録《論語》"媚奥"章原文,下引後人注解,除朱子《集注》《朱子語録》外,僅録陸龜蒙此文,②於陸文獨有會心,推許之意至爲明顯。

七、結　　論

上文已據輯佚本及鄭玄相關禮注復原唐寫本《八佾》篇媚奥章的注文,糾正了今人句讀的錯誤,更在綜合禮注重新詮解鄭義的同時,對後人因憑文獻節引本曲解鄭義,也做了充分必要的辨正。通過本文的疏通别白,鄭義要點大抵有四:1.鄭玄看準媚奥章與禮制的關係,始終扣緊經文禱祀與媚神(據神所在的奥、竈)作解,舉無叛棄神事的祭祀本質,闌入人事的喻意。其他漢人及後世論者大多窮思畢精,一味專注於捕捉奥、竈究竟比喻哪兩類人。就中可見,鄭注以禮説經,犂然辨哲,形成明顯的區别性特徵。2.鄭注表明,五祀之竈神與爨祭之老婦,二神二祭,分别甚明。竈祭爲專祀而禮尊,爨祭爲旁祀而禮卑。就性質論,爨祭與爟祭相類,通用於宗廟及五祀之祭,分别在於一爲報先火、一爲報先炊而已。3.鄭注以"怪此言與我義反"解釋"何謂也",揣摩王孫賈設問的用意。"何謂也"爲反詰之辭,用設問來反詰,王孫賈表示俗諺和自己的理解相反,爲此感到疑惑不解。孔子口中,王孫賈是撑住衛國的重臣,治軍有方,使衛國不因衛靈公無道而覆亡。從《左傳》紀事及《説苑》相關處,我們重塑了形象不一樣的王孫賈。此人有謀略,善辭令,形象頗爲正面。朱子及後人把王孫賈和説過"孔子主我,衛卿可得"的彌子瑕

---

① 周紹良主編:《全唐文新編》卷八〇一陸龜蒙,吉林文史出版社,2000年,第4部第2册,第9723頁。

② 秦蕙田:《五禮通考》卷五三,第2册,第10頁a—b。

等量齊觀，以爲王孫賈問語和彌子瑕之語意圖相關，爲此牽合作解，刻意描畫王孫賈的醜陋形象，似乎違背事實，有先入爲主、循環論證之嫌。4.用“明當媚於尊者”來注解孔子的答語，表示俗諺對祭於奥與祭於竈的尊卑選擇不當。此外，鄭注未有直接解讀“獲罪於天，無所禱也”，本文已據鄭玄群經之注（以孔子病章鄭注爲主）、緯書之注，以及王充所記曾子責數子夏之事，嘗試填補這塊空白。

朱子説媚奥章，承宋人如程頤等説之餘緒，熱衷於藉“獲罪於天”闡發其理學核心概念，更以《月令》鄭注爲據，在意於説明奥、竈的喻意。此後，宋、元、明、清及今人對媚奥章的解讀，多以朱説爲基調。今知鄭玄不據《月令》五祀之祭解讀媚奥章，一神異位、兩祭兩禮皆非《論語注》所有。朱子不見《論語注》，爲遷就己意而牽合鄭君禮注爲解，不無斷鶴續鳧之弊。

鄭玄注媚奥章，貫徹以禮説經的套路，説竈之義，自然不脱禮書的脈絡。循此脈絡以求，就只能像鄭玄般得出竈爨二神，進而以爨爲陪襯配祀。就這樣受困於其網絡型組織結構之中，拘文牽義，縛手縛脚。鄭義未必合乎經文原意。文獻所見的竈、爨不一而足。的確有論者自覺地踰越前人樊籬，從不同的視角解讀媚奥章，只是成效不彰而已。本文嘗試結合文獻所記先炊竈神及鄭玄禮注，以至域外文化和分析心理學材料，重塑竈神（爨神）的原型，藉以探尋俗諺所涉文化意藴。先炊老婦與西方神話的女神實相仿佛。老婦之祭，禮器粗陋、祭儀簡略，在在反映爨神在退出主要祭壇前的情況，散發出先民或母系社會時期原始而樸素的味道。然則，先炊老婦之祭，蓋我國先民竈神崇拜風俗的遺留，藴含豐富的文化意味。自此原始風俗退潮殆盡之後，後人只知五祀有竈，不解何來旁出一個先炊老婦。俗諺意謂，比起奥來竈更可取。簡朝亮（1851—1933）已看出箇中端倪：“蓋奥者，凡祭所主也。故時俗之語，因以奥有常尊，而所主不同，非惟一祭之專主；竈雖處卑，而得食所。”[①]奥是尊位，爲神及尊者所居，在此受祭的對象並不固定，故人敬而遠之。相較而言，竈主飲食，位卑而爲人所褻近。俗諺反映一般人於奥竈尊卑親疏之間的選擇。田中履堂（1785—1830）對此俗諺頗有會心：“媚者，我有所求，故務從彼所好之謂也。寧者，比較而取其賢之辭也。奥，室神也。竈，竈神也。蓋奥神尊，故禱祀之則似當易得福者。竈神賤，故禱祀之，則似當難得福者。”[②]然而，媚奥易得難爲，媚竈難得易爲，俗諺有所取捨，在乎情理之中。

王孫賈所引俗諺，與《左傳》所記古語傳言性質、用法俱甚類近。春秋時人引諺語爲説，舉例如楚令尹子瑕引諺曰“室於怒，市於色”，齊大夫晏嬰引諺曰“非宅是卜，唯鄰是卜”等。[③]至於司馬遷《史記》記俗諺亦不在少數，如《陳杞世家》録春秋時陳大夫申叔時對楚莊王語，有“鄙俚

① 簡朝亮：《論語集注補正述疏》，北京圖書館出版社，2007年，第100—101頁。

② ［日］田中履堂：《論語講義並辨正》，《中國典籍日本注釋叢書·論語卷》，第7册，第39頁。

③ 簡翠貞：《〈左傳〉引諺探微》，《新竹教育大學人文社會學報》200809(1:2期)，第15—43頁。

有之,牽牛徑人田,田主奪之牛”[①]等。雖曰鄙俚,亦有可觀之處。諸如此類,林林總總,都包含古人洞明世事的智慧。王孫賈所引俗諺,以奧竈爲韻,[②]代表俗人對禱祀的看法,内容耐人尋味。有别於《左傳》敘事語境完具,《論語》紀録簡略,抹去了對話的場景,只憑問答之語,其喻意確説實難。王孫賈問語,表面上是説神事,藉此譬況人事,亦未可知。所可知者,孔子的答語,超然於俗人之見,將禱祀提到至高的層次,從上天的角度瞰視人間。

最後,就媚奧章的解讀反思注經策略與成效。今人研治《論語注》,尤其是當中關涉禮制之處,當以鄭注爲本,藉之探求經義,於鄭氏之説貴乎能出能入,既要入乎其中,又要出乎其外。通過復原鄭注之文,將之引入其經注體系,理出脈絡,方能深入鄭學,得其真諦。鄭玄注經,據禮立説,策略清晰,貫徹始終。只要細心觀察、反覆體會,爲鄭注作出適切的疏通别白,就能吸取養分,爲詮釋《論語》灌注活力和生機。受可供證明的禮文材料所限,時見鄭注牽合雜糅多種來源不一、甚或隱存根本性差别的各種文本,以致沾滯不通,詮釋失效。今人解讀經典,遇到舊注欠安之處,須知變通,不能泥古。要想有效應對這種情況,就應當自覺擺落鄭注。有時抽離鄭注,出乎其外,突破狹隘的認知和格局,只要找到合適視角,就有望見一片新天地的可能。

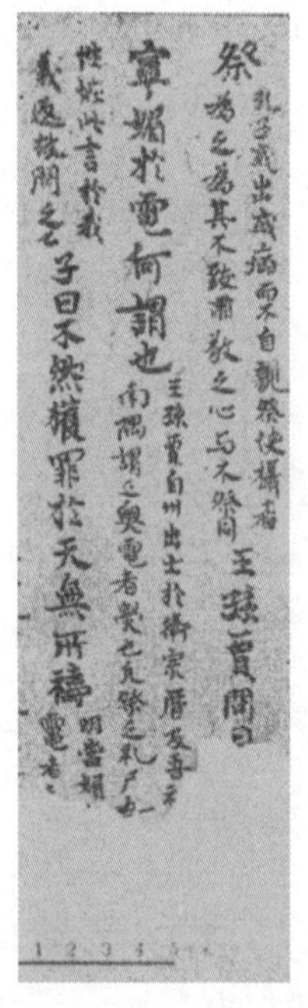
祭
王孫賈問曰
寧媚於竈何謂也
子曰不然獲罪於天無所禱

附圖一:唐寫本鄭玄《論語注》媚奧章圖版,吐魯番阿斯塔那 363 號墓 8/1 號寫本(三)

(録自王素:《唐寫本論語鄭氏注及其研究》,文物出版社,1991 年,圖版三)

---

① 《史記》,第 1580 頁。

② 許瀚著,袁行雲編校:《〈論語〉韻》,《攀古小廬全集(上册)》,齊魯書社,1985 年,第 65 頁。

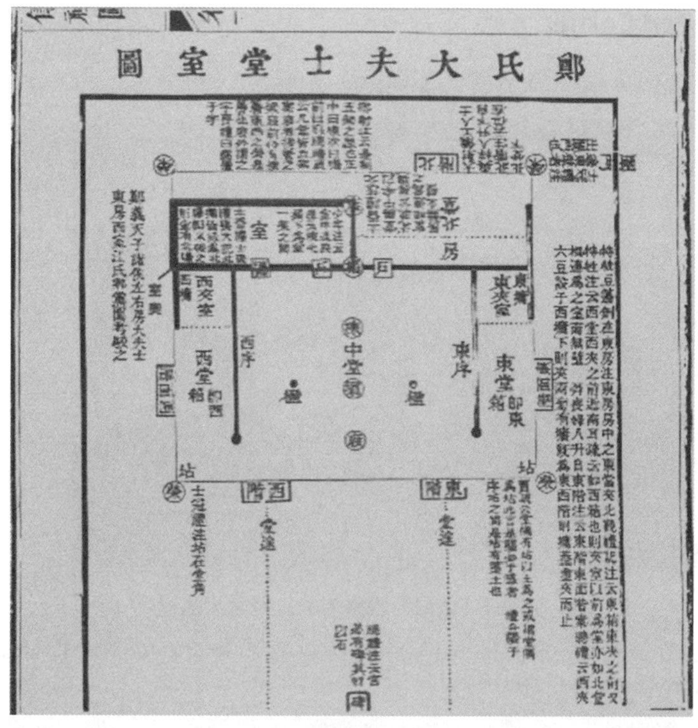

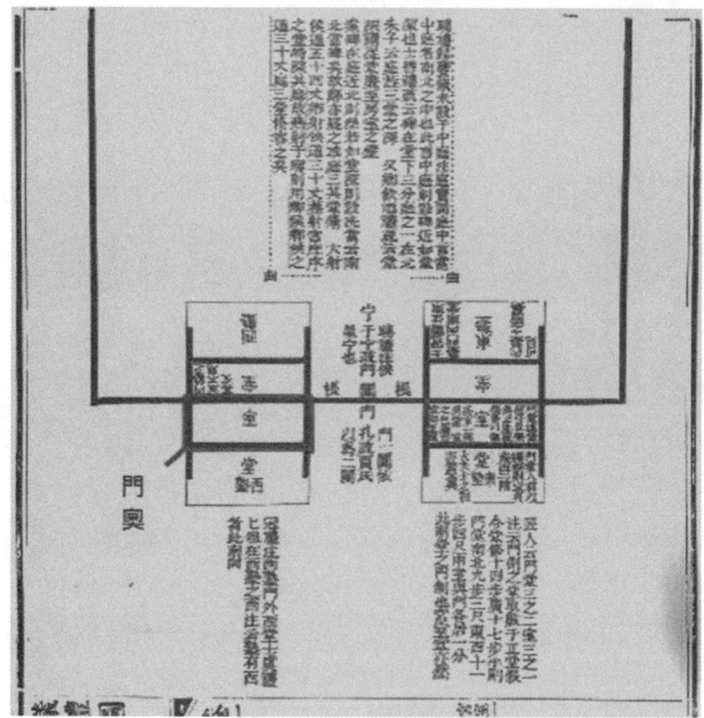

附圖二：室奧與門奧示意圖

（録自張惠言：《儀禮圖》，浙江古籍出版社，2016 年，第 4—5 頁）

附圖三：俄羅斯繪畫中的紅屋角與爐竈

（圖片下載自 https://www.wikidata.org/wiki/Q112066266，轉引自 USEUM：https://useum.org/artwork/Matchmakers-Mykola-Pymonenko-1882）

從古文字學論今本《古文尚書》非僞書

□龐光華

［摘　要］　今本《古文尚書》到底是孔安國所傳的真本，還是魏晉人所僞造的？這是國學中的一大學術疑案。敦煌遺書中發現的《唐寫本隸古定〈尚書〉殘卷》的《五子之歌》中保留了戰國時代才有的一些古老字形，還有的字形與《説文》所收的古文字形相合，而與敦煌俗字形不合。這表明敦煌隸古定本《古文尚書》就是孔壁中書《古文尚書》演變而來，雖然大部分字形已經改成了後來的通行字，但依然保留了一些古老的字形，這是彌足珍貴的，也是判斷其爲孔壁中書本的重要依據。隸古定本《古文尚書》和今本《古文尚書》是一脈相承的，所以可以推斷今本《古文尚書》就是孔安國所傳《古文尚書》的真本，當然大部分字形已經改成了後來的通行字，但不是魏晉人所僞造的。《古文尚書》的《五子之歌》是所謂 25 篇僞古文之一，現在證明了《五子之歌》是真實不僞的，那麼 25 篇所謂《僞古文尚書》都是真實不僞的，這是自然的邏輯。由於《唐寫本隸古定〈尚書〉殘卷》保留的一些先秦古字形與戰國時代的楚簡字形和用字習慣相合，所以可以合理推斷隸古定本《尚書》的孔壁中書原本是用先秦楚系文字寫成的。

［關鍵字］　隸古定；孔壁中書；《古文尚書》；《五子之歌》；僞書

［作者簡介］　龐光華，五邑大學文學院教授（江門　529020）

一、《古文尚書》的發現及隸古定寫本

關於孔安國在漢武帝朝釋讀並上奏孔壁中書的《古文尚書》一事，《史記》《漢書》有明確記載。

《史記・儒林列傳》："自此之後，魯周霸、孔安國，洛陽賈嘉，頗能言《尚書》事。孔氏有古文《尚書》，而安國以今文讀之，因以起其家。逸《書》得十餘篇，蓋《尚書》滋多於是矣。"①孔安國的"今文"實際上是隸古定，是按照古文本身的字形結構，用西漢時代的古隸書寫下來，因而孔

① 《漢書・儒林傳》略同："孔氏有古文《尚書》，孔安國以今文字讀之，因以起其家逸《書》，得十餘篇，蓋《尚書》茲多於是矣。遭巫蠱，未立於學官。安國爲諫大夫，授都尉朝，而司馬遷亦從安國問故。"

安國對《古文尚書》的隸古定是保存了孔壁中書原來的字形結構的。我認爲這樣的推斷是無可置疑的，因爲孔安國的隸古定《古文尚書》至今保存在敦煌遺書中。古文獻並没有説過其他任何人爲《古文尚書》做過隸古定。

《漢書・藝文志》："武帝末，魯共王壞孔子宅，欲以廣其宫。而得《古文尚書》及《禮記》《論語》《孝經》凡數十篇，皆古字也。共王往入其宅，聞鼓琴瑟鐘磬之音，於是懼，乃止不壞。孔安國者，孔子後也，悉得其書，以考二十九篇，得多十六篇。安國獻之。遭巫蠱事，未列於學官。劉向以中古文校歐陽、大小夏侯三家經文，《酒誥》脱簡一，《召誥》脱簡二。率簡二十五字者，脱亦二十五字，簡二十二字者，脱亦二十二字，文字異者七百有餘，脱字數十。"

《漢書・楚元王傳》劉歆《移書讓太常博士》："及魯恭王壞孔子宅，欲以爲宫，而得古文於壞壁之中，《逸禮》有三十九篇，《書》十六篇。天漢之後，孔安國獻之，遭巫蠱倉卒之難，未及施行。"

可知西漢後期的劉向曾用孔壁中書的《古文尚書》校勘過今文《尚書》。東漢中期的班固《漢書・藝文志》明確記載有《尚書古文經》四十六卷，爲五十七篇。桓譚撰、朱謙之校輯《新輯本桓譚新論》卷九《正經篇》："《古文尚書》舊有四十五卷，爲十八篇。"①則桓譚所見《古文尚書》一定是孔壁中書原本和孔安國的隸古定本。《孔子家語》後所附録孔安國序稱孔安國爲《古文尚書傳》五十八篇。②《古文尚書》在東漢受多位皇帝推崇，成爲顯學。東漢文字學家許慎《説文解字・敘》明確稱所引述的《尚書》是孔安國所傳的《古文尚書》。因此，孔安國《古文尚書》中的一些古老字形在《説文》中有所留存，《説文》當作"古文"。

幸運的是，孔安國隸古定的《古文尚書》有些殘卷的抄本居然還存在於敦煌遺書中，這對我們研究孔安國隸古定《古文尚書》的古字提供了極大的方便，並進而可以成功地推測孔安國所傳《古文尚書》的年代。

敦煌學的開拓者羅振玉編纂《鳴沙石室佚書正續編》影印有《唐寫本隸古定〈尚書〉殘卷》，③這個唐寫本的隸古定《尚書》殘卷在文本上與今本《尚書》精密對應，就是今本《尚書》的唐代抄寫的隸古定本。而從古文獻考察，《古文尚書》的隸古定本只能是孔安國所撰，其他任何人没有對《古文尚書》做過隸古定。由於唐玄宗不喜歡古字，於西元 744 年(唐玄宗天寶三年)詔令集賢學士衛包將《古文尚書》的古字改爲今字，從而使得隸古定的《古文尚書》的古字形失傳。敦煌遺書的《唐寫本隸古定〈尚書〉殘卷》，其産生年代應該在 744 年衛包改字之前(也可能在其後，現在不能説得太死)，保留了孔安國隸古定《古文尚書》的部分古字形，非

---

① 桓譚撰，朱謙之校輯：《新輯本桓譚新論》卷九，中華書局，2009 年，第 38 頁。

② 高尚舉等校注：《孔子家語校注》，中華書局，2021 年，第 663 頁。

③ 羅振玉編纂：《鳴沙石室佚書正續編》正编，北京圖書館出版社，2004 年。

常珍貴。當然，並不是保留了隸古定《古文尚書》的全部古字形，大部分字形其實已經改成了後代的常用字形，並非先秦古字的隸古定。然而我們研究其中殘留的隸古定《古文尚書》的古字形，可以非常明確地斷定伏生所傳之外的 25 篇《古文尚書》肯定産生於先秦，不可能是魏晉人所能僞造。我們同時參考顧頡剛、顧廷龍輯《尚書文字合編》。[①]現從古文字學角度舉例考證如下。

二、從唐寫本隸古定殘卷論證今本《古文尚書》非僞書

（一）隸古定殘卷“五”作“乂”與先秦古文字相合

《古文尚書·夏書·五子之歌》是很多學者公認的僞書。但是《唐寫本隸古定〈尚書〉殘卷》中《五子之歌》的“五”作“乂”形，極爲分明。而“五”作“乂”形是甲骨文中不多見的“五”的字形，在西周、春秋已經廢棄不用，直到戰國時代突然復活。我們比對“五”的相關字形如下：

1. 	20045(A1)		合補 06666(A2)		00093 正(A7)
	00137 正(A7)		00137 正(A7)		00137 反(A7)
	00271 正(A7)		00367 正(A7)		00369(A7)
	00595 正(A7)		00664(A7)		10903 正(A7)
2. 	23921(A9)兆序横刻。		23984(A9)		24063 正(A9)
	24237(A9)		26907 正(A11)		26975(A11)
3. 	28054(B6)				

在甲骨文中的“五”的字形，以上依據李宗焜《甲骨文字編》下册，[②]顯然作爲“五”的“乂”在甲骨文中不是典型字形，僅僅偶然出現，但確實已經出現。

依據江學旺編著《西周文字字形表》，[③]“五”在西周的字形如下：

① 顧頡剛、顧廷龍輯：《尚書文字合編》，上海古籍出版社，1996 年，第 2533 頁。

② 李宗焜：《甲骨文字編》下册，中華書局，2012 年，第 1324 頁。

③ 江學旺編著：《西周文字字形表》，上海古籍出版社，2017 年，第 589 頁。

H11:2 徐	御正衛簋 04044	H11:7 陳	效父簋 03823	𣪘簋蓋 04243	尹姞鬲 00755
吕方鼎 02754	弭叔作叔班 盨盖 04430	伯農鼎 02816	中五父簋盖 03758	揚簋 04294	

依據吴國昇編著《春秋文字字形表》,[①]"五"在春秋時代的字形如下：

鄭師口父鬲(鄧) 00731	郢侯戈(楚) 11202	曾侯窯鼎(曾) 商圖 02219	子犯鐘(晉) 影彙 1020
伯遊父鑐(黄) 商圖 14009	鄘侯少子簋(莒) 04152	蔡侯紐鐘(蔡) 00211	侯馬盟書(晉) 303:1

可知,西周、春秋時代的"五"的字形與甲骨文的典型字形一脈相承,春秋時代有變體出現,並没有作"乂"形的。

依據徐在國等編著《戰國文字字形表》下,[②]"五"在戰國時代的字形如下：

秦	陶録 6・54・3	秦駰玉版	里 J1⑨1 正	北大・算甲	北大・從政
楚	鄂君啓舟節 集成 12113	曾乙 84	璽彙 3084	郭店・緇衣 27	上博六・天乙 11
	上博二・從甲 5	包山牘 1	清華四・筮法 54	清華二・繫年 005 背	郭店・尊德 26

① 吴國昇編著:《春秋文字字形表》,上海古籍出版社,2017 年,第 619 頁。

② 徐在國等編著:《戰國文字字形表》下,上海古籍出版社,2017 年,第 1985—1986 頁。

續表

晉	三十年鼎 集成 2611	陶録 5・94・1	貨系 1108	己游子壺 集成 9540	陶録 5・100・2
	貨系 897	貨系 2373 《説文》古文			
齊	陳璋方壺 集成 9703.1A	齊節大夫馬節 集成 12090	後李圖九 5	陶録 2・498・1	齊陶 0407
燕	聚珍 100・5	陶録 4・113・1	先秦編 563	先秦編 566	聚珍 168.3

可知在戰國時代的楚、晉、齊、燕諸國文字中都有"五"作"乂"的現象，似乎是較爲普遍使用的字形。依據湯餘惠等主編《戰國文字編》(修訂本)，①"五"在戰國的字形如下：

A 陶彙 5・403	B 酓璋鐘	B 璽彙 3084	B 包山 173	B 郭店・尊德 26
C 司馬成公權	C 璽彙 0353	D 陳貯簋蓋	D 陶彙 3・662	D 陶彙 3・663

《戰國文字編》收有兩個陶文的"乂"字形。

依據高明等編著《古文字類編》(增訂本)所排比的"五"的古文字字形如下：②

周甲 2(先周)	戩 6.13(四期)	後上 31.5(一期)	合 28054(三期)	寧滬 1217(五期)

① 湯餘惠等主編：《戰國文字編》(修訂本)，福建人民出版社，2015 年，第 956 頁。

② 高明等編著：《古文字類編》(增訂本)，上海教育出版社，2008 年，第 88 頁。

續表

宰椃角(商代)	吴王光鑑(春秋)	司馬成公權(戰國)	中山王鼎(戰國)	保卣(周早)
莒侯簋(春秋)	鄂君舟節(戰國)	酓章鐘(戰國)		
陶三 663(戰國)	長沙帛書(戰國)	信陽楚簡(戰國)	仰天湖簡(戰國)	郭店·尊德(戰國)
陶五 403(戰國)	信陽楚簡(戰國)	望山 M2 簡(戰國)	包山牘 1(戰國)	璽彙 3084(戰國)
《説文》	古文			

《古文字類編》(增訂本)的甲骨文收有一個"乂"字形,與《甲骨文字編》同。戰國文字也只收一個"乂"字形,明顯材料過少。《説文》"五"字,許慎稱古文作"乂"。許慎的古文"乂"很可能是來自《古文尚書·五子之歌》或《古文尚書》其它篇的"乂"字形,因爲《唐寫本隸古定〈尚書〉殘卷·五子之歌》的"五"正是作"乂"。

由於"五"的古體字"乂"在秦漢以來就已經廢棄不用。依據王輝主編《秦文字編》第四册"五"字條所排比的字形以及衆多材料,①秦系文字的"五"從來没有作"乂"形的,主要是承襲從甲骨文、金文以來的典型字形。而漢代隸書是承襲秦文字而來。因此,在漢代文字中也没有"五"作"乂"。劉釗主編《馬王堆漢墓簡帛文字全編》完全没有作爲"五"的"乂"字。②懂得先秦文字的孔安國在釋讀《古文尚書》的時候,將"乂"作爲隸古定保存下來。幸運的是,這個字形一直保存到了唐代的《古文尚書》寫本殘卷中。

馬融、鄭玄、王肅所注的《古文尚書》都是與今文《尚書》相對應的二十九篇,没有涉及其餘没有師法的二十五篇。王肅在曹魏所注明顯有《古文尚書》,但是依據清朝學者馬國翰《玉函山房輯佚書》所輯《尚書王氏注》(上下卷),还有現代學者吴承仕《尚書傳王孔異同考》③和李振興

① 王輝主編:《秦文字編》,中華書局,2015 年,第四册,第 2006—2015 頁。

② 劉釗主編:《馬王堆漢墓簡帛文字全編》,中華書局,2020 年,第 1483—1487 頁。

③ 載《華國月刊》第一至七册,1925 年。收入臺灣木鐸編輯室編輯:《尚書論文集》,臺灣西南書局印行,1979 年,第 54—78 頁。《尚書論文集》所收吴承仕《尚書傳王孔異同考》考證了孔傳和王肅注《尚書》的《堯典》《皋陶謨》《禹貢》的 48 條不同。僅僅是吴承仕原著的一部分,不是全文。全文考證孔、王的不同,共有 128 條。

《王肅之經學》第二章《王肅之尚書學》,[①]以及史應勇《〈尚書〉鄭王比義發微》,[②]可以確知王肅所注的是與今文《尚書》二十九篇相對應的《古文尚書》,並没有注釋多出伏生所傳今文《尚書》的二十五篇《古文尚書》。據王鳴盛《尚書後案》之《自序》稱:"自安國遞傳至衛宏、賈逵、馬融及鄭氏,皆爲之注,王肅亦注之,惟鄭師祖孔學,獨得其真。但諸家祇注三十四篇及百篇之《序》,增多者無注,至晉又亡。"[③]王先謙《尚書孔傳參正》之《序例》稱:"張、衛、賈之注訓,皆止解二十九篇。其後康成作注,分伏書爲三十四,逸篇爲二十四,凡五十八篇,而逸篇仍無注。"[④]據王國維《魏石經殘石考》所輯録的魏石經殘石[⑤]和朱廷獻《魏石經古文尚書考》所輯録的魏石經《古文尚書》殘篇,[⑥]都是屬於今文《尚書》的範圍,没有一篇涉及 25 篇《古文尚書》。可知魏石經的《古文尚書》也是在 29 篇與今文《尚書》相對應的範圍之内。據王國維《魏石經殘石考》三《古文》所輯録的魏石經古文,[⑦]都是先秦古文字,不是隸古定。因此,魏晉學者不可能依據魏石經的古文僞造出《古文尚書》的隸古定字形與孔安國上奏朝廷的隸古定正好相吻合。有學者認爲《古文尚書》有的隸古定可能是依據《漢書》和鄭玄注經而來,這樣的推測毫無根據。恰恰相反,由於東漢流行古文經學,當時的學者通過古文經能够見到很多先秦古文字,所以許慎的《説文》才有可能收録先秦時代的古文字形。《漢書》和鄭玄才有可能見到並利用先秦的古文字形。因此,只有可能是《漢書》和鄭玄利用了古文經,包括今本《古文尚書》的文字材料,不可能相反。我 2023 年在台灣花木蘭出版的《沉香齋經學文存》詳盡考證過今本《古文尚書》不可能是魏晉人僞造的,東晉時代的梅頤所奏獻的不是《古文尚書》的經文,而是孔安國的《古文尚書傳》,在東漢的馬融鄭玄之前,經傳分離,並不合編在一起,梅頤所獻的《古文尚書傳》是單獨的一部書,没有與《古文尚書》經文合編。

《夏書・五子之歌》被認爲是魏晉人僞造,但魏晉人應該不知道戰國時代的"五"的古文有"乄"這個字形,莫非作僞者精通《説文》,偏偏從《説文》中提取這個先秦古文的"乄"來僞造《五子之歌》? 我認爲這種可能幾乎不存在。因爲從漢代以來直到魏晉,文化界從來没有把"五"寫成"乄"的。應該認爲《説文》"五"的古文"乄"正是來自《古文尚書》的《五子之歌》或《古文尚書》的其他篇(例如《禹貢》的"五"也是作"乄",這也是《古文尚書》的字形,不是今文《尚書・禹貢》

① 李振興:《王肅之經學》,華東師範大學出版社,2012 年。

② 史應勇:《〈尚書〉鄭王比義發微》,華東師範大學出版社,2011 年。

③ 王鳴盛撰,顧寶田等校點:《尚書後案》,北京大學出版社,2012 年,第 1 頁。

④ 王先謙撰,何晉點校:《尚書孔傳參正》,中華書局,2011 年,第 7 頁。

⑤ 謝維揚等主編:《王國維全集》卷十一,浙江教育出版社、廣東教育出版社,2010 年,第 1—60 頁。另參看王國維著,彭林整理:《觀堂集林》卷二十《魏石經考》(1—5),河北教育出版社,2003 年,第 473—483 頁。

⑥ 虞萬里編著:《二十世紀七朝石經專論》下,上海辭書出版社,2018 年,第 958—981 頁。

⑦ 謝維揚等主編:《王國維全集》卷十一,第 1—60 頁。

的字形)，説明許慎參考利用的是全本的《古文尚書》，而不是伏生所傳的今文《尚書》相對應的二十九篇。因爲伏生所傳的今文《尚書》的“五”應該不是作“乂”形，各家所輯録的伏生《尚書大傳》(例如，王闓運《尚書大傳補注》、皮錫瑞《尚書大傳疏證》)的“五”都不是作“乂”。這也表明在許慎時代流行的《古文尚書》就是今本的《古文尚書》全本。許慎《説文解字敘》説得很清楚：《説文》所依據的是“《書》孔氏”，没有一字提及伏生所傳的今文《尚書》。段玉裁注：“孔氏者，許《書》學之宗也。”段注是正確的。因此，《説文解字》所利用的《尚書》的字形全部是來自孔安國《古文尚書》，不可能來自伏生今文《尚書》。今本《尚書》無論今古文都是孔安國所傳的《古文尚書》，與伏生的今文《尚書》無關。詳見龐光華《沉香齋經學文存》中的《關於〈古文尚書〉及孔傳的考證》(台灣花木蘭文化事業有限公司，2023年)。

有學者認爲：王國維《兩漢古文學家多小學家説》列舉兩漢時期傳習古文經各家如桑欽、杜林、衛宏、徐巡、賈逵、許慎皆是小學家，見於《隋書・經籍志》的魏晉時期字書，如周成《難字》一卷、張揖《古今字詁》等、吴朱育《異字》二卷(《汗簡》曾引及)、郭顯卿《古今奇字》一卷、衛恒《四體書勢》一卷，皆通曉傳抄古文，包括原本《玉篇》殘卷中亦載傳抄古文。除此之外，如章太炎所考與《三體石經》古文書寫相關的邯鄲淳等，皆足見漢晉時期古文的傳習並不乏人。若言魏晉時期明小學的學者不知《説文》“五”字古文字形，實在難以説通。此外，《三體石經》中“五”字古文亦作“”，而不出自《五子之歌》，如此，則其取“五”字古文“”，雖未必出自《説文》，亦可能出自《三體石經》。

我的觀點是：這位學者提到的所謂兩漢時期的古文經學家兼小學家無一例外都是東漢時期的學者，由於西漢末年和王莽時代的大學者劉歆的大力提倡，東漢皇帝重視古文經學。東漢經學與西漢經學的一大不同是東漢古文經學昌盛，桑欽、杜林、衛宏、徐巡、賈逵、許慎這些古文經學家的古文字知識都是來自古文經，主要是孔壁中書和《春秋左氏傳》《周禮》等，其中孔安國所傳的《古文尚書》在東漢深受多位皇帝的重視，在東漢經學中地位很高，所以《古文尚書》的字形被學術界所熟悉。東漢古文字學家熟悉《古文尚書》的字形，這是很自然的。縱然東漢古文字學家知道“五”的古文字形作“乂”，也是最初來自《古文尚書》。《三體石經》本來就有《古文尚書》，《三體石經》的古文“五”作“乂”，這也是源於《古文尚書》。隸古定本《古文尚書》的古文“五”作“乂”，一定是隸古定本《古文尚書》本身就有的，不可能是魏晉人從《説文》或《三體石經》抄襲來的，因爲自從東漢以來的學者們都熟悉《古文尚書》的字形，没有必要僞造或從其他地方取來。學者們堅持隸古定本《古文尚書》的古文字形是雜抄而來，其核心問題是他們堅持隸古定本《古文尚書》也是魏晉人僞造的。然而學者們的這個根本觀點和立場是錯誤的。關於今本《古文尚書》非僞書的詳盡論證，參看龐光華《沉香齋經學文存》。

（二）隸古定殘卷“豫”作“悆”與先秦古文字相合

隸古定殘卷本《五子之歌》“逸豫”的“豫”作“悆”。許慎看到的《古文尚書·周書》有“悆”字。《説文》：“悆，《周書》曰‘有疾不悆’。悆，喜也。”考今本《周書·金縢》作：“有疾弗豫。”顯然當以《説文》作“悆”爲《古文尚書》的原本。内野本、足利本、九條本也作“悆”①。《廣韻》《集韻》都有這個古字，應該是隸古定《尚書》保留的古字，清華簡《金縢》“王不豫”的“豫”就是寫成從“疒”從“余”聲的字。作爲《五子之歌》也作“悆”，與《説文》所引孔壁中書的真本《古文尚書》相合，且與清華簡的用字密切相關聯。因此，唐寫本殘卷的《五子之歌》應該是孔壁中書的真本《古文尚書》，不可能是魏晉人僞造。今本作“豫”，應是唐代衛包所改。段玉裁注：“今本作‘弗豫’。許所據者壁中古文，今本則孔安國以今文字易之也。”段玉裁此説稍誤。作“悆”是孔安國的隸古定，今本作“豫”，應是唐代衛包所改。敦煌遺書的唐寫本《古文尚書》殘卷《五子之歌》作“悆”，就表明孔安國的隸古定就是作“悆”。如果孔安國在漢武帝朝已經改爲“豫”，那爲什麼唐朝的寫本還有作“悆”呢？所以，段玉裁這裏的判斷是錯誤的。唐寫本與今本只有文字不同，内容一致，因此，今本《五子之歌》只能是孔安國所傳的《古文尚書》，不可能是魏晉人僞造。

（三）隸古定殘卷“貳”作“弍”與先秦古文字相合

隸古定殘卷本《五子之歌》：“黎民咸弍”。今本“弍”作“貳”。顯然當以作“弍”爲古本。《説文》“貳”字稱“弍”是“貳”的古文，訓“副益”。九條本作“貳”。《説文》所引古文的“弍”當是出自孔安國原本《古文尚書》，很可能就是《五子之歌》。戰國時代的楚簡如郭店楚墓竹簡、清華簡以及戰國時代的陶文、金文都有“弍”字。②可見《古文尚書》的“弍”與戰國楚簡文字的形體相合。據王輝主編《秦文字編》和劉釗主編《馬王堆漢墓簡帛文字全編》已經没有“弍”字，③可知秦漢時代不通行“弍”字，而是流行“貳、二”。甚至在魏晉六朝都没有發現“弍”字的用例。隸古定殘卷本《五子之歌》保留了戰國時代楚系文字的寫法，這無論如何是魏晉人不可能僞造的。因此，隸古定殘卷本《五子之歌》的“弍”保留了孔安國《古文尚書》的原本古字形，一定是孔壁中書的真本，不可能是魏晉人僞造。有人或許説：“魏晉人也可能利用《説文》古文‘弍’僞造今本《古文尚書》。”我們的回答是：這是不可能的，因爲魏晉人幾乎從來没有用過“弍”字，不可能單單從《説文》提取這個“弍”來僞造《五子之歌》。

（四）隸古定殘卷“有”字都作“又”與先秦古文字相合

隸古定殘卷本《五子之歌》的全部“有”字都作“又”，九條本也作“又”，内野本、《書古文訓》

① 九條本旁注：古“豫”字。

② 参看徐在國等編著：《戰國文字字形表》，第1824—1825頁；滕壬生：《楚系簡帛文字編》（增訂本），湖北教育出版社，2008年，第1122頁。

③ 劉釗主編：《馬王堆漢墓簡帛文字全編》，第1384—1390頁。

本作"ナ"。二者當然是通假字,這是先秦的古文字寫法,常見於戰國文字,如郭店簡、清華簡、上博簡。[①]《郭店楚墓竹簡》[②]和《上海博物館藏戰國楚竹書》,[③]以及《清華大學藏戰國竹簡》都有數量衆多的"有"字,[④]幾乎都寫成"又",可以推斷將"有"寫作"又"是戰國時代楚系文字的特徵。這種寫法不符合漢代以來的用字習慣,從漢代以來已經没有這種寫法和用法。因此,隸古定殘卷本《五子之歌》的"又"字一定是孔壁中書《古文尚書》的古字形,魏晉人不可能使用這種寫法。而且可以推斷孔安國所依據的原本孔壁中書的《古文尚書》是用戰國時代的楚系文字寫成。《説文》"又"字没有注釋説通假爲"有"或是"有"的古字,因此,魏晉人不可能利用《説文》僞造《五子之歌》的"又"字。

(五) 隸古定殘卷"從"作"刅"與先秦古文字相合

今本《尚書·五子之歌》:"厥弟五人御其母以從。"隸古定殘卷本《五子之歌》"從"作"刅",其字形其實不是從兩個"刀",而是從兩個"人",可以隸定爲"从"。作"刅"明顯是保留了孔安國隸古定《古文尚書》的古字形,九條本、内野本也作"刅"。《郭店楚墓竹簡·忠信之道》第五簡的"從"正是作"刅",上博簡和清華簡的字形與郭店簡有所不同,戰國時代其他各國都没有將"從"寫作"刅"的。所以,"刅"是戰國時代楚系文字特有的一種寫法。《説文》和《周禮·司儀》有"刅"字,段注:"按'从'者今之'從'字,'從'行而'从'廢矣。"考《周禮·秋官司寇·司儀》:"客從拜辱於朝。"阮元《十三經注疏校勘記》引《釋文》本作"刅"。[⑤]《經典釋文》依據的是古文經。秦統一後已經不用"刅"字。王輝主編《秦文字編》没有"刅"字,劉釗主編《馬王堆漢墓簡帛文字全編》亦没有"刅"字。[⑥]魏晉人也幾乎從來没有用過"刅"字形。秦系文字中本來没有"刅"字,《説文》是將楚系文字寫成的《古文尚書》的"刅"或《周禮·司儀》的"刅"字當作了字頭,在解釋中没有注明"刅"是古文。因此,魏晉人不可能利用《説文》的"刅"字來僞造《古文尚書》的字形。從先秦到漢魏六朝,廣泛流行"從"字,魏晉學者似乎没有可能挖空心思從古文經的《周禮》中單單提取一個"刅"字來僞造《古文尚書》的《五子之歌》的字形。這是非常不合常理的。可以説魏晉

---

① 上海古籍出版社,2017年,第389—390頁。

② 另可參看張守中等撰集:《郭店楚簡文字編》,文物出版社,2000年,第48—49頁。郭店簡無"有"字形,都作"又"。

③ 上博簡有幾個"有"字形,但也有大量的"又"。上博簡的"有"和"又"似乎用法有區别。

④ 參看李學勤主編,沈建華等編:《清華大學藏戰國竹簡(1—3)文字編》(修訂本),中西書局,2020年,第78—81頁;李學勤主編,沈建華等編:《清華大學藏戰國竹簡(4—6)文字編》,中西書局,2017年,第67—68頁;李學勤主編,沈建華等編:《清華大學藏戰國竹簡(7—9)文字編》,中西書局,2022年,第89—91頁。數量衆多,但没有一個"有"字形。

⑤ 參看《十三經注疏》,上海古籍出版社,2022年,第903頁。另參看《説文》"从"字條段注。《周禮》中僅此一例。

⑥ 劉釗主編:《馬王堆漢墓簡帛文字全編》,第1384—1390頁。

人對"𣎆"字是很陌生的。由於《周禮》有"𣎆"字形,因此,在漢代的古本《周禮》很可能有部分是用楚文字寫成的。

(六) 隸古定殘卷"圖"字寫作"圀"非魏晉人能僞造

隸古定殘卷本《五子之歌》"不見是圖"的"圖"字寫作"圀"。《玉篇》稱"圀"是"圖"的古字。①《玉篇》所收的古文字"圀",應該是來自孔安國《古文尚書》的隸古定的"圀"。這個"圖"的異體字形"圀"頗爲奇詭,頗有訛變,魏晉人無所依傍,絶不可能憑空僞造。②這個"圀"一定是原本《古文尚書》所有。由於隸古定殘卷本《五子之歌》與今本《五子之歌》在内容上精確對應,就是今本的古本形態。因此,可以肯定今本《五子之歌》是孔安國真本(只是字形不同),魏晉人僞造不了。

(七) 隸古定殘卷"滅"字從"水"的"烕"非魏晉人能僞造

隸古定殘卷本《五子之歌》:"太康尸位,以逸豫滅厥德。"又同篇:"乃厎滅亡。"其中的"滅"字是作古文字形從"水"的"烕",不是從"火"。《汗簡》卷下:"烕:烕。出《義雲章》。"《康熙字典》和《漢語大字典》(第二版)都引《篇韻》稱"烕"是"滅"的古文。"烕"應該是出自孔壁中書的《古文尚書》。由於"水"與"火"都屬於五行,作爲偏旁可以互相替换,這種異體字在漢代以前已經形成。《説文》《玉篇》皆無此字,魏晉人從來不用"烕",不可能憑空僞造出這個古文的"烕"字形,一定是孔壁中書原本所有。所以,今本《古文尚書》應該是真實可信的,不會是魏晉人僞造。

(八) 隸古定殘卷"鬱"字作"㮋"非魏晉人能僞造

隸古定殘卷本《五子之歌》:"鬱陶乎予心。"其"鬱"字作古文字的"㮋",可能是"鬱"的草寫訛變而來。這個字形是隸古定《古文尚書》特有的字形,《康熙字典》和《漢語大字典》(第二版)都没有收,不見於傳世的字書。魏晉人不可能爲一個極爲平常的"鬱"字特意僞造出這個怪癖的"㮋"字形。"㮋"字形只能是孔壁中書原文所有。③因此,今本《古文尚書》的《五子之歌》就是出自孔壁中書,不可能出自魏晉人僞造。

(九) 隸古定殘卷"弼"作古文之形"㢸"非魏晉人能僞造

《古文尚書·夏書·胤征》:"尚弼予欽承天子威命。"隸古定殘卷本《胤征》"弼"作古文之形

① 《康熙字典》和《漢語大字典》第二版的該字下只引《玉篇》之言,别無解釋和引證。《説文》"圖"字下没有注明其古文,段注也没有提到"圖"的古文,没有引述《玉篇》。應該是《玉篇》首先著録了"圖"的這個古文字形。

② 考黄征《敦煌俗字典》(上海教育出版社,2005 年)第 408 頁"圖"字條所列舉的各種俗字形,没有"圀"形,可知這不是唐五代的敦煌俗字。

③ 如果"㮋"這個字是抄寫者錯誤抄寫的俗訛字,不是隸古定《古文尚書》的原文字形,那麽這個材料就應該取消。考黄征《敦煌俗字典》第 519—520 頁"鬱"字條所列舉的各種俗字形,没有"㮋"。九條本作"𣡾",與隸古定本的"㮋"稍有訛變,字形明顯同源。這表明"㮋"很可能不是唐五代的敦煌俗字,就是古本《古文尚書》的隸古定字。

“弜”。《説文》“弼”字注稱“弜”是“弼”的古文之形。《玉篇》稱“弜”爲“弼”的古文,[①]“弜”這個字形應該是來自孔安國所傳的《古文尚書》。當然“弜”這個字形與金文、戰國楚簡的“弼”的字形有所不同,是戰國文字的一個異體字。唐寫本隸古定殘卷所保留的這個字形正好與《説文》所引的古文字形相合,因此唐寫本隸古定殘卷所保留的字形只能是孔安國原本的《古文尚書》的字形。今本《古文尚書》也應該是出自孔壁中書的真本。

(十) 隸古定殘卷“恭”作“龏”與先秦古文字相合

《古文尚書·夏書·甘誓》:“今予惟恭行天之罰。”隸古定殘卷本《甘誓》“恭”作“龏”。作“龏”應該是孔安國隸古定《古文尚書》的古字形。隸古定殘卷本《古文尚書·胤征》“恭”也是作“龏”,足見孔安國所傳的《古文尚書》原文就是“龏”字,不是作“恭、共”。漢代以降,没有將“恭”寫成“龏”的。更考西周以來金文的“恭”都是寫成“龏”,例如春秋早期的《秦公鎛》:“嚴龏寅天命。”[②]春秋晚期的《鼄公牼鐘》:“餘畢龏威(畏)忌。”[③]春秋晚期齊靈公時代的《叔夷鐘》:“是小心龏齊。”[④]西周中期金文《十五年趞曹鼎》:“龏(恭、共)王在周新宫。”[⑤]周恭王在西周金文中作“龏王”。西周早期《何尊》:“惟王龏德谷(裕)天。”以上金文的“龏”都用作“恭”,金文中類例頗多。[⑥]《古文尚書》用字與金文相合。更考戰國出土文字《上博簡》六《平王問鄭壽》:“温龏淑惠。”“龏”用爲“恭”。上博簡《緇衣》:“吾大夫龏且儉。”郭店簡《緇衣》“龏”作“共(恭)”。在戰國文字中用例甚多。[⑦]魏晉人不可能僞造得與西周春秋的金文和戰國的楚系文字一模一樣。《古文尚書》原本確以“龏”用爲“恭”。《史記·夏本紀》依據的今文《尚書》作:“今予維共行天之罰。”作“共”字。《墨子·明鬼下》引《禹誓》《漢書·王莽傳》《漢書·翟義傳》都是:“共行天罰。”也作“共”。《白虎通·三軍》引《尚書》作“恭”。但是值得高度注意的是《漢書·敘傳》作:“龏行天罰。”班固《東京賦》、《吕氏春秋》高誘注、鍾會《檄蜀文》、孫盛、李賢、李善引《尚書》都作“龏”。《漢書》作“龏”必有古老的來源,與唐寫本隸古定《古文尚書》殘卷《甘誓》《胤征》的用字正相吻合,而且與西周春秋的金文和戰國楚系文字相合。《漢書·敘傳》的這個“龏”只可能是來自孔

---

① 另參看徐在國:《隸定古文疏證》,安徽大學出版社,2002年,第263頁。
② 參看《殷周金文集成》(修訂增補本)第一册,中華書局,2011年,第316—318、788頁。此句可比對《尚書·無逸》:“嚴恭寅畏,天命自度。”
③ 參看《殷周金文集成》(修訂增補本)第一册第149—152器,第157—160、776頁。
④ 參看《殷周金文集成》(修訂增補本)第一册第276—2器,第331、789頁。
⑤ 參看《殷周金文集成》(修訂增補本)第二册第2784器,第1451、1675頁。
⑥ 另參看容庚:《金文編》,中華書局,1998年,第160—161頁;陳斯鵬等編著:《新見金文字編》,福建人民出版社,2012年,第79頁;董蓮池:《新金文編》上,作家出版社,2011年,第292—294頁。《新金文編》没有舉出文例,但都列出了《殷周金文集成》的對應序號,也方便查詢。
⑦ 參看白於藍:《簡帛古書通假字大系》,福建人民出版社,2017年,第985—987頁。

壁中書的《古文尚書》的《甘誓》或《胤征》。今本《尚書》作"恭"應是唐代衛包所改,今文《尚書》作"共"。

在目前發現的戰國文字材料中,只有楚系文字發現有"龔"字形。①而隸古定本《尚書》殘卷正是作"龔",因此可以合理推斷孔壁中書的《古文尚書》是用戰國時代的楚文字寫成的。

李學勤先生《郭店簡與儒家經籍》就曾指出,②公元前 256 年楚國滅亡魯國,楚文化開始進入山東曲阜,在曲阜考古發現有戰國晚期楚國的文物。郭店簡中的"衍"用作"道"字,《汗簡》《古文四聲韻》稱"衍"出於古《尚書》、古《老子》。這個古《尚書》應該是孔壁中書,用作"道"的"衍"在戰國楚簡出現,似乎表明"孔家壁藏的竹簡書籍,很可能是用楚文字書寫的"。③李學勤《釋〈性情論〉簡"逸蕩"》指出魏石經《尚書·多士》的"逸"字所從的"兔"字形與上博簡《性情論》相同,所以魏石經《尚書》的"逸"字形是戰國楚系文字。④

李學勤《論孔子壁中書的文字類型》繼續闡述了自己的主張,同時吸取了李家浩先生的觀點,結論表述有所不同:"可能壁書有的是較早的屬齊魯文字,有的是較晚的屬楚文字,或者壁中書的文字就是在齊魯文字基礎上受楚文字强烈影響。我過去僅説可能是用楚文字書寫的,或許有些過分。"⑤

總之,李學勤先生認爲孔壁中書的《古文尚書》受到過楚文字的影響,但李先生所列舉的材料只有兩個,還比較單薄。本文列舉出了更多的證據表明古本《古文尚書》的文字是楚系文字,例如,隸古定《古文尚書》殘卷的"刅、又、龔、弍、悆"都是先秦的楚系文字。所以,孔壁中書的《古文尚書》很可能是用戰國楚文字抄寫成的。

三、結　　論

根據以上的論述,我們從古文字學的角度,依據隸古定《古文尚書》殘卷本《五子之歌》所保留的古文字字形,論證了今本《古文尚書》不可能是魏晉人僞造的。隸古定《五子之歌》所保留的古文字形是非常珍貴的,魏晉學者無法僞造這些字形。有的古字(例如"龔"是"恭、共"的古

① 參看徐在國等編著:《戰國文字字形表》上,第 361 頁。

② 收入李學勤:《重寫學術史》,河北教育出版社,2002 年,第 116—119 頁。

③ 見李學勤:《重寫學術史》,第 118 頁。另參看李學勤:《説郭店簡"道"字》,收入李學勤:《重寫學術史》,第 138—143 頁。

④ 收入李學勤:《中國古代文明研究》,華東師範大學出版社,2005 年,第 269—270 頁。

⑤ 收入李學勤:《中國古代文明研究》,第 201 頁。

字),雖然存在於《漢書·敘傳》,但魏晉人也没有理由必須從《漢書》中挖出這個古字來僞造《五子之歌》。有的字雖然存在於《説文》(例如"刅"),但没有標注爲"古文",魏晉人也没有必要從《説文》專門挖出這個"刅"來僞造《古文尚書·五子之歌》。事實上,魏晉人不具備古文字學的條件來僞造隸古定的《古文尚書》。在魏晉時代,没有任何人有足够的學識能够僞造隸古定文字的 25 篇《古文尚書》,這是我們可以明確斷言的。唐寫本隸古定殘卷《五子之歌》就是孔安國所傳的版本。當然,其中的很多字已經改成了今字,只是保留了古文字。《古文尚書》的《五子之歌》是所謂 25 篇僞古文之一,現在證明了《五子之歌》是真實不僞的,那麼 25 篇所謂《僞古文尚書》都是真實不僞的,這是自然的邏輯。孔壁中書的《古文尚書》的隸古定字形往往與戰國時代的楚系文字的字形相吻合,因此孔安國所傳的孔子壁《古文尚書》原本很可能是由戰國楚系文字寫成的。

六朝歲差的發現與經解變遷：以《堯典》《月令》“中星”詮釋演化爲中心*

□馬　濤

［摘　要］ 經學元典所頻繁出現的“日躔”“中星”事項，由於關涉上古先民觀象授時的重要内涵，因而在傳統經學與曆學兩個知識體系中都具有非同尋常的地位。通過梳理六朝“歲差”理論創立與接受的歷史進程，進一步尋溯各朝經師對於上述經典記載歧異的不同詮釋。從中可見，受制於經師個人知識背景的不同，六朝隋唐經典注疏中有關同一曆術問題的理解實存較大差異，馬融、鄭玄已還，皇侃、劉炫等經師由於曆學背景的不同展現了各自迥異的解經特征。由中足見傳統經學與曆學的關係，在交融與互鑒的主綫之下，暗含著更爲複雜的面嚮。

［關鍵詞］ 歲差；昏旦中星；經解；變遷

［作者簡介］ 馬濤，湖南大學嶽麓書院副教授（長沙　410012）

傳統曆法作爲古代中國重要的知識構成，滲透於政治、社會思想諸層面，進而影響到經學典籍中有關内容的注解與詮釋，並被歷代學者所關注。東漢已還，賈逵、鄭玄、服虔、蔡邕等學者，不但以經師著稱，更是一時天算大家。如鄭玄“箋《毛詩》，據《九章》粟米之率；注《易緯》，用《乾象》斗分之數”，①爲後人所稱道。而經學元典所頻繁出現的“日躔”“中星”事項，由於關涉上古先民觀象授時的重要内涵，因而在傳統經學與曆學兩個知識體系中都具有非同尋常的地位。

日躔所在，無由目睹，需藉中星以辨其位，元代學者李謙總結道：“日之麗天，縣象最著，大明一生，列宿俱熄。古人欲測躔度所在，必以昏旦夜半中星衡考其所距。”②日躔驗測的方法，也由昏旦、夜半中星以至於月蝕之衝，③並伴隨漏刻制度的完善，不斷趨於精準。而隨著日躔

---

*　［基金項目］本文爲教育部人文社科基金項目“魏晉南北朝禮學演化與王朝禮制關係研究”（20YJCZH120）階段性成果。

①　李鋭《疇人傳》“鄭玄”條論讚。（阮元等：《疇人傳》，《疇人傳彙編》，廣陵書社，2009年，第46頁）

②　《元史》卷五二《曆一》，中華書局，1976年，第1145—1146頁。

③　中國傳統曆法中日躔宿度測定的方法及其發展歷程，可參江曉原：《中國古代對太陽位置的測定和推算》，《中國科學院上海天文台年刊》，1985年總第7期，第91—93頁。

宿次的精確定位，其與經書所載歷史星象的比較研究亦由此展開，成爲六朝曆學專家發現歲差的一大誘因。所以，歲差的發現及其數值的校準，有賴於經書對於歷史星象的記載，與此同時，這一曆學成果也反過來被用於經書星象歷史年代的梳理。唐宋以還，經師論及經書星象之異，大多嘗試從"歲差"之中尋求解答，至清乾嘉時期幾成共識，[①]其間雖有孫星衍諸人稍持異義，[②]但所論多有未安，無撼於其時主流。

因此，過往經師對於經書所涉中星的解釋，成爲探尋傳統經學詮釋與曆學發展關係的一扇絶佳的窗口。本文擬圍繞《堯典》《月令》所載日躔、中星諸事，從學術史的角度，探討六朝以來傳統經學解釋體系對於歲差理論的接受與運用，以期揭示這一時期經、曆關係的實際情況。

一、六朝歲差理論的演進與經書天象辯證的興起

(一) 六朝"歲差"數據與經學文獻

歲差發現以前，古人以日行一歲爲周天而無盈縮，冬至日躔歲歲無忒，即一行所言，其時"古曆日有常度，天周爲歲終，故係星度于節氣"。[③]自東晉虞喜發現歲差，"立差以追其變，使五十年退一度"，[④]學者始知冬至點年復不同。此後何承天雖有"今之二至，非天之二至"之説，[⑤]但其所撰《元嘉曆》中"周天度"與"歲實"相同，是其並未將歲差引入曆術。待祖沖之《大明曆》析出"周天度"與"歲實"二數，通過"歲差＝周天度(恒星年)－歲實(回歸年)"的形式確定了歲差的計算法則，自此"歲自爲歲，天自爲天"。

但具體説來，祖沖之860分的歲差常數，以日每年西移$\frac{860}{39491(\text{日法})}$度，實際上是結合實測冬至與"日法"所推算而得的"導出常數"。[⑥]而造成祖沖之至僧一行之間諸家"歲差"取值不一、精度各異的主要原因之一，便是對於"實測冬至點"的推定不同。此中又涉及兩個層面的問題：其一爲當代冬至點的準確測定；其一爲典籍所載冬至點歷史年代的排定。前者

① 戴震《原象》數篇據"歲差"論各時中星，江聲《尚書集注音疏》援歲差釋《堯典》中星，錢大昕、王鳴盛、李鋭等學者在各自著作亦據歲差解釋經書歷史星象的差異。

② 孫星衍：《答江處士聲術論中星古今不異》，《問字堂集》，中華書局，1996年，第99—101頁。

③④ 《新唐書》卷二七上《曆三上》，中華書局，1975年，第600頁。

⑤ 《宋書》卷十二《律曆中》，中華書局，1974年，第261頁。

⑥ 曲安京等：《中國古代數理天文學探析》，西北大學出版社，1994年，第115頁。换言之，"中國古代曆法中之歲差常數主要是通過附會既定上元而計算出來的。"（曲安京：《中國曆法與數學》，科學出版社，2005年，第161頁）

通過祖沖之在大明五年設計的冬至時刻測算法,以及後秦姜岌所創"月蝕衝檢日度"之法,① 已能較爲精確地測定當下的冬至時刻及其日躔宿度。因而後者便構成學者歲差取值不同的主要因素。

調日法 A ⇨ 朔望月 $\frac{B}{A}$ 回歸年 $\frac{T}{A}$ ⇨ 曆元(即上元) ⇨ 曆取其他常數(五星會合週期、歲差等)

圖 1　日法、朔望月、回歸年數值與曆學常數

(參自《中國古代數理天文學探析》②)

歲差發現的本因,源自史載分至日躔的差異。因此,有關史料歷史序列的排定,直接影響到歲差取值的寬狹與精麤。由於文獻闕佚,虞喜對於上述問題的處理,已難以確指。③而何承天在"上元嘉曆表"中則闡述了其確定歲差取值範圍的依據:

> 《堯典》云"日永星火,以正仲夏"。今季夏則火中。又"宵中星虚,以殷仲秋"。今季秋則虚中。爾來二千七百餘年,以中星檢之,所差二十七八度。則堯令冬至,日在須女十度左右也。漢之《太初曆》,冬至在牽牛初,後漢《四分》及魏《景初法》,同在斗二十一。臣以月蝕檢之,則景初今之冬至,應在斗十七。④

文中由《堯典》仲夏、仲秋二時昏中星,推得堯時冬至在"須女十度"。何承天所測今冬至在"斗十七度",是 2700 年間日躔西移 27 度,故得有百年退一度的歲差率。在這一過程中,何氏還應當通過《三統》《四分》《景初》諸曆所載冬至日躔對結果予以修正,只是其歲差分數已佚,故無得細知其校覈步驟。

祖沖之步踵其事,所依材料不逾何氏,而兩家所得歲差則相去甚遠,此實與《堯典》中星的解讀不同有關:何氏以《堯典》夏秋二時中星爲據,不用"日短星昴"的記載;祖沖之則以"日短星昴"爲冬至中星,故使得兩者冬至日躔一在"須女十度",一在"危五度"。此令唐堯日躔距今度

① 李鋭論曰:"古人驗昏旦中星,非特紀時候,且以考日所在也。岌以月食極知日度,其所得更爲準切矣。"(阮元等:《疇人傳》,《疇人傳彙編》,第 76 頁)

② 曲安京等:《中國古代數理天文學探析》,第 140 頁。

③ 宋《明天曆議》載:"虞喜云:'堯時冬至"日短星昴",今二千七百餘年,乃東壁中,則知每歲漸差之所至。'"(《宋史》卷七四《律曆七》,中華書局,1985 年,第 1689 頁)是虞喜當依《堯典》所述冬至中星爲起算坐標推算歲差。

④ 《宋書》卷十二《律曆中》,第 261 頁。

由“二十七八度”一躍而爲“五十餘度”,①歲差取值亦從約百歲退一度而爲五十年左右退一度。祖氏在此基礎上,結合漢以還諸曆冬至日躔,復借“調日法”之數據,最終得到 860 分$\left(\frac{860}{日法}度\right)$的歲差值。可見,雖然六朝曆學家首揭歲差,並通過調日法的數理邏輯推演出具體的歲差常數,但從根本上講,此時歲差數據的得出仍然離不開對於經書星象的解讀及其歷史年代的判定。②

(二)“曆議”中有關文獻年代的處理

在何承天、祖沖之等人建立的歲差推算範式中,典籍所載歷史星象對於常數取值及校正起到了至關重要的作用。同樣地,歲差常數的確立,也影響到已知歷史星象的解釋。祖沖之在回

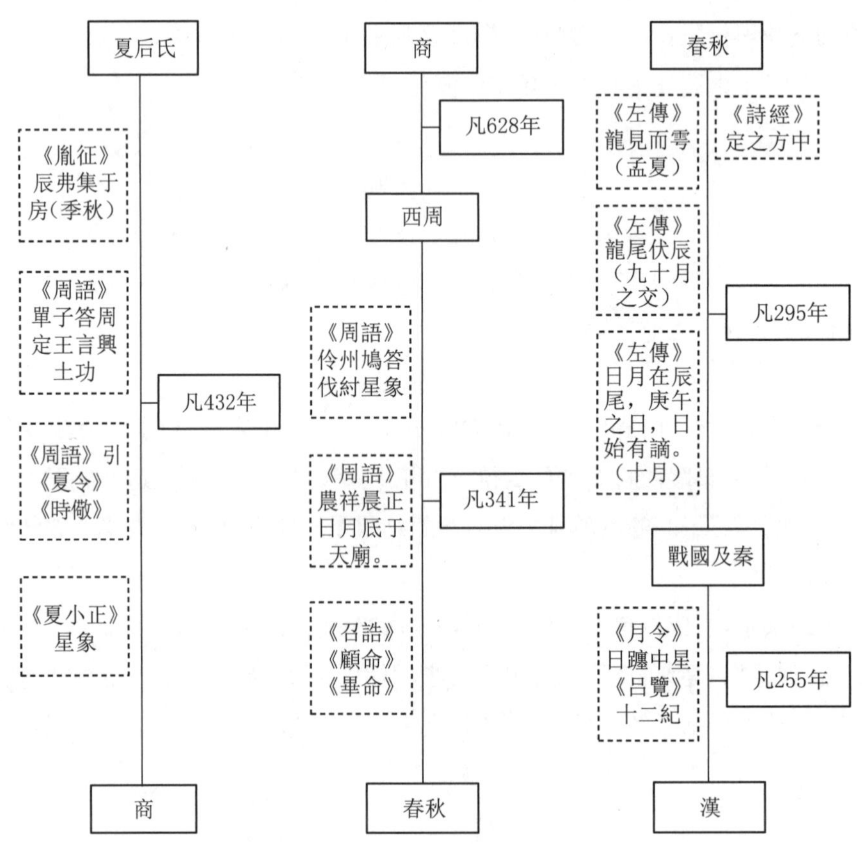

圖 2　僧一行古史積年及文獻序列

---

① 據其所用落下閎距度,“危 5 度”距宋大明時冬至點斗 11 度有 50 餘度。僧一行《日度議》載:“大明八年,祖沖之上大明曆,冬至在斗十一度。”(《新唐書》卷二七上《曆三上》,第 616 頁)

② 由於共同將《堯典》“日短星昴”視作 2700 年前的冬至中星,因此,虞喜與祖沖之所得歲差數值相近,在五十年退一度左右。

應戴法興關於歲差的詰問中,曾據其歲差常數還原《詩經》《左傳》中觀象授時數事,以證成其説。而一行《日度議》則更爲細緻地爬梳了《堯典》以下經書星象的歷史年代,以36.75(日法3040)的歲差值,建立起立體的文獻體系:自夏后氏而下,歷商、周而至於秦,依次串聯、對應起《胤征》《夏小正》《國語》《詩經》《春秋》《月令》等經典文獻。更爲重要的是,一行通過有關歷史星象的描述,運用歲差回溯,將這些文獻置納於自己的歷史積年體系之下,使之成爲年代序列中的時間坐標。

當然,由於歲差取值的不同,六朝曆學家對於某些溢於年代序列的文獻,也就存有不同的處理方案,這也構成六朝經解多樣性的又一隱性元素。在關於《古文尚書·胤征》仲康日食的討論中,一行便與前儒所論不同。仲康日食於“季秋月朔,辰弗集于房”,①《左傳》昭公十七年有引,杜預解曰:“集,安也。房,舍也。日月不安其舍則食。”②是以“房”爲星宿之概稱,而非專指房宿。後隋儒劉炫,復據曆術,認爲“近代善曆者,推仲康時九月合朔,以在房星北矣”,③而經傳所言“弗集于房”當爲日月合朔失次、行度失當而致日食之義。及至孔穎達輯撰《五經正義》,於此採擇炫説,詳爲之疏解,“房舍”之義幾爲經義定準而傳於士子之中。④一行則基於已有的夏后氏積年系統,通過新曆太陽每歲西移$\frac{36.75}{3040}$度的歲差值,上溯仲康五年(前2128)九月朔,日躔當在房宿2度。⑤由是論證新曆與經傳契合無間,《胤征》仲康五年日食確實發生在季秋日躔房宿時,經文“弗集(輯)”爲“不睦”之義,意爲日食於房宿而不吉。

經師、曆學專家在各自知識背景的影響下,遊移於師法傳統與曆術演進之間,從不同面嚮對傳統經傳予以詮釋。而不斷精進的曆朔數據、交食週期,亦爲考辨經書所涉古史年代問題,提供了全新可能。歲差作爲六朝曆學發展過程中最爲重要的成果之一,其源自對經書星象記載的考察,最終亦被用於經書年代序列的構建,展現出曆學發展與經學文獻之間深層次的互動關係。

二、歲差與經書星象:漢儒《堯典》“中星”舊注與六朝曆家争論

(一)星象與授時:鄭玄《堯典》中星注解中的“日永星火”

據上可知,歲差的發現實由典籍所載節氣日躔不一而來,復經實測校覈而臻於精密。在這

①④ 《尚書正義》卷七,《十三經注疏》,中華書局,2009年,第332頁。

② 《春秋左傳正義》卷四八,《十三經注疏》,第4523頁。

③ 《新唐書》卷二七上《曆三上》,第601頁。

⑤ 有關一行夏商周三代積年及其起訖年代的公曆轉化,詳參張培瑜:《先秦秦漢曆法和殷周年代》,科學出版社,2015年,第265—266頁。

之中,《堯典》有關四時天象的記載,作爲校考上古分至日躔的時間錨點,成爲六朝已還經師、曆家所共矚詳研之文。爲便討論,現引其述四時星象依次如下:

> 日中,星鳥,以殷仲春。日永,星火,以正仲夏。宵中,星虚,以殷仲秋。日短,星昴,以正仲冬。①

漢儒舊説,孔穎達《堯典疏》引馬融、鄭玄注有言:"星鳥、星火謂正在南方。春分之昏七星中,仲夏之昏心星中,秋分之昏虚中,冬至之昏昴星中,皆舉正中之星,不爲一方盡見。"②以"昏中星"釋鳥(七星)、火、虚、昴諸宿,並以之爲春分、秋分、冬至以及"仲夏"時的特有星象。而六朝以來流行開的"僞孔傳"則以《堯典》所述四仲星宿取義"四象"畢現南天,與馬鄭專言某宿不同。據此,所謂"日永星火"便爲蒼龍七宿昏時畢現之象,而"僞孔"以此象見於"夏至"昏時,③則又同馬、鄭總言"仲夏"有别。以上種種對於中星所涉時節或精確或模糊的描述,實際上牽涉出《堯典》《月令》所述四時中星之不同——這一困擾漢晉學者的命題。

在《月令》的表述中,四時仲月昏中所在,分别爲弧、亢、牽牛、東壁四宿,④皆在《堯典》四仲星之西。漢儒未曉歲差之理,面對此間差異,嘗試通過渾言星象之名、模糊節月所指的方法以彌縫兩説之齟齬,在鄭玄答孫皓問《月令》中星時便以此申述其論:

> 孫皓問:"《月令》:季夏,火星中。前受東方之體,盡以爲火星。季夏,中星也。不知夏至中星名。"答曰:"'日永星火',此謂大火也。大火,次名。東方之次,有壽星、大火、析木。三者,大火爲中,故《尚書》云'舉中以言焉'。又每三十度有奇,非特一宿者也。季夏中火,猶謂指心火也。"(《詩·七月》疏)⑤
>
> 又答孫顥云:"星火,非謂心星也。卯之三十度總爲大火。其曰大火之次有星者,《月令》舉其月初,《尚書》總舉一月,故不同也。"(《月令》疏)⑥

《月令》載仲夏"昏亢中",季夏"昏火星中"。鄭玄於此先是區别《月令》季夏、《堯典》仲夏所謂

---

①③ 《尚書正義》卷二,《十三經注疏》,第 251 頁。

② 《尚書正義》卷二,《十三經注疏》,第 254 頁。

④ 仲春之月,日在奎,昏弧中,旦建星中。仲夏之月,日在東井,昏亢中,旦危中。仲秋之月,日在角,昏牽牛中,旦觜觿中。仲冬之月,日在斗,昏東壁中,旦軫中。(《禮記正義》卷十五至卷十七,《十三經注疏》,第 2947—2993 頁)

⑤ 《毛詩正義》卷八,《十三經注疏》,第 836 頁。

⑥ 《禮記正義》卷十五,《十三經注疏》,第 2947 頁。

“火星”名義,以前者爲二十八星宿之“心宿”,後者爲十二次之卯宮“大火”,名同而實異。據當時漢曆,東方心宿得僅有 5 度,而由蔡邕所論後漢十二次起訖,卯宮大火由亢 8 度至於尾 4 度,跨亢、氐、房、心、尾五宿 30 餘度。[①]故鄭氏此解便令《堯典》仲夏昏時中星宿次具備了廣闊的時間跨度,使其得有自五月節氣至於六月節氣之間將近一個節氣月(如圖 3),從而不悖於《月令》季夏火中的星象描述。並進一步提出“《月令》舉其月初,《尚書》總舉一月”的理論,用以解釋二經之不同。

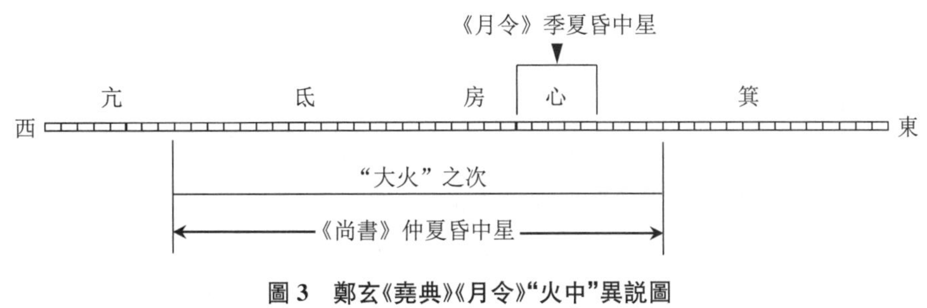

圖 3　鄭玄《堯典》《月令》“火中”異説圖

然餘外三時,《堯典》經文明言虚、昴宿名,無得附會於星次,就鄭玄所據漢代曆術而言,兩經昏中所在宿分别如下:

A 仲春: 雨水昏井 17 度中,春分昏鬼 4 度中。《月令》“昏弧中”,在雨水前後;《堯典》“星鳥”,鄭以爲七星,則在<u>季春節氣穀雨前後</u>。假使“節前月却”,則《月令》爲月初,《堯典》爲月末。鄭氏前解於此亦可得通。

B 仲秋: 白露昏斗 21 度中,秋分昏牛 5 度中。《月令》“昏牽牛中”,在秋分前後;《堯典》“星虚”,在<u>季秋中氣霜降前後</u>。“星虚”偶在仲秋之月,其時《月令》在月初。鄭解勉强得通。

C 仲冬: 大雪昏壁初度中,冬至昏奎 6 度中。《月令》“昏東壁中”,在大雪前後;《堯典》“星昴”,在<u>大寒後立春前</u>,理當在季冬。鄭解無法通釋兩經之别。

可見,兩經四時中星齟齬之甚,“模糊星宿”與“擴延時段”二法並非可以完全通釋。復觀王肅、孔傳之解,似是其時學者亦非全襲鄭氏理論,而是嘗試從不同角度解決兩經差異。孔穎達《尚書正義》引述王肅之義,云:

> 王肅亦以“星鳥”之屬爲昏中之星。其要異者,以所宅爲孟月,“日中”“日永”爲仲月,“星鳥”“星火”爲季月。以“殷”以“正”皆揔三時之月;讀“仲”爲“中”,言各正三月之中氣

---

① 《後漢書・律曆志》,中華書局,1965 年,第 3081 頁。

也。以馬融、鄭玄之言不合天象,星火之屬,仲月未中,故爲每時皆歷陳三月。[①]

鑒於漢儒在星象釋讀中的困境,王肅拋棄了此前學者所認可的由"日某—星某"所構成的時月中星組合,將其離析分屬於仲、季兩月。如此一來,《堯典》四中星便脱開"仲月"的枷鎖,展現出在漢晉時曆背景之下的授時特性,成爲四時季月的時間標籤,此即王肅所謂"星鳥、星火爲季月"的根據。

總之,受制於經典記載之異,漢魏經師釋《堯典》四仲星象,各自從不同角度予以申説,致有言人人殊之感。但諸説本質並無二異,皆嘗試將歷史星象容納於時人所習知的天文系統之中,進而産生兩種説解理路:其一,以"《尚書》總舉一月"説爲代表,將中星時日模糊化,以便容納星象前後錯移;其二,將四仲星釋讀爲星次或四象,由具指而概化,以便通融諸經所述星象差異。兩者也構成前歲差時代學者考察經典所涉歷史星象的核心思路。

(二) 歲差之外的昏中星:六朝曆家研究的新困境

清儒俞正燮論《堯典》中星舊説,言:"《書》《禮》中星不同,後人以歲差解之,義始虞喜。《古文尚書》説、《禮》説則俱不然。"[②]虞喜已還,曆家俱資《堯典》星象考求上古節氣日躔,並因之推驗歲差移率,如祖沖之《上大明曆表》據"日短星昴,以正仲冬"一語,推得"唐代冬至,日在今宿之左五十許度",[③]爲探研典籍星象之異提供了新的工具。雖則如此,在與《月令》中星互有參差之外,《堯典》所載四時中星在曆學層面亦存内部矛盾。

有關諸節氣的昏旦中星,後漢《四分曆》首次羅列其宿度所在。而歲差發現以後,曆家始知節氣日躔歲歲不同,故四時昏旦中星實無定度,因此,自祖沖之《大明曆》始,諸曆標識節氣昏旦中星,皆以"去中度"的形式展開,[④]學者可通過節氣日躔來推算其具體宿度。(參見表 1)

表 1 漢唐間主要曆法昏中星赤道宿度暨昏去中度表

曆名 / 節氣	四分曆		大明曆	皇極曆	麟德曆	大衍曆
	昏中星	昏去中度	昏去中度	昏去中度	昏去中度	昏去中度
冬至	奎 6.92	83.91	82.91	82.66	82.1	82.26
小寒 大雪	婁 6.58 壁 0.58	84.36 83.80	84	83.29	83.0	82.91

① 《尚書正義》卷二,《十三經注疏》,第 254 頁。
② 俞正燮:《癸巳類稿》卷三"中星鄭義",《俞正燮全集》,黄山書社,2005 年,第 146 頁。
③ 《宋書》卷十三《律曆下》,第 304 頁。
④ 張培瑜等:《中國古代曆法》,中國科學技術出版社,2013 年,第 31 頁。

續表

節氣 \ 曆名	四分曆		大明曆	皇極曆	麟德曆	大衍曆
	昏中星	昏去中度	昏去中度	昏去中度	昏去中度	昏去中度
大寒 小雪	胃 11.58 室 3.58	86.15 86.02	86.04	85.12	84.8	84.77
立春 立冬	畢 5.17 危 8.08	89.51 88.74	89.13	87.96	87.7	87.70
驚蟄* 霜降	參 6.42 虚 6.75	93.54 92.63	93	91.69	91.6	91.39
雨水 寒露	井 17.42 女 7.75	98.32 96.84	97.39	96.06	95.8	95.88
春分 秋分	鬼 4 牛 5.25	102.69 101.56	102.13	100.72	100.4	100.45
穀雨** 白露	星 4.83 斗 21.08	107.30 106.36	106.91	105.40	105.0	105.01
清明 處暑	張 17 斗 10.25	111.25 110.75	111.13	109.75	109.3	109.50
立夏 立秋	翼 17.75 箕 9.83	114.78 114.55	114.78	113.49	113.1	113.91
小滿 大暑	角 0.67 尾 15.42	117.48 117.35	117.52	116.37	116.0	116.12
芒種 小暑	亢 5.75 尾 1.83	119.34 118.99	119.17	118.35	117.8	117.98
夏至	氐 12.17	119.54	119.52	118.79	118.7	118.63

説明:上表《四分曆》數據根據《漢書·律曆志》昏中星與節氣日躔兩組赤道宿度推算而來,《大明曆》以後數據參酌《中國古代曆法》第一章“諸曆二十四節氣昏旦中星赤道宿度(或距度)表”(張培瑜等:《中國古代曆法》,第31頁)。*及**據《漢書·律曆志》二十四節氣次序,置驚蟄於雨水前,置穀雨於清明前。

據表可知,雖然日躔、中星歲歲不同,但各節“日去中度”由於系於晷漏而並無大異,四時昏旦中星距度也因此較爲固定。若設冬至日躔0度,以之爲基點,則二分二至中星距度可依次推導如下:

(1) 分至昏中星宿度(設冬至日躔0度爲算):

冬至(昏 82.91 度中)—春分(昏 193.44 度中)—夏至(昏 302.15 度中)—秋分(昏 376.07 度中)

（2）由此得分至昏中星距度：

冬至—春分（110.53 度）；春分—夏至（108.71 度）；夏至—秋分（73.92 度）；秋分—冬至（72.09 度）

以上距度不因歲差而變，但考《堯典》所述四時昏中星，其間距度却與此不合。由於六朝曆學家將“鳥”“火”“虚”“昴”視爲具體星宿，故四宿距度範圍當如下所示：

冬至—春分（79～97 度）；春分—夏至（94～106 度）；夏至—秋分（75.25～90.25 度）；秋分—冬至（84～105 度）

其中，春分至於秋分，三時中星距度與曆法規定相近，應當是同一曆術背景下的産物。然冬至中星則顯然近於春分而遠於秋分，與標準距度相去甚遠。因此，“《書》《禮》中星不同”以外，《堯典》四時中星的距度不協，亦成此時學者所面臨的困境。一行於《日度議》中，曾記載了六朝隋唐學者面對這一問題的不同解釋方案：

劉炫依《大明曆》四十五年差一度，則冬至在虚、危，而夏至火已過中矣。梁武帝據虞劆曆，百八十六年差一度，則唐虞之際，日在斗、牛間，而冬至昴尚未中。以爲皆承閏後節前月却使然。而此經終始一歲之事，不容頓有四閏，故淳風因爲之説曰：“若冬至昴中，則夏至秋分星火、星虚，皆在未正之西。若以夏至火中，秋分虚中，則冬至昴在巳正之東。互有盈縮，不足以爲歲差證。”①

梁武帝、隋劉炫各據《大同曆》《大明曆》論説，所得冬至日躔不一，其所推中星相較《堯典》所載或夏至已過、或冬至未中，故不得已於四時之間放置閏月以協調其説。析而論之：《大明曆》上推唐堯冬至在虚、危之間，以此可知春分日在昴宿、夏至日在張宿、秋分日在房宿。進而由上表“昏去中度”，知冬至昏中星在胃、昴，夏至在箕宿，春分在張宿，秋分在危宿。是夏至時心宿已過中天 20 餘度而西移。同理，據《大同曆》推四時昏中星，冬至在奎宿、夏至在房宿、春分在柳宿、秋分在女宿，冬至時昴宿在中星後 30 餘度尚位東南。

由是觀之，諸家據歲差逆推唐堯（2700 年前）天象皆無法同《堯典》四仲星完密契合。而據

① 《新唐書》卷二七《曆三》，第 600 頁。

一行所言，梁武帝、劉炫又皆以“閏後節前月却”來解釋星象與節氣之齟齬。所謂“節前月却”，特指閏後16月内，節氣在朔前的情形，並藉此展現“授時天象”同曆法序數月之關係。是知當時學者在引入歲差的基礎上，還一定程度吸納了漢儒論説中的便宜之舉，在討論《堯典》中星的過程中仍依鄭玄等漢儒“《尚書》總舉一月”的説法，將其視作一月之象，故延伸出“節前月却”之言。若據孔傳“謂夏至之日”云云，以其專屬於分至四中氣，則星象齟齬便無法藉此疏通。此外，細味劉炫、梁武帝二説，其義又有不同：首先，劉炫據《大明曆》以冬至合時，夏至火星已過中西移，二分中星在張、危，則虚、星過中而往西（如同仲夏）。如若以閏月調之，則當在仲秋之後，故此前諸月“節却月前”，中氣皆在月尾，而“星鳥”“星火”“星虚”皆在月初，同可容於仲月之内。其次，梁武帝據《大同曆》則是夏至基本契合《堯典》星象，而冬至中星爲奎，在昴宿之前，二分中星在柳、女，則虚、星皆尚未中正而在東（如同仲冬）。如若以閏月調之，則當置於仲冬之前，故此後諸月“節前月却”，中氣皆月初，而“星鳥”“星虚”“星昴”皆在月尾，亦可同容於仲月之内。至於一行以“此經終始一歲之事，不容頓有四閏”之言，駁斥兩家置閏調節之法，似未注意到兩家對於《堯典》四時中星所涉時間的模糊化處理，而仍從“中氣—中星”的固定搭配去認識其論，故得出一年需置多閏的錯誤理解。與一行所論相近，當時另一著名曆學家李淳風也以《堯典》四中星當係於分至中氣，故認爲其間距度難協，恐非由歲差可以解釋得通。

（三）由“歲差”而“里差”：近世《堯典》中星問題新詮

唐宋以來的古典學者於上述問題，大率沿襲前人的詮釋理路展開，若《明天曆》及《書集傳》皆以歲差解説《堯典》中星。[①]王應麟《六經天文篇》徧載漢魏以來主要論説，[②]在歲差以外，又引朱熹“中星或以象言，或以次言，或以星言者”之語，是知其時學者亦有延續漢魏經師舊説，注意到無法藉歲差解釋的《堯典》昏中星距度問題。

比及有清一代，學者究心考據，精研經史、曆算者不勝枚舉，然就《堯典》中星距度難平這一命題，則仍回到前儒的解釋邏輯之中。如盛百二《尚書釋天》曰：

> 按：分至日躔之宿度相距皆九十一。而二分日躔距中星之度與二至不同，夏至復於冬至不同者，以四時日入之方位不同而昏分由多少也。日甫入地平，星光猶隱，以見星爲率，則必加入昏刻所行之度矣。二分日入酉正而昏刻少於二至，故僅加六七度，日距中星不過百度左右。二至昏刻多於二分：冬至日入於申與日相距九十一度之星本在正午之東，加入昏刻之度，則其星適及正午，或微不及焉。夏至日入於戌與日相距九十一度之星已在正午

① 《書集傳》云：“古曆簡易，未立差法，但隨時占候修改，以與天合。”（蔡沈撰，朱熹授旨：《書集傳》卷一，朱傑人、嚴佐之、劉永翔主編：《朱子全書外編》，華東師範大學出版社，2010年，第1册，第4頁）

② 王應麟：《六經天文篇》，《王應麟著作集成》，中華書局，2012年，第114—121頁。

之西，再加昏刻之度，則其星必更西，而正午之星與日相距必百二十度餘矣。[①]

盛氏通過分至“日距中星度”的不同來考察四時中星距度，由是覺知“七星”“心”“虚”“昴”四宿間距在同一曆法背景中，並無法構成分至昏刻的中星，從而陷入到“李淳風之問”中。對此，盛氏俯拾舊說，以朱熹“中星或以象言，或以次言，或以星言者”之説通釋《堯典》四時中星，[②]藉助模糊星象的形式容納其與曆法所推宿度的差異。此外《清史稿·天文志》論及《堯典》中星以“雖由歲差之故，而古法疏略無度分，固難深論也”之語作解，亦與盛氏所論侔合，足見是説於其時學界流行甚廣。[③]而與盛氏意見相左，清代部分學者則採取具化星象、模糊昏刻的方案，來解釋《堯典》四時中星的距度問題，清儒徐灝即以《尚書正義》引“馬鄭説”與《鄭志》“答孫皓問”所涉“星火”解釋相異，一作星宿一作星次，而言：“鄭説亦自相違異，蓋漢人不識歲差故未能瞭然。”[④]並據《時憲曆》推步四星昏中的具體時刻以證成其説：

今以算術推之：自道光二十九年己酉上距唐堯元載甲辰凡四千二百有六年。推得春分初，酉初三刻六分八秒，七星中；夏至初，酉初三刻十分九秒，心星中；秋分初，酉初二刻八分十三秒，虚星中；冬至初，酉初一刻九分五十秒，昴星中。竝在昏時。[⑤]

但徐灝之論的問題在於：二分二至的昏時皆被安排在相近的時刻——酉刻，有悖於實際漏刻。據《時憲曆》步術，其漏刻度數納入南北“里差”，其數係於所求日的“黄道去赤道内外分度”，但即便如此，北京及中原地區的二分日入時刻仍大致在“酉刻”，冬至在“申刻”，夏至在“戌刻”。徐灝通過含混昏刻的方式，疏解《堯典》四中星的距度的齟齬。又以“古人無歲差、里差之術，其二分二至日入時刻及矇景十八度之限可勿煩細推”之語，[⑥]彌縫其論，將古人昏中星視作一個較爲模糊的“時間概念”，其本質實與鄭玄等人的解釋並無二異。

除却上述説解以外，清儒亦有秉持梁元帝、劉炫舊説，以置閏之法通融其間差異者。宋翔鳳即就“日短，星昴”與其餘三時不合，解曰：“大寒前一日昴初度已中，節氣可入前月，是昴星中適是十一月晦，則是月爲無中氣之月，而閏月生焉。《堯典》紀星昴於仲冬，乃閏月定四時之法也。”[⑦]是其法與前述梁元帝“節前月却”置閏於仲冬之前相似，不溢於前儒所論。

---

① 盛百二：《尚書釋天》，《續修四庫全書》，上海古籍出版社，2002年，第44册，第267—268頁。

② 盛氏對此問題曾云《尚書正義》所論：“要不如朱子爲得法意。”（盛百二：《尚書釋天》，第268頁）

③ 《清史稿》卷二八《天文三》，中華書局，1977年，第1053頁。

④⑤⑥ 徐灝：《通介堂經説》卷九，《續修四庫全書》，第177册，第87頁。

⑦ 宋翔鳳：《尚書略説》卷上“中星”，《續修四庫全書》，第48册，第380頁。

可見，唐宋以來諸家各據後世精進曆術推演《堯典》星象，雖其歲差愈發近實，晷漏日趨精密，但面對文獻自身的敘述矛盾，所論於一行等人所考並無實質突破。與傳統學者不同，現代學者則勇於質疑文獻記載的真實性，嘗試提出新的答案，竺可楨考察《堯典》星象，認爲其所涉中星分屬不同年代，"以鳥、火、虛三星而論，至早不能爲商代以前之現象。星昴則爲唐堯以前之天象，與鳥、火、虛三者俱不相合"。①而 20 世紀 80 年代，趙莊愚則在重申《堯典》四星名義的基礎上，復又提出"《堯典》之觀星地點，却有南北之别"，②在傳統歲差的討論以外，引入南北里差的考量，將《堯典》中星問題的討論推進到新的階段。然細索兩家所論，實前有所承，其中"里差"理論的引入，明清學者已發其端，惟惜於"星昴"一語未及深討。邢雲路在《古今律曆考》中解《堯典》和叔等四官於四方測象一事，云：

> 日有分至，而晝夜之刻係焉，然各有地理之不同。如堯都平陽，北極出地三十五度有餘……春秋分晝夜各五十刻，夏至晝六十刻，冬至晝四十刻，其餘二十氣之晝長短可類推焉。此平陽也，天地之中也。……餘九州四海俱各不同。③

是邢氏已知天下地理南北不同而致其分至晝夜刻漏不一，進而認爲《堯典》"幽都"爲元明京師（北京），又據郭守敬《授時曆》述其地分至四時晝夜漏刻，似是已覺當用南北里差之法來解釋"星昴"之象與餘下三時不契的情況。但縱觀其論，即於此戛然而止，並未伸延至幽都所測"星昴"的具體内涵，於趙莊愚等論僅隔窗紙。此後邢氏對於《堯典》中星的推算，又回到"天漸移而西，歲漸移而東"的歲差理論中，而未沿其自述里差之理作解。同樣的情況也出現於戴震對於這一問題的討論中，其在《原象》"璿機玉衡"一節篇首即云：

> 《堯典》："日中星鳥以殷仲春，日永星火以正仲夏，宵中星虛以殷仲秋，日短星昴以正仲冬。"日夜分暨永短，終古不變者也。星鳥之屬，列星之舉目可見，大小有差，闊狹有常，相距不移徙者也。終古不變者，因乎地而生里差。相距不移徙者，以考日躔而生歲差。④

以《堯典》中星之文爲引，闡述影響歷史星象的二要素：歲差與里差。然其解所涉中星内涵却專

---

① 竺可楨：《論以歲差定〈尚書・堯典〉四仲中星之年代》，《竺可楨文集》，科學出版社，1979 年，第 106 頁。

② 趙莊愚：《從星位歲差論證幾部古典著作的星象年代及成書年代》，《科技史文集》（十），上海科學技術出版社，1983 年，第 86 頁。

③ 邢雲路：《古今律曆考》卷二，《文淵閣四庫全書》，臺灣商務印書館，1985 年，第 787 册，第 17—18 頁。

④ 戴震：《原象》，《戴震文集》，中華書局，1980 年，第 95 頁。

主於歲差而不及里差。但在此後"中星"一節,戴震又詳述里差所具備的"南北""東西"二義,以爲"晝夜永短,南北以漸而差","凡氣朔之時刻,漸西則氣朔早,漸東則氣朔遲"。故"中星"一節雖未涉及任何具體昏旦中星的推步,①但從中仍能一窺戴震於"晷漏—中星"關係之深諳,但與邢雲路所論一樣,戴震亦未更進一步由里差漏刻去推尋導致經書中星差異可能的緣由。與戴震的研究思路相近,王鳴盛在考辨漢儒馬融、鄭玄所言昏明漏刻的不同時,結合《授時曆》有關規定,以爲"鄭則又取南北之適中者言之耳。然則馬鄭與《授時曆》三者皆是也"。②闡述了由於地域南北之别所造成的昏明漏刻之不同。事實上,由於漏刻度數與"日去中度"有著直接的聯繫,進而決定著中星所在,因此,戴、王以南北里差疏解《堯典》"日永""日短"舊注之異,爲藉此探討四時中星距度的問題提供了方嚮性的指引。

可見,由六朝歲差現象的發現至宋元里差觀念的形成,曆術的革新爲解釋經籍所涉歷史星象提供了新的路徑。不同時期的學者藉此離析、還原經籍的不同時空層次,也構成了傳統經學研究的另一面嚮,展現著經學詮釋與曆法發展的交融與互鑒。

三、經、曆之隔:六朝儒典中星研討的另一面嚮

(一) 漏刻與中星:漢代昏旦中星紀時内涵的成立

鄭玄以"《月令》舉其月初,《尚書》總舉一月"的形式通融兩經昏旦中星的差異,六朝已還曆家在引入歲差的基礎上又暗循其論,用以説解《堯典》中星距度不契於曆算的情況。至於《月令》諸月中星,經師與曆學專家的關注點則有不同:一行等曆家論及《月令》中星,多將其視作秦《顓頊曆》之表徵而置於歲差序列之中;③經師注疏則多將《月令》中星與時曆相較,並惑於兩者中星宿度的差異,似是六朝經師於曆法革新之成果多有隔閡。如孔穎達在《月令疏》中羅列漢《三統曆》、宋《元嘉曆》節氣中星所在,校覈《月令》中星之參差,認爲:"《月令》昏明中星,皆大略而言,不與曆正同,但有一月之内有中者,即得載之。……所以昏明之星,不可止依曆法,但居大略耳。餘月昏明,從此可知。"④疏中孔氏並未言及由歲差所導致的二曆星次之異,更未據此推考《月令》中星。且觀孔疏邏輯,是將三個不同歷史時期的中星現象置於一個平面之内,認爲導致《月令》中星不契於諸曆的原因在於所言時節不同,足見孔氏或其所襲六朝舊疏於歲差之

① 戴震:《原象》,《戴震文集》,第 96—97 頁。

② 王鳴盛:《尚書後案》卷一,《嘉定王鳴盛全集》,中華書局,2010 年,第 20 頁。

③ 《新唐書》卷二七上《曆三上》,第 602—603 頁。

④ 《禮記正義》卷十四,《十三經注疏》,第 2929 頁。

理尚未達一間。

由是而知,經義詮釋與曆術知識之間並非共步發展,限於經師知識背景的不同,而呈現出複雜的狀態。即就昏旦中星而言,不但歲差之理於《月令》舊注中罕覓其跡,節氣中星的宿度推算亦存齟齬相悖之處。

具有準確紀時含義的昏旦中星,本質上爲"昏""明"兩個固定時刻的"恒星時"。①隨著觀象與計時儀器的逐步完善與精密,東漢《四分曆》始有二十四節氣晝夜漏刻度的記載(日 100 刻),爲推算昏旦中星宿度提供了基準數據。由於太陽視赤經一日一周天,故可將該日昏旦漏刻换算爲視赤經度,即可知兩個時刻的"日去中度"。换言之:

$$昏時日去中度=周天度\times\left(\frac{晝漏}{2}\times\frac{1}{100}\right)$$

$$旦時日去中度=周天度\times\left(\frac{夜漏}{2}\times\frac{1}{100}\right)$$

但實際上,太陽以每日東移 1 度的速率移動,所以考慮到"昏時"太陽距午時已經東移:$1\times\frac{100-\frac{1}{2}夜漏}{100}$度,"旦時"太陽距夜半亦東移:$1\times\frac{\frac{1}{2}夜漏}{100}$度。因此,將兩時太陽微移度數納入上述二式,便可得到準確的"日去中度"。《四分曆》便結合上述兩端,簡化運算後得到以下術文:

> 昏明之生,以天度乘晝漏,夜漏減之,二百而一,爲定度。以減天度,餘爲明;加定度一爲昏。②

其中規定"定度"爲:(周天度×晝漏－夜漏)/200。③據此,昏中星去節氣日躔度＝周天度—定度;旦中星去節氣日躔度＝定度＋1。所以,由諸節氣的太陽日躔赤道宿度以及該日的昏旦漏刻度,便可快速推出該日的昏旦中星所在。

故昏旦中星之所以具備標識節氣所在的紀時内涵,本質上是由於古代曆法規定了節氣"昏""旦"爲一個固定的、準確的時刻。從而令其同該日日躔形成固定的函數關係,而有授時之

---

① 張培瑜等:《中國古代曆法》,第 325 頁。

② 《後漢書·律曆志》,第 3076 頁。

③ 術文簡化合併運算的過程詳參張培瑜等:《中國古代曆法》,第 325—327 頁。

效。觀漢末經師傳注，其論中星宿度大致與《四分曆》所述相近，是知其時學者於昏明時刻有大致相同的認識，如鄭玄《定之方中》箋有云：

> 定星昏中而正，於是可以營制宫室，故謂之營室。定昏中而正，謂小雪時，其體與東壁連正四方。①

其以營室昏中爲小雪節之象，即同《四分曆》"小雪昏室三度中"的記載相合。而鄭玄《三禮目録》"日入三商爲昏"之語，以日落後"三刻"爲昏時的認識，也同《四分曆》所載日入後兩刻半至三刻爲昏的情況相似。當然，也存在更爲複雜的情況。如服虔在解釋《左傳》昭公三年張趯"火星中而寒暑退"一語時，認爲"（心宿）季冬十二月平旦正中在南方，大寒退；季夏六月黄昏火星中，大暑退"。②前者與《四分曆》大寒旦中星在"心半"相合，後者言"黄昏火星中"則取《月令》季夏"昏火中"爲證，是服氏解經鳩合時曆與《月令》所載，折取其契於經義者。

（二）"以曆解經"的不同面嚮：《五經正義》中的相關論説

通過晝夜漏刻校驗中星宿度，始自東漢《四分曆》，後成常術徧載於諸史《律曆志》中，故漢魏已還曆學專家於此莫不熟諳。然此時經師於"漏刻中星之術"，則多有未達一間之釋，展現出經學詮釋與曆學發展一定程度上的隔離，此由南朝皇侃《禮記義疏》中的相關論述便可一窺其跡。

《月令》仲春有云"日在奎，昏弧中，旦建星中"，所述中星並不屬於習見的二十八宿體系，六朝舊疏多聚焦於兩種星象坐標之聯繫，此中皇侃又結合晝夜漏刻，判定中星所在赤道宿度，並因之定義《月令》經文"弧""建星"所指：

> 然春分之時，日夜中，計春分昏中之星，去日九十一度。今日在奎五度，奎與鬼之初乃一百九度。所以不同者，鄭雖云弧在鬼南，其實仍當井之分域，故皇氏云："從奎第五度爲二月節，數至井第十五度，得九十一度，時弧星當井之十六度也。"若從井星十六度至斗之初，一百七十二度，計昏中星與明中之星，春秋分時相去分天之半，應一百八十二度餘，但日入以後二刻半始昏，不盡二刻半爲明，昏明相去少晝五刻。一刻有三度半强，五刻有十七度餘，則昏之中星去明之中星一百六十五度餘，則建星不得在斗初，在斗十度也。③

① 《毛詩正義》卷三，《十三經注疏》，第665頁。
② 《毛詩正義》卷八，《十三經注疏》，第830頁。
③ 《禮記正義》卷十五，《十三經注疏》，第2947頁。

皇氏以"奎 5 度"爲二月節氣日躔，當據《三統曆》所規定的節氣日躔。然此下所云，則多違背曆學常識，而誤説頻出：在論證二月節氣日躔及昏中星以後，復以春分時星日關係推演旦中星所在——由節氣日躔推步中氣中星，混淆了前後節、氣的時段不同。此外，皇氏以距日"九十一度"爲二月中星所在，推得昏中星在所爲井 16 度，並默認此爲春分時象，進而推溯旦中星宿度。由此可見，皇氏是以去中"九十一度"爲春分時的日躔去中星度。然而，春分日在黄道、赤道交點，若距午綫四分之一天球即"九十一度"，據球面三角關係，則此時太陽正處於地平綫上。换言之，皇侃先是以日入地平時刻爲"昏"，夜漏五十刻爲算，得日東九十一度南中天。與馬融、鄭玄等人的"日入後二刻半爲昏"、"日入三商爲昏"的説法相異，也不同於歷代曆法的昏時規定。

孔穎達於皇説後，又據"日入以後二刻半始昏，不盡二刻半爲明"，認爲考訂該日中星距度應當考慮到"昏明"與"日入、日出"在時間上的差異，故將昏旦中星的距度從 182 度調整爲 165 度。但在這一過程中，孔氏並未理順兩星關係，將本當分屬昏旦中星移易行度的 8 度有奇(參見圖 4)，全部歸於昏中星的行度變遷之中，令昏中星在"井 16 度"的基礎上，東移 17 度餘，至鬼 1 度。此後，孔氏又以 165 度的中星距度推算，進而得到"斗 10 度"爲旦中星所在。

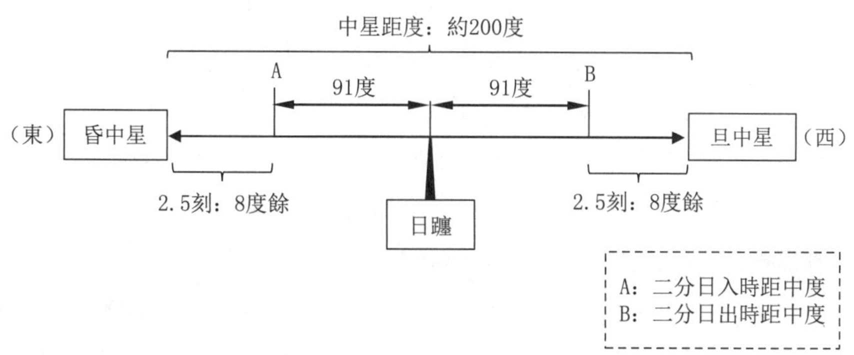

圖 4　二分時"日入""日出"及"昏""明"時刻太陽距中(午綫)度

由上可見，皇侃、孔穎達在疏解《月令》仲春星象時，展現了其對於曆術、天象的一定見解，却也暴露出自身曆術不精的短板。其中皇説之誤在於：①以二月節氣日躔爲春分日躔，並據此起算昏旦中星，此一誤也；②以日去中九十一度爲算，推得春分昏中星在"井 16 度"，以此爲"昏弧中"，此二誤也。孔穎達雖加入昏明"兩刻半"以修正皇氏春分二中星距度，但却在計算過程中出現偏差，致使本當東移 8 度餘的昏中星變爲東移 17 度餘。此外，對於皇氏誤據二月節氣日躔推算春分中星的做法，則未有察覺，展露了其曆術不精的一面。

但對此仍需説明的是，孔穎達於《尚書正義》《毛詩正義》論及晝夜漏刻問題時，則展現了不同於此的特徵。如在《毛詩・東方之日》疏文中，孔氏對鄭玄"日長者日見之漏五十五刻，日短者日見之漏四十五刻"之説論辯尤詳。[①]而在《堯典疏》中,孔氏亦展示了對於後漢漏刻制度演進的熟諳,並總結到:"每氣之間增減刻數,有多有少,不可通而爲率。漢初未能審知,率九日增減一刻,和帝時待詔霍融始請改之。"[②]並據此疏解馬融、鄭玄、王肅對於分至四時晝夜漏刻的記述,進而藉王肅之口指出鄭玄夏至"日見晝漏"五十五刻、冬至"日見晝漏"四十五刻,[③]有違曆典:

> 王肅難云:"知日見之漏減晝漏五刻,不意馬融爲傳已減之矣。因馬融所減而又減之,故日長爲五十五刻,因以冬至反之,取其夏至夜刻,以爲冬至晝短,此其所以誤耳。"[④]

王氏指出,馬融所謂夏至"晝漏"六十刻、冬至"晝漏"五十刻,實爲以"日入""日出"二刻爲限,鄭玄則誤以先師所述爲"昏""明"時限下的晝夜漏刻,並在此基礎上復減五刻晝漏以爲"日見之晝漏",故而致誤。通過此段疏文,足見孔氏對古今曆法的規定、漢魏經師的論辯具有極爲深入的認知,同上引《月令疏》所示判若二人。考其緣由,或與《五經正義》諸疏所依底本不同有關,《禮記正義序》有言:"其爲義疏者……其見於世者,唯皇、熊二家而已。……今奉敕删理,仍據皇氏以爲本,其有不備,以熊氏補焉。"[⑤]是《禮記正義》本就皇疏删定而成。而《毛詩正義》《尚書正義》則並襲隋儒劉焯、劉炫二疏而來,[⑥]且《尚書·舜典》疏有言"鞭刑,大隋造律,方始廢之",《吕刑》疏有言"大隋開皇之初,始除男子宮刑",皮錫瑞緣此"以唐人而稱'大隋',此沿襲二劉之明證",[⑦]是知《尚書正義》中多處疏文本即二劉舊疏而未暇删定。劉焯、劉炫精研曆術,劉焯又譽爲"自何承天、祖沖之以來,未有能過之者也",[⑧]焯撰《皇極曆》,曾於舊有漏刻中星之法稍有更易,[⑨]故不難推想,上述二疏所涉漏刻論辯或出自二劉手筆。

由是觀之,《五經正義》中各疏的來源不一,其學術統系、經師背景亦復不同,對於經典所涉及天文、曆法知識的理解深度也不盡一致。由於皇侃與二劉舊疏尚好不同、旨趣相異,故《正

---

① 《毛詩正義》卷五,《十三經注疏》,第742頁。

②④ 《尚書正義》卷二,《十三經注疏》,第254頁。

③ 鄭玄言:"日長者日見之漏五十五刻,日短者日見之漏四十五刻。"(《尚書正義》卷二,《十三經注疏》,第254頁)

⑤ 《禮記正義序》,《十三經注疏》,第2652頁。

⑥ 《毛詩正義序》云:"焯炫並聰穎特達,文而又儒,擢秀幹於一時,騁絶轡於千里,固諸儒之所揖讓,日下之所無雙,其所作疏内特爲殊絶。今奉勑删定故據以爲本。"(《毛詩正義序》,《十三經注疏》,第553頁)《尚書正義序》亦言其所依舊疏含有二劉。(《尚書正義序》,《十三經注疏》,第233—234頁)

⑦ 皮錫瑞:《經學歷史》,《皮錫瑞全集》,中華書局,2015年,第65—66頁。

⑧ 阮元等:《疇人傳》,《疇人傳彙編》,第136頁。

⑨ 張培瑜等:《中國古代曆法》,第32頁。

義》在相似問題的疏解中便會出現上述精麤不一、正誤交錯的矛盾狀態。可見,經學與曆學之貫通頗紐繫於經師個人之學識,而非一時學術的共同特徵。

四、結　語

傳統經學文獻中所記載的歷史星象成爲六朝歲差發現的一大依憑,貫穿於由祖沖之至郭守敬諸學者的曆議之中。不但如此,前歲差時代傳統經師對於典籍所涉歷史星象差異的解説方案,亦爲曆學家彌縫曆術隙漏提供了成熟的路徑。在《堯典》中星的研討中,四時中星距度不協,成爲歲差無法解釋的特殊情況。劉炫等曆學專家,立足歲差,同時吸納漢儒經説中的便宜之舉,通過"模糊時段""泛言星宿"的形式,嘗試將四時中星納入到統一的曆術背景之中,展現著曆學對於經學研究成果的吸收與融匯。同時需要指出的是,曆學發展對於經學研究的"反哺",或者説是經學詮釋對於歲差等新知識的引入與運用,則呈現出較爲複雜的面貌。受制於經師個人知識背景的不同,六朝隋唐經典注疏中有關同一曆術問題的理解存在較大差異,如上文所論,皇侃對於昏旦時刻的認識以及中星的推演便存在諸多疏誤,而劉炫注經則條分縷析,展現出其對相關問題的熟稔。由中足見,傳統經學與曆學的關係在交融與互鑒的主綫之下,暗含著更爲複雜的面嚮。

惟聖時憲：試析南北朝隋唐的改撰《論語》現象*

□范雲飛

［摘　要］ 中國經學史上有類編孔子言行的學術傳統，宋以來此類書籍漸多，南北朝隋唐時代，則有梁武帝《孔子正言》與王勃《次論語》。但因二書久佚，其學術與現實意義湮晦不彰。結合此時的學術風氣與其他相關書籍，可知此二書是改撰經典、回歸大義的學術理念的產物，皆突破《論語》的篇章結構與繁瑣的章句義疏，對孔言重加編次，因回歸經典大義而更易發揮經學的經世功能，在構建統治邏輯、形塑國家意識形態、指導治國理政與制禮作樂等方面皆起到切實作用。在學術理念上，此二書也是宋以來同類書籍的遠源。

［關鍵詞］ 改撰《論語》；《孔子正言》；《次論語》

［作者簡介］ 范雲飛，武漢大學中國傳統文化研究中心講師（武漢　430072）

自先秦漢魏以來，學者就著意搜集整理孔子言行，産生了《論語》《孔子家語》《孔叢子》以及定州漢簡《儒家者言》等古籍。①宋代以來，受理學影響、語録體啓發，搜集孔子言行之書漸多，以宋代楊簡《先聖大訓》、薛據《孔子集語》、明代潘士達《論語外篇》、清代孫星衍《孔子集語》爲代表，一直延續到當代。②從《論語》《家語》《孔叢》到宋以來的類纂孔言之書，晉唐數百年間，似乎頗爲沉寂。

實際上，從南北朝後期到隋唐之際，還有梁武帝《孔子正言》與王勃《次論語》，但兩書久佚，難於論考，古今學者皆以爲憾。③本文將勾稽經史小學、類書中的相關材料，結合這一時段的學

*　［基金項目］本文爲教育部人文社會科學青年項目"中古禮議與政務運作研究"（23YJC770006）階段性成果。

①　何直剛：《〈儒家者言〉略説》，《文物》，1981 年第 8 期，第 20—22 頁；李學勤：《竹簡〈家語〉與漢魏孔氏家學》，《孔子研究》，1987 年第 2 期，第 60—64 頁。

②　當代同類之書有：姜義華、張榮華、吴根梁編：《孔子：周秦漢晉文獻集》，復旦大學出版社，1990 年；李啓謙、駱承烈、王式倫編：《孔子資料彙編》，山東友誼出版社，1991 年；郭沂編撰：《子曰全集》，中華書局，2017 年。

③　嚴可均：《孫氏孔子集語序》，收入孫星衍撰，郭沂校注：《孔子集語校注》，中華書局，2017 年，第 1 頁；郭沂編撰：《子曰全集・前言》，第 1 頁。

術思想脈絡與政治背景,嘗試證明這兩書與當時經學風氣的關係,闡釋其政教内涵和現實目的,庶幾填補《論語》《家語》《孔叢》與宋以來類纂孔言之書之間的學術史闕環。

一、梁武帝《孔子正言》的撰述及其經世用意

南北朝隋唐時期《論語》注疏甚多,至於打破《論語》篇章次第,甚至越出《論語》文本範圍而搜集整比孔言之書,首推梁武帝《孔子正言》。梁武帝著述甚富,關於儒家經典的著作就有二百餘卷,《孔子正言》即其中一種。①此書作者、撰述時間、内容、撰述目的、流佈情況,仍多隱晦不明之處,今考證如下。

先説作者與撰述時間。歷代書志皆將此書題爲梁武帝所撰,似乎並無疑問。然而歷代帝王所謂御撰之書,往往是臣工所爲,故此問題不得不辨。《藝文類聚》載有梁武帝《撰〈孔子正言〉竟述懷詩》:

> 志學耻傳習,弱冠闕師友。愛悦夫子道,正言思善誘。删次起賨沈,殺青在建酉。孤陋乏多聞,獨學少擊叩。仲冬寒氣嚴,霜風折細柳。白水凝澗谿,黄落散堆阜。康哉信股肱,惟聖歸元首。獨歎予一人,端然無四友。②

《孔子正言》書成之後,梁武帝作詩述懷,並與文士唱和。據《陳書》江總本傳:"梁武帝撰《正言》始畢,制《述懷詩》,總預同此作,帝覽總詩,深相嗟賞。"③其中"孤陋乏多聞,獨學少擊叩"等語,乃甘苦自知之言。此詩最後稱"康哉信股肱,惟聖歸元首",暗用《尚書·益稷》之言:"元首明哉!股肱良哉!庶事康哉!"意爲國家"庶事"由股肱大臣辦理;又暗用《尚書·説命中》:"惟天聰明,惟聖時憲,惟臣欽若,惟民從乂。"孔傳將"惟聖時憲"解釋爲"聖王法天以立教"。④其詩將《孔子正言》之撰作表述爲聖王效法天道,只能歸於"元首"一人,可見梁武對此書賦予極大意義。

該詩又説"獨歎予一人,端然無四友",所謂"四友",張華《博物志》載周文王"四友"南宫括、

① 《梁書》卷三,中華書局,1973年,第96頁。
② 歐陽詢撰,汪紹楹校:《藝文類聚》卷五五,上海古籍出版社,1982年,第985頁。
③ 《陳書》卷二七,中華書局,1972年,第343頁。
④ 阮元校刻:《尚書正義》卷十,清嘉慶刊本《十三經注疏》,中華書局,2009年,第370頁。

散宜生、閎夭、太顛，孔子“四友”顔淵、子貢、子路、子張。[①]“予一人”爲天子自稱，梁武帝顯然以周文王自比。没有“四友”的輔助，只有“予一人”親力親爲。該詩前半部分鋪陳撰作之艱辛，最後又强調此書乃皇帝親力親爲的“惟聖時憲”之事，可知《孔子正言》並非浮濫掛名之作，梁武帝對其相當傾注心血。

關於該書撰作的具體過程，所幸亦有史料可徵：“高祖撰《五經講疏》及《孔子正言》，專使（孔）子袪檢閱群書，以爲義證。”[②]可知梁武所撰諸書，雖然也有孔子袪等當時優秀經學家的協助，但他們只承擔檢閱群書、搜集資料的工作，至於義理、主旨，則爲梁武欽定。概言之，《孔子正言》雖由梁朝君臣合作完成，但發心創意，始於梁武；撰述主旨，亦定於梁武；書成之後，梁武亦頗爲珍重自得。可見此書並非尋常掛名之“御撰”，可在一定程度上説是梁武帝的個人著述。

關於《孔子正言》的成書年代，《述懷詩》曰“删次起實沈，殺青在建酉”，姚振宗考證爲起於大同六年（庚申，540），七年（辛酉）殺青。[③]八年，梁武帝又撰成《孔子正言章句》，並且“詔下國學，宣制旨義”。[④]可知梁武帝以《正言》爲經，又作《章句》以解釋之。至於“宣制旨義”云者，則是命國學之學者爲此書大旨撰作義疏，以供士子講學考試之用，並爲該書專門設置國子《正言》生以習之。《孔子正言》有正文，有章句，有旨義，在國學中有專門學生研習以供選舉，其在梁朝的地位已與“五經”無異。

《孔子正言》已佚，但内容與性質仍可推知。《隋書·經籍志》載《孔子正言》二十卷，梁武帝撰，屬經部《論語》類。[⑤]《隋志》二級分類之下還有三級分類。《論語》類小序説：“其《孔叢》《家語》，並孔氏所傳仲尼之旨。《爾雅》諸書，解古今之意。並五經總義，附於此篇。”[⑥]可知《論語》類之下，又細分爲①《論語》類、②《孔叢》類、③《爾雅》類、④五經總義類四個小類。其中②包括《孔叢》《孔子家語》《孔子正言》三種，《孔叢》《孔子家語》皆爲纂輯孔子言行之書，《孔子正言》也不應例外，究其名實，應當是搜集《論語》以及其他書籍中的孔子言行加以整比訓釋的

---

① 張華撰，范寧校證：《博物志校證》卷六，中華書局，2014年，第71頁。

② 《梁書》卷四八，第680頁。

③ 姚振宗撰，劉克東、董建國、尹承整理：《二十五史藝文經籍志考補萃編》第十五卷《隋書經籍志考證》，清華大學出版社，2014年，第一册，第355頁。譚潔認爲據《陳書·戚衮傳》，戚衮十九歲受策梁武帝《孔子正言》，太建十三年（582）年六十三歲卒，則十九歲當大同四年（538），由此反推《孔子正言》538年已撰成，反對姚振宗之説。參見譚潔：《蕭衍著述摭録》，《古籍研究》，第50輯，安徽大學出版社，2006年，第275—285頁。按蕭衍本人自述似乎更可信，戚衮傳或有誤記，本文從姚説。

④ 《陳書》卷二四，第312頁。

⑤ 《隋書》卷三二，中華書局，1973年，第937頁。

⑥ 《隋書》卷三二，第939頁。

著作。

除此之外,還有《孔子正言》兩則佚文作爲内證。第一,《經典釋文》引《論語·里仁》"事君數,斯辱矣"的注釋:"何云色角反,下同,謂速數也。鄭世主反,謂數己之功勞也。梁武帝音色具反。"[①]何晏讀"數"爲入聲,解爲促、速;鄭玄讀"數"爲上聲,解爲動詞;梁武帝讀爲去聲。[②]第二,《論語·公冶長》"千乘之國,可使治其賦",《經典釋文》解"賦"字曰"梁武云:《魯論》作傅",[③]再次引用梁武帝的注解。關於這兩則佚文所屬何書,朱彝尊認爲梁武帝别有注解《論語》的已佚之書,即爲這兩則佚文的出處。[④]此説不確。梁武帝之著述,《梁書》本紀備載之,並未見有關《論語》的其他任何書目。且《隋志》《舊唐志》《新唐志》等史志目録也未載梁武帝有任何專門訓解《論語》之書。程樹德認爲《經典釋文》所引或即《孔子正言》之文,極有見地。[⑤]除了《孔子正言》,很難解釋它們還可能出現在梁武帝别的著述中。

梁武帝撰述此書有明確的現實目的。他通過對孔子"正言"作出權威注解,把對聖人之言的解釋權掌握在自己手裏,從而鞏固自己在思想學術領域的權威地位。梁武帝還用此書選拔次等士族、寒人,以落實自己的用人政策,從而進一步鞏固皇權。此書並非尋常學術著作,而是如上文所言,要置於國學,用來選士。據《隋書·百官志》:"舊國子學生,限以貴賤,帝欲招來後進,五館生皆引寒門俊才,不限人數。大同七年(541),國子祭酒到溉等又表立《正言》博士一人,位視國子博士。置助教二人。"[⑥]可見《孔子正言》甫一撰作完成,到溉就建議爲之置博士一人、助教二人。另據《南史》到溉本傳可知,還置有學生二十人。賀琛又請加置博士一人。助教、學生是否相應翻倍,則未可知。[⑦]

大同八年(542)頒佈《孔子正言章句》並撰成"旨義"之後,梁朝正式以此選士。袁憲即於是年被召爲國子《正言》生,受學一年之後,其父袁君正與國子博士周弘正命袁憲與名儒謝岐、何

① 陸德明:《經典釋文》卷二四,中國國家圖書館藏宋刻宋元遞修本。

② 盧文弨認爲梁武帝讀"數"爲去聲,與"屢"通。盧文弨:《經典釋文考證》,《叢書集成初編》第1204册據抱經堂叢書本影印,商務印書館,1935年,第290頁。

③ 陸德明:《經典釋文》卷二四。"傅"原作"傳",據盧文弨改。參見盧文弨:《經典釋文考證》,第290頁。

④ 朱彝尊撰,林慶彰、蔣秋華、楊晉龍、馮曉庭主編:《經義考新校》卷二一二,上海古籍出版社,2010年,第3886頁。另,朱彝尊將《孔子正言》列入"擬經類",於該書條目下别無所考,只列劉知幾《史通·雜記篇》之言:"梁武帝令殷芸編諸小説,及蕭方等撰《三十國史》,乃刊爲正言。"見朱彝尊撰,林慶彰、蔣秋華、楊晉龍、馮曉庭主編:《經義考新校》卷二七八,第5024頁。似乎認爲《孔子正言》與蕭方等《三十國史》的"正言"相關,實則大謬,姚振宗早有辯駁,所謂蕭方等"刊爲正言",乃取諸小説刊定爲正文,與梁武帝《孔子正言》無涉。參見姚振宗撰,劉克東、董建國、尹承整理:《隋書經籍志考證》,第一册,第356頁。

⑤ 程樹德撰,程俊英、蔣見元點校:《論語集釋》卷八,中華書局,1990年,第283頁。

⑥ 《隋書》卷二六,第724頁。《通典》亦引用這則材料,但省略了到溉表立《正言》博士的内容。見杜佑撰,王文錦等點校:《通典》卷二七,中華書局,1988年,第766頁。

⑦ 《南史》卷二五,中華書局,1975年,第679頁。

妥辯論經義。袁憲雖年僅十五歲，但機鋒往復，衆人敬服。[①]袁憲等人所辯論的，應該就是關於《孔子正言》的經義。除此之外，戚衮十九歲策試《孔子正言》，得高第；[②]張譏十四歲通《孝經》《論語》，受學於周弘正，大同年間召補國子《正言》生。[③]以上三人皆是因《孔子正言》而選進之士，其中袁憲、張譏兩人都從周弘正受學，且袁憲召爲國子《正言》生後，明確可知由周弘正主持辯論，則大同七年梁武帝爲《孔子正言》所置的國子博士，很可能就是梁末大儒周弘正。不過周氏本傳只載其曾爲國子博士，未説是何科目。[④]周弘正博通群經，尤以《易》學知名，但於《論語》也是專家，入陳後爲東宮講授《論語》《孝經》，撰有《論語疏》十一卷。[⑤]而《孔子正言》又以《論語》爲撰述基礎。這樣看來，周弘正或許就是國子《正言》博士。

上述袁憲、戚衮、張譏等人入國子學研習《孔子正言》之時，皆年未及弱冠，説明當時把《正言》當做難度比《論語》大不了多少的經典，大概主要供十四至二十歲之間的少年學習，以期儘早發現可用之才。這也説明《孔子正言》的章句、旨義並非繁瑣義疏，而是清通易懂、便於傳習的大義。

尤其值得注意的是，此前國子學皆以門閥選拔學生，而梁武帝所設五館則引用"寒門俊才"，且不限人數。其於此時推出《孔子正言》，應該也是爲選拔寒門俊才别開一途。如所周知，南北朝皇權集中，寒士崛起，這兩個趨勢相輔相成。南朝前期，佔據尚書機構領導職位、執掌國政者多爲南渡僑人；梁武帝多用江南"寒士"爲中書舍人，用人政策爲之一變，南朝僑、舊結構也發生轉折。[⑥]與之相應，梁武帝也以個人才學取代門第，提倡"才學主義"的取士觀念，爲寒人入仕開闢道路，是隋唐科舉制度的先驅和直接淵源。[⑦]皇帝與寒士在權力結構上相依爲援，在制禮觀念上聲氣相通。而《孔子正言》之問世，一方面爲皇帝選用寒士打開方便之門，一方面在制禮觀念與意識形態領域强化了"聖言"的權威，可謂一舉兩得。

前文已提及梁武帝撰作《孔子正言》有"惟聖時憲"，自己作爲聖王效法天道的意義，又以此書選士，可見梁武帝希望藉由國家力量，確立《孔子正言》方駕六經的地位與權威性。

---

① 《陳書》卷二四，第 312 頁。

② 《陳書》卷三三，第 440 頁。

③ 《陳書》卷三三，第 443 頁。

④ 《陳書》卷二四，第 307 頁。

⑤ 《陳書》卷二四，第 309—310 頁。

⑥ 周一良：《南朝境内之各種人及政府對待之政策》，《魏晉南北朝史論集》，商務印書館，2020 年，第 68—70 頁；祝總斌：《兩漢魏晉南北朝宰相制度研究》，北京大學出版社，2017 年，第 188—189、307—308 頁。

⑦ ［日］宫崎市定著，韓昇、劉建英譯：《九品官人法研究》，中華書局，2008 年，第 19 頁；唐長孺：《南北朝後期科舉制度的萌芽》，《魏晉南北朝史論叢續編》，中華書局，2011 年，第 141—148 頁；［日］谷川道雄著，馬雲超譯：《隋唐世界帝國的形成》，九州出版社，2020 年，第 152 頁。

概言之,《孔子正言》既是梁武帝用於選拔寒門士族的工具,也是其所構造的意識形態國家機器的組成部分。①

就經典觀而言,梁武帝突破了《論語》的文本結構,以孔子之言爲核心撰作《孔子正言》,賦予此書"惟聖時憲"的意義,認爲是聖王(他自己)改撰的經典;又爲之作章句、旨義,立於國學、選拔士人,把此書擡到了與"五經"相等的地位。梁武帝再造經典,向天下臣民傳達這樣的信息:自己是經典的守護者,也是聖人的代言人,自己與經典合二爲一。在經典(包括原本的經典與自己所改撰的新經典)的基礎上,梁武帝繞過經典的文本形式與繁瑣的義疏科段,回歸"正言"本身的權威,以構建梁朝統治合法性的意識形態基礎。就這樣,梁武帝改經、擬經,以經取士,通過選拔寒門士人鞏固皇權,他藉助《孔子正言》構築了一個統治邏輯的閉環。在他的統治邏輯中,其所改撰的經典在政治層面發揮經世功能。

二、王勃《次論語》及其學術源流

繼《孔子正言》之後,突破《論語》篇章結構的,還有唐初王勃《次論語》一書。②關於其書内容與主旨,楊炯《王勃集序》介紹説:

> 君又以幽贊神明,非杼軸於人事;經營訓導,乃優遊於聖作。於是編次《論語》,各以群分,窮源造極,爲之詁訓。仰貫一以知歸,希體二而致遠。爲言式序,大義昭然。③

---

① 《孔子正言》似乎並非梁朝纂類整理孔子之言的孤例。《隋書》卷三二《經籍志一》經部《論語》類著録《孔叢》七卷,題孔鮒撰。附注:"梁有《孔志》十卷,梁太尉參軍劉被撰,亡。"(第937頁)劉被生平不詳,《孔志》的内容也難以確知。所幸《册府元龜》中尚存兩條蛛絲馬跡。其一曰:"漢孔鮒,爲陳勝博士,撰《論語義疏》三卷。"其二曰:"劉被爲太尉參軍,撰《論語孔志》十卷。"附注曰:"述孔鮒《義疏》。"王欽若等編纂,周勛初等校訂:《册府元龜》卷六〇五、六〇六,鳳凰出版社,2006年,第6973、6989頁。所謂《論語義疏》,姚振宗已辨其誤。但姚氏認爲劉被據《孔叢》而撰《義疏》,又引申爲《論語孔志》十卷,則又爲無據之言。見姚振宗撰,劉克東、董建國、尹承整理:《隋書經籍志考證》,第一册,第352—353頁。竊以爲此《論語義疏》當爲《孔叢》之誤。"叢""義"形近而訛,"孔""疏"形近而訛,"孔叢"形訛且又誤倒爲"義疏",後人不知者遂妄改爲"論語義疏"。雖《册府》這兩條舛誤頗甚,但仍能看出劉被《孔志》乃是爲申述《孔叢》而撰,故《隋志》附注《孔叢》之下,又與《孔子正言》一樣,歸入《論語》類《孔叢》小類。除此之外,《隋書》卷三二《經籍志一》在《孔子家語》條目下附注曰:"梁有《當家語》二卷,魏博士張融撰,亡。"(第937頁)張融《當家語》内容、性質不明。姚振宗認爲此書可能跟王肅《聖證論》類似,是平議《家語》之是非者,有元行沖《釋疑論》爲證。此説近是。參見姚振宗撰,劉克東、董建國、尹承整理:《隋書經籍志考證》,第一册,第354頁。

② 《舊唐書》卷四六《經籍志上》載作五卷,第1981頁;《新唐書》卷四七《藝文志一》載作十卷,第1444頁。

③ 祝尚書箋注:《楊炯集箋注》,中華書局,2016年,第281頁。本文對原書標點有所調整。

所謂"編次《論語》",指該書的撰作方式,史志所載《次論語》,則爲其書名。據"各以群分",可知該書爲《論語》篇、章重新排序而改編之。《論語》各篇之間、篇内各章之間大多並無内容、義理上的聯繫,王勃則"群分"而"編次"之,重新歸類,又從而"爲之詁訓"。所謂"次論語"之"次",即"編次"之意。據舊、新《唐志》所載該書卷數,推測本應爲五卷十篇,流傳過程中析爲十卷。從楊炯"編次《論語》"一語推測,王勃此書的取材範圍應該僅限於《論語》,而不旁及其他,與《孔子正言》或許有所不同。

關於王勃《次論語》的内容與性質,還可通過史志目録之著録情況加以印證。《舊唐志》以毋煚《古今書録》爲本,《古今書録》導源於《開元群書四部録》,反映開元間官方藏書。①《舊唐志》隱含三級分類,比如經部《論語》類以何晏《論語集解》起首,接著大體按年代順序著録鄭玄、王肅等人注解,王勃《次論語》五卷即在此類之末,本文稱之爲"注解類";其下又以東晉徐邈《論語音》起首,是爲"音義類";其下又以鄭玄《論語釋義》起首,是爲"義注類";其下又以鄭玄《論語篇目弟子》起首,是爲"名氏譜類";其下又以王弼《論語釋疑》起首,是爲"論難類";最後則爲"義疏類"。值得注意的是,王勃《次論語》被歸入《論語》注解類,與鄭玄、王肅等注並列,按照時代順序排在最後。②這説明《次論語》只是對《論語》加以"群分""編次",並未增删;王勃又"爲之詁訓",既然加以訓解,則可歸入注解類。③

欲探明王勃《次論語》的經學史意義,就不得不提與之同時的另一部著作——魏徵《類禮》。魏徵認爲《禮記》編次不合理,於是重編爲《類禮》二十卷,"以類相從,削其重複,采先儒訓注,擇善從之"。④不難看出,魏徵《類禮》與王勃《次論語》的編撰體例幾乎相同,都是不滿《禮記》《論語》本來的篇章結構,於是重新分類,或"以類相從",或"各以群分",再訓解經文。《舊唐志》載魏徵《次禮記》二十卷,⑤《新唐志》於《次禮記》下注曰"亦曰《類禮》"。⑥可知《類禮》又名《次禮記》,與《次論語》之"次",皆爲重新編次、改撰之意,兩書顯然是同一學術理念的産物。

《次禮記》《次論語》有共同的學術淵源,即隋末大儒王通。魏徵是王通的學生,王勃爲王通之孫。關於王通《續六經》與魏徵《類禮》在思想觀念上的一脈相承,吴麗娱認爲,爲了區别於上古國家,隋唐帝國要建立帝制時代的王道正統觀和新標準,需要批判流於章句浮辭的傳統經學,實踐經典的終極理念、追求終極意義,改撰新經典。王通《續六經》、魏徵《類禮》只是開端,

① 馬楠:《〈新唐書藝文志〉增補修訂〈舊唐書經籍志〉的三種文獻來源》,《唐宋官私目録研究》,中西書局,2020年,第50—51頁。

② 《舊唐書》卷四六,第1981—1982頁。

③ 《新唐書》卷五七,王勃《次論語》附於經部《論語》類的唐人著述小類,第1444頁。

④ 《舊唐書》卷七一,第2559頁。

⑤ 《舊唐書》卷四六,第1973頁。

⑥ 《新唐書》卷五七,第1434頁。

其後還有中唐以後新經學的興起。在隋唐之際大變革的背景下,新的經學風氣與新的意識形態國家機器,兩者緊密相關,前者爲後者提供了經典支撑與理論依據。[①]另外,王通《中説》爲擬《論語》之書,學者認爲從《中説》可看出王氏七世相傳的經世濟民之道,王勃繼承祖父王通《中説》等學問,並對王通的學術精神有極爲深刻的認同。[②]

這樣説來,魏徵、王勃的學術理念都導源於王通。王通《續六經》《中説》是續經、擬經之書,遠遠超越義疏對經典的詮釋界限。魏徵、王勃的《次禮記》《次論語》則與之相副,打破原有的篇章結構,通過改撰編次而回歸經典本身。我們甚至可以大膽推測,《次禮記》《次論語》可能本來就在王通的著述計劃中,由弟子、子孫續成之。《禮記》爲禮樂之準繩,《論語》爲聖言之淵藪,故唐初成此兩書,可能大有深意。據説《類禮》的次第倫敘有"先後緩急、輕重大小之義""經權常變之宜",應該是對制禮作樂、治國理政具有現實指導意義的書。[③]以此推之,《次論語》或亦有以孔子之言指導現實政治的用意。

如上文所述,梁武帝《孔子正言》已開重新編次孔言之先河,梁武帝與王通在學術上未必全無關係。首先,王通先祖在晉、宋時代仕於南朝,[④]其家學與南朝學術淵源頗深。唐長孺指出王通經學與北朝章句義疏、名物訓詁的治經傳統相去甚遠,反而近於重視義理的南學。[⑤]祝總斌也强調王通家傳經學屬南學而非北學。[⑥]其次,梁武撰成《孔子正言》(541 年)距離王通出生僅四五十年,[⑦]且《孔子正言》撰成後在南朝廣爲傳習,至盛唐開元年間猶存。[⑧]隋朝統一後,南朝經學大盛,[⑨]王通生長於此時,極有可能親見其書,從而啓發了自己重新編次孔子之言的學術思想。最後,更重要的是,梁武帝改經、擬經與王通續經有相似的撰述意旨。一般認爲王通續經有蕩清章句義疏、爲大一統新時代奠定新經學基礎的用意。[⑩]梁武帝也有制禮作樂、確立

---

① 吴麗娱:《從王通〈續六經〉到貞觀、開元的改撰〈禮記〉——隋唐之際經典意識的變化》,《中華文史論叢》,2017 年第 3 期,第 39—40 頁。

② [日]池田恭哉:《南北朝時代の士大夫と社會》,研文出版社,2018 年,第 301—310 頁。

③ 金昶:《類禮義疏序》,曾棗莊主編:《宋代序跋全編》卷四四,齊魯書社,2015 年,第 1179 頁。

④ 關於王通家世,參見[日]守屋美都雄著,梁辰雪譯:《六朝門閥:太原王氏家系考》,中西書局,2020 年,第 151—167 頁;李小成:《文中子考論》,上海古籍出版社,2008 年,第 21—31 頁。

⑤ 唐長孺:《魏晉南北朝隋唐史三論》,中華書局,2011 年,第 447—449 頁。

⑥ 祝總斌:《關於王通〈續六經〉與〈中説〉》,《中華文史論叢》,2015 年第 2 期,第 271—285 頁。

⑦ 王通生卒年記載不一,具體參見李小成:《文中子考論》,第 53—59 頁。

⑧ 《孔子正言》著録於《隋志》;《孔子正言》《次論語》兩書見於《舊唐志》《新唐志》,且均不見於《崇文總目》。根據《隋志》《舊唐志》《新唐志》的文獻來源,可知兩書應亡佚於開元至北宋初年之間。參見馬楠:《〈新唐書藝文志〉增補修訂〈舊唐書經籍志〉的三種文獻來源》,《唐宋官私目録研究》,第 49—80 頁。

⑨ 皮錫瑞:"天下統一,南並於北,而經學統一,北學反並於南,此不隨世運爲轉移者也。"皮錫瑞著,周予同注釋:《經學歷史》,中華書局,2008 年,第 193 頁。

⑩ 李小成:《文中子考論》,第 142—143 頁;又見前揭吴麗娱之文。

正統、傳之萬世的雄心，典型證據是他把自己主持修撰的一代巨典《五禮儀注》稱爲“經禮”，與“五經”比肩，[①]這與他把《孔子正言》擡升爲經典頗爲類似。梁武帝改經、擬經的學術理念，在從《孔子正言》到王通、再到王勃《次論語》等書的展開脈絡中，仍可約略尋出端倪。

從隋唐之際到盛唐，王通、魏徵、王勃秉持的經典觀念仍傳承不輟。玄宗曾命元行沖等人爲魏徵《類禮》撰義疏五十卷。[②]書成之後，玄宗欲立於學官，却因張説反對而不果，元行沖憤而作《釋疑論》以申明己意。[③]吴麗娛認爲魏徵《類禮》與元行沖《類禮義疏》“摒棄前人專重章句訓詁的舊義疏學，從而追求經典本意，直達古人的原始精神和境界”，在學術精神上一脈相承。[④]

巧合的是，元行沖正是修撰《舊唐志》的底本《開元群書四部録》的主持者。[⑤]元行沖既撰《類禮義疏》，又主撰《開元群書四部録》，則該目録當能體現其學術思想。果不其然，王勃《次論語》就被置於《舊唐志》經部《論語》注解類，與其他古注、集解並列，不因其對《論語》重新編次而區别對待，仍被視爲經典。

至於《舊唐志》經部禮類之《小戴禮記》古注小類，則著録如下書目：

《小戴禮記》二十卷（戴聖撰，鄭玄注）。

又三十卷（王肅注）。

又三十卷（孫炎注）。

又十二卷（葉遵注）。

《禮記寧朔新書》二十卷（司馬伷序，王懋約注）。

《次禮記》二十卷（魏徵撰）。[⑥]

魏徵《次禮記》置於鄭玄等古注之後，也不因其“改撰”而有所軒輊。元行沖《釋疑論》開篇論述《禮記》學術史，與上述《舊唐志》的著録適可形成對應：

> **小戴**之《禮》，行於漢末，**馬融**注之，時所未睹。**盧植**分合二十九篇而爲説解，代不傳習。鄭因子幹，師於季長。屬黨錮獄起，師門道喪，**康成**於竄伏之中，理紛拏之典，志存探

---

① 《梁書》卷二五，第383頁。

② 《類禮》共五十篇，蓋以一篇爲義疏一卷。王溥：《唐會要》卷三六，上海古籍出版社，1991年，第759頁。

③ 《舊唐書》卷一〇二，第3178—3182頁。

④ 吴麗娛：《從王通〈續六經〉到貞觀、開元的改撰〈禮記〉——隋唐之際經典意識的變化》，第6頁。

⑤ 《舊唐書》卷一〇二，第3178頁；《新唐書》卷一九九，第5682頁。

⑥ 《舊唐書》卷四六，第1973頁。

究,靡所咨謀,而猶緝述忘疲,聞義能徙,具於《鄭志》,向有百科。章句之徒,曾不窺覽,猶遵覆轍,頗類刻舟。**王肅**因之,重兹開釋,或多改駁,仍按本篇。又鄭學之徒,有**孫炎**者,雖扶玄義,乃易前編。自後條例支分,箴石間起。**馬伷**增革,向踰百篇;**葉遵**删修,僅全十二。**魏公**病群言之錯雜,紬衆説之精深。經文不同,未敢刊正;注理睽誤,寧不芟礱。成畢上聞,太宗嘉賞,賚縑千匹,録賜儲藩。①

元氏上文所列《禮記》諸注本,除了馬融、盧植注不傳之外,其他鄭玄、王肅、孫炎、司馬伷、葉遵、魏徵諸書,與《舊唐志》之著録一一對應。《舊唐志》之所以如此著録的微旨,也必須與《釋疑論》參證方得彰顯:諸家注本對小戴原本的分篇次第大多皆有改撰,比如盧植分合二十九篇,鄭玄分爲百科,王肅遵從小戴原本次第,孫炎又改易前編,司馬伷則增革上百篇,葉遵又删修只保留十分之二。一直到魏徵,更是對《禮記》作出了大刀闊斧的改撰,重編爲《類禮》。

由此可知《舊唐志》對諸書條目並非簡單羅列,而是想藉此構建一種經學史敘事:對經典進行改撰編次是可以的,這無損於經典的權威,反而會因爲次第更加合理而强化經典的權威性,更能由此躍出傳統經學章句義疏的文字牢籠,爲接近經典本初的意義提供新的途徑。若無《釋疑論》,《舊唐志》如此編排的深意終將湮晦而不彰矣!《舊唐志》經部《論語》類中,《次論語》被置於《論語》諸種古注之後,也大概是要表達類似的思想:雖然重加編次,但無損於其作爲《論語》所具有權威性,反而對此前繁瑣的義疏有摧陷廓清之效,通過合理的編次、簡明的訓解,更易進入聖言的堂奥。

總而言之,梁武帝改經、擬經於前(包括以《五禮儀注》爲"經禮"、立《孔子正言》於國學以取士);王通擬經、續經於後(包括《中説》及《續六經》);魏徵、王勃又繼承王通的學術理念,重新編次《禮記》《論語》,撰成《次禮記》《次論語》;元行沖在唐玄宗的支持下撰《類禮義疏》,作《釋疑論》爲之辯護,又據此學術觀念修撰《開元群書四部録》,呈現於《舊唐志》中,王勃《次論語》也在《舊唐志》中歸入經部《論語》類。他們打破經典的文本形式,跳出繁瑣章句,回歸經典與聖言本身,也在隋唐時代持續發揮影響。

三、南北朝隋唐之際的經學新風

從南北朝後半期到隋唐之際,政權從分立走向統一,學術也從分裂走向融合。經學得風氣

① 《舊唐書》卷一〇二,第3178—3179頁。

之先，早做内部調整，以呼應時代巨變。在南北朝隋唐的經典詮釋實踐中，有兩種截然相反的經典觀念：一種是義疏學中的科段解經法，認爲經文的文本結構、篇章組織有一定不可易之序，且其中蘊含義理，[①]但這種解經法因不敷實用而漸趨衰亡，[②]皇侃《論語義疏》關於《論語》篇章次第的科段之説亦後繼乏力；另一種則是本文所述的重新編次孔言之書。前者注重文本形式，後者强調回歸孔子"正言"本身。若著眼於文本形式與結構，只能越來越追求紙面説理之圓融、説理形式之精巧，對於實際的治國理政、制禮作樂作用不大；跳出科段，回歸孔言，則更易把握經文大義，從而更好地發揮經學的經世功能。

兩種經典觀念相持，後者漸占上風。這種衝破繁瑣的章句義疏之學、改撰經典、回歸原典的理念，遂浸然扇動經學史的新風。以"改撰《禮記》"爲例，吴麗娱指出從王通《續六經》到魏徵《類禮》，是摒棄舊義疏學、追求經典本意、直達古人原始精神和境界的嘗試，有爲中古王朝新撰"經典"、引領國家和社會變革的用意，這也是中唐至北宋經學新風氣的源頭。[③]

據上文論證，可知梁武帝《孔子正言》、王勃《次論語》都躍出了《論語》原本篇章次序的藩籬，通過回歸孔言本身而更方便地領會其原初精神。王勃繼承王通家學，王通之弟王績稱頌乃兄之學"依經正史"，[④]批評王儉《禮論》"周、孔規模，十不存一"，[⑤]可見其家學蘊含著回歸周、孔原典的學術理念。這一理念又先後爲魏徵、元行沖繼承，他們皆有意於拋棄繁瑣章句、回到經典原文，爲現實政治提供指導。而究其淵源，梁武帝《孔子正言》對孔言的搜集整理早已導夫先路。梁武帝、王勃兩書通過對《論語》内外的孔言再加編次，回歸經典，改撰經典，乃至再造新經典，以敷用於現實世界。

通過回歸、改撰而再造的新經典，及其所反映的學術理念之變，在南北朝後半期及唐朝的治國理政、制禮作樂中發揮了巨大效用。這一時期的皇帝、學者以新的觀念整合經典，構建新

---

① 義疏的重要文體特徵之一就是科段，參見牟潤孫：《論儒釋兩家之講經與義疏》，《注史齋叢稿》，中華書局，2009年，第147—151頁；喬秀岩：《義疏學衰亡史論》，生活·讀書·新知三聯書店，2017年，第17頁；高亮：《兩晉南北朝隋唐義疏研究》，山東大學博士學位論文，2020年，第270—321頁。另外，焦桂美也早已注意到皇侃《論語義疏》把《論語》二十篇之篇序理解爲絶對的前後相次關係，並對其主觀隨意性作出批評。參見焦桂美：《〈論語集解義疏〉篇序初步研究》，《廣西社會科學》，2008年第11期，第102—105頁。

② 喬秀岩認爲唐初《五經正義》受隋朝二劉學術風貌的影響，力主排斥附會。從南北朝到隋唐，義疏學逐漸衰亡。喬秀岩：《義疏學衰亡史論》，第142—144頁。

③ 吴麗娱：《從王通〈續六經〉到貞觀、開元的改撰〈禮記〉——隋唐之際經典意識的變化》，第1—40頁。另外，吴麗娱認爲還有以何承天《禮論》爲代表的打破家法壁壘的實用經學傳統，這種傳統與義疏學交融，體現於《五經正義》，經學開始走向統一，並間接導致中唐以後的經學變古風氣。吴麗娱：《〈禮論〉的興起與經學變異——關於中古前期經學發展的思考》，《文史》，2021年第1輯，第93—124頁。

④ 夏連保校注：《王績文集》卷一《遊北山賦並序》，三晉出版社，2016年，第25頁。

⑤ 夏連保校注：《王績文集》卷四《重答杜使君書》，第193頁。

的意識形態,以彰顯王朝正統性,促成皇權與低級士族結合。他們所面臨的主要壓力,就是漢魏以來的大量"故事"、舊制,以及經學中逐漸繁瑣的章句義疏。皇帝、學者越過前代故事、章句義疏而回歸經典本身,直接體認經典原文與聖人本意,這是一種"回歸原典"運動,更是以"回歸原典"的形式對原有的經典詮釋方式進行更新迭代。[①]至於中唐之後對"大義"的追求、對經學原典的進一步回歸,乃至此後的宋學,都可看做是這一理念的自然生長。宋代以來,理學影響下的類編孔子言行之書漸出漸多,梁武帝、王勃兩書實爲其不祧之祖宗。

四、結　　論

綜上所述,自孔子之後二千餘年,類纂孔子言行的學術傳統綿延不絶,相關著述迭出不窮。晉唐數百年間,這一傳統並未中斷,經學新風因應時代巨變,梁武帝《孔子正言》、王勃《次論語》二書應時而出,是南北朝到隋唐之際回歸經典、改撰經典、再造新經典的代表。梁武帝突破《論語》原有的文本結構而編次孔子言行,以成《孔子正言》一書,並爲之撰作章句,立於國學,比肩"五經",以此選拔寒門士族,施於有政,達成塑造正統意識形態、鞏固皇權的目的。在梁武帝推動的南朝經學新風的漸染下,王通繼之而起,擬經、續經,家人弟子承其學術理念與現實抱負,王勃、魏徵分别改撰《論語》《禮記》,編爲《次論語》《次禮記》(《類禮》),元行沖又因唐玄宗授意而撰作《類禮義疏》。這一系列學術活動對中晚唐"新經學"及宋學之興起,可謂不無啓示作用。

綜觀各時代改撰經典、類纂孔子言行的活動,既有學術上的先後承繼關係,又與各時代的思想風潮、現實需要相呼應。這類學術活動可粗略劃爲四期:先秦漢魏時代的《論語》《家語》《孔叢》《儒家者言》等書,是對最初文獻的原發整理期;梁武帝《孔子正言》、王勃《次論語》則是以改撰經典、再造經典的方式因應世變,摶成一種治國理政之術、制禮作樂之具;宋明儒者承其緒,又受理學、語録影響而類纂孔子言行,以究先聖大義;從清代到現代,考據學興起,現代學術體系建立,此舉仍在繼續,但搜輯資料、考辨文獻的色彩更重。這四期之中,以《孔子正言》《次論語》爲代表的第二期是不可或缺的一環,而長期湮晦不彰,故不得不特爲表出之,以祈請學界注意。

① 林慶彰認爲中國經學史上每隔數百年就會有一次"回歸原典運動",其中唐中葉至宋初就有一次:"唐中葉以後,因爲政治、文化等方面的問題,學者爲恢復傳統儒家思想的主導性,强調要回歸《易》《詩》《書》《春秋》等原始儒家經典,從經典中領會聖人之道,和揣摩經典的寫作技巧,以提升寫作水準。"林慶彰:《中國經學史上的回歸原典運動》,《中國文化》,2009 年第 2 期,第 8 頁。

日本杏雨書屋藏敦煌經籍殘卷綴合

□陳　樹

［摘　要］ 武田家族的杏雨書屋是目前日本收藏敦煌西域遺書最多的機構，其出版的《敦煌秘笈》中有若干儒家經學典籍的殘卷。其中"羽 015"《毛詩傳箋》殘片、"羽 016"《春秋經傳集解》殘卷、"羽 018"《古文尚書傳》殘卷可以與英、法、俄等地所藏的敦煌殘卷進行綴合，作爲這些敦煌文獻真實性的明證。

［關鍵詞］ 杏雨書屋；敦煌；經籍；綴合

［作者簡介］ 陳樹，揚州大學文學院副教授（揚州　225002）

一、引　　言

武田家族的杏雨書屋地處大阪，是日本目前收藏敦煌西域遺書最多的機構。這些敦煌文書的主體部分來源於清末藏書家李盛鐸的舊藏。自 2009 年開始，武田科學振興財團以《敦煌秘笈》書名陸續出版這些敦煌寫卷。其中有一些是儒家經學方面的文獻，涉及《詩經》《尚書》《左傳》《論語》等典籍。這些中古時代的古寫本價值很高，可惜有殘損。許建平曾將其中的"羽 014ノ一"《論語・雍也篇》殘片，與英藏"S.6121"和"S.11910"進行綴合，使之完璧。[①]本文對《敦煌秘笈》中其餘儒學經籍文獻與其他各地所藏的敦煌寫卷進行系聯考察，發現還有四組敦煌殘卷可以連綴或合卷。

二、"羽 015ノ一"與"P.2669"殘卷連綴

《敦煌秘笈》中編號爲"羽 015ノ一"殘片的題名是：毛詩大雅篇文王之什文王章古訓傳鄭

---

① 許建平：《杏雨書屋藏〈論語〉殘片三種校録及研究》，載劉玉才主編：《從鈔本到刻本：中日〈論語〉文獻研究》，北京大學出版社，2013 年，第 36—55 頁。

玄箋。起自《文王》"周雖舊邦，其命維新"毛傳"乃新在文王也"之"在文王"，至"侯服于周，天命靡常"鄭箋"無常者善"。殘卷右中部有"木齋真賞""李盛鐸印"兩枚紅印，"木齋"爲李盛鐸之號。篇中《毛詩》"王國克生，維周之楨"下有毛傳和鄭箋，雙行夾注。①《隋書・經籍志》存目"《毛詩》二十卷。漢河間太傅毛萇傳，鄭玄箋"。"漢初又有趙人毛萇善《詩》，自云子夏所傳，作《故訓傳》"；"鄭玄作《毛詩》箋……唯《毛詩鄭箋》，至今獨立"。②許建平將敦煌文獻中附有毛傳和鄭箋的《毛詩》定名爲《毛詩傳箋》，③以與白文本《毛詩》相區別。據此，"羽 015ノ一"可定名爲《毛詩傳箋（文王）》。該殘片行款大字 26 字左右，共 12 行，首 4 行下半部分殘去，末 3 行殘泐。

法藏"P.2669"題名爲：《毛詩故訓傳》。④共 12 頁紙，1—8 頁爲《大雅》篇章，9—12 頁爲《國風》中的《齊風》和《魏風》詩篇，篇幅比較完整。實際内容有毛詩、傳和鄭箋組成，故可定名爲《毛詩傳箋（大雅文王—文王有聲）》和《毛詩傳箋（齊風—魏風）》。前半部分起自《文王》"假哉天命，有商孫子"的箋"又能敬其光明之德堅固哉，天爲此命之"的"固哉天"，至《文王有聲》傳箋結束。每行大字也是二十五六字，起首三行殘損嚴重。

經比對，"羽 015ノ一"同"P.2669"當爲一卷之裂。其拼合圖示如下：

圖 1 "羽 015ノ一"與"P.2669"殘卷連綴（局部）

二塊殘卷的聯結處三行情況詳列於下，其中"羽 015ノ一"文字用楷體，"P.2669"文字用黑體，其餘殘損的文字據《毛詩正義》補充，⑤用宋體。

箋云穆穆乎文王有天子之容於美乎又能敬
其光明之德堅**固哉天**爲此命之使臣有殷之孫子商之孫子其麗不億上帝既

① [日]吉川忠夫：《敦煌秘笈》，杏雨書屋，2009 年，影片册一，第 140—141 頁。

② 《隋書》，中華書局，1973 年，第 916、918 頁。

③ 許建平：《敦煌經籍敘録》，中華書局，2006 年，第 137 頁。

④ 法國國家圖書館等：《法國國家圖書館藏敦煌西域文獻》，上海古籍出版社，1995 年，第 17 册，第 166—171 頁。

⑤ 阮元：《重刊宋本毛詩注疏附校勘記》，藝文印書館，2006 年，第 535—536 頁。

命侯于周服麗數也盛德不可爲衆也箋云于於也商之孫子其數不徒一億多之
至也天已命文王之後乃爲君於周之九服之中言衆之不如德也

侯服于周天命靡常則見天命之無常也箋云無常者善則就之
惡則去之也殷士膚

中間尤其是“盛德不可爲衆也”之“可”字，和“無常者善”的“常者”二字，兩個殘卷各占一半，足以證明殘片原在同一頁。不過在分裂過程中也丢失一些内容，如“羽 015ノ一”的“有商孫子”之後的鄭箋：“箋云”“其光”。“侯于周服”後的鄭箋“如德也”。比較二卷的字體比較接近，例如其中“厥”，“[illegible]”“[illegible]”，“箋”作“[illegible]”“[illegible]”。

從避諱來看，“羽 015ノ一”中的“世”字不避諱，“P.2669”亦多不避諱。“P.2669”背後題寫“大順二年五月十九日遜迎□”，據此，許建平曾推斷“P.2669”抄寫年代不會晚於唐昭宗大順二年(891)，爲中唐之後抄本。①

三、“羽 015ノ二”與“Дx.5588”殘片合卷

“羽 015ノ二”是分開的兩個殘片：“羽 015ノ二ノ一”和“羽 015ノ二ノ二”。②

“羽 015ノ二ノ一 R”殘片題名：毛詩節南山之什小旻章古訓傳鄭玄箋，起《雨無正》篇末“雨無正七章”之“雨無”，至《小旻》“潝潝訿訿，亦孔之哀”的毛傳“訿訿然不思”。凡 8 行，行款大字約 15 字。首 3 行和末行下部均有殘泐，中間四列完整。殘卷上部有“敦煌石室秘藏”“木齋真賞”紅印。篇中毛詩“謀猶回遹，何日斯沮”和“我視謀猶，亦孔之邛”下均有雙行毛傳和鄭箋，可定名爲《毛詩傳箋(小雅小旻)》。

“羽 015ノ二ノ二 R”殘片題名：毛詩節南山之什小弁章古訓傳鄭玄箋，起《小弁》“如或醻之”，至“無逝我梁，無發我笱”鄭箋“盗我大子”之“我”字。卷上端鈐印半截，似爲“敦煌石室秘藏”。殘片共 10 行，行款大字亦約 15 字。首行殘去半列，後 6 行殘去下截，中間 3 行完整。毛詩“伐木掎矣，析薪扡矣”後有毛傳和鄭箋，可以定名爲《毛詩鄭箋(小雅小弁)》。它與“羽 015ノ二ノ一 R”比較，紙色相同，字體相近，紙張縱長接近，《敦煌秘笈》判定爲同筆、同紙。《小旻》和《小弁》兩個殘片中間缺一篇毛詩《小宛》，可將之合卷。

俄藏“Дx.5588”殘片，起自《小雅·小弁》末章“無逝我梁，無發我笱”鄭箋“盗我大子、母子之寵”的“子之寵”，至《巧言》首章“昊天泰憮”之“天”字。③共 11 行，行款大字也是約 15 字。第

① 許建平：《敦煌經部文獻合集·群經類詩經之屬》，中華書局，2008 年，第 882 頁。

② [日]吉川忠夫：《敦煌秘笈》，影片册一，第 142—147 頁。

③ 俄羅斯科學院東方研究所聖彼德堡分所：《俄羅斯科學院東方研究所聖彼德堡分所藏敦煌文獻》，上海古籍出版社，2000 年，第 12 册，第 190 頁。

1 行及末 4 行下部殘損。經文單行大字，傳箋雙行小字，《俄藏》無定名，《敦煌經部文獻合集》定名爲《毛詩傳箋(小雅小弁—巧言)》。第 9 行“民”字缺末筆，推斷爲唐寫本。①

經比對，“羽 015ノ二ノ二 R”同“Дx.5588”當爲一卷之裂。其拼合圖示如下：

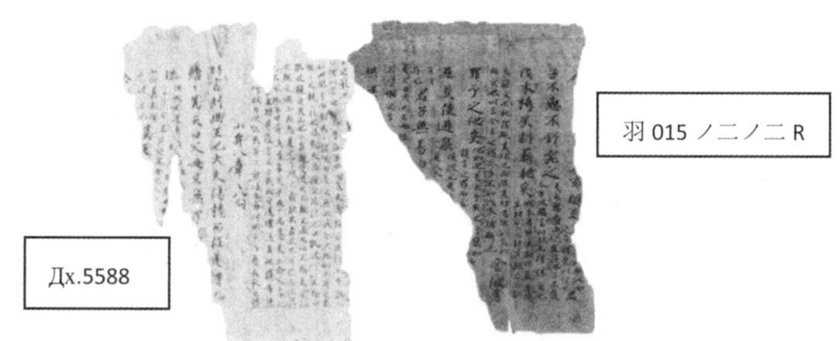

圖 2 “羽 015ノ二ノ二 R”與“Дx.5588”殘卷連綴

二塊殘卷的聯結處三行情況詳列於下，其中“羽 015ノ二ノ二 R”文字用楷體，“Дx.5588”文字用黑體，其餘殘損的文字據《毛詩正義》補充，②用宋體。

梁無發我笱 箋云逝之也之人梁發人笱此必有盜 / 魚之罪以言褒姒淫色來嬖於王盜

我大子母 / **子之寵也** 我躬不閱遑恤我後 念父孝也高子曰小 / 弁小人之詩也孟子

曰何以言之曰怨乎孟子曰固哉夫高叟之爲詩也有越人
於此關弓而射我我談笑而道之無他戚之也然則小弁之怨

“羽 015ノ二ノ二 R”的末字“我”同“Дx.5588”鄭箋“子之寵也”之“子”並行相連。再細緻比較三個殘片的文字書寫，將同形字詳列如下。

表 1 “羽 015ノ二”與“Дx.5588”文字形體比較

	也	箋	之	小	此	子	我	不	者	甚
羽 015ノ二ノ一						——				
羽 015ノ二ノ二				——	——					——
Дx.5588										

仔細辨析，三個殘片的筆道走向、構件結構、書寫風格都比較接近，應屬於同一寫卷。此外，三個殘片的背後均書寫有行草字體與佛教有關的文段，也能證明它們必有關聯。

① 許建平：《敦煌經部文獻合集・群經類詩經之屬》，第 872 頁。
② 阮元：《重刊宋本毛詩注疏附校勘記》，第 423 頁。

四、“羽 016”與“Дx.4512”“Дx.1712”殘卷合卷

《敦煌秘笈》“羽 016”題名爲：杜預注春秋左氏傳昭公六年、七年。實際起自《昭公五年》篇末的“楚子懼吴”的“懼吴”，至《昭公七年》的“季孫曰‘君之在’”。[①]共五頁紙，有“木齋真賞”“李盛鐸印”“敦煌石室秘笈”和李盛鐸之子“李滂”的紅印。凡 99 行，行款大字二十六七字。首、尾頁殘損，其餘頁下端略有殘破。傳文下有雙行杜預集解，故可定名爲《春秋左氏經傳集解（昭公五年—七年）》。

俄藏“Дx.4512”起自《昭公七年》傳“楚子享公於新台”之“楚子”，至“施將懼不能任其先人之禄”的“其”字。[②]共 14 行，殘存下半截。《俄藏》第 11 册彩頁九中定名爲《左氏昭公七年傳》。傳文單行大字，集解雙行小字，可改爲《春秋左氏經傳集解（昭公七年）》。

俄藏“Дx.1712”起自《昭公七年》傳“縱吾子爲政而可”的“爲”，至“秋八月，衛襄公卒”之“衛”。凡 26 行，前 3 行上截殘損，後 12 行下截殘去，末行則僅存三字。《俄藏》定名爲“春秋左傳（昭公七年）”。[③]文中有杜預集解，當爲《春秋左氏經傳集解（昭公七年）》。許建平已將“Дx.1712”與“Дx.4512”進行綴合。[④]

經分析，“羽 016”與“Дx.4512”殘卷可以聯合在一起，二塊殘卷的聯結處六行情況詳列於下，其中“羽 016”用楷體，“Дx.4512”用黑體，其餘據《春秋左傳正義》補充，[⑤]字用宋體。

不可謝息僖子家臣日人有言曰雖有挈瓶之知守不假器禮也挈瓶汲者喻小知爲人守器猶

智不以借人也夫子從君而守臣喪邑夫子謂孟僖子從公如楚雖吾子亦有猜焉言季孫亦將疑我不忠

季孫曰君之在楚於晉罪也言晉罪君之至楚又不聽晉魯罪重矣晉師必至

吾無以待之不如與之間晉而取諸杞候晉間隙可復伐杞取之吾與子桃魯國卞縣東南有桃虚

---

① ［日］吉川忠夫：《敦煌秘笈》，影片册一，第 156—159 頁。

② 俄羅斯科學院東方研究所聖彼德堡分所等：《俄羅斯科學院東方研究所聖彼德堡分所藏敦煌文獻》，第 11 册，第 254 頁。

③ 俄羅斯科學院東方研究所聖彼德堡分所等：《俄羅斯科學院東方研究所聖彼德堡分所藏敦煌文獻》，第 8 册，第 308 頁。

④ 許建平：《〈俄藏敦煌文獻〉儒家經典類寫本的定命與綴合》，《姜亮夫、蔣禮鴻、郭在貽先生紀念文集》，上海教育出版社，2003 年，第 310 頁。

⑤ 阮元：《重刊宋本左傳注疏附校勘記》，第 761—762 頁。

成反誰敢有之是得二成也魯無憂而孟孫益邑子何病焉辭以

無山與之萊柞萊柞二山乃遷于桃謝息遷也晉人爲杞取成不書非公命**楚子**

享公于新台章華台也使長鬣者相鬣須也欲光誇魯侯好**以大屈宴之賜也大好屈弓名既而**

依據内容和行款推測，在“羽 016”與“Дx.4512”之間有兩行殘缺。清點“羽 016”完整的紙張行數，第 2 頁 27 行，第 3 頁 26 行，第 4 頁 18 行，第 5 頁 10 行。將兩個殘片行數和殘損兩行相加正好也是 26 行。而且“Дx.4512”末行與紙的邊緣之間空白較大，紙邊比較光滑，可以斷定“羽 016”與“Дx.4512”合起來是一頁紙。而殘卷“Дx.4512”與“Дx.1712”的形成，很可能是兩張紙之間的粘合不牢固而脱離，而非撕裂。三份殘卷拼合圖示如下：

圖 3 “羽 016”與“Дx.4512”“Дx.1712”殘卷連綴(局部)

再比較三個殘卷文文字形體和書寫風格，比較一致，當爲同一人書寫無疑。

表 2 “羽 016”與“Дx.4512”“Дx.1712”文字形體比較

	能	晉	不	子	爲	既	人	將	世
羽 016								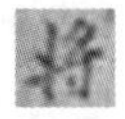	
Дx.4512						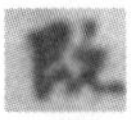			
Дx.1712	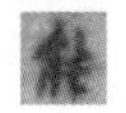	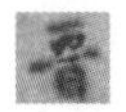							

三份殘卷綴連後，“羽 016＋Дx.4512＋Дx.1712”可以定名爲《春秋左氏經傳集解(昭公五—七年)》。

五、“羽 018”與“S.2074”殘卷連綴

《敦煌秘笈》“羽 018”題名爲：尚書孔穎達君爽篇、蔡仲之命篇。起自《尚書・君奭》的經文

“後暨武王誕將天威”之“後”，至《尚書・蔡仲之命》“周公以爲卿士”之“士”。①三頁紙，共40行。第一頁完帙18行，第二頁中間部分爲《君奭》與《蔡仲之命》兩篇連接，上下端略有殘泐，最後一頁殘泐，只有4行，最末2行上截殘去和下端殘泐。有“敦煌石室秘笈”“李盛鐸”“李滂”三枚紅印。篇中經文下有雙行夾注僞孔傳。《隋書・經籍志》存目“《古文尚書》十三卷。漢臨淮太守孔安國傳”。②《經典釋文・序録》云：“孔安國《古文尚書傳》十三卷。”③據此，可定名爲《古文尚書傳(君奭—蔡仲之命)》。

英藏“S.2074”起自《蔡仲之命》“降霍叔于庶人”之“降”，至《立政》“不敢替厥義德”之“替”，④涉及《蔡仲之命》《多方》《立政》三篇。共10頁紙，凡166行。首尾兩頁均有殘損。其中第一頁爲《蔡仲之命》，共16行，殘去下截。大字經文，小注雙行，《敦煌經部文獻合集》定名爲《古文尚書傳(蔡仲之命—立政)》。⑤

經比對，“羽018-3”和“S.2074/1”亦爲一卷之裂，其拼合圖示如下：

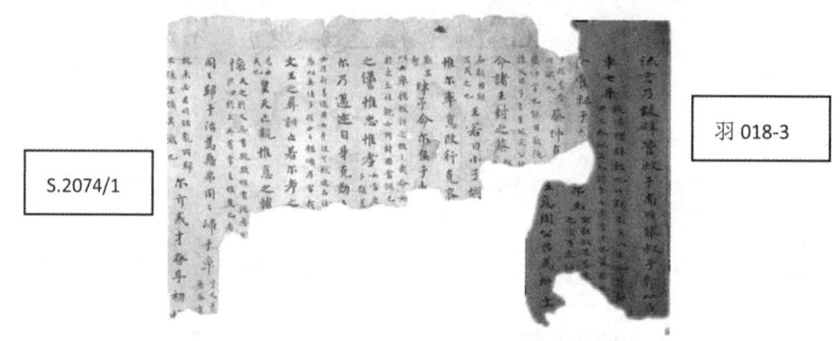

圖4　“羽018-3”與“S.2074/1”殘卷連綴

二塊殘卷的聯結處三行情況詳列於下，其中“羽018-3”用楷體，“S.2074/1”用黑體，其餘文字據《尚書正義》補充，⑥用宋體。

車七乘 致法謂誅殺也囚謂制其出入也郭鄰中國之外地名也從車七乘言少也管蔡國名

降霍叔于庶人三年弗齒 罪輕故退爲衆人三年之後乃齒録封爲霍侯

子孫爲晉所滅也 蔡仲克庸祗德周公以爲卿士

---

① ［日］吉川忠夫：《敦煌秘笈》，影片册一，第163—165頁。

② 《隋書》，第913頁。

③ 陸德明撰，黄焯匯校：《經典釋文匯校》，中華書局，2006年，第14頁。

④ 中國社會科學院歷史研究所等：《英藏敦煌(漢文佛經以外部分)》，四川人民出版社，1990年，第3册，第276—283頁。

⑤ 許建平：《敦煌經部文獻合集・群經類尚書之屬》，第314頁。

⑥ 阮元：《重刊宋本尚書注疏附校勘記》，第253頁。

從避諱來看,“羽 018”的“世”“民”缺筆避諱,“S.2074”此卷“世”“民”諸字亦缺筆避諱。“羽 018”的第 30 列“治”作“”,最後一筆有缺,“S.2074”第 86 列作“”,也有缺筆。第 149 列“治”作“”,《敦煌經部文獻合集》分析是因避諱作了修改,由此推斷“此卷極有可能是高宗朝抄本”。①

兩種殘卷行款方面比較接近,都是每行大字約 16 字。二者的字體比較接近,例如“叔”字作“”“”,“以”作“”“”。尤其是“S.2074”的“降霍叔于庶”之“降”“叔”兩個字殘泐,構件“夂”和“又”的捺筆畫均落到“羽 018”上,足證二者爲同紙。

將“羽 018”與“S.2074”殘卷連綴,則《古文尚書傳》自《君奭》至《立政》可以貫通。

六、餘　　論

杏雨書屋《敦煌秘笈》所刊佈的敦煌西域文獻共計 775 號,其中編號 1—432 的文書,見於《李木齋氏鑒藏敦煌寫本目録》。例如《敦煌秘笈》“羽 015ノ一”“羽 015ノ二”“羽 015ノ三”原題名爲“毛詩三紙”,“羽 016”原題名:左傳,“羽 018”原題名:尚書。這與北京大學圖書館善本部所藏《李木齋氏鑒藏敦煌寫本目録》相一致。李盛鐸爲清末藏書大家,精通版本目録之學,堪稱私藏敦煌寫卷第一家。

但是,李木齋敦煌寫本收藏的真僞問題一直有争議。日本學者藤枝晃對京都國立博物館藏敦煌寫本“木齋審定”“木齋真賞”印進行考察,發現有多種異樣,進而質疑李盛鐸所藏敦煌寫本的真實性。②對此,榮新江勾稽史料論證李盛鐸藏卷的來歷是利用職務之便從清廷學部獲取敦煌寫卷,認爲“李盛鐸所藏的來自敦煌藏經洞的真品,即《李木齋氏鑒藏敦煌寫本目録》所著録者”。③如何解決李氏所藏這一問題,長期以來一直困擾學界。本文通過此殘卷與英藏、法藏、俄藏敦煌文獻進行綴合,無疑可以證明李盛鐸所藏的這几種敦煌殘卷的真實性。

① 許建平:《敦煌經部文獻合集・群經類尚書之屬》,第 314—315 頁。

② [日]藤枝晃:《“德化李氏凡將閣珍藏”印について》,《京都國立博物館學叢》1986 年第 7 號,第 153—173 頁。

③ 榮新江:《李盛鐸藏卷的真與僞》,《敦煌學輯刊》,1997 年第 2 期,第 1—18 頁。

《全宋文》誤收宋理宗《孟子贊》一首考辨*

□王　珂

［摘　要］《全宋文》卷七九八一收録了兩首《孟子贊》，前一首屬於《道統十三贊》之一，引自《咸淳臨安志》，後一首則爲單篇，出處是《同治滕縣志》，撰者均繫於宋理宗趙昀名下。從史源學角度檢視，目前已知最早輯録第二首贊文的文獻應爲宋元之際陳元靚編撰的日用類書《事林廣記》。據此書記載，該贊並非出自理宗手筆，實另有撰人。致誤之由，當是在文獻的輾轉徵引中，較早的典籍作者未細審上下文，將君臣之作合二爲一，後人不察，以訛傳訛，遂闌入《全宋文》中。

［關鍵詞］《全宋文》；宋理宗；《孟子贊》；史源；《事林廣記》

［作者簡介］王珂，西華大學文學與新聞傳播學院副教授（成都　610039）

《全宋文》卷七九八一收録《孟子贊》兩首：著録於前者，屬《道統十三贊》（下文簡稱作《十三贊》）之一，殿於末，贊曰：

> 生稟淑質，教被三遷。博通儒術，氣養浩然。深造自得，亞聖之賢。高揖孔氏，獨得其傳。①

著録於後者，則爲單篇，贊曰：

> 道術分裂，諸子爲書。既極而合，篤生真儒。詆訶楊墨，皇極是扶。較功論德，三聖之徒。②

---

*　［基金項目］本文爲國家社科基金西部項目“元本《事林廣記》匯校、考證與研究”（19XZS002）階段性成果。初稿於 2022 年 10 月 30 日在陝西師範大學“古文獻學國際青年學者研討會”上發表，承蒙評議人清華大學圖書館科技史暨古文獻研究所付佳老師指教，惠賜文獻綫索，於此謹致謝忱。

①　曾棗莊、劉琳等編：《全宋文》卷七九八一，上海辭書出版社、安徽教育出版社，2006 年，第 345 册，第 417 頁。

②　《全宋文》卷七九八一，第 345 册，第 427 頁。

前贊總題與後贊標題下，皆有小注，均作“紹定三年(1230)”，[①]編者將兩贊同繫於宋理宗趙昀名下。《十三贊》，《全宋文》徵引自潛説友《咸淳臨安志》(下文簡稱《臨志》)卷十一。[②]王應麟《玉海》卷三一“聖文”“御製碑銘”亦有收録，題作“聖賢十三贊”。[③]又，《十三贊》之首有御製序一篇，文云：“朕獲承祖宗右文之緒，祗遹燕謀，日奉慈極。萬幾餘閒，博求載籍。推迹道統之傳，自伏羲迄於孟子。凡達而在上其道行，窮而在下其教明，采其大指，各爲之贊。雖未能探賾精微，故以寓尊其所聞之意云爾。”[④]其敘撰述之原委甚詳。總而言之，這十三首贊文出處本末明悉，必是理宗親筆之作無疑，有疑者乃第二首單篇《孟子贊》。[⑤]據文末編者注，此贊引自《同治滕縣志》(下文簡稱《滕志》)卷七。[⑥]又，本贊前另順次收録《曾子贊》等贊文，凡二十七首，《曾子贊》題下小注有云：“以下並紹定三年”，諸贊亦皆引自《滕志》卷七。[⑦]若以年代論，清同治朝(1862—1874)上距南宋紹定三年已逾六百載，然《全宋文》編者並未顧及於此，而徑據《滕志》輯録理宗逸文，從史源學標準來看，有失嚴謹。

考明清方志，《萬曆兖州府志》(下文簡稱《萬曆兖志》)卷七[⑧]、《雍正山東通志》(下文簡稱《山東志》)卷十一之三[⑨]、《乾隆兖州府志》(下文簡稱《乾隆兖志》)卷二八，[⑩]皆收録此贊。其中，《山東志》明載贊之撰者爲理宗，而《萬曆兖志》未言作者何人，《乾隆兖志》則附於宋高宗名下。方志編纂常在前代之作的基礎上加以增損，因襲處所在多有，可謂司空見慣。《滕志》所收《孟子贊》很大可能即源自舊志，當與《山東志》出於同一史源。不過，《山東志》亦非最早出處。現存明代文獻中，收録此首《孟子贊》的典籍，年代較早者當推劉濬《孔顔孟三氏志》(下文簡稱

① 《全宋文》卷七九八一，第345册，第415、427頁。

② 參見《全宋文》卷七九八一，第345册，第417頁。

③ 參見王應麟：《玉海》卷三一，影印清光緒九年浙江書局刊本，江蘇古籍出版社、上海書店，1987年，第2册，第610頁上。

④ 潛説友：《咸淳臨安志》，《宋元方志叢刊》影印清道光十年錢塘汪氏振綺堂刊本，中華書局，1990年，第4册，第3456頁上。

⑤ 按，翟婉婷《宋代聖賢贊研究》(重慶大學碩士學位論文，2019年)第三章《〈全宋文〉所收聖賢贊考辨》第二節《〈藤縣誌〉與宋理宗聖賢贊》僅推測該贊應係明人僞作，然未能詳考本末，指出致誤之由。見翟文第24頁。

⑥ 參見《全宋文》卷七九八一，第345册，第427頁。

⑦ 參見《全宋文》卷七九八一，第345册，第418—426頁。

⑧ 參見朱泰、游季勳修，包大爟等纂：《萬曆兖州府志》，《天一閣藏明代方志選刊續編》影印萬曆元年刻本，上海書店出版社，1990年，第53册，第448頁。

⑨ 參見岳濬監修、杜詔等纂：《雍正山東通志》，《景印文淵閣四庫全書》，臺灣商務印書館，1983年，第539册，第540頁下。

⑩ 參見覺羅普爾泰修，陳顧㶇等纂：《乾隆兖州府志》，《中國地方志集成・山東府縣志輯》影印清乾隆三十五年刻本，鳳凰出版社，2008年，第71册，第592頁下。

《三氏志》)與陳鎬《闕里志》。前者刊於明成化十八年(1482),《孟子贊》置於該書卷三"歷代御製贊文祭文"之"理宗紹定三年御製《子思贊》"條後。[①]後者目前所知最早版本乃明弘治十八年(1505)付梓,正德元年(1506)刊成之本,《孟子贊》被收入其書卷八"制敕二"。據李東陽序,此書爲陳氏參考《孔氏祖庭廣記》《孔氏實録》《孔庭纂要》《素王事紀》《孔子世家補》等修成。[②]然遍檢諸書,未見有收録上引單篇《孟子贊》之文,則這首贊文,陳鎬應别有文獻來源,只是今已不得而知。陳氏於此首《孟子贊》之右,先後抄録《顔子贊》《子思贊》各一首。《顔子贊》標題下,陳氏注云"紹定三年,曾子缺",[③]然未言出於理宗之手。

徵文考獻,追溯至此,似皆元元本本,並無可疑之處,但文獻中有一矛盾,却難以解釋。《臨志》所載理宗《孟子贊》下有潛氏小注一條,云:

> 紹定三年(1230)聖製。淳祐祗謁先聖,就賜國子監,宣示諸生。[④]

《玉海》王應麟案語幾乎與之全同,不過繫年更加精確,文曰:

> 元年(1241)孟春,祗謁先聖,賜國子監,宣示諸生。[⑤]

紹定三年理宗既已撰《十三贊》,"推迹道統之傳,自伏羲迄於孟子",[⑥]爲何又於同年再撰《孟子贊》一首,豈非多此一舉?若理宗撰兩《孟子贊》,何以至度宗咸淳年(1265—1274)間編纂《臨志》時厚此薄彼,僅録其中一首呢?

宋季福建書林人士陳元靚編有日用類書《事林廣記》(下文簡稱《事林》)一部,書中收録了不少後世失傳、罕覯的文獻。該書流行於元代至明中葉,版本頗夥,今存元刻本凡四種:至順(1330—1332)西園精舍本(以下簡稱作"西園本")、至順建安椿莊書院本(下文簡稱"椿莊本")、至元六年(1340)鄭氏積誠堂本(下文簡稱"積誠本")與對馬宗家本(下文簡稱"對馬本")。另外,還有日本江户幕府時期元禄十二年(1699)翻刻元泰定二年(1325)刊本,目前學界基本認同日翻泰定本(下文簡稱"和刻本")在内容上最接近祖本。和刻本《丙集》卷三"師儒從祀門"標題

① 劉濬:《孔顔孟三氏志》,北京國家圖書館藏明成化十八年刻本,第7册,第14葉b。

② 參見李東陽:《闕里志序》,《闕里志》,北京國家圖書館藏明正德元年刻本,第1册,第3葉B—第4葉A。

③ 《闕里志》卷八,第4册,第86葉A。

④ 《咸淳臨安志》卷十一,《宋元方志叢刊》,第4册,第3457頁上。

⑤ 《玉海》卷三一,第2册,第610頁上。

⑥ 《咸淳臨安志》卷十一,《宋元方志叢刊》,第4册,第3456頁上。

下小字注云:“此以下贊文非御製。”[①]該門依次收録《孟子贊》等贊文八首,其所收《孟子贊》與上引單篇《孟子贊》文字基本相同。對馬、西園、椿莊、積誠諸本亦有此八字小注,不過將注文順移於類目起首處小序之末。[②]以成書年代言,《事林》早《三氏志》近三百年;以版刻論,元刻較明正德刻本早近兩百年。故從史源學角度看,《事林》此條記載,自比《三氏志》來的可靠,清代方志則更無論矣。《事林》此處雖未提及引據何書,然宋人於本朝帝王御製之作,當較清楚,恐不會張冠李戴。同時,吾人再結合上文所言不合情理的兩處矛盾判斷,《全宋文》所收單篇《孟子贊》非理宗之作可以定讞。

考其致誤之由,很可能即源自劉濬《三氏志》。何以言之?傳世文獻中,《三氏志》是目前已知最早明確記載該《孟子贊》出於理宗御製的典籍。劉氏之所以有此誤判,大概是因其錯讀前代文獻。孔門聖賢,歷代褒揚崇祀,文獻所載唐以降各朝贊文可謂連篇累牘,其中帝王與臣子時有同題之作,復前後相連,抄録時稍不留意,頗易混淆。如《闕里志》所載紹定三年撰《顏子贊》《子思贊》《孟子贊》之右,就另收録有唐睿宗、宋太祖、真宗、徽宗、高宗、理宗御製及作者佚名的贊文共計八十四首。臣民所作均繫於理宗御製之後,間隔不甚清晰,後世編書者在翻檢蒐集資料時,掉以輕心,未加細别,徑判爲理宗所撰(上言《乾隆兖志》將此《孟子贊》歸於高宗名下,亦當出於同樣的原因),輾轉相襲,以訛傳訛,而《全宋文》因篇幅浩瀚,編者大概無暇細究史源,遂輕採晚近志書,予以收録,實有欠謹慎也。

---

① 陳元靚:《事林廣記》,影印日本元禄十二年翻刻元泰定二年刊本,中華書局,1999年,第329頁上。

② 參見對馬本《後集》卷五“聖賢類”,日本長崎縣立對馬歷史民俗資料館藏元刻本,第62葉B;西園本《後集》卷四“聖賢類”,日本國立公文書館内閣文庫藏元刻本,第49葉B;椿莊本《後集》卷四“聖賢類”,影印臺北故宫博物院藏元刻本,中華書局,1963年,第3册,第49葉B;積誠本《丙集》下卷,《中華再造善本》影印北京大學圖書館藏元刻本,北京圖書館出版社,2005年,第3册,第20葉A。案,“下”,西園、椿莊、積誠諸本均訛作“小”。又,贊文“篤生”,和刻、對馬、西園、椿莊、積誠諸本皆作“是生”;“詆”,和刻本訛作“訛”;“是扶”,和刻本訛作“之扶”;“諭德”,和刻本訛作“焯”。

論韓道昭《五音集韻》之開合

□田　森

［摘　要］ 作爲現存最早的等韻化韻書，韓道昭《五音集韻》没有明確提供開合信息，故研究開合對闡明《五音集韻》語音系統而言必不可少，也有助於揭示韓氏區劃開合的理論依據。本文通過系聯反切、梳理韓書中案語、分析韓氏對《廣韻》《集韻》小韻的處理等方法，並結合宋元韻圖的開合信息，討論了《五音集韻》中的開合分佈，以及韓道昭處理開合的依據及問題。

［關鍵詞］《五音集韻》；開合；切下字；被切字；脣音

［作者簡介］ 田森，火箭軍工程大學政治系講師（西安　710025）

韓道昭在荆璞《五音集韻》的基礎上編纂了《改併五音集韻》，由於韓氏韻書"後出轉精"，加之荆璞韻書的亡佚，明清以來的學者多以"《五音集韻》"來指稱韓氏韻書。爲行文方便，本文也用"《五音集韵》"來指稱韓氏韻書。本文以甯忌浮先生的校訂本爲工作底本，甯先生在明成化本的基礎上對韓氏韻書進行了校訂，①本文還參考了金崇慶本。②

《五音集韻》是現存最早的等韻化韻書，其編纂體例"攝—聲調—韻—聲紐—等—(開合)—小韻—反切"可視作韻圖二維結構的綫條化，但該書未像韻圖一樣直接爲小韻或韻類標識"開合"，可這並不意味着《五音集韻》語音系統中没有開合對立。吴吉龍、董小征、國術平、馬亞平、張平忠、劉曉麗、趙曉慶等學者的研究或多或少地涉及《五音集韻》的開合問題，③但尚無一項

---

① 甯忌浮：《校訂五音集韻》，中華書局，1992年。若無特殊説明，下文所引韓氏韻書内容均據此書，不再標出處。

② 韓道昭：《崇慶新彫改併五音集韻》，國家圖書館藏，金崇慶元年刻，存前十二卷。

③ ［韓］吴吉龍：《〈五音集韻〉研究》，韓國全南大學博士學位論文，1995年，第51—52、99—132頁；董小征：《〈五音集韻〉與〈切韻指南〉音系之比較研究》，福建師範大學碩士學位論文，2004年，第2頁；國術平：《〈五音集韻〉與〈廣韻〉音系比較研究》，山東師範大學碩士學位論文，2008年，第2頁；馬亞平：《〈五音集韻〉研究》，陝西師範大學碩士學位論文，2008年，第4—5頁；張平忠：《中古以來的開合口研究》，福建師範大學博士學位論文，2008年，第113—155頁；劉曉麗：《〈五音集韻〉韻圖編纂及其研究》，福建師範大學碩士學位論文，2013年，第24—25、35—107頁；趙曉慶：《〈改併五音集韻〉特殊音切考》，《語文研究》，2019年第3期，第38頁。

研究對韓氏韻書的開合做系統性的分析。還需看到的是，作爲一部等韻化韻書，影響《五音集韻》開合的因素不只是語音本身，語音學理論也是重要的影響因素，由該韻書中的案語可知，韓道昭在編纂韻書時參考了其父韓孝彦編撰的韻圖《澄鑑圖》和等韻理論著作《澄鑑論》，①故知韓道昭在處理開合上受到了韓孝彦等韻學理論及成果的影響。因此，研究《五音集韻》的開合，其價值不止在於考察介音-w-和主元音 u 在語音系統中的分佈，更爲重要的是探究韓道昭審訂開合的依據，進而管窺宋元切韻學家在開合問題上的語音觀。

一、韻系的開合

參照李榮先生對《切韻》諸韻開合的分類，②《五音集韻》47 韻系 160 韻可分成三類：

1. 兼具開合的韻系。這類韻系在攝、韻、聲、等俱同的條件下存在兩個小韻，由於韓道昭秉持"弃一母復張之切脚"的原則，③對重出小韻進行了系統性的合併、删除或改音(此問題將另文討論)，故這兩個小韻不會是重出關係，當有語音上的區別，參考《韻鏡》《七音略》可知，④其區別是開合不同。兩個小韻的排序是開口在前、合口在後，如脂韻見紐三等有兩個小韻，依次爲"飢居宜""龜居爲"，《韻鏡》《七音略》將"飢"歸開口圖、"龜"歸合口圖。從反切系聯來看，若不計脣音，在前和在後小韻的切下字没有交集。所以，若兼具開合的韻系在同韻、同聲、同等的條件下只有一個小韻，則該小韻的開合以切下字的開合爲依據。

2. 開合對立韻系。這類韻系在攝、韻、聲、等俱同的條件只有一個小韻，但該韻在攝、等相同的情況下還有一個與之對立的韻，如寒韻與桓韻、歌韻與戈韻，由《韻鏡》《七音略》可知，寒、歌爲開，桓、戈爲合。

3. 獨韻韻系。這類韻系在本攝内没有與之在開合上相對立的韻，且本韻系在韻、聲、等相

① 《五音集韻》東韻微紐三等"瞢"小韻"蘉"字下案語有云："引先人《澄鑑論》云：'隨鄉談無以憑焉，逐韻體而堪爲定矣。'"仙韻知紐三等"𨑳"小韻首字下案語有云："依《澄鑑圖》内爲三等爲正也。"尤韻微紐三等謀小韻紐字下案語有云："先人《澄鑑論》云：'隨鄉談而無以憑焉，逐韻體而堪爲定矣。'"由《五音集韻》韓道昇序及"韓"字注釋可知"《澄鑑圖》"全稱爲"《切韻澄鑑圖》"。現存材料顯示韓孝彦並未單獨著有一部"《澄鑑論》"，《澄鑑論》或爲《澄鑑圖》韻圖前的説明文字，類似《韻鏡》韻圖前的《調韻指微》。

② 李榮：《切韻音系》，科學出版社，1956 年，第 129—137 頁。

③ 《五音集韻》韓道昇序有云："(韓道昭)又見《韻》中古法繁雜，取之體計，同聲同韻，兩處安排，一母一音，方知敢併……依開合等第之聲音，弃一母復張之切脚。"

④ 除這兩種韻圖外，本文還參考了其他幾種宋元韻圖，參考版本分别爲：永禄本《韻鏡》、元至治本《七音略》、紹定本《切韻指掌圖》、思進齋本《四聲等子》、思宜本《切韻指南》、四庫本《起數訣》。

同的條件下僅轄一個小韻,如侵韻、江韻。但一個韻系是“獨開”還是“獨合”,還需要參考《韻鏡》《七音略》的標識。

據以上三種分類,我們可以確定《五音集韻》通、遇、咸三攝以外諸韻系的開合情況。宋元韻圖對這三攝開合的處理存在差異,參見表1。准韻圖《起數訣》没有開合標識,《四聲等子》未標識通、遇、咸三攝之開合,故表1略去了這兩種韻圖;《切韻指南》(思宜本)未標識凡韻的開合。

表1　通遇咸三攝諸韻在宋元韻圖中的開合

攝	韻	韻鏡	七音略	指掌圖	切韻指南
通	東	開	重中重	獨	獨
	冬	開合	輕中輕	獨	獨
	鍾	開合	輕中輕	獨	獨
遇	魚	開	重中重	獨	獨
	虞	開合	輕中輕	獨	獨
咸	覃	開	重中重	獨	獨合
	談	合	重中輕	獨	獨合
	鹽三	開	重中重	獨	獨合
	鹽四	合	重中輕	獨	獨合
	添	開	重中重	獨	獨合
	咸	開	重中重	獨	獨合
	銜	合	重中輕	獨	獨合
	嚴	合	重中輕	獨	獨合
	凡	合	輕中輕	獨	?

幾種韻圖中,《韻鏡》《七音略》對咸攝諸韻的開合歸類存在問題。它們把覃、咸、鹽三等、添歸一圖,把談、銜、嚴、鹽四等歸一圖,把凡韻單獨歸一圖。鹽三等和鹽四等是重紐的區别,非開合之别,但兩種韻圖對鹽三等、鹽四等的開合標識不同。《七音略》又將凡韻歸爲輕中輕、嚴韻歸爲重中輕,嚴、凡兩韻開合對立。李榮先生質疑嚴、凡開合對立的合理性,並提出嚴、凡兩韻大體互補,只是在上、入兩聲溪紐存在對立,①陳貴麟先生論證了“嚴、凡兩個韻組在聲母上原本是以唇音爲條件互相補充分佈的”,②故凡、嚴兩韻的開合當是相同的。韓氏合併凡、嚴爲新凡韻,

① 李榮:《切韻音系》,第131—132頁。

② 陳貴麟:《“嚴、凡”開合分韻後例外字的分析》,《中國語言學報》(*Journal of Chinese Linguistics*),2001年第1期,第69頁。

而他併韻基本原則是“開合無異，等第具同”，若凡、嚴的開合有異，則韓氏不會將凡、嚴兩韻合併爲新凡韻。因此，咸攝不是兼具開合的攝。

由於宋元韻圖對通、遇、咸三攝開合的歸類不同，因而有必要參考這一時期的其他材料。北宋佛經對音材料、契丹小字—漢字對音及《蒙古字韻》均顯示通、遇攝字韻腹爲圓唇元音，①而咸攝則不然，且咸攝不帶圓唇介音。《五音集韻》誕生於 13 世紀初，晚於前二種對音資料，但早於《蒙古字韻》，所以我們認爲《五音集韻》通、遇兩攝屬合口，咸攝屬開口。

據以上討論，韓氏韻書各韻系之開合如表 2 所示（除獨立去聲外，以平賅上去），表中標識陰影者爲輕唇諸韻。

表 2　《五音集韻》韻系之開合

攝	韻系	開合	攝	韻系	開合	攝	韻系	開合
通	東屋	獨合	臻	真質	開	假	麻	開、合
	冬沃	獨合		諄術	合	宕	陽藥	開、合
	鍾燭	獨合		文物	合		唐鐸	開、合
江	江覺	獨開		殷迄	開	梗	庚陌	開、合
止	脂	開、合		痕	開		清昔	開、合
	微	開、合		魂没	合		青錫	開、合
遇	魚	獨合	山	元月	開、合	曾	蒸職	開、合
	虞	獨合		寒曷	開		登德	開、合
	模	獨合		桓末	合	流	尤	獨開
蟹	齊	開、合		山鎋	開、合		侯	獨開
	祭	開、合		仙薛	開、合	深	侵	獨開
	泰	開、合	效	宵	獨開	咸	覃合	獨開
	皆	開、合		肴	獨開		鹽洽	獨開
	灰	合		豪	獨開		咸葉	獨開
	咍	開	果	歌	開		凡乏	獨開
	廢	合		戈	合			

江攝還需作一些説明。《蒙古字韻》和《四聲等子》《切韻指南》都表明中古江攝字韻母以聲母爲條件分化爲開、合兩類，但鑒於《五音集韻》中並無案語或其他證據顯示江攝有無分化，故

① ［日］鵜木基行：《北宋佛經所反映的漢語音韻》，復旦大學碩士學位論文，2006 年；清格爾泰、劉鳳翥等：《契丹小字研究》，中國社會科學出版社，1985 年；沈鍾偉：《〈蒙古字韻〉集校》，商務印書館，2015 年。

韓書之江攝以歸爲獨開較爲妥當。

二、小韻及韻字的開合歸屬

韓道昭對小韻及韻字的開合處理當分成兩類情況加以説明:兼具開合的韻,開合對立的韻。獨韻只有開,或只有合,其所轄小韻不涉及開合誤置或更正,故不必討論獨韻小韻的開合。

(一) 兼具開合的韻

兼具開合的韻,開口小韻排在合口小韻之前,若同聲同等條件下僅一個小韻,則該小韻的開合由切下字決定(暫不計唇音字,唇音字開合另做討論)。以元韻爲例,唇音字以外,韓書元韻共 14 個小韻:見三[攑居言～棬九元],溪三[攑丘言～圈去元],群三[籧巨言～拳巨袁],疑三[言語軒～元愚袁],照三[訾止元],曉三[軒虚言～暄况袁],影三[蔫謁言～鴛於袁],喻三[袁雨元]。參考《韻鏡》《切韻指南》可知,"～"前的"攑""攑""籧""言""軒""蔫"當歸開口,"～"後的"棬""圈""拳""元""暄""鴛"當歸合口,照紐和喻紐三等雖只有一個小韻,但切下字"元"屬合口,故"訾""袁"當歸合口,《韻鏡》就把"袁"歸合口(宋元五種韻圖及《起數訣》皆不録"訾")。

比較《廣韻》《集韻》和《五音集韻》小韻的切上下字可知,韓道昭傾向於用切下字向合口小韻提供合口成分,而非切上字,所涉語例計 16 例。

(1)《廣韻》支韻有一云紐小韻:"爲薳支"。切下字"支"屬開口,余迺永先生指出:"此處切上字'薳'音紙韻合口韋委切,正係'爲'之上聲,故以'薳支'切'爲';切下字'支'僅表字調,此實以切上字定開合之例外反切也。"①《五音集韻》將支、脂、之三韻併爲新脂韻,《廣韻》"爲薳支"小韻被併於"帷于嬀"小韻,"帷"小韻的切上下字皆屬合口。

(2)《廣韻》支韻有三個精紐小韻:"貲即移""劑遵爲""厜姊宜"。周祖謨先生指出"厜"小韻切下字在《切韻》系韻書和《爾雅》中作"規",②余迺永先生考證"厜"小韻屬於合口。③《五音集韻》將《廣韻》"厜""劑"二小韻歸於新脂韻精紐合口"崔醉綏"小韻,"崔"小韻切下字"綏"屬合口。

(3)《廣韻》皆韻有兩個影紐小韻:"挨乙諧""崴乙皆"。切下字"諧""皆"均屬開口,然以聲符

---

① 余迺永:《新校互註宋本廣韻》,上海人民出版社,2000 年,第 569 頁。

② 周祖謨:《廣韻校本》,中華書局,2011 年,第 613 頁。

③ 余迺永:《新校互註宋本廣韻》,第 580 頁。

“威”論之，“崴”當歸合口，《集韻》改“崴”小韻切語爲“烏乖切”，“乖”屬合口，《七音略》將“崴”歸合、“捱”歸開(《韻鏡》皆韻影紐合口爲音節空檔)。《五音集韻》合併皆、佳二韻爲新皆韻，“捱乙諧”被歸到開口“娃於佳”小韻，“崴乙皆”被歸到合口“蛙烏媧”小韻，“蛙”小韻切下字“媧”屬合口。

(4)《廣韻》霰韻有兩個匣紐小韻：“見胡甸”“縣黄練”。切下字“練”屬開口，但《韻鏡》《七音略》將“縣”歸合口圖。周祖謨先生認爲“縣練韻不同類，故宫王韻作玄絢反，是也”，[①]余迺永先生認爲“切上字‘黄’音《唐韻》胡光切，固合口字；此以上字定開、合之例外反切，與《王二》玄絢切音實無異也”。[②]《五音集韻》合併霰、線二韻爲新線韻，新線韻匣紐四等有兩個小韻，依次是“見胡甸”“縣黄絹”，按韓書中小韻先開後合的排序體例，“縣”屬合口，其切下字“絹”即屬合口。

(5)《廣韻》養韻有一個云紐小韻：“往于兩”。《集韻》“往”小韻音“羽兩切”。切下字“兩”屬開口，但《韻鏡》《七音略》將“往”歸合口圖。余迺永先生指出：“‘兩’爲開口字，本字合口，似以開口切合口者。《切韻》系書王兩反，《集韻》羽兩反，《玉篇》禹倣切，《説文》于放切，俱開口字，至明《洪武正韻》然後音羽枉切；蓋各書並以切上字兼賅合口，喻三母固以見合口或圓唇元音諸韻爲常例也。”[③]《五音集韻》養韻喻紐三等僅有一個“往于昉”小韻，因養韻合口“獷居往”“恇丘往”“俇求往”“枉紆往”四小韻皆取“往”作切下字，故知“往于昉”屬合口。韓書“往”小韻切下字“昉”屬非紐，音“分兩切”，“昉”屬唇音，且其切下字“兩”屬開口，故“昉”作“往”的切下字仍不甚妥當，但較之於《廣韻》稍顯合理。

(6)《廣韻》宕韻有一個曉紐小韻：“荒呼浪”。《集韻》“荒”小韻亦音“呼浪切”，切下字“浪”屬開口，但《韻鏡》《七音略》將“荒”歸合口圖，其根據當是切上字“呼”屬合口。《五音集韻》宕韻曉紐僅一個小韻，即“荒呼桄”，其切下字“桄”屬合口。

(7)《廣韻》宕韻有兩個影紐小韻：“汪烏浪”“盎烏浪”。這兩個小韻切語相同，當加以合併，但《韻鏡》《七音略》將“汪”歸合口圖、“盎”歸開口圖。周祖謨先生認爲“(汪字)烏浪切與盎字烏浪切同音，非也。汪字乃合口字，集韻作烏曠切，是也”，[④]余迺永先生認爲“汪”之合口特徵由切

---

① 周祖謨:《廣韻校本》,第 997 頁。

② 余迺永:《新校互註宋本廣韻》,第 911 頁。

③ 余迺永:《新校互註宋本廣韻》,第 814 頁。

④ 周祖謨:《廣韻校本》,第 1029 頁。

上字“烏”提供，“汪”的切語“烏浪切”不誤。①《五音集韻》宕韻影紐有兩個小韻，依次是“盎烏浪”“汪烏桄”，按韓書體例，“汪”屬合口，其切下字“桄”即屬合口。

（8）《廣韻》迥韻有兩個匣紐小韻：“迥户頂”“婞胡頂”。切上字“户”“胡”皆屬匣紐合口，切下字“頂”屬開口，故兩個小韻當加以合併，但《韻鏡》《七音略》將“迥”歸合口圖、“婞”歸開口圖，余迺永先生指出：“迥，合口字，頂乃開口。以上字户定開合也。”②《五音集韻》迥韻匣紐有兩個小韻，依次是“婞胡頂”“迥户熲”，③按韓書體例，“迥”歸合口，其切下字“熲”即屬合口。

（9）《廣韻》勁韻有兩個曉紐小韻：“敻休正”“欲許令”。《集韻》改“敻”切語爲“虚政切”。“正”“政”屬開口，但《韻鏡》《七音略》將“敻”歸合口圖，余迺永先生指出“按本韻另無合口聲紐，故以切上字‘休’表之，《唐韻》同；《王二》《全王》及《集韻》音虚政切，同理”，④則敻小韻合口特徵由切上字提供。《五音集韻》勁韻曉紐四等有兩個小韻，依次是“欲許令”“敻休訇”，按韓書體例，“欲”開、“敻”合。韓書勁韻溪紐四等有兩個小韻，依次爲“輕墟正”“訇口敻”，按韓書體例，“訇”爲合口。“敻”“訇”二字遞相互切，不與勁韻其他小韻相聯。

《廣韻》的“欲許令”小韻，余先生認爲“此欲字訛寫從令而有之音，當删”，⑤從《五音集韻》的安排來看，韓氏接受了《廣韻》將“欲”立爲小韻的做法，並將“欲”歸爲開口。

（10）《廣韻》徑韻有一影紐小韻：“鎣烏定”。《集韻》“鎣”小韻音“縈定切”。“定”屬開口，但《韻鏡》《七音略》皆將“鎣”歸合口圖，余迺永先生指出：“此但以切上字‘烏’表開合也。《集韻》縈定切同理。蓋縈字音清韻合口於營切也。”⑥《五音集韻》徑韻影紐四等有兩個小韻，依次是“瘱噎甯”“鎣烏絅”，按韓書體例，“鎣”屬合口，其切下字“絅”即屬合口。

（11）《集韻》麻二韻有三個照紐二等小韻：“樝莊加”“髽莊華”“挫祖加”。“祖”屬精紐一等，“加”屬麻韻二等，“祖加切挫”須按精照互用門法歸爲麻韻照紐二等。又“加”屬開，“華”屬合，若以切

---

① 余迺永：《新校互註宋本廣韻》，第933頁。

② 余迺永：《新校互註宋本廣韻》，第319頁。

③ “迥，户熲切”係據金崇慶本，明成化本訛改切下字爲“頃”，“頃”屬静韻，甯忌浮先生據《廣韻》切語將成化本“頃”改爲“頂”（《校訂五音集韻》，第129頁）。

④ 余迺永：《新校互註宋本廣韻》，第935頁。余先生認爲尤韻（休字屬尤韻）的音值爲*ju，屬合口（《諸家〈切韻〉擬音對照表》，《新校互註宋本廣韻》，附録第78頁），但據《韻鏡》《七音略》，尤韻屬開口。

⑤⑥ 余迺永：《新校互註宋本廣韻》，第936頁。

下字計之,"樝""挫"當屬重出小韻。但《五音集韻》將"挫"小韻和《集韻》合口"髽莊華"小韻合併,並改切語爲"側瓜切",①切下字"瓜"屬合口。故知韓氏將《集韻》"挫祖加"視作合口小韻,"挫祖加"合口特徵當取自切上字"祖",而"挫側瓜"合口特徵則由屬合口的切下字"瓜"提供。

(12)《集韻》麻$_{三}$韻日紐有兩個小韻,即"若人奢""捼儒邪",二者的切下字皆屬開口,若以切下字計之,"若""捼"當屬重出小韻。《集韻》載"捼,儒邪切,挼也,關中語",而表示"挼"義的"捼"在今北方官話及晉語區多地方言讀日母合口音,如北京[ʐua^{35}]、陝西綏德[ʐua^{33}]。②《韻鏡》《七音略》將"若"歸開口圖,但均未收"捼";《起數訣》將"捼"和"瘸""韡"等合口戈韻字同排在第55圖,將"捼"和"嗟""邪"等麻韻開口字同排在第56圖,將"若"和"遮""車"等麻韻開口字同排在第57圖。所以,若《集韻》編撰者亦將"捼"小韻歸合口,則合口特徵取自切上字"儒"。韓氏將"若""捼"兩個小韻歸日紐三等,將"若"歸開口,將"捼"歸合口,並將"捼"的切語改爲"儒華切",切下字"華"屬合口二等,與今方言之[ʐua]相合。

(13)《集韻》養韻有兩個曉紐小韻:"響許兩""怳詡兩"。《廣韻》"響"小韻音"許兩切","怳"小韻音"許昉切"。切上字"許""詡"皆屬曉紐合口,切下字"兩"屬開口,故《集韻》"響""怳"當屬重出小韻,但《韻鏡》《七音略》將"響"歸開口圖,將"怳"歸合口圖,故知《集韻》"怳"的切上字提供了合口特徵,而"響"則不然。《五音集韻》養韻曉紐三等有兩個小韻,依次是"響許兩""怳許昉",按韓書體例,"響"屬開、"怳"屬合。屬脣音的"昉"作"怳"小韻的切下字仍不甚妥當,但較之於《集韻》切語稍顯合理。

(14)《集韻》静韻有一個屬韻圖曉紐四等的小韻:"怳吁請"。切下字"請"屬開口。《起數訣》將"怳"和静韻開口字"頸""井""盈"等字放在第64圖,宋元五種韻圖只有《切韻指南》收録了静韻曉紐四等之"怳","怳"被放在合口圖。《五音集韻》静韻曉紐四等僅有一個小韻,即"怳吁頃",切下字"頃"屬合口,這表明韓氏也認爲"怳吁請"屬合口。"怳吁請"小韻合口特徵當由切上字"吁"提供,而韓氏將該小韻切下字改爲合口字"頃"。

(15)《集韻》徑韻有兩個見紐小韻:"徑吉定""扃扃定"。以切下字"定"屬開口論之,"徑""扃"皆屬開口。《韻鏡》《七音略》不收此"扃",將"徑"歸開口圖;《起數訣》把"徑"和"頂""醒"等開口字同放在第68圖,把"扃"和"濙""瑩"等合口字同放在第70圖;《指掌圖》未録"徑""扃";

① 《龍龕手鏡》長部收"髽",音側瓜切。《四聲篇海》髟部據《玉篇》收"髽",亦音側瓜切。

② 許寶華、[日]宫田一郎主編:《漢語方言大詞典》,中華書局,1999年,第4734頁。

《四聲等子》《切韻指南》把"徑"歸開口圖、"扃"歸合口圖。由宋元韻圖可知,當時的切韻學家應是把"扃扃定"視作合口的,其依據當是切上字"扃"屬合口,但"扃定切扃"爲叠韻式反切,不是合格的反切。[①]《五音集韻》徑韻四等下有兩個小韻,依次是"徑古定""扃古絅",按韓書體例,"扃"屬合口,其切下字"絅"即屬合口。

(16)《集韻》徑韻有兩個溪紐小韻:"罄詰定""絅口定"。兩個小韻的切上下字皆係開口,[②]故它們合併後當歸開口。宋元韻圖皆未收録《集韻》的"絅口定"小韻。《五音集韻》徑韻溪紐有兩個小韻,依次是"罄苦定""絅口扃",按韓書體例,"絅"屬合口,其切下字"扃"("扃"之異體)即屬合口。

邢準《群籍玉篇》"絅"之釋文有:"……又口定切,禪衣也,《禮》衣錦絅,徐邈讀。合口呼。"[③]該釋文與《集韻》"絅"釋文有兩處不同:"衣錦絅",《集韻》作"衣錦尚絅";"合口呼"爲《集韻》所無。韓氏將"口定切絅"歸合口或受到了邢書的影響,或與邢準參考了相同的韻書或字書。[④]

《五音集韻》還保留了《廣韻》一處以開切合的反切:

(17)《廣韻》役韻有兩個以紐小韻:"繹羊益""役營隻"。切下字"益""隻"屬開口,但《韻鏡》《七音略》將"繹"列開口圖、"役"列合口圖,余迺永先生指出:"《切韻》系書、《集韻》、《説文》、《玉篇》俱以開口隻字切'役',蓋合口字如'瞁、眢'之音許役切;'蒵'音之役切,'旻、𢕟'之音七役切等,字皆生僻,故不得不於上字用合口營字,而下字借開口隻字爲切,然後以役切諸合口字也。"[⑤]《五音集韻》昔韻四等有四個合口小韻,即"䟘弃役""旻七役""瞁許役""役營隻",除"役"小韻外,餘者首字皆係生僻字,這和《廣韻》類似。

兼具開合的韻,開口小韻排在合口小韻之前是《五音集韻》的通例,但韓氏在處理這類韻的

---

① 邵榮芬先生指出:"切語'扃'字誤,清抄、《類篇》同。宋本、錢抄作'扃',亦誤。惟不知是何字之誤。"(見邵榮芬:《集韻音系簡論》,商務印書館,2011年,第239頁)《群籍玉篇》之"扃"亦有"扃定切"讀音,故今傳各本《集韻》之"扃"或"扃"當非傳抄訛誤。《集韻》青、迥韻見紐合口小韻皆收"扃"字,徑韻之"扃定切扃"係切下字"定"只提供聲調?

② "口"屬侯韻,有學者將侯韻構擬爲*u,但據《韻鏡》《七音略》,侯韻爲開口。

③ 邢準:《新修絫音引證群籍玉篇三十卷》,《續修四庫全書》,上海古籍出版社,2002年,第229册,第219頁下。

④ 據《群籍玉篇》和《四聲篇海》序例可知,金代語言學家王太、祕祥、邢準、韓氏父子等人在編纂辭書時參考了幾部相同的書,包括《玉篇》《餘文》《奚韻》《類篇》《龍龕》《川篇》等書。

⑤ 余迺永:《新校互註宋本廣韻》,第1019頁。

韻字時出現了失誤，計 6 處，參見甯忌浮先生的考證，[①]此不贅述。

(二) 開合對立的韻

韓道昭判斷開合對立韻的小韻開合歸屬，是以切下字之開合作爲標準的，《五音集韻》中的案語可予以證明。

(24) “攤”自緩韻轉旱韻

旱韻泥紐一等“攤奴但”小韻，紐字釋文後有韓氏案語：“元在緩韻，昌黎子改于此。”“攤”小韻在《廣韻》屬開口旱韻，《集韻》屬合口緩韻。“攤”小韻本被歸在合口緩韻，但切下字“但”屬開口旱韻，韓氏據切下字“但”屬開口而將“攤”轉到開口旱韻。

(25) “侒”自緩韻轉旱韻

旱韻影紐一等“侒阿侃”小韻，紐字釋文後有韓氏案語：“元在緩韻中，今改于此。”“侒”，《集韻》屬合口緩韻(《廣韻》旱、緩韻不收“侒”)，但切下字“侃”於《集韻》《五音集韻》屬開口旱韻。韓氏據切下字之開合，將“侒阿侃”小韻轉到旱韻。

(26) “趣”自焮韻轉問韻

問韻溪紐三等“趣丘運”小韻，紐字釋文後有韓氏案語：“此一字元在焮字韻内收之，昌黎子捌立溪母，移於問字韻中收之。(與)居運切攈、渠運切郡共同一類，豈不尚歟！後進細詳，知不謬耳。”《集韻》也將“趣丘運”小韻歸在開口焮韻(《廣韻》問、焮韻不收“趣”)。“趣”小韻原被歸在開口焮韻，但切下字“運”屬合口問韻，韓氏據“運”屬合口而將“趣”小韻轉到問韻。

(27) “黗”自恨韻轉慁韻

慁韻透紐一等“黗他困”小韻，紐字釋文後有韓氏案語：“此一字元在恨韻收之，昌黎子移於慁韻，捌立透母，豈不順矣！”又曉紐一等“惛呼悶”小韻末載“顐”，其下韓氏案語云：“此字元在恨韻中收之，昌黎子改於此慁韻，永爲正矣。”《集韻》也將“黗噉頓”“顐昏困”二小韻歸於恨韻(《廣韻》恨、慁韻不收“黗”“顐”)。“黗”“顐”二小韻原被放在開口恨韻，但切下字“困”“悶”屬合口慁韻，韓氏據切下字之開合將“黗”“顐”轉到慁韻。

(28) “啊”自過韻轉箇韻

箇韻影紐一等“椏阿个”小韻末載“啊”，釋文後有韓氏案語：“此上二字元在過字韻收之，昌黎子改於此，爲正也。”所謂“此上二字”，即“侉”“啊”，這兩個字原屬合口過韻，但據《集韻》，兩字

① 甯忌浮：《校訂五音集韻》，校訂記第 5 頁中、第 30 頁中、第 31 頁中、第 34 頁下、第 50 頁上、第 61 頁中。

音“安賀切”,切下字“賀”屬開口箇韻,以切下字論之,“倚”“啊”當被移到開口箇韻。

(29)“鬢”歸開口曷韻

《廣韻》末韻有兩個精紐小韻:“繓子括”“鬢姊末”。切下字“括”“末”屬合口末韻,《集韻》將“鬢”小韻歸入曷韻,音“子末切”,但切下字“末”在末韻。《韻鏡》《七音略》末韻精紐列“繓”。《五音集韻》將“繓”小韻留在末韻,將“鬢”小韻改入開口曷韻,並改其切語爲“姊曷切”,但韓氏僅將“鬢子末”小韻的首字改入曷韻,其餘轄字仍屬末韻。明人已注意到這一現象,成化本《五音集韻》曷韻精纽“鬢”字下明人案語曰:

> 此字下舊有十九小數,或有氾説,此母少十八字在末韻精母,當移于此。今考前後小數皆差,按《廣韻》内“鬢”“刿”“跢”“瀐”“拶”“涉”六字俱是“姊末切”,其餘十三字《海篇》内亦是“姊末切”。觀其一韻之規皆依唐儒之法,胡此十八字紊其開合之旨?更考《韻會》“拶”字“子末切”,毛晃是“子括切”。今依先範,未敢輕移此“鬢”字,“子曷切”亦是開合之切未審,古以何法安于精開?於理依“姊末切”,還增精合。予識浮淺,畧而詳定,俟其後德再審辯之。

“舊有十九小數”是指《集韻》“鬢子末”小韻所轄19字:鬢、幯、拶、跢、涉濽、藚、瀐、刿、桚、礤、礸、儧、囋、嫪、䞣、𥊍、椕砦。《廣韻》“鬢子末”小韻轄6字:鬢、拶、涉、刿、跢、瀐。韓道昭編纂的《四聲篇海》據《玉篇》收“鬢:子旦切,髮光澤也。又子曷切,多毛也”,①《五音集韻》“鬢”之“姊曷切”當與《玉篇》“子曷切”有關,而“鬢”小韻餘下18字在《四聲篇海》中的切下字皆屬末韻。

由上可知,韓氏改“鬢”的開合可能受到《集韻》《玉篇》兩書的影響。

《廣韻》《集韻》開合對立韻系所收小韻存在被切字和切下字所屬的韻不一致的情況,韓氏按照切下字所屬的韻對小韻進行了調整,相關語例並不只是上文的例(24)—(29)。《五音集韻》開合對立韻系小韻切語取自《廣韻》者,有17例在《廣韻》中被切字和切下字所屬的韻不同,韓氏按切下字所屬的韻調整了其中的15例被切字所屬的韻,未調整的2例,其切下字屬脣音(脣音開合問題另專門討論)。韓書開合對立韻系小韻切語取自《集韻》者,有20例在《集韻》中被切字和切下字所屬的韻不同,韓氏按切下字所屬的韻調整了20例被切字所屬的韻,僅1個例外,即“攟舉蘊”小韻。詳見表3。表中每縱欄中間大字爲小韻,小字爲切語;左側大字爲小韻所

① 韓道昭:《成化丁亥重刊改併五音類聚四聲篇海》,《續修四庫全書》,上海古籍出版社,2002年,第229册,第349頁下。下文所引《四聲篇海》内容皆據此書,不再標出處。

在的韻;右側大字爲小韻切下字所在的韻。

表 3 《五音集韻》對《廣韻》《集韻》開合對立韻系小韻歸屬的調整

	集韻	五音集韻
1	諄 緊乙鄰 真	真 緊乙鄰 真
2	諄 顛典因 真	真 顛典因 真
3	諄 天鐵因 真	真 天鐵因 真
4	諄 田地因 真	真 田地因 真
5	準 駗知忍 軫	軫 駗知忍 軫
6	準 臏逋忍 軫	軫 臏逋忍 軫
7	準 砏匹忍 軫	軫 砏匹忍 軫
8	準 囟思忍 軫	軫 囟思忍 軫
9	稕 愍忙覲 震	震 愍忙覲 震
10	稕 酳士刃 震	震 酳士刃 震
11	稕 阠所陳 震	震 阠所陳 震
12	真 ⿰巾盾測倫 諄	諄 ⿰巾盾測倫 諄
13	質 屈其述 術	術 屈其述 術
14	質 絀式聿 術	術 絀式聿 術
15	質 繘其律 術	術 繘其律 術
16	質 驈户橘 術	術 驈户橘 術
17	混 限魚懇 很	很 限魚懇 很
18	隱 攟舉蘊 吻	隱 攟舉蘊* ?
19	焮 趜丘運 問	問 趜丘運 問
20	迄 鬱紆勿 勿	勿 鬱紆勿 勿
21	緩 侒阿侃 旱	旱 侒阿侃 旱

	廣韻	五音集韻
1	諄 ⿺走亟渠人 真	真 ⿺走亟渠人 真
2	諄 砏普巾 真	真 砏普巾 真
3	準 辰珍忍 軫	軫 辰珍忍 軫
4	準 螼弃忍 軫	軫 螼弃忍 軫
5	準 脪興腎 軫	軫 脪興腎 軫
6	術 獝況必 質	術 獝況必 質
7	術 颶于筆 質	術 颶于筆 質
8	真 麏居筠 諄	諄 麏居筠 諄
9	震 呁九峻 稕	稕 呁九峻 稕
10	真 囷去倫 諄	諄 囷去倫 諄
11	真 贇於倫 諄	諄 贇於倫 諄
12	真 筠爲贇 諄	諄 筠爲贇 諄
13	軫 窘渠殞 準	準 窘渠殞 準
14	軫 殞于敏 準	準 殞于敏 準
15	質 率所律 術	術 率所律 術
16	緩 攤奴但 旱	旱 攤奴但 旱
17	過 侉安賀 箇	箇 侉安賀 箇

* 金崇慶本《五音集韻》隱、吻兩韻皆未收録"蘊",明成化本增"蘊"於吻韻之下,但"攟"小韻仍屬隱韻。

雖然韓道昭據切下字所屬之韻規範了開合對立韻系的小韻歸屬,但仍有疏失,除上表中的"攟舉蘊"小韻外,《五音集韻》中還有開合歸置不當的現象,具體如下:

(30)"黗"在"吞"小韻下

痕韻透紐一等"吞吐根"小韻收"黗",釋文爲"黄色"。

"黗"當據《川篇》新增,《四聲篇海》據《川篇》收"黗,他敦切,《禮》孺子黗之喪,黄色也"。

"敦"於《五音集韻》屬合口魂韻,故據切下字,"蘚"當歸合口魂韻,而非開口痕韻。

(31)"蠡"小韻在果韻

果韻從紐一等有兩個小韻:"蠡才可""坐徂果"。

"可"於《五音集韻》屬開口哿韻,故被切字"蠡"不應歸合口果韻。又哿韻從紐一等小韻即爲"蠡才可"小韻,故果韻的"蠡才可"應删除。而且,合口果韻在從紐一等位置有兩個小韻也與開合對立韻系諸韻在同紐同等的情況下只列一個小韻的體例不合。

明人注意到了韓氏之失,成化本《五音集韻》删去了果韻中的"蠡才可"小韻。

(32)"侒"小韻在緩韻

緩韻影紐一等有兩個小韻:"椀烏管""侒阿侃"。

"椀"小韻切下字"管"於《五音集韻》屬合口緩韻,故"椀"當歸緩韻。

"侃"於《五音集韻》屬開口旱韻,故被切字"侒"不應被收在合口緩韻。又開口旱韻影紐一等即爲"侒阿侃"小韻,且韓道昭用案語專門説明了對"侒"小韻的開合調整[見前文例(25)],故緩韻"侒阿侃"小韻應删除。而且,合口緩韻在影紐一等有兩個小韻也與開合對立韻系諸韻在同紐同等的情況下只列一個小韻的體例不合。

明人注意到了韓氏之失,成化本《五音集韻》删去了緩韻中的"侒阿侃"小韻。

(33)"玔"在"率"小韻下

術韻審紐二等"率所律"小韻末載"玔,玉器"。

"玔"當係據《玉篇》"玔,踈逸切,玉器也,又巨幼切"的"踈逸切"新增。①

"逸"於《五音集韻》屬開口質韻,故據切下字,"玔"當歸開口質韻,而非合口術韻。

由以上討論可知,韓道昭傾向於以切下字的開合來處理被切字的開合,但在韻書編撰過程中出現了一些失誤。

三、唇音字的開合

《五音集韻》中,獨韻既無韻内開合對立,亦無韻外開合對立,故不必專門考察其所轄唇音

① 《宋本玉篇》,中國書店,1983年,第21頁。若無特殊説明,下文所引《玉篇》内容均據此書,不再標出處。

小韻的開合。韓書中兼具開合韻系、開合對立韻系的唇音小韻及其切下字開合關係的統計如表 4 所示。

表 4　《五音集韻》兩類韻系唇音小韻的切下字分類統計表

<table>
<tr><th colspan="2" rowspan="2">韻系類型</th><th colspan="3" rowspan="2">唇音
小韻數</th><th colspan="3">反切下字</th></tr>
<tr><th>唇音</th><th>開口</th><th>合口</th></tr>
<tr><td colspan="2">兼具開合韻</td><td rowspan="3">369</td><td colspan="2">264</td><td>108</td><td>123</td><td>33</td></tr>
<tr><td rowspan="2">開合對立韻</td><td>開口韻</td><td rowspan="2">105</td><td>33</td><td>7</td><td>26</td><td>0</td></tr>
<tr><td>合口韻</td><td>72</td><td>44</td><td>1</td><td>27</td></tr>
</table>

《五音集韻》兼具開合韻系、開合對音韻系的非唇音小韻取唇音作切下字的統計如表 5 所示。

表 5　《五音集韻》兩類韻系非唇音小韻取唇音作切下字統計表

<table>
<tr><th colspan="2">韻系類型</th><th>非唇音小韻數</th><th>取唇音作切下字數</th></tr>
<tr><td colspan="2">兼具開合韻</td><td>1305</td><td>77</td></tr>
<tr><td rowspan="2">開合對立韻</td><td>開口韻</td><td>320</td><td>1</td></tr>
<tr><td>合口韻</td><td>311</td><td>35*</td></tr>
</table>

* 其中有 2 例切下字屬於開口韻唇音字。

由兩表統計可知，兼具開合的韻系中，唇音無所謂開合；開合口對立韻系中，唇音字大體與韻系的開合相同。不過，僅靠反切系聯的統計有可能會遺漏一些細節，故還需依據具體的小韻及反切來分析韓道昭如何處理唇音字的開合、如何在韻圖中排列唇音字的開合。

（一）兼具開合的韻

《五音集韻》兼具開合的韻系共 17 個：脂、微、皆、齊、祭、元、山、仙、麻、陽、唐、庚、清、青、蒸、登及魂（魂韻系僅入聲没韻兼具開合）。除皆、齊、祭三韻系外，其他韻系在等相同的情況下，唇音聲紐下僅一個小韻，不存在對立，故這 14 韻系的唇音小韻無所謂開合，但若將其歸置於韻圖，便會遇到歸開、歸合的問題。以没韻爲例。没韻唇音共 4 個小韻，即“不博没”“誖普没”“勃蒲没”“没莫勃”，皆取唇音字作切下字，且開口“麧下没”與合口“頞烏没”皆取明紐字“没”作切下字，故據切下字無法確定没韻唇音字的開合歸屬。由於《澄鑑圖》已佚，我們無從知曉韓孝彦如何歸置這些韻系唇音字的開合。

除 17 韻系外，“祭三—廢”也可視爲兼具開合的韻。《五音集韻》廢韻雖只有合口字，但韓氏“將祭韻合口第三等皆改於廢韻收之，却將廢韻開口却改於祭韻收之”（見祭韻訐字案語),故韓書廢韻字實爲祭韻三等之合口。《廣韻》《集韻》祭韻三等無唇音字,廢韻轄有唇音字,韓氏把廢韻唇音字仍留在《五音集韻》廢韻,而非轉移到祭韻,這表明廢韻唇音字被韓氏視爲合口,宋元五種韻圖也均將"廢""肺""吠"歸合口圖(《韻鏡》"廢"又重出於開口圖)。《五音集韻》廢韻共有3個唇音小韻,即"廢方肺""肺芳廢""吠符廢"(皆來自《廣韻》),切下字皆屬唇音,韓書廢韻疑紐"㻮牛吠"小韻(來自《集韻》)和影紐"穢於廢"小韻(來自《廣韻》)則取唇音字作切下字,"㻮""穢"被《韻鏡》《七音略》歸合口圖。所以,廢韻唇音字和合口字的關係更爲密切,唇音字理當與合口字歸在一起。

《五音集韻》皆、齊、祭三韻系唇音小韻存在開合對立,韓氏先列切下字屬唇音的小韻,次列切下字屬合口的小韻,但韓氏在處理仙韻唇音開合時,將切下字屬合口的唇音字放在了切下字屬開口的唇音小韻之下。詳情如下。

(34)"鼙""眭"開合對立

齊韻並紐四等有二小韻:"鼙部迷",來自《廣韻》;"眭扶畦",來自《集韻》。"鼙"在"眭"前,按韓書體例,"鼙"開、"眭"合。

據反切系聯,齊韻"豍邊迷""砒匹迷""鼙部迷""迷莫兮"四小韻爲一類,因切下字"兮"屬開,故"豍""砒""鼙""迷"當歸開;"眭扶畦"自爲一類,因切下字"畦"屬合,故"眭"當歸合。

(35)"潎""劇"開合對立

祭韻滂紐四等有二小韻:"潎匹蔽",來自《廣韻》;"劇匹鋭",釋文爲"匹鋭切,釣也,一",來自《玉篇》,《群籍玉篇》據《玉篇》收:"劇,匹鋭切,釣也。○《韻》芳連切,削也。"①又元延祐二年圓沙書院刻《玉篇》收:"劇,匹鋭切,鉤也。"②(《宋本玉篇》收:"劇,匹鉛切,釣也。")"潎"在"劇"前,按韓書體例,"潎"開、"劇"合。

據反切系聯,"蔽必袂""潎匹蔽""獘毗祭""袂弥獘"爲一類,因切下字"祭"屬開,故這四個小韻當歸開;"劇匹鋭"自爲一類,因切下字"鋭"屬合,故"劇"當歸合。

(36)"㖩""庍"開合對立和"賣""昒"開合對立

怪韻幫紐二等有二小韻:"㖩方賣""庍方卦",均來自《廣韻》。怪韻明紐二等有二小韻:"賣莫懈""昒莫拜",都來自《廣韻》。"㖩"在"庍"前、"賣"在"昒"前,按韓書體例,"㖩""賣"屬開,"庍""昒"

① 邢準:《新修絫音引證群籍玉篇三十卷》,第152頁。

② 《大廣益會玉篇》,北京圖書館出版社,2004年,卷十七,第四葉A。

屬合。

《五音集韻》怪韻的反切系聯不能如齊、祭二韻一樣把唇音字劃爲開、合兩類。怪韻唇音共6個小韻："廦方賣""庍方卦""湃普拜""憊蒲拜""賣莫懈""昒莫拜"。"賣"小韻取開口字"懈"作切下字，但"賣"又是合口"卦古賣"小韻的切下字，"庍"小韻又以"卦"作切下字。反切系聯顯示的開合情況和韓書小韻排次先開後合的體例不合。

按排列次序，"迷""蔽""賣"被視作開口字，這可能是受到了實際語音的干擾。據甯繼福先生的擬音，①這幾個韻的唇音字在《中原音韻》裏不帶合口成分。又據《蒙古字韻》，中古音的皆、佳、夬、祭、齊這五韻的唇音字都是不帶合口成分的，參見表 6。

表 6　中古蟹攝五韻唇音字在《蒙古字韻》中的音值

	幫	滂	並	明
怪	拜 paj	湃 p^haj	憊 baj	韎 maj
卦	—	派 p^haj	粺 baj	賣 maj
夬	敗 paj	—	敗 baj	邁 maj
祭	蔽 pi	潎 p^hi	獘 bi	袂 mi
齊	螕 pi	磇 p^hi	鼙 bi	迷 mi

注：擬音據沈鍾偉《〈蒙古字韻〉集校》。表 7 亦然。

(37) "囨"在"篇"小韻下

仙韻滂紐四等"篇芳連"小韻末收"囨，匹玄切，唾聲也"，此係據《玉篇》"囨，匹玄切，唾聲也"增。"連"屬開而"玄"屬合，故將"囨"歸"篇"小韻不當。明成化本《五音集韻》將"匹玄切"獨立爲小韻。甯忌浮先生認爲成化本"强生分别，失當"，金崇慶本"注文殘存'匹玄切'，合而未善"。②若純以切下字開合論之，"匹玄切"獨立爲小韻不謬，但韓書除了曷、末這一對開合對立韻各有一個明紐小韻外，山攝唇音同紐同等之下不設兩個小韻，"匹玄切"獨立和山攝舒聲唇音的分佈規律不合。

韓氏將"匹玄切"歸於"芳連切"之下可能還受到了實際語音的影響。據《蒙古字韻》，中古音仙、先韻系的唇音字均不帶有合口介音(參見表 7)，换言之，仙、先韻系的唇音字被视爲開口字。

① 甯繼福：《中原音韻表稿》，吉林文史出版社，1985 年。

② 甯忌浮：《校訂五音集韻》，校訂記第 16 頁中。

表 7　中古山攝仙先韻系唇音字在《蒙古字韻》中的音值

	幫	滂	並	明
仙	鞭 pɛn	篇 phɛn	便 bɛn	綿 mɛn
獮	褊 pɛn	—	—	緬 mɛn
線	—	騙 phɛn	便 bɛn	面 mɛn
薛	鷩 pɛ	—	—	滅 mɛ
先	邊 pɛn	—	蹁 bɛn	眠 mɛn
銑	扁 pɛn	—	辮 bɛn	—
霰	徧 pɛn	片 phɛn	—	麪 mɛn
屑	閉 pɛ	撆 phɛ	蹩 bɛ	蔑 mɛ

簡而言之，《五音集韻》兼具開合的韻系中只有皆、齊、祭(廢)三韻系存在唇音對立，若將唇音字排到韻圖中，三個韻系的唇音開合對立必須在韻圖中體現出來，否則便會破壞韓書中的小韻分合關係。

(二) 開合對立的韻

從理論上講，開口韻内的唇音小韻與其切下字都當屬開口，合口韻内的唇音小韻與其切下字都應屬合口，但《五音集韻》中開合對立韻系的唇音字與其切下字的開合歸屬並不總是相同的。

甲、被切字屬合口韻非唇音，但切下字屬開口韻唇音

(38)“必”作“獝”的切下字

合口術韻曉紐四等“獝”小韻，音“況必切”。

“必”於《五音集韻》屬開口質韻幫紐，據切下字，“獝”小韻當歸開口質韻，而非合口術韻。

(39)“筆”作“颰”的切下字

合口術韻喻紐三等“颰”小韻，音“于筆切”。

“筆”於《五音集韻》屬開口質韻幫紐，據切下字，“颰”小韻開口質韻，而非合口術韻。

(40)“趉”在“颰”小韻下

合口術韻喻紐三等“颰于筆”小韻末載“趉，走也”。

“趉”當係據《玉篇》“趉，韋筆切，走也”新增。

“筆”於《五音集韻》屬開口質韻幫紐，據切下字，“趉”當歸開口質韻，而非合口術韻。

(41)“茁”歸“怞”小韻下

《廣韻》質韻知紐有二小韻：“窒陟栗”“茁徵筆”。①《五音集韻》將“窒陟栗”小韻歸開口質韻，將“茁徵筆”

① 茁小韻切上字“徵”，余迺永先生認爲：“王一、全王几律反，故徵宜作厥。”(《新校互註宋本廣韻》，第 473 頁)但從《五音集韻》的處理來看，韓道昭應未見過“王一”“全王”這兩部箋註本《切韻》，韓氏將茁小韻歸於知紐之下，而非見紐之下。

小韻及其轄字收於合口術韻“怞知律”小韻之下。

“筆”於《五音集韻》屬開口質韻幫紐,據切下字,《廣韻》“茁徵筆”小韻當歸在開口質韻,而非合口術韻。

乙、被切字屬開口韻非唇音,但切下字屬合口韻唇音

(42) “豻”在“旱”小韻下

開口旱韻匣紐一等“旱胡笴”小韻收“豻,猛獸也”。①

“豻”當係據《玉篇》“豻,何滿切,猛獸也”新增。

“滿”於《五音集韻》屬合口緩韻明紐,據切下字,“豻”當歸合口緩韻,而非開口旱韻。

丙、被切字屬合口韻唇音,但切下字屬開口韻非唇音

(43) 以“可”作“爸”的切下字

合口果韻並紐一等“爸”小韻,音“捕可切”。

“可”於《五音集韻》屬開口哿韻溪紐,據切下字,“爸”應歸開口哿韻,而非合口果韻。

韓氏將“爸”小韻歸合口果韻可能是依據經典韻書歸部(《廣韻》《集韻》皆將“爸”小韻收在果韻,且小韻切下字皆爲“可”),從而忽視了切下字的開合屬性。

(44) “鏻”在“摩”小韻下

合口戈韻明紐一等“摩莫婆”小韻末收“鏻,金也”。

“鏻”當係據《玉篇》“鏻,莫羅切,金”新增。

“羅”於《五音集韻》屬開口歌韻來紐,據切下字,“鏻”當歸開口歌韻,而非合口戈韻。

(45) “罠”在“愍”小韻下

合口準韻明紐三等“愍眉殞”小韻末收“罠,俗黽字”。

“罠”當係據《玉篇》“罠,武忍切,俗黽字”新增。

“忍”於《五音集韻》屬開口軫韻日紐,據切下字,“罠”當歸開口軫韻,而非合口準韻。

例(38)—(45)反映了“真—諄”“寒—桓限舒聲”“歌—戈”三對開合對立韻系中的唇音字實際上没有開合對立。事實上,在同調同紐同等的情況下,三對韻系在唇音位置不存在對立。與之相似,《五音集韻》“殷—文”“痕—魂”兩對開合對立韻系在同調同紐同等的情況下亦無對立小韻。

不過,“曷—末”“咍—灰”在唇音位置存在對立小韻。“曷—末”韻系在唇音位置僅 1 對對

① 旱小韻又收有“皔,毆也、持也”。皔,《玉篇》音何滿切,無義訓。因無法確證韓書旱小韻之“皔”是否來自《玉篇》,故本文不討論“皔”的開合。

立小韻：明[曷　藒矛割～末　末莫撥]。“咍—灰”韻系在脣音位置有 9 對對立小韻：滂[咍　娝普才～灰　肧芳杯]；並[咍　焙蒲來～灰　裴薄回]；幫[海　啚布亥～賄　悖必每]；滂[海　俖普乃～賄　琣普罪]；並[海　倍薄亥～賄　琲蒲罪]；明[海　穤莫亥～賄　浼武罪]；滂[代　怖匹代～隊　配滂佩]；並[代　偝蒲代～隊　佩蒲昧]；明[代　穤莫代～隊　妹莫佩]。以上 10 對小韻中，被切字（即小韻）和切下字的同屬一韻，開合相同。所以，“曷—末”和“咍—灰”的脣音字存在開合之别。

因此，《五音集韻》開合對立韻系脣音字的開合情况不能一概論之，“咍—灰”韻系及入聲韻“曷—末”的脣音字有開合對立，其餘韻系的脣音字則不然。

（三）脣音字的開合歸置是當時的難題

元代韻圖《切韻指南》對脣音字的開合處置大體以脣音字在《五音集韻》中的切下字開合爲根據，以山韻系爲例，《切韻指南》舒聲韻的脣音字分置開合兩圖，把切下字屬合口的脣音小韻放在合口圖（例外爲“扮”，開合重出），但入聲韻字被一律歸入開口，即使切下字屬脣音，同舒聲韻不同，這是因爲“捌”的切下字“轄”屬開口，而“汃”“拔”“傛”的切下字“八”爲“捌”之轄字，故鎋韻脣音字被放到了開口圖。參見表 8。

表 8　《切韻指南》脣音字開合舉隅

	開				合			
	幫	滂	並	明	幫	滂	並	明
山	○	○	瓣薄閑	○	班布還	攀普班	○	蠻莫還
産	○	盼匹限	版蒲限	○	版布綰	○	○	矕武板
諫	扮哺幻	○	瓣蒲莧	慢謨晏	扮哺幻	襻普患	○	○
鎋	捌百轄	汃普八	拔蒲八	傛莫八	○	○	○	○

忌浮先生認爲《切韻指南》以切下字處理脣音字的開合“多此一舉”，並認爲《指掌圖》“將大多數脣音字一刀切入合口圖，很有見地，與音理相符，脣音字本帶有輕微的撮口式”。①不過，《切韻指南》對脣音字開合的歸置並非皆以切下字爲據，例如韓書仙韻系有 25 個脣音小韻，按切下字開合論之，當有 5 個小韻歸合口圖，即“㦃免員”“褊方緬”“緬弭兖”“變彼眷”“卞皮变”，但《切韻指南》只把“褊”“緬”放在合口圖，其他 3 個小韻被放在開口圖。

事實上，該韻圖的編纂者劉鑑指出了脣音字開合處理的困難，《切韻指南》“辨開合不論”云：

① 忌浮：《〈切韻指南〉的脣音開合與入配陰陽——〈切韻指南〉研究之二》，《社會科學戰綫》，1993 年第 6 期，第 258 頁。

> 諸韻切法皆有定式,唯開合一門絶無憑據,直須於開合兩處韻中較訂,始見分明,如蒲干切槃、下没切紇、俱萬切建字之類是也。①

引文中的三條反切,被切字“槃”在《切韻指南》合口圖,切下字“干”在開口圖;被切字“紇”在開口圖,切下字“没”在合口圖;被切字“建”在開口圖,切下字“萬”在合口圖。三條反切所涉被切字、切下字的開合歸屬不一,因此劉鑑才會説“唯開合一門絶無憑據,直須於開合兩處韻中較訂”。類似的説法也見於《指掌圖》“辨獨韻與開合韻例”:

> 總二十圖,前六圖係獨韻,應所切字不出本圖之内;其後十四圖係開合韻,所切字多互見,如眉箭切面字,其面字合在第七干字圖内明字母下,今乃在第八官字圖内明字母下,蓋干與官二韻相爲開合,他皆倣此。②

“箭”屬開口,故“眉箭切面”當歸第七圖干字韻開口圖,但《指掌圖》將“面”放在第八圖官字韻合口圖中,“眉箭切”所切之字不在本圖之中,須按“此葉全無前後收”(見《指掌圖》“檢例上”)的規則來檢尋被切字讀音。

和中古音更爲接近的韻圖《韻鏡》《七音略》,二者對兼具開合之韻的唇音字的開合歸置不是統一的,即使是同一攝内的不同韻系的開合歸置也不盡相同。以《韻鏡》爲例。《韻鏡》兼具開合的韻系共25個,有3個韻系的唇音字有開合對立,有4個韻系存在唇音字開合重出的情況。止攝支、脂二韻唇音字歸開口圖,微韻歸合口圖;蟹攝齊、祭、泰韻的唇音字均在開口圖,佳、皆韻唇音字則開、合分置,“拜”於開、合兩圖重出,夬韻唇音字在合口圖,廢韻唇音字在合口圖,但“廢”又重出於開口圖。如此之類,不再一一介紹。參見表9。表中“—”表示否定,意爲不存在表頭所示情況。

表9 《韻鏡》諸韻唇音字分佈概況

韻系	唇音字數量	唇音開合對立	歸開數量	歸合數量	開合重出
支	19	—	19	0	—
脂	20	—	20	0	—
微	12	—	0	12	—
齊	12	—	12	0	—

① 劉鑑:《切韻指南》,釋思宜明弘治九年本,第三十五葉A。
② 司馬光:《宋本切韻指掌圖》,中華書局,1986年,第13頁。

續表

韻系	唇音字數量	唇音開合對立	歸開數量	歸合數量	開合重出
佳	10	㟪:庍	6	4	—
皆	7	—	4	4	拜
祭	4	—	4	0	—
泰	4	—	4	0	—
夬	3	—	0	3	—
廢	2	—	1	2	廢
没	3	—	0	3	—
元	15	—	0	15	—
删	13	—	3	13	八、拔、傛
山	13	—	13	0	—
先	14	—	14	1	邊
仙	23	辩:變;辨:卞	21	2	—
麻	11	—	11	0	—
陽	14	—	14	0	—
唐	14	—	14	0	—
庚	24	—	24	0	—
耕	14	絣:繃	13	1	—
清	13	—	13	0	—
青	13	—	13	0	—
蒸	8	—	8	0	—
登	12	—	12	0	—

造成宋元韻圖對唇音開合歸置問題的主因是它們的列字大多來自反映中古音的韻書，而非宋元時代實際語音，《五音集韻》小韻切語也多取自《廣韻》《集韻》這兩部和中古音更爲接近的韻書。因此，包括韓道昭在内的宋元切韻學家都有可能遇到了唇音開合歸置的問題，而據上文之討論，韓道昭不可能像《指掌圖》編撰者一樣"一刀切"地將唇音字盡歸合口圖。

四、真空"開合門"和《五音集韻》的關係

爲了解決反切開合不諧的問題，明僧真空設立了"開合門"，《直指玉鑰匙門法》有云：

開合者，謂見溪群疑乃至來日共三十六母爲切，韻逢各母本排只是音和，本眼如無却切開合。故曰："唯有開合一門絶无憑擄，直須於開合兩處韻中較訂，始見分明。"如居縛切钁字、蒲干切槃字、俱萬切建字、下没切紇字之類是也。①

真空"開合門"建立在劉鑑論説之上，引文中的"故曰……"即直接抄自《切韻指南》"辨開合不論"。宋元五種韻圖中，除《切韻指南》第二圖"江攝外一"標"見幫曉喻屬開，知照來日屬合"外，②其餘皆開合分圖，一張韻圖只列開口字或合口字，故拼合反切辨開合有時會遇到"韻逢各母本排只是音和，本眼如无切開合"的情況（主要是唇音字），因而才需要"直須於開合兩處韻中較訂"，即在開合相配的兩張圖内定音歸位，反切的開合才能"始見分明"。

關於"開合門"的發端，李新魁先生認爲《切韻指掌圖》"辨獨韻與開合韻例"是開合門的源頭，③楊素姿則提出："門法中首先注入開合觀念的，既不是真空的《直指玉鑰匙門法》，也不是《切韻指掌圖》，而是韓道昭的《五音集韻》。真空所説應該是受到韓氏的影響。"④楊文認爲真空設立開合門的依據是《五音集韻》祭、廢兩韻下的四條案語，具體如下：

祭韻見紐三等猘居刈小韻　許：元在廢韻收之，昌黎子將祭韻合口第三等皆改於廢韻收之，却將廢韻開口却改於祭韻收之。使後進易爲檢閲，豈不妙哉！達者細詳，知不謬爾。

祭韻疑紐三等劓牛猘小韻　刈：此下一十一字元在廢韻收之，昌黎子今改於此也。

祭韻曉紐四等歇虛乂小韻　歇：元在廢韻，今改于此也。

廢韻疑紐三等緣牛吠小韻　緣：此緣刵二字，元在祭韻收之，今併於此也。

但是，以上四條案語主要顯示的是韓氏爲使"後進易爲檢閲"而對祭、廢兩韻轄字所作的調整。調整之後，祭韻三等只有開口字，廢韻只有合口字，兩韻所轄小韻切下字無交集，不存在"直須於開合兩處韻中較訂"的情況。因此，《五音集韻》的祭三、廢開合分韻最多只能説爲真空創立"開合門"提供了文獻材料上的基礎，但還不能作爲"開合門"的起點。而且，韓道昭傾向於以切下字之開合來審訂被切字之開合，韓氏本人當不會主張"本眼如無切開合"。

① 釋真空：《直指玉鑰匙門法》，金台衍法寺釋覺恒明正德十一年本，第七葉A。

② 江攝無喻紐字，引文中的"曉喻"代指喉音。

③ 李新魁：《漢語等韻學》，中華書局，2004年，第152頁。

④ 楊素姿：《論〈改併五音集韻〉與等韻門法》，《臺南大學學報》（人文與社會類），2004年第38卷第2期，第86頁。

真空曾說"開合門"承自前人,《貫珠集·剏安玉鑰匙捷徑門法歌訣第七》之"開合門例"標題下小注云:"厥例,《篇海》《集韻》《類譜》、經、史俱有之,非余杜撰之,故重出于斯,以便學者揀討之易耳。"①但是,宋元切韻學在開合問題上的主要困難是唇音字的開合歸置,而真空"開合門"所管束的不止於唇音。《貫珠集》"開合門例"所示 20 例反切中只有 10 例與唇音有關,餘下 10 例則不然。詳見表 10。表中"貫珠集"一欄下是真空《貫珠集》"開合門例"下的相關切語,標識陰影者與唇音無關;"五音集韻"一欄下是《貫珠集》所示被切字在《五音集韻》中的切語。

表 10 《貫珠集》"開合門例"所示反切與《五音集韻》比較

	貫珠集	五音集韻		貫珠集	五音集韻
1. 凴	皮瓰	扶氷	11. 克	許警	許永
2. 横	户萠	户萠	12. 籰	王縛	王縛
3. 旬	徐寅	詳遵	13. 建	居万	居堰
4. 若	弱獲	而灼	14. 幫	慱岡	博旁
5. 史	山揣	踈士	15. 肥	烏茄	於靴
6. 正	之詠	之盛	16. 紇	下没	下没
7. 滎	王平	永兵	17. 式	商域	賞職
8. 胤	陽俊	羊晋	18. 萬	武建	無販
9. 王	禹方	雨方	19. 兩	路往	良蔣
10. 槃	蒲干	薄官	20. 直	除域	除力

據上表可知,《貫珠集》"開合門例"示例反切僅有兩例與《五音集韻》相同,即例 2 和例 12;標識陰影的《貫珠集》反切,被切字與切下字的開合不一致,而《五音集韻》則是被切字與切下字開合一致。因此,真空"開合門"並非據韓氏父子論說而設。

五、結　　語

反切的切上字、切下字和被切字之間的語音關係具有規律性,一般而言,被切字的合口特徵由切下字提供。但結合《韻鏡》《七音略》等宋元韻圖來看,《廣韻》《集韻》存在少數由切上字提供合口特徵的反切。針對這種反切行爲不一致的情況,金代音韻學家韓道昭更改了切下字的用字,或據切下字來調整被切字的韻類,但韓氏仍有疏失之處,《五音集韻》未能徹底實現以

① 釋真空:《新編篇韻貫珠集一卷》,《四庫全書存目叢書·經部》,齊魯書社,1997 年,第 213 册,第 524 頁。

切下字定被切字之開合。

《切韻》音系的唇音字不分開合，但在《廣韻》《集韻》少數韻中存在唇音對立現象，無論唇音對立是否有實際語音的支持，等韻學家都要根據一定規則將它們排在韻圖中。以切下字定被切字的開合，據此來審定唇音字的開合是有困難的。因爲唇音字可以同時充當開、合口字的切下字，且開、合口字同樣可以充當唇音字的切下字，《五音集韻》就存在唇音字開合歸屬不一致的情況。處理唇音字的開合並不只是韓道昭的難題，也是當時等韻學家共同的難題。

《五音集韻》不標識"開合"，這一做法也存在於後來的一些等韻化韻書，如元代楊桓《書學正韻》、明代朱祐檳《重編廣韻》和楊時喬《古今字韻全書集韻》等。爲何這些音韻學家爲小韻標識了"等"，但却不標識同樣是等韻學中重要概念的"開合"？這之中的原因暫不清楚，姑俟來日再探之。

永樂本《尚書注疏》底本辨正

□張　劍

［摘　要］ 學界近年來關注的永樂本《尚書注疏》，其底本並非是此前認爲的元刊元印十行本，而是元十行本明初印本。元十行本明初印本存在若干補版，新增若干訛誤，部分版片印刷時又存在筆畫脱落的情况，皆爲永樂本《尚書注疏》繼承。本文在考證永樂本《尚書注疏》底本印刷年代的基礎上，可以證實元十行本《十三經注疏》的版片在明洪武、永樂時期，就已經進行了兩次補版。

［關鍵詞］ 永樂本《尚書注疏》；底本考定；元十行本明初印本；補版

［作者簡介］ 張劍，山東財經大學文學與新聞傳播學院講師（濟南　250000）

學界近年來重視明代永樂本《尚書注疏》，將此版本應用於文獻整理與研究。[①]關於永樂本來歷，杜澤遜師論永樂本《尚書注疏》："此永樂重刻，所據尚係未經明修之十行本，十行本元刊元印世所罕見，則十行本原貌尚可藉此永樂本窺其梗概。"[②]孔祥軍先生認同這一觀點："杜澤遜先生《明永樂本尚書注疏跋》認爲，此永樂重刻所據尚係未經明修之元刊十行本，……其説確然無疑。"[③]筆者以爲，前人的相關論述已經將研究推進到較高的水平，本文研究就是建立在此基礎之上的。但是，有一種特殊現象爲前人所忽視：同一片元刻版葉，即使在未經任何修補的情况下，因版片局部脱落，導致先印之本與後印之本也產生差異。對這一現象的忽視影響了此前相關研究結論的精確程度。本文主要論證永樂本《尚書注疏》的底本是經過明初補版的元十行本，而非元刊元印十行本。分析元十行本相關印本與永樂本《尚書注疏》的關係，對於釐清永樂本諸經注疏刊刻史實以及探索元十行本《十三經注疏》明代補版分期，皆具有一定的學術價值。

① 杜澤遜師主編《尚書注疏彙校》（中華書局，2018 年）將重慶市圖書館藏永樂本《尚書注疏》納入彙校。

② 杜澤遜：《明永樂本〈尚書注疏〉跋》，《中華文史論叢》，2013 年第 4 期，第 373 頁。該文其後收入《尚書注疏校議》，中華書局，2018 年，第 195 頁。

③ 孔祥軍：《美國加州大學東亞圖書館藏元刊十行本〈周易兼義〉的文獻價值》，《廣西師範大學學報（哲學社會科學版）》，2019 年第 1 期，第 23 頁。

一、樂平市圖書館藏元十行本明初印本中的兩種補版

元泰定年間(1323—1328),坊間以宋十行本《十三經注疏》爲底本,翻刻了一套新的《十三經注疏》,學界多稱之爲“元十行本”。元十行本後世經歷多次修補、重印,目前存世者多有明代補版。存在明代補版的印本又有“元刊明修十行本”“正德本”等稱謂。①江西省樂平市圖書館藏有一部元十行本明初印本《尚書注疏》(簡稱樂平十行本),②存序、卷一至卷十五,是明初印本。日本静嘉堂文庫藏有一部補版止於正德的元十行本(簡稱静嘉十行本),是明正德時期印本。北京市文物局藏劉盼遂舊藏元十行本(簡稱劉藏十行本),③其補版止於嘉靖,是明嘉靖時期印本。今將不同時期的印本與永樂本《尚書注疏》④進行比較,考證樂平十行本中存在兩種明初補版。

(一) 甲類補版

如圖1所示,樂平十行本卷十一葉二五上半頁爲元刻葉面,具有明顯的建陽坊刻風格,版心上刻每葉字數,下刻刻工。而樂平十行本卷十一葉二四下半頁,與元刻版葉已然迥異,非元

① 本文關於“元十行本”的基本情況敘述,參考了張麗娟先生《宋代經書注疏刊刻研究》,北京大學出版社,2017年,第355—389頁。

② 樂平十行本已經掃描成圖片,加“樂平市圖書館”水印。樂平市圖書館之前於官網公開若干古籍影像,包括此部文本,其後又關閉古籍影像入口。筆者獲得此部文本,在其關閉入口之前。此部印本存在唯一一葉正德十二年(1517)的補版,爲卷十五葉十七。案明正德時期印本,如日本静嘉堂文庫藏本静嘉十行本。静嘉十行本的全文影像,可見於静嘉堂文庫典藏宋元版數據庫。静嘉十行本存在大量正德六年、正德十二年補版,如《尚書正義序》第一葉,如卷九第二至十三葉,卷十一第十三葉,卷十二第一、二、五、六葉,卷十第二、四、十三、十四葉,而樂平十行本相應的葉面,皆非正德補版。據此可知,樂平十行本唯一一葉正德補版葉(卷十五第十七葉),乃是後人補配,樂平十行本整部印本並非正德時期印刷。類似的補配,在宋元十行本《十三經注疏》當中並非個例,據張麗娟先生《記新發現的宋十行本〈監本附音春秋公羊注疏〉零葉——兼記重慶圖書館藏元刻元印十行本〈公羊〉》(《中國典籍與文化》,2020年第4期)研究,重慶圖書館藏有一部元刻元印十行本《監本附音春秋公羊注疏》,但此部印本卷六末葉(上半葉)、卷二八第十至十四葉、第十五葉(上半葉),總計七葉,確認爲真正的宋刻十行本《監本附音春秋公羊注疏》的零葉。宋刻葉面的以補配的方式零星存在,不影響對此部元刻元印本的研究與使用,只是需要將與其他相關本子進行比較,對其版本以及葉面具體情況加以判斷即可。

③ 《十三經注疏·附釋音尚書注疏》,《中華再造善本》影印北京市文物局藏劉盼遂舊藏元刊明修本,北京圖書館出版社,2006年。

④ 《擇是居叢書·尚書註疏》,民國十五年張鈞衡影刻永樂刊本,簡稱永樂本《尚書注疏》。杜澤遜師《尚書注疏彙校》(中華書局,2018年)據重慶圖書館藏永樂本原書校勘三遍。張鈞衡所影刻的永樂本,確實存在少量改字的情況,但在本文所述例證範圍内,《尚書注疏彙校》展示的永樂本信息,與本文使用的張鈞衡影刻的永樂本皆同,兩者配合使用,基本能够反映本文論述範圍内的永樂本原本的文字面貌,似可採信,下文不再贅述。

刻版葉，而是明初補版，暫稱其爲甲類補版。再結合圖 2 所示，樂平十行本卷十一葉二三下半頁、葉二四上半頁亦屬於甲類補版。甲類補版的版式特點是：版框高度較之元刻大約矮了兩小字高度，版心不再刻每卷字數、刻工姓名，而是改成上下黑口，甲類補版的字體也與宋元建刻風格差異明顯。

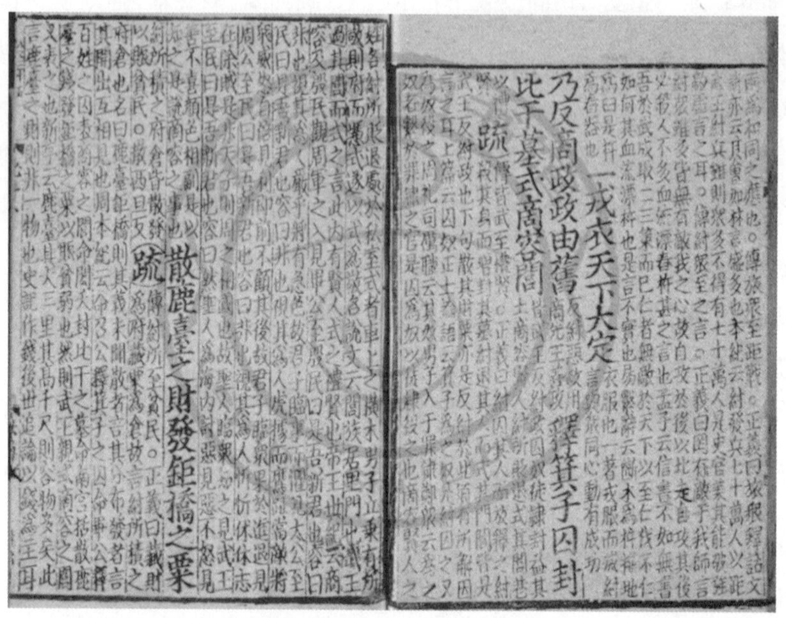

圖 1　樂平十行本卷十一葉二五上元刻版葉（左）、葉二四下明初補版（右）

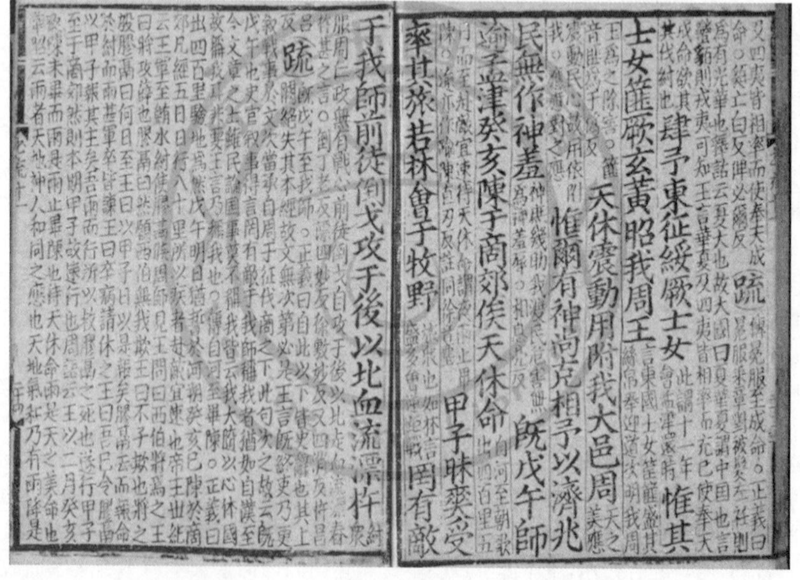

圖 2　樂平十行本卷十一葉二三下明初補版（右）、葉二四上明初補版（左）

與圖 3 所示永樂本《尚書注疏》①相比對，甲類補版與永樂本《尚書注疏》的字體風格相近。此外，觀察静嘉十行本當中包含的明正德時期的補版，正德補版的字體則趨向細瘦、不工整。可以看出，元刻版葉、甲類補版、永樂本《尚書注疏》、正德補版，字體存在一個逐漸變化的過程。

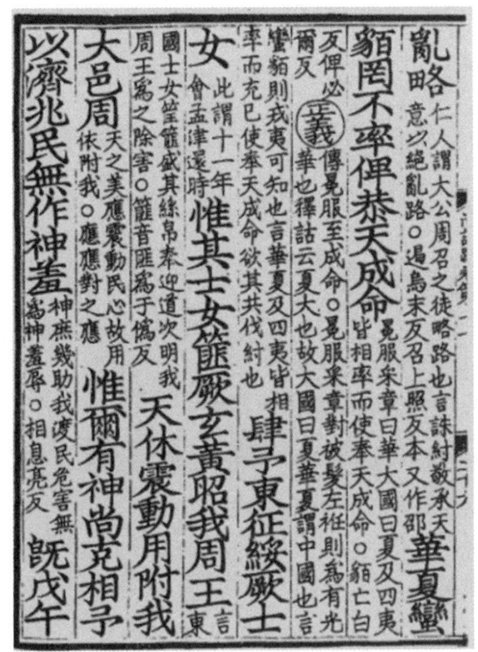
亂略仁人謂大公周召之徒略路也言誅紂敬承天意以絶亂路○遏烏末反召上照反本又作邵華夏蠻
貊罔不率俾恭天成命冕服采章曰華大國曰夏及四夷皆相率而使奉天成命○貊亡白反俾必爾反
（正義）傳冕服至成命○冕服采章對被髮左衽則爲有光華也釋詁云夏大也故大國曰夏華夏謂中國也言蠻貊則戎夷可知也言華夏及四夷皆相率而充已使奉天成命欲其共伐紂也肆予東征綏厥士
女此謂十一年會孟津還時惟其士女篚厥玄黃昭我周王言東國士女筐篚盛其絲帛奉迎道次明我周王爲之除害○篚音匪爲于僞反
天休震動用附我天之美應震動民心故用依附我○應應對之應
大邑周惟爾有神尚克相予
以濟兆民無作神羞神庶幾助我渡民危害無爲神羞辱○相息亮反既戊午

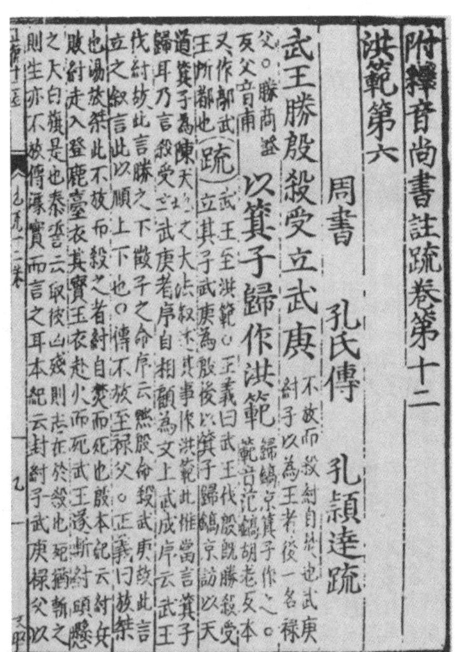
附釋音尚書註疏卷第十二
洪範第六
周書 孔氏傳 孔穎達疏
武王勝殷殺受立武庚不放而殺紂自焚也武庚紂子以爲王者後一名祿父○勝商證反父音甫
以箕子歸作洪範歸鎬京箕子作之○範音犯鎬胡老反本又作鄗武王所都也
（疏）武王至洪範○正義曰武王伐殷既勝殺受立其子武庚爲殷後以箕子歸鎬京訪以天道箕子爲陳天地之大法敘述其事作洪範此惟當言箕子歸耳乃言殺受立武庚者序自相顧爲文上武成序云武王伐紂故此言勝之下微子之命序云殺武庚故此言立之敘言此以順上下也○傳不放至祿父○正義曰湯放桀此不放而殺之者紂自焚而死也殷本紀云紂兵敗紂走入登鹿臺衣其寶玉衣赴火而死武王遂斬紂頭懸之大白旗是也泰誓云取彼凶殘則志在於殺也死猶斬之則生亦不放傳據實而言之耳本紀云封紂子武庚祿父以

圖 3　永樂本《尚書注疏》卷十一葉二六下（左）、劉藏十行本之正德補版（右）

（二）乙類補版

除了以上所示的甲類補版，樂平十行本當中還有另外一種補版，暫稱其爲乙類補版，如圖 4 所示。

無論是静嘉十行本還是劉藏十行本，圖 4 所示的兩葉明初補版仍存，並未以其後的正德、嘉靖補版將其替换。杜澤遜師《尚書注疏校議》以劉藏十行本卷十三葉十五爲論述對象，認爲“此版之修當在明初”。②杜先生認爲的明初補版，即本文細化分類的明初“乙類補版”。乙類補版與元刻版葉版框高度基本没有差别；另外乙類補版的版心也刻有每葉字數、刻工姓名，亦有書耳，③可

① 筆者未能見到重慶市圖書館所藏永樂本《尚書注疏》原書，版式字體風格亦根據張鈞衡影刻之本。

② 杜澤遜撰：《尚書注疏校議》，中華書局，2018 年，第 63 頁。

③ 李振聚教授《〈毛詩注疏〉版本研究》（山東大學博士學位論文，2018 年，第 133 頁）認爲：“《毛詩注疏》所存明初補版已難以考訂其確切時代，凡補刻於明正德之前者，概稱之爲明初補版。明初整修工作，一是對元板漫漶進行補修，一是對元板缺佚殘損者進行補刻。明初補版已無書耳。”李振聚教授認爲所有明初補版皆無書耳。此觀點略有絶對之嫌。本文所論乙類補版，展示了明代較早的補版是有書耳的，反映了明代初期某一次較早的補版仍然遵照元刻版式的事實。

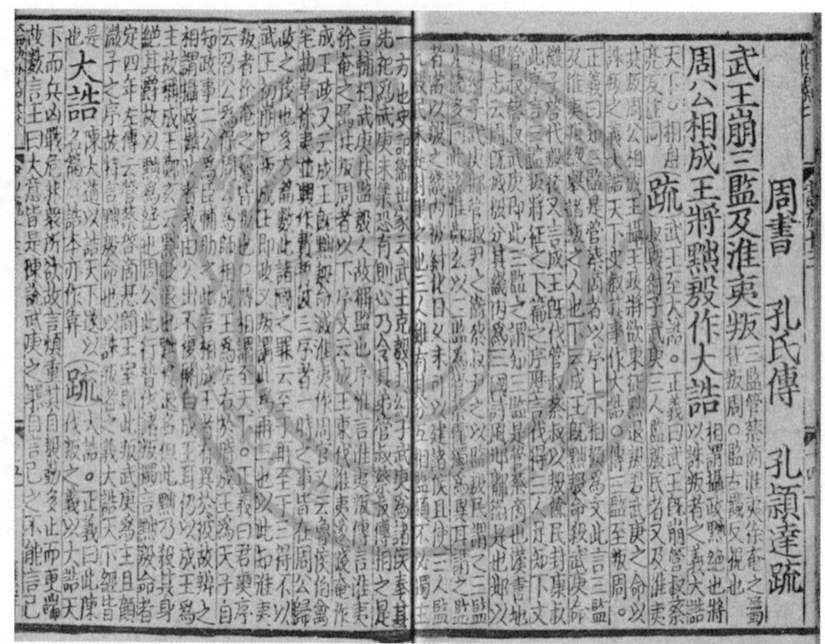
周書　孔氏傳　孔穎達疏

武王崩三監及淮夷叛

周公相成王將黜殷作大誥

大誥

圖 4　樂平十行本卷十三葉十四下(右)、葉十五上(左)

謂在版式方面與元刻版葉一致。但是,乙類補版的字體風格與元刻版葉不同,與甲類補版、永樂本的字體風格也不完全一致,乙類補版的字體風格處於元刻版葉與甲類補版之間。從一般規律出發,乙類補版的出現,應該在甲類補版之前,故而在版式特點上仍沿襲元刻版葉。到了甲類補版之時,則放棄了遵照元刻版式,不再於版心刻每葉字數、刻工姓名,也不再刻書耳。

二、永樂本《尚書注疏》底本是有明初補版的元十行本

元十行本版片從元泰定年間至明嘉靖年間,歷經多次修版、印刷。一般認爲,明代以來元十行本的版片有所損壞,故而出現修版補版。補版的版式以及字體風格上與元刻版葉有所不同,文字上也有出入。補版修版與元刻版葉的差别向來爲學界重視。筆者則發現,元刻版葉先印、後印也有差别,這主要是較早印刷時版片完整,而再次印刷時版片出現筆畫脱落,[①]遂印成它字。這一現象可以成爲考定永樂本《尚書注疏》底本的有力證據。根據此現象,斷定永樂本

① 明正德、嘉靖時期,也有對元刻版葉的局部剜改,然剜改後的文字字體與元刻版葉不同。這類情況不屬於本文論述的筆畫脱落。

《尚書注疏》的底本不可能是元刊元印十行本，其所據底本的印刷時間甚至不可能早於明初印刷的樂平十行本。

案，樂平十行本卷三葉三右欄第 5 行出“是五者同爲一事所從”，檢正德時期印刷的静嘉十行本、嘉靖時期印刷的劉藏十行本、永樂本《尚書注疏》“同”皆作“司”。今案疏文文義，謂一家之内有五典，父母兄弟子也，此五者亦是下文所謂五品、五教，其實一也。樂平十行本作“同”是，静嘉十行本、劉藏十行本、永樂本《尚書注疏》作“司”顯誤。若言永樂本《尚書注疏》刊刻時有改字，確爲事實，但永樂本《尚書注疏》不可能偏偏將底本“同”字誤改作“司”字。難道永樂本《尚書注疏》改字反而與晚出的静嘉十行本、劉藏十行本同誤？顯然不是。事實是：永樂本所據底本即作“司”。無論是明初的樂平十行本，還是其後的静嘉十行本、劉藏十行本，此葉皆爲元刻版葉，而先印、後印却存在“同”“司”之别。筆者以爲，在樂平十行本印刷之後，元十行本版片中的“同”字筆畫有局部脱落，此後印刷便皆印作“司”字。正德年間印刷的静嘉十行本、嘉靖時期印刷的劉藏十行本皆誤作“司”字，進一步證明並不是某次印刷過程中操作不慎導致“同”字印字不清而變成“司”，而是在樂平十行本印刷之後，元刻版片中的“同”字筆畫局部損壞，此後再印刷的本子只能皆印作“司”。永樂本《尚書注疏》刻作“司”，是因爲永樂本《尚書注疏》底本即作“司”。如此，永樂本《尚書注疏》根本不可能以元刊元印十行本作爲底本。

類似的情況絶非個例，樂平十行本卷三葉二四左欄第 2 行“故皐陶能明信五刑”，静嘉十行本、劉藏十行本、永樂本《尚書注疏》“故”作“攷”。案文義，疏文是釋孔《傳》何以言“皐陶能明信五刑”，作“故”是，作“攷”則文義不通。樂平十行本、静嘉十行本、劉藏十行本此葉皆爲元刻板葉，本不應該有文字差别。然樂平十行本印於明初，而静嘉十行本、劉藏十行本印刷時，版片“故”字筆畫局部脱落，遂印作“攷”。永樂本《尚書注疏》誤作“攷”，可知永樂本《尚書注疏》並非出自元刊元印十行本，其所據底本甚至很難早於樂平十行本。

樂平十行本卷六葉五左欄第 4 行“相去甚遠”，静嘉十行本、劉藏十行本、永樂本《尚書注疏》“甚”作“其”。案文義，作“甚”是，作“其”顯誤。樂平十行本、静嘉十行本、劉藏十行本此葉皆爲元刻版葉，而静嘉十行本、劉藏十行本之所以訛作“其”字，蓋因版片“甚”字筆畫部分損壞，遂印作“其”。永樂本《尚書注疏》作“其”，説明永樂本《尚書注疏》底本亦當作“其”，永樂本《尚書注疏》的底本又如何能早於樂平十行本的印刷時間？

樂平十行本卷九葉六左欄第 10 行“馬云視也徐息反”，永樂本《尚書注疏》“也”作“上”；静嘉十行本、劉藏十行本“也”作“王”。樂平十行本此葉爲元刻版葉，而静嘉十行本、劉藏十行本此葉爲正德補版。案，樂平十行本雖作“也”，然其“[illegible]”字漫漶，疑樂平十行本之後，某次印刷時所印文字更加難以識别，故而永樂本《尚書注疏》誤將文字識别作“上”，而元十行本正德時期補版則誤識别作“王”。

除了元刻版葉，明初補版較早印刷與較晚印刷也有差别。如樂平十行本卷十五葉二三右欄第5行"便就君於周"，劉藏十行本同；静嘉十行本、永樂本《尚書注疏》"便"作"使"。案，樂平十行本、静嘉十行本、劉藏十行本此葉皆爲明初補版。樂平十行本作"便"不誤。自樂平十行本之後，版片中的"便"字筆畫出現脱落，静嘉十行本、永樂本《尚書注疏》皆作"使"，即爲明證。至嘉靖時，對此葉版片進行局部修改，將樂平十行本之後脱落而成的"使"字剜改作"便"，校正了文字，嘉靖時期印刷的劉藏十行本此處"便"字具有明顯的嘉靖時期補版的字體風格。這一例證不僅説明永樂本《尚書注疏》底本的印刷時間晚於樂平十行本，還説明永樂本《尚書注疏》的底本是存在明初補版的，絶非元刊元印十行本。

以上所述例證，基本可以證明永樂本《尚書注疏》的底本不可能是元刊元印十行本。另外，古籍印刷時確實可能存在操作粗疏，導致個别文字印字不清，比如"凡"印作"几""三"印作"二"。但是，本文所列例證並不屬於這一情況。因爲不可能一次印刷不仔細之后，此後所有的印刷活動都出現了同樣的問題。這只能説明問題産生的根源在版片，版片在明初某次印刷之後出現部分文字筆畫脱落，絶非是永樂本《尚書注疏》的底本印刷不够細緻。根據版片先印、後印産生的差别，基本斷定永樂本《尚書注疏》的底本不是元刊元印十行本，印刷的時間應該不會早於現存的樂平十行本。根據樂平十行本先問世、永樂本後問世的事實，現存的樂平十行本中的明初補版可以斷定爲明洪武、永樂時期補版。元十行本《尚書注疏》在洪武、永樂這一階段内，歷經了兩次補版。兩次補版之後，在洪武、永樂年間應該有兩次及兩次以上的印刷，較早的一次印刷，産生了有如樂平十行本這樣的印本；稍晚一次的印刷，則産生了永樂本《尚書注疏》底本這樣的印本。這兩次印刷之間，版片没有新增的補修，只是稍晚的那一次印刷，元刻版片、明初補版皆出現了一些筆畫脱落，造成洪武、永樂時期補版結束之後不同批次印刷而成的本子之間也有細微的文字差别。

三、永樂本《尚書注疏》校刊事實辨正

永樂本《尚書注疏》既然以元十行本明初印本爲底本，則目前對永樂本《尚書注疏》相關校刊史實的認識，須稍加辨正。

(一) 永樂本《尚書注疏》承襲了明初補版的訛誤

杜澤遜師認爲永樂本《尚書注疏》"所據尚係未經明修之十行本，……則十行本原貌尚可藉此永樂本窺其梗概"。[①]永樂本《尚書注疏》元刻版葉絶大多數時候保存了元十行本的面貌。但

① 杜澤遜：《尚書注疏校議》，第195頁。

是，永樂本《尚書注疏》也保存了明初補版新增的訛誤，而元十行本原本應該不誤。日本關西大學藏有一部南宋末年刊刻的帶有重言重意的建刻巾箱小本《尚書注疏》（簡稱巾箱本），[①]大致是以今天已經失傳了的宋十行本爲底本。巾箱本可以作爲探討宋十行本、元十行本面貌的參考，藉之可大體推斷永樂本《尚書注疏》的若干訛誤實際上源自元十行本的明初補版。如樂平十行本卷十四葉五左欄第10行出“我聞名遺言曰”，永樂本《尚書注疏》、静嘉十行本、劉藏十行本同。樂平十行本、静嘉十行本、劉藏十行本此葉皆爲明初補版。案，存世的宋刻本，如八行本[②]、魏縣本[③]、巾箱本，以及蒙古所刻平水本[④]“名”皆作“古”。當以南宋諸本作“古”是，樂平十行本等作“名”顯誤。樂平十行本此葉爲明初補版，疑明初補版時誤“古”作“名”。永樂本《尚書注疏》承襲了元十行本明初補版的訛誤，這類情況在樂平十行本明初補版較多的卷十五當中不乏其例。

表1 樂平本卷十五明初補版中的訛字

	樂平十行本(明初補版)	永樂本	八行本	魏縣本	平水本	巾箱本
卷十五葉三左欄第8行	周祀后稷	祀	祖	祖	祖	祖
卷十五葉四右欄第10行	周公以順立	立	位	位	位	位
卷十五葉六右欄第2行	無道尤改之	尤	猶	猶	猶	猶
卷十五葉二三右欄第5行	命正公後	正	立	立	立	立
卷十五葉二五右欄第1行	王意以礼留我	礼	此	此	此	此
卷十五葉二五左欄第9行	所以君土中	君	居	居	居	居
卷十五葉二六左欄第8行	釋註云	註	詁	詁	詁	詁

明初補版“祖”訛作“祀”，“位”訛作“立”，“猶”訛作“尤”，“立”訛作“正”，“此”訛作“礼”，“居”訛作“君”，“詁”訛作“註”。很可能是元刻版葉文字漫漶，明初替换元刻版葉時産生的形近之訛。檢南宋坊間所刻魏縣本、巾箱本皆不誤。明初補版較之元刻版葉，訛誤增多。明初補版中的這些問題應該不是輾轉承襲自宋十行本、元十行本，而是明初補版時的刻誤。因此，元十行本原貌似乎不能儘藉永樂本《尚書注疏》來窺其梗概。

---

① 巾箱本文字異同，多與南宋坊間所刻魏縣本、元十行本諸多印本相合，因此，巾箱本應該是南宋末年建陽坊間以宋十行本爲底本進行刊刻的。在此不展開論述。

② 《尚書正義》，《中華再造善本》影印國家圖書館藏宋刻八行本，北京圖書館出版社，2006年。

③ 《景印宋本附釋文尚書注疏》，影印南宋慶元間建安魏縣尉宅刻本，卷十七至卷二十闕，臺北故宫博物院，1989年。

④ 《尚書註疏》，《中華再造善本》影印國家圖書館藏蒙古平水地區刻本，卷三至卷六爲抄本補配，北京圖書館出版社，2004年。

（二）永樂本《尚書注疏》誤識底本文字

永樂本《尚書注疏》刊刻中存在誤識底本文字的情況，這往往也與元十行本明初印刷時筆畫脱落、印字不清有關。杜澤遜師論“永樂本之可取”，摘明監本卷十一《牧誓》疏文“《列女傳》云‘紂好酒淫樂，不離妲己。妲己所與言者貴之，妲己所憎者誅之’”，指出“與言”二字，單疏本、八行本、魏縣本、平水本均作“舉言”，永樂本、明閩本作“與言”，以爲：“《列女傳》作：‘妲己之所譽貴之，妲己之所憎誅之。’爲對句。唯自宋刊單疏本已作‘舉言’，則其誤由來已久，殆先誤‘譽’爲‘與言’二字，再誤爲‘舉言’二字也。永樂本作‘與言’尚存蹤跡，其本頗劣，竟亦有可取之處。閩本作‘與言’或沿永樂本，是閩本亦非草草也。”①事實上，永樂本《尚書注疏》作“與言”並不是因爲它繼承了元十行本的可取之處。案，樂平十行本之“ ”字，其作“舉”清晰可辨，則元刻版葉作“舉”無疑；然正德時期印刷的静嘉十行本作“ ”，“舉”字下半部分印字略有不清，近似“與”字，應該是因爲明初某次印刷之後版片文字出現細微脱落。據此推斷，實際上是永樂本《尚書注疏》的底本印字不清，故而永樂本《尚書注疏》誤將其識别作“與”，所形成的“與言”二字反而更加接近正確的“譽”字。至於閩本作“與”，是因爲閩本以元刊明正德修十行本爲底本，所以也刻作“與”，絶非閩本繼承永樂本《尚書注疏》文字勝處，皆因“弄拙成巧”而已。

（三）重新判斷永樂本《尚書注疏》的校補之處

在考定永樂本《尚書注疏》底本印刷年代的基礎之上，才能更加準確地理解永樂本《尚書注疏》究竟在哪些地方對文字加以校勘。事實上，永樂本《尚書注疏》校勘文字的例子較少，②若有善本可據，加以精細校刊，則不必較多地承襲明初補版中的訛誤了。杜澤遜師摘《堯典》明監本卷二葉三一第 15 行疏文“然則大禹之功顧亦因鯀”，指出單疏本、八行本、魏縣本、平水本均作“顧”，認爲“十行本③此版版心有字數及刻工‘天易’，學界一般認爲猶是元刻，而‘頗’字作‘顧’，閩本、監本、毛本、殿本、阮本沿之作‘顧’，唯永樂本作‘頗’與宋本合，是永樂本重刊元十行本亦有校讎也”。④筆者以爲，永樂本《尚書注疏》作“頗”，並非是其校正文字。案，樂平十行本卷二葉二三左欄第 10 行作“ ”，是“頗”字無疑；静嘉十行本略有漫漶，作“ ”，其“頗”字依然可辨。劉藏十行本此葉雖整體仍爲元刻版葉，却已刻作“ ”。蓋劉藏十行本作“顧”是因爲嘉靖時期對元刻版葉漫漶的文字進行剜改，剜改時誤作“顧”。永樂本《尚書注疏》作“頗”不誤，是因爲所據底本即作“頗”，因此，這不屬於永樂本《尚書注疏》的校勘。

若不明永樂本《尚書注疏》底本印刷年代，很容易忽略永樂本《尚書注疏》刊刻時補闕文字

①④　杜澤遜：《尚書注疏校議》，第 64—65 頁。

②　永樂本《尚書注疏》校勘的例證，可參見《尚書注疏校議》（第 64 頁）“永樂本之校勘”所列第二、第三條札記。

③　杜澤遜師所稱“十行本”，是本文所謂的劉藏十行本。

的事實。如静嘉十行本卷十四葉五左欄第 9 行出“以小人難保也”，劉藏十行本同；八行本、魏縣本、平水本、巾箱本、永樂本《尚書注疏》“保”作“安”；樂平十行本“保”字作“■”，是爲一字墨釘。案，諸本孔《傳》出“以小人難安”，則疏文作“安”爲是。樂平十行本、静嘉十行本、劉藏十行本此葉爲明初補版，樂平十行本印刷時作一字墨釘。静嘉十行本作“保”，乃是正德時期將明初補版中的墨釘剜改作“保”，誤也。永樂本《尚書注疏》刻作“安”，或是據孔《傳》補底本疏文闕字，或是據它本。[①]又静嘉十行本卷十五葉六右欄第 5 行“故以爲言也”，劉藏十行本同；單疏本作“託”，八行本、魏縣本、平水本、巾箱本、永樂本“故”作“託”；樂平十行本此字爲墨釘。案，樂平十行本、静嘉十行本、劉藏十行本此葉皆爲明初補版，明初補版時此處作一字墨釘；正德時期將墨釘剜改作“故”，誤。永樂本《尚書注疏》根據的底本應該也是有墨釘的，永樂本《尚書注疏》則補刻作“託”，是也。

四、結　　語

永樂本《尚書注疏》的底本爲元十行本明初印本，且有明初補版。在此基礎上，筆者對元十行本《十三經注疏》明初補版的相關問題做出大致推斷：元末至明洪武時期，元十行本《十三經注疏》諸經注疏的版片應該也保存得較爲完好。傾向於認爲，元末至明洪武年間，元十行本《十三經注疏》很可能還没有經歷大規模的補版。關於明代洪武時期是否存在修版這一問題，李振聚教授也曾加以探討，其指出：“清柴紹炳《省軒考古類編》卷四載：‘明初……又頒《十三經注疏》於學宫。’考《明實録》即載明洪武二十一年，福州布政使司進呈《禮記注疏》三十一部。蓋在洪武時有頒書之舉，當取自福建之元刊十行本，此時刷印，當據舊板修補而成。”[②]李振聚教授認爲明洪武年間印刷《十三經注疏》，當據元十行本舊版修補而成。筆者根據永樂本《尚書注疏》底本的印刷時間晚於樂平十行本《尚書注疏》的事實，又結合樂平十行本《尚書注疏》存在的明初的兩次補版，證明樂平十行本《尚書注疏》當中的明初乙類補版、甲類補版應該出現在明代洪武、永樂時期。至於較早出現的乙類補版是否爲李振聚教授提出的明洪武年間的補版，目前無法證實，但甲類補版必定是明永樂時期補版。只因永樂本《尚書注疏》刊刻於永樂本年間，且又晚於樂平十行本《尚書注疏》的緣故。永樂本《尚書注疏》在研究元十行本《十三經注疏》明初

① 此則例證，若非上文已經論述了永樂本《尚書注疏》來自含有明初補版的元十行本，則此類札記所示永樂本《尚書注疏》與南宋坊間所刻魏縣本、巾箱本同作“安”，很容易促使學者産生永樂本《尚書注疏》或許來自宋十行本的觀點。

② 李振聚：《〈毛詩注疏〉版本研究》，山東大學博士學位論文，2018 年，第 132 頁。

補版的過程中起到了“參照物”的作用,而要證實明代洪武補版的存在則缺少類似的實證。因此,在現有的證據下只能斷定:元十行本《十三經注疏》在明代洪武、永樂時期必定至少經歷了兩次補版,稍晚的一次補版必定是永樂時期補版。

至於永樂本諸經注疏是否存在一套完整的《十三經注疏》叢書?筆者傾向於認爲並不存在。目前永樂本存世的只有《周易兼義》《尚書注疏》《毛詩注疏》三種。儒家經典十三經當中最爲核心的是五經,分別是《周易》《尚書》《毛詩》《禮記》《左傳》,存世的永樂本《周易兼義》《尚書注疏》《毛詩注疏》似乎也是按照這一順序刊刻的。元十行本《十三經注疏》版片傳至明永樂時期,出現了一定程度的損壞,短暫地無法繼續印刷較爲完整的讀本。永樂本根據某些底本翻刻,擴大開本,改成半葉八行,計劃形成一套新的《十三經注疏》版本。但隨著元十行本《十三經注疏》補版工作的陸續進行,元十行本此前壞爛損毁的版片得到替换,可以重新印刷較爲完整的印本,滿足了市場需求。[①]永樂本《毛詩注疏》之後的《禮記注疏》《左傳注疏》卷帙浩繁,體量巨大。因此,當時永樂本諸經注疏刊刻可能就此停止。現存永樂本唯有《周易兼義》《尚書注疏》《毛詩注疏》,或許事實上只刊刻了這三部。

---

① 直至明嘉靖中,李元陽、江以達等人方於閩中刊刻《十三經注疏》。從永樂初至嘉靖中,大約一百五十年時間,除了元十行本的諸多印本,目前尚未見到其他任何一部《十三經注疏》。如果永樂本形成了一套完整的《十三經注疏》,是很有可能代替元十行本通行於世的。

張自超《春秋宗朱辨義》與《春秋》書法

——以敘事見本末、發微闡幽爲詮釋視角

□張高評

［摘　要］ 張自超著《春秋宗朱辨義》，有兩大宗旨：其一，標榜宗朱，宣示私淑所在；其二，凸顯辨義，强調補充與發明。十二卷書中，二者往往脈注綺交，轉相發明。《春秋宗朱辨義》揭示："是非以筆削而見，褒貶以是非而見。"如何因筆削而考求是非褒貶之義，遂成爲本研究之焦點課題。"爰始要終，本末悉昭"，爲古春秋紀事之成法。《左傳》以史傳經，敘事見本末，薪傳春秋古法。《辨義》一書，本朱子據事直書之旨，參酌《左傳》原始要終，尋究所窮之長，運以比事屬辭之書法，以之考求《春秋》之微辭隱義。是非疑似之處，則闡幽發微，匡謬補缺，蔚爲自成一家之創見。此一經典詮釋之法，宏觀而系統如是，影響方苞《春秋》學之論述，《春秋通論》所謂"按全經之辭，而比其事"。以經求經，可以無傳而著。

［關鍵詞］ 《春秋》書法；直書示義；比事屬辭；《春秋宗朱辨義》；朱子《春秋》學

［作者簡介］ 張高評，揚州大學文學院兼任教授（揚州　225002），成功大學名譽教授（臺南　701401）

一、前　　言

《春秋》敘事，都不説破，蓋有言外之意。緣於孔子筆削魯史，作成《春秋》，其立義創意，出自"丘竊取之"之别裁獨斷。以朱熹（1130—1200）之博學通儒，猶言《春秋》難看、難知、難説、不可曉，自難理會。除《朱子語類》載存《春秋綱領》一三三則之外，終生未有專著。[①]於是，考索《春秋》之指義，遂成爲歷代研治者之志業。

張自超（1654—1718），字彝嘆，著有《春秋宗朱辨義》（以下簡稱"《辨義》"）十二卷。《四庫全書總目》稱："是書大意，本朱子據事直書之旨，不予隱深阻晦之説。惟就經文前後參觀，以求

① 張高評：《朱熹之〈春秋〉觀——據實直書與朱子之徵實精神》，收入臺灣大學中文系、中國經學研究會主編：《第八屆中國經學國際學術研討會論文選集》，萬卷樓圖書公司，2015 年，第 353—356 頁。

其義。……雖以宗朱爲名,而參求經傳,實出自心得者爲多。"①其後,方苞著《春秋通論》《春秋直解》,多取材於此書。

張自超《辨義》,揭示即事可以顯義,比事屬辭可以觀義,終始本末可以見義;以《經》治《經》,可以"無傳而著"諸理念。宗法朱熹解讀《春秋》學之旂向,頗見張自超《春秋》詮釋學之特色。經學漢宋之争,宋學以義理説經,漢學注重章句訓詁,由此可見一斑。由於篇幅所限,本部分已别撰《張自超〈春秋宗朱辨義〉與直書示義之書法》一文,不贅。

筆者以爲:或據筆削,或因比事、或憑屬辭、或探究終始,皆可以即器以求道,破譯《春秋》之微辭隱義。本文持比事屬辭爲研究視角,參考《朱子語類·春秋·綱領》之論説,以張自超《春秋宗朱辨義》爲研究文本,考察張自超解經之層面,分爲二端:其一,持《左傳》敘事見本末,以見《春秋》宗朱。其二,探討《辨義》原典之發微闡幽,以標榜《春秋》宗朱。論證如下:

二、《左傳》敘事見本末與《春秋》宗朱

劉師培(1884—1919)考察古春秋記事之成法,有所謂"爰始要終,本末悉昭,則記事以詳爲尚"之説。②始、微、積、漸,爲歷史發展之必然規律,原始要終,本末悉昭,自然成爲敘事之脈絡與要領。由此可知,《左傳》之敘事見本末,即古春秋記事成法之傳統與流韻。

晉杜預(222—285)《春秋經傳集解·序》稱:"傳或先經以始事,或後經以終義,或依經以辯理,或錯經以合異,隨義而發。"③先經、後經、依經、錯經,揭示歷史敘事若干之法門。清劉熙載《藝概·文概》稱:"敘事有主意,如傳之有經也。主意定,則先此者爲先經,後此者爲後經,依此者爲依經,錯此者爲錯經。"歷史敘事如此,文學敘事又何嘗不然?④

(一)"爰始要終,本末悉昭",爲古春秋紀事之成法

杜預《春秋序》又稱:"丘明授經於仲尼,身爲國史,躬覽載籍,其文緩,其旨遠。將令學者原始要終,尋其枝葉,究其所窮。優而柔之,使自求之,饜而飫之,使自趨之。若江海之浸,膏澤之潤,涣然冰釋,怡然理順。"⑤《左傳》以史傳經,原始要終,尋究所窮。蘇轍著《春秋集解》,援引《春秋序》,以破解王安石詆《春秋》爲"斷爛朝報"之謬。⑥且持《左傳》之敘事,説解《春秋》經。

---

① 《春秋宗朱辨義》提要,《四庫全書總目》卷二九,藝文印書館,1974年,第22—23葉,總第602—603頁。

② 劉師培:《古春秋記事成法考》,《左盦集》卷二,《劉申叔先生遺書》,華世出版社,1975年,第1頁。

③⑤ 《春秋左傳注疏》卷一《春秋序》,藝文印書館,1955年,影印阮元《十三經注疏》本,第11葉,總第11頁。

④ 劉熙載著,徐中玉,肅華榮校點:《藝概》卷一《文概》,《劉熙載論藝六種》,巴蜀書社,1990年,第43頁。

⑥ 蘇轍:《春秋集解》卷首《潁濱先生〈春秋集解〉引》,大通書局,1970年,影印清錢儀吉《經苑》本,第1—2葉,總第2548頁。

同時，據史爲斷，駁斥以義解經。①

唐陸淳（？—806）傳啖助、趙匡之學，著《春秋纂例》，稱《左傳》"博采諸家，敘事尤備，能令百代之下頗見本末。因以求義，經文可知"。②宋人《春秋》學，多推衍中唐啖助、趙匡之説，尤於《左傳》敘事見本末，多所關注。如葉適（1150—1223）《習學記言序目》論《春秋》：

> 既有《左氏》，始有本末，而簡書具存，實事不没。雖學者或未之從，而大義有歸矣。故讀《春秋》者，不可以無《左氏》。二百四十二年，明若畫一，無訛缺者。捨而他求，焦心苦思，多見其好異也。③

《左傳》以史傳經，敘事見終始本末。讀者據事求義，而《春秋》經文之微辭隱義可知。故曰："讀《春秋》者，不可以無《左氏》。"《四庫全書總目》卷二十六稱："删除事跡，何由知其是非？無案而斷，是《春秋》爲射覆矣。"又云："漢晉以來，藉《左氏》以知《經》義；宋元以後，更藉《左氏》以杜臆説矣。"④據事求義，可見終始本末。《左傳》薪傳古春秋紀事之成法，故《春秋》"二百四十二年，明若畫一"。

宋劉朔（1127—1170）著《春秋比事》，南宋陳亮（1143—1194）序其書，主張"類次其事之始末"，可以"抱遺經以見聖人之志"。自是持本末敘事爲津梁，以詮釋《春秋》之微辭隱義者。其言曰：

> 《春秋》，繼四代而作者也。聖人經世之志，寓於屬辭比事之間，而讀書者每患其難通。……余嘗欲即經以類次其事之始末，攷其事以論其時，庶幾抱遺經以見聖人之志。客有遺余以《春秋總論》者，……即經類事，以見其始末，使聖人之志可以捨傳而獨考，此其爲志亦大矣。⑤

① 張高評：《春秋書法與左傳史筆》第九章《蘇轍〈春秋集解〉與以史傳經》，里仁書局，2011 年，第 375—414 頁。

② 陸淳：《春秋纂例》卷一《三傳得失議第二》，大通書局，1970 年，影印清錢儀吉《經苑》本，第 4 葉，總第 2358 頁。

③ 葉適：《習學記言序目》卷九《春秋》，中華書局，2009 年，第 118 頁。

④ 《四庫全書總目》卷二六《春秋類一》，第 1、4 葉，總第 536、537 頁。

⑤ 劉朔（託名沈棐）：《〈春秋比事〉原序》，《春秋比事》卷首，《景印文淵閣四庫全書》，臺灣商務印書館，1983 年，第 153 册，第 1 葉，總第 8 頁。案：此書本名《春秋總論》，陳亮爲之更名爲《春秋比事》。至於作者，當是劉朔，並非沈棐。康凱淋：《即經類事，以見始末——劉朔〈春秋比事〉中的"屬辭比事"之法》，《淡江中文學報》，2020 年第 42 期，第 47—82 頁。劉朔，字復之，莆陽人，南宋紹興三十年（1160）進士。

陳亮所謂"經世之志,寓於屬辭比事之間",肯定屬辭比事之法,足以體現《春秋》之義。"類次其事之始末,……以見聖人之志"云云,即是排比史事,可見旨義之《春秋》教。至於"即經類事,以見其始末",何異劉師培所言"爰始要終,本末悉昭"?

宋末元初家鉉翁(1213—1297),著《春秋集傳詳説》三十卷,申説《春秋》與《左傳》,終始詳略,互補相足。考據《左傳》時事,方能推知聖人之義。其言曰:

> 左氏采摭一時之事,以爲之《傳》,將使後人因《傳》而求《經》也。……故有《經》著其略,《傳》紀其詳;《經》舉其初,《傳》述其終。雖未能盡得聖人褒貶意,而《春秋》二百四十二年之行事,恃之以傳,何可廢也? ……吁! 使《左氏》不爲此書,後之人何所考據,以知當時事乎? 不知當時事,何以知聖人意乎?①

家鉉翁稱:"《經》著其略,《傳紀》其詳;《經舉》其初,《傳》述其終",提示之意蘊有三:其一,《傳》之功能,所以解釋《經》,詳略互見是常態。其二,《左傳》解説《春秋》,或先經,或後經,或依經,或錯經,此即敘事見本末之古《春秋》記事成法。其三,詳略互見,及先之,後之,依之,錯之,其後衍化爲中國敘事傳統之謀篇安章之要法。

元程端學(1278—1334)著《春秋本義》,主張"以理義推想經文",當知"《春秋》有大屬辭比事,有小屬辭比事"之説。研治《春秋》,必須左右參錯,合而通之。其説云:

> 自《春秋》之始至中,中至終,而總論之,正所謂屬辭比事者也。大凡《春秋》一事爲一事者常少,一事而前後相聯者常多。其事自微而至著,自輕而自重,始之不慎,至卒之不可救者,往往皆是。②

歷史之發展,既然"自微而至著,自輕而自重",故解讀《春秋》,必須"屬辭比事"而總論之。事有小大輕重,故有大屬辭比事,有小屬辭比事。要之,皆呼應古春秋"原始要終,本末悉昭"之特質。

其後,明清《春秋》宋學之研究者,詮釋《春秋》之微辭隱義,亦多秉持屬辭比事之法,進行本末始終之推想與探究。③清代《春秋》詮釋學,如毛奇齡《春秋傳》、萬斯大《學春秋隨筆》、康熙帝

---

① 家鉉翁:《春秋集傳詳説》卷前《綱領・評三傳下(左傳)》,《景印文淵閣四庫全書》,第158册,第32—33葉,總第21—22頁。

② 程端學:《春秋本義・通論》,《景印文淵閣四庫全書》,第160册,第5葉,總第34頁。

③ 參考張高評:《比事屬辭與明清〈春秋〉詮釋學》,《經學研究集刊》第20期,2016年5月,第17—52頁。

《日講春秋解義》、惠士奇《春秋説》、顧棟高《春秋大事表》、張自超《春秋宗朱辨義》，以及方苞《春秋通論》《春秋直解》，莊存與《春秋正辭》、孔廣森《春秋公羊通義》等。其較著者，方苞《春秋通論》卷四《通例(七章)》稱："比事屬辭，《春秋》教也。先儒褒貶之例多不可通。以未嘗按全經之辭，而比其事耳。"①可作代表。

清顧棟高(1679—1759)《春秋大事表》卷首《讀春秋偶筆》謂："昌黎詩云：'《春秋》三傳束高閣，獨抱遺經究終始。''究終始'三字最妙，此即比事屬辭之法。"②敘事而"究終始"，即是"爰始要終，本末悉昭"之古記事成法。顧氏拈出"究終始"三字，堪稱要言不煩，一篇之警策。凡此，皆持本末敘事以讀《春秋》、治《春秋》者。無論忌諱之書寫，或積漸之揭示，張本繼末之敘事，頗能具文見義，破譯微辭隱義。要之，皆敘事見本末之法門。

尊王、重霸、攘夷，乃世所謂《春秋》大義者，《春秋》與《左傳》之敘事宗之。《左傳》解説《春秋》，聚焦於晉楚霸業之終始消長，及内外諸侯之聚散離合，自然旁及王室之治亂，夷狄之興衰。讀者觀其始書、連書、終書，張本繼末，探究終始，而《春秋》大義得以考見。

《左傳》爲編年體，相關事蹟不聯貫，然見諸《左傳》敘事者，却不乏"文省於紀傳，事豁於編年"之紀事本末體。③如《重耳出亡》(僖公二十三年)、《吕相絶秦》(成公十三年)、《聲子説楚》(襄公二十六年)、《季札出聘》(襄公二十九年)、《王子朝告諸侯》(昭公二十六年)諸篇，于尊王、重霸、攘夷之《春秋》大義，皆有具體而微之體現。且紀事本末之體式，《左傳》之敘事已不疑而具。④

(二) 看《春秋》，須看《左傳》首尾意思通貫

考察朱熹之家學淵源、治史態度、史學批評，再覆按朱子對《春秋》之評論，可一言以蔽之，曰以據實據事爲依歸。⑤故朱子曰："看《春秋》，且須看得一部《左傳》首尾意思通貫。"(詳後)良有以也。

《春秋三傳》解經，各有異同：《左傳》以歷史敘事説經，《公羊傳》《穀梁傳》以義理哲學解經。故《朱子語類・春秋・綱領》所載，朱熹獨鍾《左傳》。朱子説孔子《春秋》，謂"據實而書之"，至於"其是非得失，付諸後世公論"；又曰"他當初只是據事如此寫在"；又曰"《春秋》是當時實事，孔子書在册子上"云云。⑥就據事實書而言，《三傳》性質較近《春秋》者，自然非《左傳》敘事

---

① 方苞：《春秋通論》卷四《通例(七章)》之一，《景印文淵閣四庫全書》，第178册，第17葉，總第345頁。

② 顧棟高著，吴樹平、李解民點校：《春秋大事表》卷首《讀春秋偶筆》，中華書局，1993年，第47頁。

③ 章學誠著，葉瑛校注：《文史通義校注》卷一《書教下》，中華書局，1985年，第51頁。

④ 張高評：《〈左傳〉敘事見本末與〈春秋〉書法》，《中山大學學報》，2020年第1期(1月，第60卷，總283期)，第1—13頁。

⑤ 參考湯勤福：《朱熹的史學思想》第一、三、四、五、六章，齊魯書社，2000年。

⑥ 黎靖德編，王星賢點校：《朱子語類》卷八三《春秋・綱領》第19、17、73則，中華書局，1986年，第2149、2162、2175—2176頁。

莫屬。

《左傳》作者左丘明，爲魯史官，曾見國史，長於敘事傳人。因此，朱子信據《左傳》，遠勝於《公羊傳》《穀梁傳》。《朱子語類》曾較論《三傳》之短長得失，可知朱子取捨依違之大凡。臚列如下：

> 國秀問《三傳》優劣。曰："《左氏》曾見國史，考事頗精，只是不知大義，專去小處理會，往往不曾講學。《公》《穀》考事甚疏，然義理却精。二人乃是經生，傳得許多説話，往往都不曾見國史。《左氏》所傳《春秋》事，恐八九分是。《公》《穀》專解經，事則多出揣度。"

> 李丈問："《左傳》如何？"曰："《左傳》一部載許多事，未知是與不是。但道理亦是如此，今且把來參考。"問："《公》《穀》如何？"曰："據他説亦是有那道理，但恐聖人當初無此等意。"

> 《春秋》制度大綱，《左傳》較可據，《公》《穀》較難憑。

> 敘事時，《左氏》却多是，《公》《穀》却都是胡撰。他去聖人遠了，只是想象胡説。[①]

朱熹推重《左傳》，一則曰："《左氏》曾見國史，考事頗精"；再則曰："《左氏》所傳《春秋》事，恐八九分是"；三則曰："《左傳》載許多事，道理亦是如此，今且把來參考"；四則謂："《春秋》制度大綱，《左傳》較可據，《公》《穀》較難憑"；五則云："敘事時，《左氏》却多是，《公》《穀》却都是胡撰。"因此，朱子説《春秋》，多持《左傳》之歷史敘事爲左券。

《朱子語類》卷六十七《易三・綱領下》引《漢書》曰："'《易》本隱以之顯，《春秋》推見至隱。'《易》與《春秋》，天人之道也。《易》以形而上者，説出在那形而下者上；《春秋》以形而下者，説上那形而上者去。"[②]若移以比況《三傳》，《左傳》以歷史敘事解釋"都不説破"之《春秋》經義，近似即器以求道；猶《春秋》"以形而下者，説上那形而上者去"。《公羊》《穀梁》以義解經，猶"《易》以形而上者，説出在那形而下者上"。朱子解説《春秋》，大多依據《左傳》之敘事見義，以此。

---

① 黎靖德編，王星賢點校：《朱子語類》卷八三《春秋・綱領》第 31、29、28、8 則，第 2151—2152、2151、2151、2160 頁。

② 案，《史記・司馬相如列傳》太史公曰："《春秋》推見至隱，《易》本隱以之顯。"與《朱子語類》所引，文序稍有異同。詳《朱子語類》卷六七《易三・綱領下》"論易明人事"章，第 1673 頁。

朱熹門人問："今欲看《春秋》，且將胡文定説爲正，如何？"曰："便是他亦有太過處。蘇子由教人只讀《左傳》，只是他《春秋》亦自分曉。"①南宋胡安國《春秋傳》，《朱子語類》有取，有不取，故答門人問，稱不能全恃胡文定説爲正，另提"蘇子由教人只讀《左傳》"爲説，言外之意，研讀《左傳》，可供《春秋胡氏傳》之佐助與救濟。爲問：何以"蘇子由教人只讀《左傳》"？《左傳》敘事之特色爲何？《朱子語類》曾一二言之：

> 讀《春秋》，不得不攷事於《左氏》。朱子曰："《左氏》説得《春秋》事，有七八分，固當信其可信者也。"
>
> 看《春秋》，且須看得一部《左傳》首尾意思通貫，方能略見聖人筆削，與當時事之大意。
>
> 問："胡文定《春秋解》如何？"曰："説得太深。蘇子由教人看《左傳》，不過只是看他事之本末，而以義理折衷去取之耳。"②

《左傳》爲魯史官左丘明所纂修，爲上古之信史。故朱子曰："《左氏》説得《春秋》事，有七八分，固當信其可信者也。"《朱子語類》稱："看《春秋》，且須看得一部《左傳》首尾意思通貫。"《左傳》敘事見本末，據此可以考索聖人筆削之昭義，探求比事之顯義，屬辭之明義，此之謂"因以求義，經文可知"。故蘇轍教人看《左傳》，"不過只是看他事之本末"。蘇轍著有《春秋集解》十二卷，解讀《春秋》，以《左傳》敘事爲主。主張"凡《春秋》之事，當從史；《左氏》，史也"云云。蘇轍《春秋》學專主敘事，據史爲斷，③故切合朱子"看《春秋》，且須看得一部《左傳》首尾意思通貫"之理念。

左丘明本《春秋》而爲傳，其歷史敘事，或排比史事，或連屬辭文，或探究終始，隨義而發。《晉書・荀崧傳》稱《左傳》"張本繼末，以發明經義"；晉杜預《春秋經傳集解・序》謂左丘明作傳，有先經、後經、依經、錯經之法。可見《左氏》釋經，繼承比事屬辭《春秋》之教，薪傳張本繼末、探究終始之歷史敘事法。唐陸淳《春秋集傳纂例》稱《左傳》："博采諸家，敘事尤備。能令百

---

① 黎靖德編，王星賢點校：《朱子語類》卷八三《春秋・綱領》第 33 則，第 2152 頁。

② 以上三則引文分别見張自超：《春秋宗朱辨義・總論》，《文淵閣四庫全書》，第 178 册，第 14 葉，總第 9 頁；黎靖德編，王星賢點校：《朱子語類》卷八三《春秋・綱領》第 17 則，第 2148 頁；又卷五五《孟子五・滕文公下》之《公都子問好辯章》第 3 則，第 1318—1319 頁。

③ 張高評：《春秋書法與左傳史筆》第九章《蘇轍〈春秋集解〉與以史傳經》之一、解讀《春秋》，專主《左傳》敘事；二，據史爲斷，反駁"以意説經"，第 384—402 頁。

代之下頗見本末。因以求義,經文可知。"《左傳》以史傳經,較諸《公羊》《穀梁》,敘事見本末,誠然爲一大優長與特色。

(三) 本末終始,據事實書與編比史事以顯義

張自超著《春秋宗朱辨義》,所謂"《春秋》宗朱"者,除"據事實寫,即事而書"[①]之外,朱子所謂"看《春秋》,且須看得一部《左傳》首尾意思通貫,方能略見聖人筆削"之"看史樣"《春秋》觀,[②]《辨義》更多所推拓與闡發。其事、其文、其義,爲《春秋》生成之三元素,朱熹特重"其事",以凸顯"其義"。至於"其文則史"之屬辭,直接著墨不多。間接,則藉"看史樣","且須看得一部《左傳》首尾通貫";"平心看那事理、事情、事勢"傳出。且謂"《春秋》十二公,時各不同",[③]則亦隱約持"屬辭比事",以探究《春秋》之終始本末者。

研讀、詮釋《春秋》,若運以屬辭比事之法門,則其義不難稽考。元程端學《春秋本義》研治《春秋》,提出"大屬辭比事""小屬辭比事"之説。[④]清毛奇齡《春秋傳》揭示,"聖人究觀終始","備究其事之始末",以之求義。[⑤]凡此,皆持本末敘事以讀《春秋》、治《春秋》者。由此可見,朱子以"看史樣"看《春秋》;主張"看《春秋》,且須看得一部《左傳》首尾通貫",固是《春秋》詮釋史之傳統,蓋源遠流長矣! 檢覈張自超《辨義·總論》所稱:"凡所辨論,必反覆前後所書,比事以求其可通",顯然亦持比事屬辭之書法解讀《春秋》。循其本源,要皆"爰始要終,本末悉昭"古春秋記事成法之流風與遺韻。

張自超之《春秋》學論著,何以標榜"宗朱",作爲十二卷書之書名? 除《四庫全書總目》所云"是書大意,本朱子據事直書之旨"外,所謂"宗朱",對於《朱子語類·春秋·綱領》,自有擇精取要之發明。譬如,朱熹曾言:"當時天下大亂,聖人且據實而書之,其是非得失,付諸後世公論,蓋有言外之意。"又云:"只是《春秋》却精細,也都不説破,教後人自將義理去折衷。"[⑥]"言外之意",爲詩歌語言、文學語言之特質;"都不説破",乃禪宗繞路説禪,語忌十成之表述方法,[⑦]朱子持以比況《春秋》之微辭隱義,文外曲致無窮。如:

《春秋》有書事在此,而示義在彼者;有書事在前,而示義在後;書事在後,而示義在前

---

① 朱熹著,郭齊、尹波點校:《朱熹集》卷六十《答潘子善(時舉)》,四川教育出版社,1996 年,第 3141—3142 頁。

② 黎靖德編,王星賢點校:《朱子語類》卷八三《春秋·綱領》"問'《春秋》當如何看?'",第 2148 頁。

③ 黎靖德編,王星賢點校:《朱子語類》卷八三《春秋·綱領》"叔器問讀《左傳》法",第 2148 頁。

④ 程端學:《春秋本義》,《文淵閣四庫全書》,第 160 册,第 5 葉,總第 34 頁。

⑤ 毛奇齡:《春秋毛氏傳》,復興書局,1972 年,影印《皇清經解》本,第 24 頁。

⑥ 黎靖德編,王星賢點校:《朱子語類》卷八三《春秋·綱領》,第 2149、2153 頁。

⑦ 張高評:《宋詩之新變與代雄》附録三《詩歌語言與言外之意》,洪葉文化公司,1995 年,第 521—549 頁;周裕鍇:《禪宗語言》下編第二章《繞路説禪:禪語的隱晦性》,復旦大學出版社,2017 年,第 246—278 頁。

者。……有義係乎人,而其事不必詳者;有義係乎事,而其人不必詳者。有書其事同文,而義在各著其是非者;有書其人同事,而義在分别其善惡者。有書一事而具數義者;有書數事而明一義者。蓋是非以筆削而見,褒貶以是非而見,比事屬辭,《春秋》之教,固無待於鉤深索隱也。①

張自超《辨義》,説《春秋》之筆削,於《春秋》"都不説破"之"言外之意",頗有提示:所謂"有書事在此,而示義在彼者;有書事在前,而示義在後;書事在後,而示義在前者。"朱熹説《春秋》,强調"孔子但據直書,而善惡自著";"聖人只是直筆據見而書,豈有許多忉怛";"聖人當初只直寫那事在上面,未嘗斷他罪";"他(孔子)當初是據事如此寫在,如何見他譏與不譏?"②誠所謂"是非以筆削而見,褒貶以是非而見"。蓋《春秋》多直書其事,而予奪、褒貶自見於言外。此攸關因事屬辭,即辭見義之書法,可以簡化爲事與義、器與道之互發其藴,互顯其義。《朱子語類·易三·綱領》所謂"《春秋》以形而下者,説上那形而上者去",即指此等。

張自超《辨義·總論》,即是關注據事如何顯義之課題。通觀十二卷書之辭文與史事,而歸納出若干《春秋》解釋之法來。或就此彼、後前,以見事與義之關係;或就或詳或略,以明人、事、義之交涉;或就事、文;人、事,以示義之是非善惡;或剖析書事如何顯義。清章學誠《文史通義·答客問上》曾言:"《春秋》之義,昭乎筆削;筆削之義,不僅事具始末,文成規矩而已。"③孔子竊取之義,可藉"事具始末"之比事,以及"文成規矩"之屬辭,而得以考見。清孔廣森《春秋公羊通義·敘》所謂:"辭不屬不明,事不比不章。"④經由史事之排比,辭文之連屬,褒貶是非遂見於言外。

《春秋》書魯國十二公之逝世,壽終正寢,正常死亡者,例書地、書葬;唯隱公、桓公、閔公見弒,事關意外非常,故孔子《春秋》立義創意,變例立法:但書"薨"、書"卒",且不地、不葬、不書即位。此亦"反覆前後所書而比其事",所作之如是論斷,張自超言之甚明:

文定以爲:魯史舊文,必以實書。……使舊史明書弒君之賊,以著其罪,夫子何爲而諱弒,書薨、書卒?以隱其賊之名乎?……(夫子)不得已,而變例立法,書薨書卒,不地不葬

① 張自超:《春秋宗朱辨義·總論》,《文淵閣四庫全書》,第178册,爲潔浄計,下不再出叢書名和册數,第2—3葉,總第3頁。

② 黎靖德編,王星賢點校:《朱子語類》卷八三《春秋·綱領》,第2146、2155、2156、2162頁。

③ 章學誠著,葉瑛校注:《文史通義校注》卷五《答客問上》,第470頁。

④ 孔廣森:《孔檢討公羊通義》,復興書局,1972年。又見阮元編:《皇清經解》卷六九一,《春秋公羊經傳通義·敘》,第7葉,總第9293頁。

> 于即位，不即位，及其人之或奔，或用事于國以顯目。其爲弑君之人，所謂諱不終諱，而其實存也。又或有書得其實，有書不得其實，夫子因其不一，而恐疑惑後人，故立爲書薨、書卒、不地、不葬之法以一之也。……得夫子書薨不地之義，可以知其見弑之實。又書奔、書孫，而弑君之賊無所逃矣。是夫子于無可如何中立法，以使其事之無可隱，而非故書"薨卒"以隱之也。①

《春秋》書弑，内辭與外辭有别：外辭直書"弑"，内辭曲筆諱言。孔子魯人，於宗國魯君之見弑，不忍直書，於是變易書法，但書"薨"、書"卒"，且以不地、不葬、不書即位，微示其旨義。綜觀比較《春秋》十二公，正常死亡者，有莊公、僖公、文公、宣公、成公、襄公、昭公、定公八君（哀公不計），慘遭弑殺者爲隱公、桓公、閔公。試將此二組作比事屬辭之探論，可以知孔子"書薨、書卒，不地不葬"，書即位、不書即位之所以然。張自超所謂"變例立法"，"得夫子書薨不地之義，可以知其見弑之實"；"所謂諱不終諱，而其實存也"。此種曲筆諱書，蓋"夫子無可如何中立法"，可以避免"重得罪于魯之君臣"。唐陸淳《春秋集傳纂例》所謂"變文以示義""示諱以存禮"，②此之謂乎！

《春秋》書法，謹微而慎始。僖公十五年，《春秋》書："十有一月壬戌，晉侯及秦伯戰于韓，獲晉侯。"秦晉韓之戰，秦初見於《春秋》經，其事則爲俘獲晉惠公。莊公十年，《春秋》書："秋九月，荆敗蔡師于莘，以蔡侯獻舞歸。"荆楚初見《春秋》經，其事則爲虜蔡侯。張自超《辨義》通觀《春秋》全書，首尾通貫而考察之，而拈出楚與秦，先後爲患中國之本末終始。其言曰：

> 楚初見《經》，其事則爲虜蔡侯。秦初見《經》，其事則爲獲晉侯。甚矣，秦楚之强也！其後楚則爲患中國，而秦安然無事于春秋之世者，有晉以制之也。然其禮晉惠以歸，輔晉文以伯，合中國以靖楚氛，亦不可謂非秦穆之賢也。故《春秋》于莘之敗，則爲罪楚之辭；于韓之戰，則爲罪晉之辭。雖其事勢則然，而大義亦于是乎係也。楚詐蔡師救息而敗之，楚有罪而蔡無罪。晉受秦三施不報，又閉之糴，秦來伐不修詞以謝，而抗師以戰，則晉有罪而秦無罪。然則蔡侯名而晉侯不名者，何也？蔡侯虜而卒于楚，比之失國之君，故名之。秦獲晉侯，不久返國，故不名也。名蔡侯者，以著蔡侯之不歸。不名晉侯者，以著晉侯之復國也。③

---

① 張自超：《春秋宗朱辨義》卷四，閔公二年"秋八月辛丑，公薨"，第5—6葉，總第82頁。

② 陸淳：《春秋集傳纂例》卷一《趙氏損益義第五》，第9葉，總第2361頁。

③ 張自超：《春秋宗朱辨義》卷五，僖公十五年"十有一月壬戌，晉侯及秦伯戰于韓，獲晉侯"，第31—32葉，總第100—101頁。

桓公二年《春秋》書"蔡侯鄭伯會於鄧",《左傳》斷之曰:"始懼楚也。"《公羊傳·僖公四年》:"南夷與北狄交侵中國,不絶若綫。"故夷夏之防,蔚爲《春秋》之大義。《辨義》稱:"楚初見《經》,其事則爲虜蔡侯。秦初見《經》,其事則爲獲晉侯。甚矣,秦楚之强也!"其中,敘説晉有罪而秦無罪,楚有罪而蔡無罪;蔡侯名而晉侯不名。"其後,楚則爲患中國,而秦安然無事于春秋之世者,有晉以制之也。"此一宏觀之視野,系統之思維,非屬辭比事不爲功。清顧棟高《讀春秋偶筆》謂《春秋》敘事,"有屢書、再書、不一書以見義者,如……此須合數十年之通,觀其積漸之時勢",[①]運用比事屬辭之法,方足以知史事之終始本末。

錢鍾書《管錐編》宣稱:"《春秋》之書法,實即文章之修詞。"[②]《春秋》所書,名號稱謂,講究名實相符,其中自見屬辭約文之初衷。如侵、伐、圍、入諸軍事行動,稱"人"與否,攸關《春秋》之書法與書例。僖公二十一年,《春秋》書:"冬,楚人、陳侯、蔡侯、鄭伯、許男圍宋。"就歷代《春秋》之詮釋而言,"楚子稱人,諸儒皆以爲貶"。此一命題,張自超《辨義》通全書之觀,而考其義,以爲不必然:

> 楚子稱人,諸儒皆以爲貶。伊川曰:"爲其合諸侯以圍宋也。"然通《春秋》,以蠻猾夏,憑凌諸侯,凡侵凡伐,無役不當貶,豈獨貶于圍宋,而他處稱爵非貶耶?文定曰……然楚有事于諸侯,多遣大夫帥師以往,而其君次于境上以爲援。……誠如《左氏》所云,則家氏所謂人楚子而爵諸侯,不與楚子主諸侯之盟,亦以正諸侯從楚之罪者,爲得之。然春秋之初,伐國之師多稱人,其爲君爲大夫皆不必詳。楚成在位四十餘年,自元年聘魯稱荆人,十三年伐鄭稱楚人。之後,惟會盂一舉爵。其他侵伐圍滅二十一見,皆書楚人。……程氏直以稱楚人爲大夫者,是也。[③]

張自超《辨義》,廣徵博引《左氏傳》、程頤《春秋傳》、胡安國《春秋傳》、家鉉翁《春秋集傳詳説》,去其非而存其是,斷定稱"楚人"者,爲大夫帥師:"楚成在位四十餘年,自元年聘魯稱荆人,十三年伐鄭稱楚人。之後,惟會盂一舉爵。其他侵伐圍滅二十一見,皆書楚人。……程氏直以稱楚人爲大夫者,是也。"清方苞《春秋通論》卷四《通例(七章)》稱:"比事屬辭,《春秋》也。先儒褒貶之例多不可通。以未嘗按全經之辭,而比其事耳。"[④]方苞《春秋》學治經,"按全經之辭,而比其

---

① 顧棟高著,吴樹平、李解民點校:《春秋大事表》卷首《讀春秋偶筆》,第30—32頁。

② 參錢鍾書:《管錐編》第3册,書林出版公司,1990年,第967頁。《全上古三代秦漢三國六朝文》三一《全後漢文》卷一。

③ 張自超:《春秋宗朱辨義》卷五,僖公二十七年"冬,楚人、陳侯、蔡侯、鄭伯、許男圍宋",第53葉,總第111頁。

④ 方苞:《春秋通論》卷四《通例(七章)》之一,《文淵閣四庫全書》,第178册,第17葉,總第345頁。

事”，深得張自超之沾溉，此其一端。

晉史董狐，書法不隱，《春秋》因文爲義，直書“晉趙盾弒其君”，爲歷代《春秋》學之核心課題。若據《左傳》之歷史敘事，明載“趙穿殺靈公於桃園”，何以晉太史董狐書其事，曰“趙盾弒其君”，以示於朝；而孔子竟推崇“董狐，古之良史也，書法不隱”？趙盾非手弒其君，而《春秋》書弒，其中緣由，張自超《辨義》持原始要終，首尾通貫之“比事屬辭”法，解讀此一弒君公案，堪稱怡然理順，足以釋疑辨惑。《易・文言》所謂“臣弒其君，子弒其父，非一朝一夕之故”，積漸之勢有以致之。推求所由之漸，考辨致禍之由，非比事屬辭不爲功，如：

> 蓋是時晉靈年穉，趙盾專國，目無少主。新城之盟，假君命以主諸侯之盟。二扈之一盟一會，晉靈雖在，而主其事者趙盾也。使《春秋》列晉靈而序諸侯，則似晉靈實能自主諸侯之盟會，而趙盾之罪不著矣，故略之也。蓋晉靈在位十有四年，惟公及晉侯盟一書諸侯，其他會盟、侵伐、納捷、菑殺大夫之類事十八見，皆晉靈所不與。而一盟一會晉靈既與，猶不舉爵以列於諸侯之上者，以著趙盾之無君，而靈所以卒爲盾弒也。①

秦晉令狐之役，趙盾立襁褓中之靈公爲君（文公七年，前620），至晉靈公爲趙穿所殺（宣公二年，前607），前後十四年。由於晉靈年幼，故趙盾專國；盾有立君之功，故目無少主。張自超探尋晉靈見弒，趙盾坐大之積漸形勢，張本繼末，原始要終，自是屬辭比事之詮釋法：新城之盟（文公十四年），《春秋》書曰“六月，公會宋公、陳侯、衛侯、鄭伯、許男、曹伯、晉趙盾。癸酉，同盟于新城”；文公七年，書曰“公會諸侯晉大夫盟于扈”；八年，書曰“冬十月壬午，公子遂會晉趙盾盟于衡雍”，於是張自超比其事而屬其辭，稱“新城之盟，假君命以主諸侯之盟。二扈之一盟一會，晉靈雖在，而主其事者趙盾也”，可見趙盾專國已非一朝一夕。依《春秋》書例，列序諸侯多正而有美；若總言諸侯而不列序，則有所貶抑。②故文公七年《春秋》書“公會諸侯晉大夫”云云，所以削略之者，誠如張自超所言：“使《春秋》列晉靈而序諸侯，則似晉靈實能自主諸侯之盟會，而趙盾之罪不著矣，故略之也。”由此類推，晉靈在位十四年，一切會盟、侵伐、納捷、菑殺之類十八見，要皆趙盾主其事，而晉靈公不與。《春秋》以比事屬辭，著“趙盾之無君，而靈所以卒爲盾弒”之義，履霜堅冰至，亦情勢所不得不然，《春秋宗朱辨義》辨之甚明。

有漸無頓，乃歷史發展之通則，所謂積漸之勢，必其來有自。尤其弒君之事案，絶非一朝一夕之故。宋末元初家鉉翁《春秋集傳詳説》發現，《春秋》所載弒君之賊，皆有特殊身份：“夫弒君

---

① 張自超：《春秋宗朱辨義》卷六，文公七年“秋八月公會諸侯晉大夫盟于扈”，第23—24葉，總第134—135頁。

② 張大亨：《春秋通訓》卷四《僖公》，《景印文淵閣四庫全書》，第148册，第2—3葉，總第583—584頁。

之賊，非其國之大臣世卿，則貴介公子之用事而有權任者。”①持以衡量“趙盾弑其君”之歷史公案，無論趙盾、趙穿，皆暗合上述身份。張自超《辨義》於《春秋》書“諸侯盟于扈”“晉趙穿帥師侵宋”，頗有論説：

> 諸侯不序，不成其爲盟也。何以不成其爲盟？趙盾爲之也。夫臣弑君、子弑父，非一朝一夕之故。趙盾無君已久，越此五年而弑靈公。如申大義以討商人，則亦宜悚然于心，以自檢點其所爲矣！②

> 秦晉搆兵數十年來，如武成、少梁之役，《經》或不書。侵崇之用兵微矣，可以無書而書者，出趙穿也。以晉而侵弱小之崇，必不用大衆，其事甚略，書晉人可矣。不略書晉人，而詳書趙穿帥師者，著趙穿之爲卿也。蓋穿爲盾之族子，穿弑君而《春秋》書盾，恐後人疑穿爲微者，而歸獄于盾也。夫穿爲晉卿，又帥師而主兵權，……今觀《春秋》直書“趙盾弑君”，則知穿之操刃，盾實使之也。何以見盾實使之？盾當國用事，穿爲其族子，未弑君之前，則嘗使之帥師侵崇矣。穿固爲盾用者也，用以帥師，即用以弑君，不誅盾而誰誅哉？③

> 盾弑晉靈，比之司馬昭之弑曹髦，先後一轍也。靈惡盾之專，而欲殺盾；髦惡昭之專，而欲殺昭，勢固不兩立矣。趙穿爲盾而刃靈，賈充爲昭而刃髦，盾、昭其主，而穿、充其助之者也。聖人不誅主者，而誅助之者哉？……盾專國無君，弄晉靈于掌股之間，而又任穿爲卿，以樹逆黨。穿既弑靈，而又使穿逆黑臀爲君，其爲使穿弑何疑？而猶以討穿責之耶？④

張自超《辨義》，考求《春秋》之取義，多以經解經，所謂“求聖人之義於聖人手筆之書”，其方法多運用比事屬辭以見義。如欲解釋趙穿手弑靈公，而《春秋》不書弑；趙盾非手弑晉君，而《春秋》書弑，其中緣由，張自超多“原始要終，尋其枝葉，究其所窮”，比事屬辭而見孔子書法之微辭隱義。崇，本弱小之國，晉侵崇本不必書，《春秋》爲出趙穿而書；書“趙穿帥師”，所以强調趙穿“身爲晉卿，又帥師主兵權”，正符合弑君之身份且必要之條件。清顧棟高《春秋大事表》，運用比事屬辭之法解讀《春秋》，發現“弑君有漸，其大要在執兵權，不至弑君不止”。⑤由此觀之，穿助盾

---

① 家鉉翁：《春秋集傳詳説》卷首《綱領・原春秋託始下》，《景印文淵閣四庫全書》，第158册，第4葉，總第7頁。

② 張自超：《春秋宗朱辨義》卷六，文公十五年“冬，十有一月諸侯盟于扈”，第46葉，總第146頁。

③ 張自超：《春秋宗朱辨義》卷七，宣公元年“冬，晉趙穿帥師侵崇”，第4葉，總第153頁。

④ 張自超：《春秋宗朱辨義》卷七，宣公二年“秋九月乙丑，晉趙盾弑其君夷皋”，第6葉，總第154頁。

⑤ 顧棟高著，吴樹平、李解民點校：《春秋大事表》卷首《讀春秋偶筆》第六則，第34頁。

弑君而已。故《春秋》主書趙盾弑君,是所謂直書其事,書法不隱。

文公十年,《春秋》書"楚殺其大夫宜申",其始、微、積、漸,亦非一朝一夕之故。其義爲何?當排比相類相近之史事,通觀其辭文而綜考之。比事屬辭之《春秋》教,有助於詮釋解讀。張自超云:

> 齊商人,弑君之賊,齊人君之數年而殺之,《春秋》猶書"弑其君商人"。楚商臣,弑君之賊,宜申北面事之者十年,而謀以弑之事,成則不免弑君之罪,事不成亦難逃今將之誅。《春秋》稱國以殺,而不去其官,何也?弑械未成,形跡未見,未必非商臣忌其威望而以謀弑之説加之罪也;則商臣聲罪宜申之詞不足聽矣。文定但曰:"《春秋》義微而不明,言其故其意,蓋以謀殺弑君之賊,其罪可原也。"然《春秋》何以不貸弑商人之齊人乎?顧或者里克弑兩君,而書"晉殺其大夫",宜申謀弑,亦可以書楚殺其大夫,罪固不相掩耶?抑又不然也。克之弑兩君,既著于册,則書晉殺大夫,可以使人知殺非其罪之義。宜申謀弑,事在可疑,《春秋》不以疑罪加人,則不可據以爲斷也。①

元程端學《春秋本義·通論》稱"大凡《春秋》一事爲一事者常少,一事而前後相聯者常多",説已具見前。故考求《春秋》之義,多用比事屬辭之法。文公十四年《經》書"齊公子商人弑其君舍";文公十八年《經》"齊人弑其君商人",此商人弑君與見弑之始末。張自超引述之,持以類比對比楚商臣弑君(文公元年)、楚宜申謀弑商臣(穆王),而《春秋》書"楚殺其大夫宜申"(文公十年)。事同而辭異,故張自超比其事而屬其辭,以考求《春秋》之取義。齊商人,弑君之賊,四年而後遭弑,《春秋》猶稱人以弑;楚商臣,亦弑君之賊,十年而後宜申謀弑不成而見殺,《春秋》書"楚殺其大夫宜申",稱國以殺,不去其官,何也?張自超《辨義》引胡安國《春秋傳》,以宜申謀弑其君,故稱國以殺。宜申爲楚成王之弟,而商臣弑其君楚成王,故《春秋》原其有討賊之心,不以爲罪。張自超不以爲然,再援引《春秋》書"晉殺其大夫里克"(僖公十年),與"楚殺其大夫宜申"作比事屬辭之探究,提出"宜申謀弑,事在可疑,《春秋》不以疑罪加人",故《春秋》書法如此。

成公十四年,《春秋》書:"九月僑如以夫人婦姜氏至自齊。"《左傳》以史傳經,通前後所書而論斷褒貶之。再藉"君子曰",揭示《春秋》五例:所謂"春秋之稱,微而顯,志而晦,婉而成章,盡而不汙,懲惡而勸善。非聖人,誰能脩之?"張自超《辨義》説解《春秋》,發揮"看《春秋》,且須看得一部《左傳》首尾意思通貫"之精神。其言曰:

---

① 張自超:《春秋宗朱辨義》卷六,文公十年"楚殺其大夫宜申",第33—34葉,總第139—140頁。

《春秋》十二公,桓、莊、僖、文、宣、成,皆娶齊女。襄、昭、定、哀,皆不娶齊女。娶齊女,則書逆書至,獨詳。不娶齊女,則逆與至皆不書,而從略。詳于書齊女者,聖人惡魯之娶齊女也。文姜淫于齊侯,而與弑桓公。于文姜,則當絶;于齊侯,則當仇。即牽于情不能絶,屈于勢不敢仇,而桓之後人,宋陳許杞異姓之國,皆可請昏,何用娶女必齊之姜哉?乃莊公,則又娶之矣。十公不親納幣,而莊公親納幣矣。十公不親迎,而莊公親迎矣。親迎,禮也;而行禮于仇人之女,豈先王制禮之意與?嗚呼!醴泉無源,而淫風有自,齊女固善淫焉,而又好殺:通齊侯者,齊女也。通慶父者,又齊女也與?殺其夫者,齊女也與?殺其子者,又齊女也!齊女世濟其惡,以亂魯。魯人當一戒之,再戒之矣![①]

元程端學《春秋本義》,特提前後始末,作爲考求《春秋》旨義之見解:“所謂前後始末者,一事必有首尾,必合數十年之通而後見。或自《春秋》之始至中、中至終而總論之,正所謂屬辭比事者也。”[②]張自超《辨義》綜考魯十二公之婚配,藉由通觀、統計、比較、論説,得出:“桓、莊、僖、文、宣、成,皆娶齊女。襄、昭、定、哀,皆不娶齊女。娶齊女,則書逆書至,獨詳。不娶齊女,則逆與至皆不書,而從略。詳于書齊女者,聖人惡魯之娶齊女也。”依《春秋》書例,“常事不書”[③],非常違禮乃書。娶不娶齊女,攸關書不書“逆”、書“至”。蓋魯君所娶齊女,多荒淫、好殺、亂魯,筆削詳略之際,孔子之好惡褒貶,亦從而體現之,所謂“非常違禮乃書”,以示鑑戒。清方苞《春秋通論·通例》,揭示《春秋》詮釋之法,有所謂“按全經之辭,而比其事”者,已發軔於此。《四庫全書總目》稱:“後方苞作《春秋通論》,多取材此書。”[④]信然!

張自超考察成公十六年《經》“叔孫僑如出奔齊”之書法,亦類比對比《春秋》書“魯奔三卿”。於是張本繼末,探究終始,通觀並覽,以考察《春秋》之書法。如:

(季孫)行父當國,魯奔三卿:文公時之叔孫敖也,宣公時之公孫歸父也,成公時之叔孫僑如也。觀《春秋》書法,則三臣之中,僑如爲有罪。然文公用敖而敖奔,宣公用歸父而歸父奔,成公用僑如而僑如奔,則行父忌其用事,而勢不兩立,逼之去國,豈猶軋三臣,并弱公室矣。三臣皆奔齊者,何也?蓋三臣托齊,而行父托於晉也。……三臣者,……皆逆臣之

① 張自超:《春秋宗朱辨義》卷八,成公十四年“九月僑如以夫人婦姜氏至自齊”,第 34 葉,總第 188 頁。
② 程端學:《春秋本義·通論》,《景印文淵閣四庫全書》,第 160 册,第 4—5 葉,總第 33—34 頁。
③ 《春秋公羊傳注疏》卷四,阮元《十三經注疏》本。桓公四年載:“常事不書,此何以書?譏。”(第 51 頁)卷五,桓公八年,第 59 頁;卷五,桓公十四年,第 65 頁,亦云。
④ 《四庫全書總目》卷二九,經部春秋類四《春秋宗朱辨義》提要,第 23 葉,總第 603 頁。

後,故皆以惡行父而至於自敗也。自此以後,仲叔兩家皆聽於季氏矣。①

季孫行父當國,魯卿先後奔齊者三:文公八年,《經》書"公孫敖……奔莒";宣公十八年,《經》書"公孫歸父如晉。歸父還自晉,至笙遂奔齊";成公十六年,《經》書"叔孫僑如出奔齊"。張自超説經,統合前後奔齊之魯三卿,比事而屬辭之,以見季孫行父用事之忌刻傾軋,勢不兩立,且以感慨魯三桓政治勢力之此消彼長。

總之,此皆程端學《春秋本義·通論》所謂前後始末,屬辭比事之法。由此觀之,比事屬辭,通前後遠近而考察之,則孔子《春秋》之取義,可以即器以求道。

三、標榜《春秋》宗朱,《辨義》發微闡幽

張自超《春秋宗朱辨義》一書,有兩大宗旨:其一,標榜宗朱,宣示私淑所在;其二,凸顯辨義,强調補充與發明。此二者,並非此疆彼界,涇渭分明。十二卷書中,往往縱横交錯,而更加相得益彰。

《辨義·總論》,揭示著述之凡例。開宗明義所言,深得孔子作《春秋》或筆或削之旨趣,亦標榜所謂"著作"之標的。其言曰:

> 經旨先儒講解切當不可易者,不再發明。其前人不合之説,後人已有辨者,不再辨。或雖不合,而於大義無關者,亦不置論。……又合諸儒之説,參互斟酌,去其非者,存其是者,未敢以臆斷也。其於朱子,則已言者,引其言;未言者,推其意。間有非朱子之意,或朱子曾言之,而鄙見微有不然者,亦未敢阿私而曲殉之也。②

《總論》所云"於朱子,則已言者,引其言",此標榜《春秋》宗朱之義。至於"未言者,推其意。間有非朱子之意,或朱子曾言之,而鄙見微有不然者,亦未敢阿私而曲殉之也"云云,可見解説《春秋》之義,除宗朱之外,此書絶大部分,要皆如《總論》所言"朱子未言者,推其意","鄙見微有不然者,亦未敢阿私而曲殉之"云云,闡幽發微,匡謬補缺,蔚爲自成一家之創見。

張自超《辨義》,標榜宗朱,故言必稱朱子。朱熹治經解經之謹於闕疑,慎行其餘,《辨義·

① 張自超:《春秋宗朱辨義》卷八,成公十六年"冬十月乙亥,叔孫僑如出奔齊",第42葉,總第192頁。

② 張自超:《春秋宗朱辨義·總論》,第1葉,總第2頁。

總論》每津津樂道之。如：

> 《春秋》，紀事之書也，而義即在乎事之中。苟攷於事不得其實，則索其義有不可以强通者矣。……朱子解經，於文之難通者，則曰疑誤、疑衍、疑有闕文。於義之不可以卒合者，則曰未詳。於兩説之可通者，則曰未知孰是。於禮之無可徵者，則曰不可考。夫以朱子之博於學而精於理，其解經之虚公嚴謹且如此。①

朱子解説《春秋》，主張據實直書，所謂“但據直書，而善惡自著”；“直書其事，而使之不失其實”。由於《春秋》爲紀事之書，其義即在其事之中。因此，“苟攷於事不得其實，則索其義有不可以强通者矣”。此一徵實精神，朱子解經，凡解經而曰疑誤、疑衍、疑有闕文，則曰未詳、未知孰是、不可考者，皆可見朱子之虚心嚴謹，一絲不苟如此。

《春秋》名號稱謂之修辭，往往與霸業之消長，華夷之盛衰，敵我之對峙，内外之分際相關，書法之虚實、顯晦、進退、褒貶，亦隨之而異。

張自超《辨義·總論》曾一二言之：

> 楚初稱荆，漸而稱人。既建號楚，而君漸舉爵，大夫漸稱名。諸儒於其來聘，則曰慕義而來，進之也。於其稱人舉爵，則曰漸進之義也。夫《春秋》之作，原以著二伯之功，二伯之功在攘楚，而顧進楚君臣，與内諸侯大夫齊等哉？蓋楚，非戎狄之比，戎狄雖在内地，而爲患小，故其君不必詳。楚，亦非秦之比，秦雖周爵稱伯，而不爲中國患，故其大夫不必詳。楚，亦非吴之比。吴雖驟强，而起於春秋將終，故其君大夫皆不必詳。惟楚，則與中國始終爲敵，使不爵其君，不名其大夫，則楚之爲患中國其實不著。楚之實不著，則二伯相繼攘楚之事跡不著。楚之時强時弱，亦不著；而晉世伯之有盛有衰，亦不著矣。朱子曰：“齊桓、晉文，所以有功王室者，當時楚最强大，時復加兵於鄭。鄭在王畿之内。向非桓、文有以遏之，則周室爲其所併矣。”然則，《春秋》豈進楚哉？②

《春秋》，爲一部諸侯争霸之歷史。華夏之晉與夷狄之楚，爲争霸之雙雄。就華夏而言，齊桓公、晉文公二伯之功，即在尊王而攘楚。其他華夷内外之諸侯，其依違離合，皆唯晉楚是瞻。楚、戎狄、秦、吴，雖皆號稱夷狄，然爲患於華夏，各有小大輕重。“惟楚，則與中國始終爲敵”；戎狄、

---

① 張自超：《春秋宗朱辨義·總論》，第 4—5 葉，總第 4 頁。
② 張自超：《春秋宗朱辨義·總論》，第 13 葉，總第 8 頁。

秦、吳雖亦爲患，然皆遠不如楚。故入《春秋》以來，荆楚之動態一直備受關注："楚初稱荆，漸而稱人。既建號楚，而君漸舉爵，大夫漸稱名。"因此，《春秋》運用名號稱謂之修辭，作爲進退褒貶之體現。《辨義·總論》以爲："使不爵其君，不名其大夫，則楚之爲患中國其實不著。楚之實不著，則二伯相繼攘楚之事跡不著。楚之時强時弱，亦不著；而晉世伯之有盛有衰，亦不著矣。"因此，楚君，爵曰楚子；楚大夫，稱名。總之，《春秋》之作，原以著二伯之功，二伯之功既在攘楚。故《春秋》不可能"進楚君臣，與内諸侯大夫齊等"，此可以斷言。相較於文末徵引"朱子曰"，足見《辨義》於《春秋》旨義，已多所補充與發明。

《春秋》十二公，意外死亡者三，曰隱公、桓公、閔公。隱公、閔公之死，《春秋》書曰"公薨"；桓公之死，書曰"公薨于齊"，皆不地、不葬。其他自然死亡之魯君八：曰莊公、僖公、文公、宣公、成公、襄公、昭公、定公，除書薨之外，又皆書地、書葬。意外與自然死亡，書法判然有别，試全面比較《春秋》十一位魯公之薨，可以知之。張自超《辨義》，於此頗有發明：

> 朱子曰："凡魯君被弑，則書薨，而以不地著之。蓋臣子隱諱之義，聖人之微意也。"《公》《穀》及伊川、文定，論皆如此，無以易矣。而文定又謂："舊史必以實書，聖人削之，以爲萬世隱避國惡之法。"夫隱之弑，主逆者，軌也，操刃者，翬也。閔之弑主逆者，慶父也；操刃者卜齮也。準以《春秋》斷獄之義，則當書軌弑公、慶父弑公矣。如舊史歸獄兩人，而書得其實，則當夫子之時，著於國史，信於耳目者已二百餘年。魯之後君，魯之孟氏，雖孝子慈孫不可得改。夫子何爲而削數百年徵信之史，以疑後人哉？是必舊史書"公薨於蔿氏"，"公薨於武闈"，夫子不得已而削其地，以不没其實也。且古者史官雖以直爲職，而《春秋》外君見弑，疑案亦多。若史皆盡職，無不直書之事，則晉董狐、齊太史，不足稱於當時，傳於後世矣。所謂臣子於君父有隱諱之義者，夫子爲魯人，不當暴揚先世未彰之惡，非謂前之人既不諱，而後之人又當諱之也。據魯史而筆削，非夫子自爲一家之文。史不直書，不可以直書，史直而故曲之，豈義也哉？①

《辨義》説經宗朱，故開宗明義援引朱子之説，且徵信諸家，所論皆然。朱子曰："凡魯君被弑，則書薨，而以不地著之。蓋臣子隱諱之義，聖人之微意也。"再則引胡安國《春秋傳》："舊史必以實書，聖人削之，以爲萬世隱避國惡之法。"魯君遭弑，主逆者、操刃者，竟不直書其惡，蓋爲尊者諱，曲筆諱書之。孔子如何捨舊史之實書，而成《春秋》之筆削？張自超推論："是必舊史書'公薨於蔿氏'，'公薨於武闈'，夫子不得已而削其地，以不没其實也。"《春秋》内辭書弑，不得已而

---

① 張自超：《春秋宗朱辨義》卷一，隱公十一年"冬十有一月壬辰公薨"，第 37 葉，總第 28 頁。

削其地，是所謂曲筆諱書。於是，筆之於書者，遂止"公薨"二字，留存若干想象空間。張自超《辨義》之補苴罅漏，張皇幽渺，大抵如是。

桓公元年，《春秋》書："三月，公會齊侯、陳侯、鄭伯于稷，以成宋亂。"《春秋》書"成宋亂"，諸儒多以爲聖人特筆。朱子亦以爲："如成宋亂、宋災故之類，皆是聖人直著誅貶。"張自超不以爲然，提出"《春秋》，不按事作斷語"之敘事通則，堪稱一語斷盡。其匡謬補正，發微闡幽如下：

> ……然通《春秋》，不按事作斷語，即宋災故，亦止言其所爲。而此成字，若云遂其事之謂。成，則明坐四國以罪，固春秋所無也，恐亦是史氏之文耳。蓋史氏以立君定國爲能靖亂，成字只作平字解。諸儒則以討弒君之賊爲平亂，今既不討督，而立督；又相其君，得有後於宋，則亂以之而成。成字，不作平字解也。……平與成字不同，而義相通，故兩國釋怨解兵，曰請平，亦曰行成。於是史氏以成亂書，而夫子仍之者，因事爲文，因文索義。①

孔子作《春秋》，敘事而已，全書幾乎案而不斷。宋程頤《河南程氏遺書》曰："《春秋》，《傳》爲案，《經》爲斷。"②《朱子語類・春秋・綱領》載朱子之言："只是《春秋》却精細，也都不説破，教後人自將義理去折衷。"《春秋》所書者即是裁斷，但"都不説破"，却"教後人自將義理去折衷"。因義理寓存於敘事之中，探索可以得知。朱熹説《春秋》稱："孔子但據直書，而善惡自著"；"直著誅貶，自是分明"；"直述其事，固是有所抑揚"，主張直書，信據《左傳》之敘事見本末，説已見前。事案、直書、都不説破云云，即是張自超《辨義》所謂"不按事作斷語"。《春秋》一萬六千餘言，記事 1870 條，皆爲表述事案之敘事句，未見作價值批判之斷案句。殆即清顧炎武《日知録》所謂"不待論斷，而於序事之中即見其指"。③朱子所謂"都不説破"者，蓋指此。《辨義》持"不按事作斷語"，通看《春秋》，於是《春秋》書"成宋亂"、書"宋災故"，乃以"因事爲文，因文索義"説解之，堪稱能自圓其説。《辨義・總論》云："朱子曾言之，而鄙見微有不然者，亦未敢阿私而曲殉之也。"即其實例。

僖公二十八年，《春秋》書："冬，公會晉侯、齊侯、宋公、蔡侯、鄭伯、陳子、莒子、邾人、秦人于温。天王狩于河陽。"《左傳》以歷史敘事解經，稱："是會也，晉侯召王，以諸侯見，且使王狩。仲尼曰：以臣召君，不可以訓。故書曰'天王狩于河陽'，言非其地也，且明德也。"温之會，晉侯實

---

① 張自超：《春秋宗朱辨義》卷二，桓公二年"三月，公會齊侯、陳侯、鄭伯于稷，以成宋亂"，第 4 葉，總第 33 頁。

② 程顥、程頤：《二程集・河南程氏遺書》卷十五，漢京文化公司，1983 年，第 164 頁。王陽明《傳習録》卷十五引程伊川云："'《傳》是案，《經》是斷。'如書弒某君，伐某國，若不明其事，恐亦難斷。"

③ 顧炎武著，黄汝成集釋，欒保羣、吕宗力校點：《日知録集釋》卷二六《史記於序事中寓論斷》，上海古籍出版社，2006 年，第 1429 頁。

召天王，以諸侯見，《春秋》何以書"天王狩于河陽"？《春秋》何以"先書會，而後書狩"？張自超《辨義》闡説十分詳盡：

> 《左氏》以爲晉侯召王，以諸侯見，且使王狩。仲尼曰："以臣召君，不可以訓。故書曰'天王狩于河陽。'"文定因之，以爲原其自嫌之心，嘉其尊王之意，請王之狩，忠亦至焉，故夫子原情爲制，以誠變禮，特書曰"狩"，以尊周而全晉。……朱子以爲："晉文召王，固是不順。然史册所書，想必不敢明言晉侯召王。"義亦未盡。蓋晉侯假王狩，以諸侯見，以下而致上，跡涉于召，而詞亦不順，故《左氏》誅意，以爲召王。而其實，晉侯之告諸侯必曰"天王將狩于河陽"；王之告于天下，亦必曰"寡人將狩于河陽"，故魯史據告辭直書，《春秋》仍之，非夫子易召爲狩也。又陳氏以爲："……《春秋》先書會，後書狩者，不以天子與斯會之辭。"非也！實則，諸侯先至，以俟王之狩，故先書會，而後書狩，非有別義也。……晉文若率諸侯以朝，則不得不後于魯、衛諸國；後，則失伯主之威；遽先于魯衛，亦恶變先王之制，故不朝于京師，而假天子巡方，以方伯率先諸侯朝王之禮，自爲威重也。胡氏以盟踐土爲謀，……程氏遂以狩爲狩獵，……語似無稽，全不信《左氏》，恐亦不免于强撰也。諸儒説《春秋》，不宗《傳》者多如此。①

《辨義》闡説，先破後立：援引程頤《春秋傳》，以爲"語似無稽"；評胡安國《春秋傳》、朱熹之説，以爲"義亦未盡"；陳傅良《春秋後傳》，則直斥其説"非也"！温之會，《春秋》書"天王狩于河陽"者，張自超依赴告，宗《左傳》，據事直書，因文爲義，推想《春秋》書法之所以然："晉侯假王狩，以諸侯見，以下而致上，跡涉于召，而詞亦不順，故《左氏》誅意，以爲召王。"而其實，晉侯之告諸侯、王之告于天下，必曰："寡人將狩于河陽"，故魯史據告辭直書，《春秋》仍之，並非夫子易召爲狩。至於《春秋》先書、後書者，蓋"諸侯先至，以俟王之狩"，故先書會，而後書狩。文尾總評諸家説經："不信《左氏》，恐亦不免于强撰。"張自超詮釋《春秋》，信據《左傳》，此即朱子"叙事時，《左氏》却多是"之恪守與發揚。朱子所謂"直書其事，而使之不失其實"，即此之謂，亦以直書解説《春秋》之書法。

《辨義》論辨《春秋》經旨，誠如《總論》所言："凡所辨論，必反覆前後所書，比事以求其可通，又合諸儒之説，參互斟酌，去其非者，存其是者，未敢以臆斷也。"《辨義》發微闡幽，去非存是，大抵不失夫子之自道。張自超標榜宗朱，言必稱朱子，可知其論學旅向。《總論》自言："其於朱子，則已言者，引其言；未言者，推其意。間有非朱子之意，或朱子曾言之，而鄙見微有不然者，

① 張自超：《春秋宗朱辨義》卷五，僖公二十八年"天王狩于河陽"，第61葉，總第115頁。

亦未敢阿私而曲殉之也。”觀上述《辨義》徵引“朱子曰”者六例，可知其言非虚。

四、結　　論

張自超《春秋宗朱辨義》説解《春秋》，或即事以顯義，或比事屬辭以觀義，或終始本末以見義；揭示以《經》治《經》，可以“無傳而著”諸理念。其著述宗旨，可以二言蔽之：曰標榜宗朱，宣示私淑所在；曰凸顯辨義，强調補充與發明。

張自超《春秋》詮釋之學，所以獨宗朱熹者，在朱子治學，富於徵實精神；説解《春秋》，亦據實據事。《朱子語類》一則曰：《左氏》所傳《春秋》事，恐八九分是。再者曰：看《春秋》，且須看得一部《左傳》首尾意思通貫。三則稱：《春秋》制度大綱，《左傳》較可據，《公》《穀》較難憑云云。程頤曾謂：“《春秋》，《傳》爲案，《經》爲斷。”《左傳》以歷史敘事傳經，自較《公羊》《穀梁》以義説經切實可信。誠如《傳習録》所云：“若不明其事，恐亦難斷。”《辨義》説經，既宗朱子，故亦徵信《左傳》。

《辨義・總論》自稱：“是非以筆削而見，褒貶以是非而見，比事屬辭《春秋》之教，固無待於鉤深索隱也。”筆削昭義。如何破譯？秉持據事實書，師法敘事見本末，結合屬辭比事之書法，可以説解《春秋》之微旨隱義。如通觀《春秋》首尾而考察之，然後知楚與秦，先後爲患中國之本末始終。以比事屬辭，著“趙盾之無君，而靈所以卒爲盾弑”之義，知勢所必至，理有固然。綜考魯十二公之婚配，“桓、莊、僖、文、宣、成，皆娶齊女。襄、昭、定、哀，皆不娶齊女。娶齊女，則書逆書至，獨詳。不娶齊女，則逆與至皆不書，而從略。詳于書齊女者，聖人恶魯之娶齊女也。”常事不書，非常違禮則書，信然！

朱熹治經謹於闕疑，慎行其餘，《辨義》每津津樂道之。《春秋》名號稱謂之修辭，往往與霸業之消長，華夷之盛衰，敵我之對峙，内外之分際相關，書法亦隨之而異。文末徵引“朱子曰”，足見《辨義》於《春秋》旨義，已多所補充與發明。《春秋》書“公薨”，不書地、不書葬，《辨義》爲之補苴罅漏，張皇幽渺。《春秋》書“成宋亂”，張自超提出“《春秋》，不按事作斷語”之敘事通則。温之會，《春秋》書“天王狩于河陽”，張自超依赴告，宗《左傳》，據事直書，因文爲義，推想《春秋》書法之所以然。此一經典詮釋法，宏觀而系統如是，影響方苞《春秋》學之論述，《春秋通論》所謂“按全經之辭，而比其事”。以經求經，可以無傳而著。

《辨義》一書，《四庫全書總目》稱其書：“本朱子據事直書之旨，不予隱深阻晦之説。惟就經文前後參觀，以求其義。……雖以宗朱爲名，而參求經傳，實出自心得者爲多。”誠有見而言然。

張爾岐《儀禮鄭注句讀》與乾嘉禮學之分合[*]

□聶　濤

［摘　要］　釐清張爾岐《儀禮鄭注句讀》與乾嘉禮學的關係，對於理解清代禮學從清初到乾嘉之間的學術發展具有重要的學術意義。從文本内在的比較和對清代《儀禮》學史的發展角度切入，可以發現張氏實未嘗以"漢學"自居，但其對漢唐注疏的重視，對《儀禮》性質的看法與治禮之方法，皆從客觀上促進了清代經學研究"範式"的轉變，體現了《句讀》影響於乾嘉禮學的一面。但同時也存在囿於明人版本範圍、釋禮多沿襲宋學視域以及明顯帶有朱子學派重視"讀書"和藉經求道的色彩與經世先王之義、保存漢族文化的追求等方面的"特質"，又深刻的反映出《句讀》自身的學術特點，形成區别於乾嘉學者的"個性"所在。

［關鍵詞］　張爾岐；《儀禮鄭注句讀》；乾嘉禮學；分合

［作者簡介］　聶濤，南京師範大學文學院在職博士後研究員、金陵科技學院人文學院講師（南京　210097）

一、前　　言

濟陽張爾岐（字稷若，號蒿庵，1612—1678），作爲明末清初重要經學家，著作甚豐。現今學術界對於張爾岐的研究，主要有兩方面：一是關於張氏交遊之研究，尤其是與顧炎武之關聯。① 二是有關張氏學術思想的研究，此部分又可分爲張氏《易》學、《禮》學、理學、《老》學等方面。②

---

*　［基金項目］本文爲中國博士後科學基金第 73 批面上資助項目"曹元弼禮學文獻整理與研究"（2023M731740）階段性成果。

①　此類論文有趙儷生：《顧炎武與張爾岐》，《東岳論叢》，1985 年第 5 期，第 85—89、83 頁；張華松：《張爾岐交遊考》，《孔子研究》，2004 年第 3 期，第 91—99 頁；張濤：《顧張交往年代辨正二則》，《湖南大學學報（社會科學版）》，2006 年第 1 期，第 61—64 頁。

②　關於張氏《易》學方面研究，如陳怡青：《張爾岐〈周易説略〉研究》，臺北市立師範學院碩士學位論文，2001 年；汪學群：《清初易學》，商務印書館，2004 年；楊自平：《張爾岐〈易〉學特色與定位析論》，《國文學報》，2012 年卷 51，第 37—69 頁。關於張氏理學及《老》學的研究，如王建美：《張爾岐理學思想論略》，《天津師範大學學報（社會科學版）》，2004 年第 5 期，第 43—47 頁；王鈞林：《張爾岐的學問與思想》，《孔（轉下頁）

其中，尤以《禮》學成就最受關注。①畢竟張氏“獨精三《禮》，卓然經師”，②其《儀禮鄭注句讀》(以下省稱《句讀》)一書，“根本先儒，立言簡當”，“於學者頗爲有功”，在清代《儀禮》學研究上具有十分重要的價值。此書雖非如有學者所謂的“爲《儀禮》詮釋的扛鼎之作”，③但確實“開一代治《儀禮》學之先聲”。④

然而，現階段對張氏《句讀》一書的研究範疇，大致圍繞概述其書在校勘上的貢獻和從整體上肯定其對清代《儀禮》學研究的開創之功兩個方面。順此，實可進一步思考以下問題：一是，張氏治《禮》與乾嘉禮學之間究竟有何關聯？其所發“先聲”具體表現在哪些方面？二是，如《四庫館臣》所謂的“爾岐之專門名家，究在鄭氏學也”，《清儒學案》所謂“至其精研《禮》經，墨守高密”之類説法，儼然將張氏視爲漢學之代表。⑤這一點是否符合實情？如否，則其《句讀》一書區別於乾嘉禮學的特色又何在？

上述問題，皆關係到如何準確看待張氏《句讀》一書的定位與貢獻問題，且對於深入理解清代《儀禮》學史的發展亦不可等閒視之。本文試圖從文本内在的比較切入，從清代《儀禮》學史的發展角度，依據張氏《句讀》與乾嘉時期代表性學者禮説觀點的異同、分合，指出張氏《句讀》一書影響於乾嘉禮學，但又獨屬於自身的特色。

有關張氏《句讀》一書，目前所見最深入的研究當屬韓碧琴所撰的一系列文章，其中又以《〈儀禮〉張氏學》爲集成性論述。然韓文雖對張氏自身禮學之特色做了深入的闡發，但並未就張氏與乾嘉禮學的分合這一主題做深入的研究。他人類似之作，亦尚未之見。故不自量，鉤索綜合，成此短篇，或能補前人之所未逮，而爲研究清代《儀禮》學史者參考。

(接上頁)子研究》，2007 年第 2 期，第 75—85 頁；汪學群：《張爾岐的天人性命之學》，《儒家典籍與思想研究》，第十二輯，北京大學出版社，2010 年，第 647—658 頁；王繼學：《論張爾岐〈老子説略〉在老學史上的地位》，《商丘師範學院學報》，2006 年第 1 期，第 20—22 頁。

① 關於張氏《禮》學研究，其代表性論文有戴君仁：《書張爾岐〈儀禮鄭注句讀〉讀後》，《書目季刊》，1966 年 9 月，第 51—54 頁；韓碧琴：《儀禮鄭注句讀校記》，臺北公立編譯館，1996 年；又《張爾岐對〈儀禮〉之獨特見解》，《中興大學臺中夜間部學報》，1995 年 11 月，第 27—49 頁；又《〈儀禮〉張氏學》，《興大中文學報》，1996 年第 8 期，第 195—230 頁；林存陽：《張爾岐與〈儀禮鄭注句讀〉》，《齊魯學刊》，2001 年第 1 期，第 36—40 頁；鄧聲國：《試論張爾岐的〈儀禮〉詮釋特色與研究》，《江西科技師範學院學報》，2012 年第 4 期，第 61—66 頁；潘斌：《明清之際的學風與張爾岐的〈儀禮〉詮釋》，《古籍整理研究學刊》，2017 年第 3 期，第 11—15、95 頁。

② 顧炎武撰，華忱之校注：《顧亭林詩文集》之《亭林文集》卷六，中華書局，2015 年，第 133 頁。

③ 汪學群：《張爾岐的天人性命之學》，第 647 頁。

④ 林存陽：《張爾岐與〈儀禮鄭注句讀〉》，第 40 頁。

⑤ 如江藩《漢學師承記》即以張氏禮學成就，就其繼承鄭玄《儀禮注》，將他歸爲漢學家，與閻若璩、胡渭並列於開卷之首。見江藩纂，漆永祥箋釋：《漢學師承記箋釋》卷一，上海古籍出版社，2013 年，第 117 頁。

二、《句讀》與乾嘉禮學對《儀禮》性質認識的相承性

《儀禮》學在清代的興起，是清代學術史上非常重要的一個現象。《儀禮》一書，文質古奧，内容全爲儀文度數。自鄭注、賈疏之外，注釋者代不數人。唐韓愈已苦"難讀"，至宋王安石變法，科舉應試罷廢《儀禮》，士人研習者更少，以致廢絶。然對《儀禮》一書周公所作的性質，並無多少異議。有明一代，多注目於朱子《家禮》之學，對《儀禮》一書，漸有疑其性質者。如郝敬(1558—1639)《儀禮節解》認爲：

> 《儀禮》非盡先聖之舊也。後儒纂述舊聞，雜以歷代儀注，薈蕞成書，皆士大夫行禮節目。朱仲晦欲以《儀禮》爲經，夫儀之不可爲經，猶經之不可爲儀也。①

在其看來，《儀禮》一書不僅都是"儀文"的紀録，不是"經"而是"儀"，且充溢著許多衰世之制，"儀文雖詳，而大綱不清"，"非盡先聖之舊也"。此後，隨著清初群經辨僞之學興起，姚際恒(1647—1715)同意郝敬的觀點，在《儀禮通論》卷首《序》中指出：

> 昔者元聖制作，布在方策，傳於天府。非若後代章程法令，昭示乎民。又非若儒生發凡起例，勒成一書，思以垂諸來世。是以禮獨無傳。其後典籍僅存，降至戰國，已復盡去。則此書者，孟子不舉其義，漢世稍出其傳，推之春秋侯國，往往而合。其爲周末儒者所撰，夫復奚疑？②

姚氏認爲，古禮不傳，《孟子》一書未嘗提及，漢代方出；内容所記，又多與戰國相合，確認其非周公所制，"作於衰周，上不及文、武之盛，下不盡裨後世之用"。③與姚氏同時之毛奇齡(1623—1716)亦認爲《儀禮》成書於戰國之後："《儀禮》《周禮》則又在衰周之際，吕秦之前。"又説："二《禮》與《禮記》俱出戰國。而《禮記》引經多與經合，《周禮》次之，《儀禮》抑末矣。"④由上可知，毛氏以爲《儀禮》斷非周公所作，並以爲"諸經説《禮》，皆無可據"。

---

① 郝敬：《儀禮節解》卷首《讀儀禮》，《續修四庫全書》，上海古籍出版社，2002年，第85册，第546頁上。

② 姚際恒撰，陳祖武點校：《儀禮通論》，中國社會科學出版社，1998年，第2頁。

③ 姚際恒撰，陳祖武點校：《儀禮通論》，第3頁。

④ 毛奇齡：《經問》卷十二，《景印文淵閣四庫全書》，臺灣商務印書館，1986年，第191册，第148頁。

此外，以《春秋大事表》成名的顧棟高（1679—1759），則提出《儀禮》乃漢儒掇輯遺文而成的說法：

> 非特《周禮》爲漢儒傅會，即《儀禮》亦未敢信爲周公之本文也。……夫書爲孔、孟所未嘗道，《詩》、《書》、三《傳》所未經見，而忽然出于漢武帝之世，其爲漢之儒者掇拾綴輯無疑。①

本文無意於評斷上述諸人之説法，然可以看出，從晚明到清初，確實流傳著一股懷疑《儀禮》成書性質的風氣。張爾岐《句讀》一書在這樣的風氣中問世，却“堪稱特例”。②張氏堅信《儀禮》爲周公所制，孔子所傳，其《自序》謂：

> 在昔周公制禮，用致太平，據當時施於朝廷鄉國者，勒爲典籍，與天下共守之。其大體爲《周官》，其詳節備文則爲《儀禮》。……夫疑《周官》者，尚以新莽、荆國爲口實；《儀禮》則周公之所定，孔子之所述，當時聖君、賢相、士君子之所遵行，可斷然不疑者，而以難讀廢，可乎？③

到乾嘉之際，這種相信《儀禮》爲周公所作的觀點成爲當時治漢學者如惠棟（1697—1758）、盛世佐（1718—1755）、戴震（1724—1777）、錢大昕（1728—1804）、淩廷堪（1757—1809）、阮元（1764—1849）、胡培翬（1782—1849）等人的共識。如首先揭櫫“漢學”的惠棟認爲：

> 《儀禮》爲周公所定，夫人而知之。《經典敘録》曰：“周公居攝，曲爲之制，故曰經禮三百，威儀三千。經禮謂《周官》也，威儀謂《儀禮》也。”④

又如盛世佐雖非嚴格意義上的漢學家，但《四庫提要》評其《儀禮集編》爲：“持論頗爲謹嚴，無淺學空腹高談輕排鄭賈之錮習”。⑤在對《儀禮》性質的看法上，也與張爾岐及漢學家相同。其在《儀禮集編・綱領一論儀禮不可廢》中引用張爾岐之説以示《儀禮》之不可廢，後更於“凡例”中，

① 顧棟高：《春秋大事表》卷四七，《景印文淵閣四庫全書》，第180册，第565頁上—566頁上。
② [美]周啓榮著，毛立坤譯：《清代儒家禮教主義的興起——以倫理道德、儒學經典和宗族爲切入點的考察》，天津人民出版社，2017年，第229頁。
③ 張爾岐：《儀禮鄭注句讀序》，《儀禮鄭注句讀》，影印乾隆和衷堂刻本，學海出版社，1997年，第21—22頁。
④ 惠棟：《九曜齋筆記》卷二，《叢書集成續編》，上海書店出版社，1994年，第92册，第513頁下。
⑤ 永瑢、紀昀等撰：《四庫全書總目》卷二十，中華書局，1965年，經部禮類二，第167頁。

對前人疑經的行爲表示不滿：

> 《周禮》，周公未成之書；大、小戴《記》，綴緝自漢儒手，醇疵參半。故禮書之存於今者，惟此經稱完備。……自漢以來，人無異議，張子、朱子猶尊信此書。世儒乃有疑其非盡於聖人者，徐積説。有疑其非高堂生之書者，張淳説。少所見則多所怪，其信然乎？樂史發五疑之論，章山堂擇焉不精，采其説而引伸之，致令周公之所作，孔子之所雅言者，反不得與漢儒傳、義並，惑莫甚焉。①

在盛世佐看來，《周禮》、二戴《記》或未成，或醇疵參半，只有《儀禮》一書堪稱完備。那些以爲《儀禮》"非盡於聖人者"的説法，都是"惑莫甚焉"。其後戴震以"《儀禮》之經、周公之制作"，錢大昕認《儀禮》爲"成周制作之精意"，淩廷堪以《儀禮》"非大聖人不能作"和阮元謂"六經皆周、魯所遺古典，而孔子述之，傳於後世"的觀點，皆呈現出乾嘉時期儒者對《儀禮》性質的看法與清初風氣迥然有别。②至於胡培翬所言更稱得上代表乾嘉漢學對此問題的總結性看法：

> 《三禮》惟《儀禮》最古，亦惟《儀禮》最醇矣。《儀禮》有經、有記、有傳，記、傳乃孔門七十子之徒之所爲，而經非周公莫能作。其間器物陳設之多，行禮節次之密、升降揖讓裼襲之繁，讀之無不條理秩然。每篇自首至尾，一氣貫注，有欲增減而不能者。③

因此，從張爾岐到胡培翬，可以看出，以《儀禮》爲周公作，乃是詮釋《儀禮》時的一個基本前提。

這也是爲什麽張氏《句讀》一書完成於康熙九年(1670)，其間僅以抄本流傳，如顧炎武、劉孔懷等皆有録本，但直到乾隆八年(1743)始有高廷樞和衷堂刻本。④馮秉仁跋文對此嘗慨曰：自《句讀》成書，"顧七十年來未獲鋟板以傳，士林憾之"，以致乾隆初開三禮館，"時有以是書聞於上者，歲辛酉部文到濟，開列書名"，也只能"檄取家藏抄本以去"。⑤而後，隨著清代三禮學的

---

① 盛世佐：《儀禮集編》凡例，《景印文淵閣四庫全書》，第110册，第5頁下—6頁上。

② 戴震著，趙玉新點校：《戴震集》卷九，上海古籍出版社，2012年，第135頁；錢大昕著，吕友仁點校：《潛研堂集》卷二四，上海古籍出版社，2012年，第390頁；淩廷堪著，彭林點校：《禮經釋例》，"中研院"中國文哲研究所，2002年，第39頁；阮元著，鄧經元點校：《揅經室集》一集卷十一，中華書局，2016年，第237頁。

③ 胡培翬撰，胡肇昕、楊大堉補，張文等校點：《儀禮正義》卷一，《儒藏》精華編，北京大學出版社，2016年，第18頁。

④ 馬梅玉：《張爾岐〈儀禮鄭注句讀〉版本考略》，《古典文獻學術論叢》，第二輯，黄山書社，2011年，第165頁。

⑤ 馮秉仁：《儀禮鄭注句讀跋》，《儀禮鄭注句讀》，第813頁。

復興和漢學的興起，乾隆三十七年開四庫館，復據和衷堂刻本收入《四庫全書薈要》和《四庫全書》，流傳與影響愈大。[①]正從一個側面説明了，張氏此書與清初辨僞的學術風氣並不完全相合，直到乾嘉之間才完全改觀。其中的關鍵在於"旨在斷定經典著作當中的内容是否具有權威性這種飽含批判色彩的研究模式，在18世紀中葉以後漸趨没落"。[②]清代中葉尤其是漢學興起之後，學者們對古代經典所藴含内容的信任感明顯增强。正如有學者指出："惟有清儒堅信《儀禮》是三禮之本經，首尾一貫，條理井然，内藴聖人制作之精義，清代儀禮學之研究才得循校勘、注疏、訓詁、圖、表、釋例、正義一步步展開，而儒家禮秩背後的意義才得以重現。"[③]張氏《句讀》一書，在這一點上，確實可稱發乾嘉禮學之先聲。

三、《句讀》在方法上對乾嘉禮學之影響

誠如周啓榮所言，張爾岐《句讀》一書，"彰顯了通過梳理字義來突破古代經典著作疑難文句障礙的重要性"，這種治學方法，爲"18世紀的漢學研究在方法論層面確定了基調"。[④]事實上，《句讀》一書與乾嘉禮學的關聯，相當程度上便體現在這一方法的啓示。晚清陳澧曾經概括治禮之法爲：

> 《儀禮》難讀，昔人讀之之法，略有數端：一曰分節，二曰繪圖，三曰釋例。今人生古人後，得其法以讀之，通此經不難矣。[⑤]

以上所言除繪圖之外，分節、釋例在張氏《句讀》一書中皆可體現，且對乾嘉儒者有重要的影響。

（一）離析章句，治禮始基

近人黄侃曾云："離析章句，乃治禮之始基。"[⑥]張爾岐熟於《儀禮》白文，分章析句細緻嚴密，所謂"取經與注，章分之，定其句讀"是也。就現有《儀禮》章節劃分方面的著作而言，賈公彦

① 馬梅玉：《張爾岐〈儀禮鄭注句讀〉版本考略》，第167頁。

② ［美］周啓榮著，毛立坤譯：《清代儒家禮教主義的興起——以倫理道德、儒學經典和宗族爲切入點的考察》，第294頁。

③ 張壽安：《十八世紀禮學考證的思想活力——禮教論争與禮秩重省》，北京大學出版社，2005年，第53頁。

④ ［美］周啓榮著，毛立坤譯：《清代儒家禮教主義的興起——以倫理道德、儒學經典和宗族爲切入點的考察》，第319頁。

⑤ 陳澧著，鍾旭元、魏達純校點：《東塾讀書記》，上海古籍出版社，2012年，第127頁。

⑥ 黄侃：《禮學略説》，《黄侃國學文集》，中華書局，2006年，第352頁。

《儀禮疏》爲目前可見最早就經文内容進行隨文分節的作品，其後宋代朱熹《儀禮經傳通解》在賈疏基礎上，改用分段編次，標舉節目的方式，其“釐析經文，每一節截斷，後一行題云右某事”，[①]較賈疏尤簡明。此後學者相沿，多用此法。張爾岐雖未見朱子《通解》，但其《句讀》一書却在對賈疏方法進行改進的基礎上，客觀上呈現出與朱子相仿且更爲細密的分節方式。此點大爲時人所重，如李斯孚云：“濟北張蒿庵先生《儀禮鄭注句讀》一書，憫學者無路問津，而示以寶筏，不辭下學離經章句之務。”[②]其後吴廷華（1682—1755）、秦蕙田（1702—1764）、盛世佐等皆受其影響，又以胡培翬《儀禮正義》（以下省稱《正義》）最爲深遠。如《士冠禮》“筮于廟門”，《正義》引張爾岐云：“將冠，先筮日，次戒賓。至前期三日，又筮賓、宿賓。前期一日，又爲期告賓。冠期前事，凡五節。”並下案語曰：

> 舊本經不分章，朱子作《經傳通解》，始分節以便讀者，至張氏爾岐句讀本，分析尤詳。此書分節多依張本，而亦時有更易。[③]

由此可知，胡氏《正義》一書，爲《儀禮》内文分節之時，多以張氏《句讀》爲本。除胡氏之外，實則乾嘉時期多部禮學著作，其分節皆以張氏爲依據。以下以《士相見禮》爲例，以見清人在分章析節方面對張爾岐的繼承與發揚。

《士相見禮》清人六家分節對照表

<table>
<tr><th>《儀禮鄭注句讀》</th><th>《儀禮集編》</th><th>《儀禮章句》</th><th>《欽定儀禮義疏》</th><th>《五禮通考》</th><th>《儀禮正義》</th></tr>
<tr><td rowspan="3">士相見禮</td><td rowspan="3">士相見禮</td><td>賓主相見</td><td>初相見</td><td>賓奉贄見主人</td><td rowspan="3">士與士相見之禮</td></tr>
<tr><td rowspan="2">復見</td><td rowspan="2">復見</td><td>賓反見主人</td></tr>
<tr><td>主人復見賓還贄</td></tr>
<tr><td rowspan="2">士見於大夫</td><td>士見於大夫</td><td>士見大夫</td><td>士見於大夫</td><td>士見大夫</td><td>士見大夫</td></tr>
<tr><td>士嘗爲臣者見於大夫</td><td>嘗爲臣者相見之儀</td><td>士嘗爲臣者見於大夫</td><td>士嘗爲臣者見於大夫</td><td>士嘗爲大夫臣者見於大夫</td></tr>
<tr><td>大夫相見</td><td>大夫相見</td><td>言大夫相見</td><td>大夫相見</td><td>大夫相見</td><td>大夫相見</td></tr>
<tr><td rowspan="2">臣見於君</td><td>大夫士庶人見於君</td><td rowspan="3">凡見君之禮</td><td>大夫士庶人見於君</td><td>士大夫庶人見於君</td><td>大夫士庶人見於君</td></tr>
<tr><td>他邦之人見於君</td><td>他邦之人見於君</td><td>他邦之人見於君</td><td>他邦之人見於君</td></tr>
<tr><td>燕見於君</td><td>燕見於君</td><td>燕見於君</td><td>燕見於君</td><td>燕見於君</td></tr>
</table>

① 陳澧著，鍾旭元、魏達純校點：《東塾讀書記》，第128頁。

② 李斯孚：《儀禮鄭注句讀序》，《儀禮鄭注句讀》，第18—19頁。

③ 胡培翬撰，胡肇昕、楊大堉補，張文等校點：《儀禮正義》卷一，第19頁。

續表

<table>
<tr><th>《儀禮鄭注句讀》</th><th>《儀禮集編》</th><th>《儀禮章句》</th><th>《欽定儀禮義疏》</th><th>《五禮通考》</th><th>《儀禮正義》</th></tr>
<tr><td>進言之法</td><td>言視之法</td><td rowspan="8">雜記尊卑交際言語容貌之節</td><td>言視之法</td><td>言視之法</td><td>進言之法</td></tr>
<tr><td>侍坐於君子之法</td><td>侍坐於君子</td><td>侍坐於君子</td><td>侍坐於君子</td><td>侍坐於君子之法</td></tr>
<tr><td>臣侍坐賜食賜飲及退去之儀</td><td>士大夫侍飲食於君</td><td>士大夫侍飲食於君</td><td>士大夫侍飲食於君</td><td>臣侍坐賜食賜飲及退去之儀</td></tr>
<tr><td>尊爵者來見士</td><td>先生異爵者請見士</td><td>先生異爵者見於士</td><td>先生異爵者見於士</td><td>先生異爵者見士</td></tr>
<tr><td rowspan="3">博記稱謂與執贄之容</td><td>稱於他邦之辭</td><td>自稱於他邦之辭</td><td>自稱於他邦</td><td rowspan="3">廣言稱謂及執幣玉之儀(附士相見禮)</td></tr>
<tr><td>執幣玉之儀</td><td>執幣玉之儀</td><td>執幣玉之容</td></tr>
<tr><td>自稱於君</td><td>自稱於君</td><td>自稱於君</td></tr>
</table>

僅從《士相見禮》的分節數量而言,《句讀》分十節,《儀禮集編》分十四節,《儀禮章句》分七節,《欽定儀禮義疏》分十五節,秦蕙田《五禮通考》分十六節,胡培翬《儀禮正義》分十二節,諸家皆不同。但就内容來説,實皆在《句讀》基礎上的進一步分合。可以説,從張爾岐到胡培翬,清人對《儀禮》的分節更趨完善精密,使後代學者在閱讀《儀禮》時,不至因爲經文難讀而却步。

(二) 根本經文,以例解經

禮以秩序爲訴求,提供一套分辨、維持關係的方法和標準。在長期之中,形成一系列具有必然性的軌則和規律,昔人以"禮例"名之。①晚清曹元弼(1867—1953)撰《禮經學》,總結禮學理論體系,開首即冠以"明例",詳言《儀禮》經注疏通例,凡分三層:經例、注例和禮例。②經例乃經文用詞、敘述之例;注例爲鄭玄之解,多發經例;至於禮例,則是原則性、原理性的"發凡",引導禮意的發生和變化。《儀禮》經文之中已有"發凡",鄭注言"凡"亦不可勝數。然《儀禮》經文瑣碎,非精熟全經不能紬繹其例。鄭注、賈疏之外,能明例者寥寥。至乾嘉漢學興起,專門考禮之風盛行,推比方爲細密周匝。就禮書而言,清人以"例"爲目者極多,如江永(1681—1762)《儀禮釋例》、任大椿(1738—1789)《深衣釋例》、淩廷堪《禮經釋例》、夏燮(1800—1875)《五服釋例》等,其他不以例名而有關禮例者尚多。足見"明例"爲清儒考禮之基本方法。

張爾岐《句讀》一書,雖成於清初,稍略於名物訓詁,但其反復於經文,參酌於鄭注,於句讀、章節之外,往往能得其通例,較之乾嘉,頗有先見之明。如《士冠禮》:"若殺,則特豚,載,合升。"鄭注:"凡牲皆用左胖,煮於鑊曰亨,在鼎曰升,在俎曰載,載合升者,明亨與載皆合左右胖。"《句

① 參見鄭雯馨:《論〈儀禮〉禮例研究法——以鄭玄、賈公彦、淩廷堪爲討論中心》,臺灣大學博士學位論文,2013年,第21頁。

② 見曹元弼著,周洪校點:《禮經學》,北京大學出版社,2012年,第30—40頁。

讀》以爲：

> 案《特牲》《少牢》及《鄉飲酒》皆用右胖，此合升左右胖，或以嘉禮故異之與？注云"凡牲皆用左胖"，《疏》以爲鄭據夏殷之法，未知然否？①

按：張氏結合《特牲》《少牢》及《鄉飲酒》諸禮文，於鄭注"凡牲皆用左胖"之説，頗生懷疑。後褚寅亮《儀禮管見》以爲鄭注"左"字疑"右"字之訛，其曰：

> 蓋諸吉禮皆升右胖，而此《注》言凡，則是解釋全經之通例，何反背經而云左？斯不然矣。《疏》不悟其訛，乃云據夏殷法，曲説也。②

至淩廷堪《禮經釋例》，亦言"凡牲皆用右胖，唯變禮反吉，用左胖"，並同褚寅亮以"左"字蓋傳寫之誤。③根據禮例，今《儀禮》中用右胖者有：《鄉飲酒》《鄉射》《燕禮》《大射》《特牲》《少牢》諸例；用左胖者有：《士喪禮》《士虞禮》《既夕禮》。然亦有左右胖皆升者，即此處《士冠禮》"夏殷冠子之法"節及《士昏禮》"將親迎預陳饌"節、《士喪禮》"陳大殮衣奠及殯具"節。所以然者，據淩廷堪所言："冠禮，人道之始；昏禮，男女之始；大斂，人道之終，故皆合升左右胖，異於他禮也。"④可見是爲特例。其他諸吉禮皆用右胖，而鄭玄此注言"凡"，當爲通解全經之例，却用"左胖"釋之，顯然有誤。褚、淩諸説甚是。張爾岐能從禮例角度提出質疑，堪稱孤鳴先發。雖功力未及乾嘉儒者之深，但亦可謂善讀禮文者。後人循其疑竇，以例推勘，終使此處渙然冰釋，正見學術轉進之一斑。

又如《燕禮》："司宫兼卷重席，設于賓左，東上。"鄭注："言兼卷，則每卿異席也。重席，重蒲筵，緇布純也。卿坐東上，統于君也。席自房來。"《句讀》：

> 重席，但一種席，故《注》云"重蒲筵，緇布純也"。加席則於席上設異席，如《公食大夫》記云"司宫具几，與蒲筵常，緇布純，加萑席尋，玄帛純"是也。⑤

---

① 張爾岐：《儀禮鄭注句讀》卷一，第 57 頁。
② 褚寅亮：《儀禮管見》卷上，《叢書集成初編》，商務印書館，1935 年，第 8 頁。
③ 淩廷堪著，彭林點校：《禮經釋例》卷五，第 272 頁。
④ 淩廷堪著，彭林點校：《禮經釋例》卷五，第 273 頁。
⑤ 張爾岐：《儀禮鄭注句讀》卷六，第 248 頁。

按:此處所涉儀文爲《燕禮》"主人獻卿或獻孤"。經文云"重席",鄭注以爲"重蒲筵,緇布純也",張氏對此理解爲一種席而重設之。並引《公食大夫禮》中記文,證"加席"乃兩種不同之席。後吴廷華《儀禮章句》引《周禮·司几筵》"大朝覲"《疏》云"初在地者一重謂之筵,重在上者謂之席",以爲此"重席"乃是"加席",並謂:"《注》以重爲重蒲筵,非也。"因依《周禮·司几筵》"設莞筵,加繅席,加次席"而反對鄭注之説。考《儀禮》設席之法,有重席,有加席兩種。此處經云"重席",且下文"卿辭重席,司宫徹之",鄭注:"徹猶去也。重席,雖非加,猶爲其重累去之,辟君也。"《句讀》:"以君有加席兩重,此雖蒲筵一種重設,嫌其兩重,與君同也。"可見根據經文和鄭注,此處"重席",即一種席而重設之,不必如《周禮》所云。胡培翬《儀禮正義》引江筠"經云兼卷,則上下長短同,其爲一種席可知"。[①]正與張氏《句讀》所言同。對吴氏之説,胡培翬、曹元弼等皆統觀經文禮例予以辯駁。張爾岐特別指出此點,想亦與其熟讀經文,推究禮例不無關聯。

(三) 恢復古本之舊的努力

清代《儀禮》學之興,發端於張爾岐、顧炎武以唐石經校明監本之誤,後金曰追(1737—1781)、浦鏜、盧文弨等人相繼不輟,再到嘉慶年間,阮元、段玉裁(1735—1815)、徐養原(1758—1825)、顧千里(1766—1835)等的再校,其後胡培翬、曹元弼等又在前人基礎上,進一步從事校勘,可以説清代《儀禮》之學,"由衰微而達於極盛,校勘之役相與始終"。[②]

但詳細考察目前學界有關張氏《句讀》一書校勘内容的研究,主要涉及對坊間流傳的《儀禮》監本的文字正誤、對唐石經《儀禮》經文的文字校勘以及在對《儀禮》經文詮釋過程中出現的文字校勘等三項内容。[③]實際上,若從清代《儀禮》校勘學史的大背景考察,除上述具體的校勘成果之外,張氏《句讀》一書尚具有《儀禮》校勘結構性轉變的貢獻,此多爲學者所忽。

《儀禮》久無注疏合刻之本,自嘉靖五年陳鳳梧編刻《儀禮注疏》,合疏於經注,是爲《儀禮》注疏合刻之始。然據廖明飛研究,陳鳳梧本"改單疏從單注之分卷,删略改易單疏所標經注起止語,且每據注文改疏文,更據《通解》潤色之辭改賈氏之舊,大肆篡改疏文文字,疏文自身之價值遭到消解",且"校對粗疏,未爲善本"。[④]其後,李元陽重刻《十三經注疏》,《儀禮》即以陳鳳梧所編爲本。萬曆中,北監本據閩本重雕,崇禎年間,毛本復據監本重刊,遞相祖述,無所是正。可見,明本注疏受到朱子《通解》的影響極深。就經文而言,朱子《通解》割裂經典,將記文打散,附於相關經文之後。張氏《句讀》一書,雖所見僅明刻之本,然將記文附於經文之後,改變朱子

① 胡培翬撰,胡肇昕、楊大堉補,張文等校點:《儀禮正義》卷十一,第548頁。

② 彭林:《論清人〈儀禮〉校勘之特色》,《中國史研究》,1998年第1期,第25頁。

③ 見鄧聲國:《試論張爾岐的〈儀禮〉詮釋特色及其成就》,《江西科技師範學院學報》,2012年第4期,第64頁;潘斌:《明清之際的學風與張爾岐的〈儀禮〉詮釋》,第13頁。

④ 廖明飛:《〈儀禮〉注疏合刻源流考》,北京大學碩士學位論文,2012年,第119頁。

《通解》割裂經典之弊端，呈現出向《儀禮》原貌回復的努力。又如《既夕禮·記》："御者四人，皆坐持體。男女改服。屬纊，以俟絶氣。"鄭注"男女改服"曰："爲賓客來問病，亦朝服。主人深衣。"《句讀》：

> 按下"主人啼"，注"於是始去冠而笄纚，服深衣"，則此"主人深衣"四字，羨文也。[①]

張氏結合下文鄭注，以爲"主人深衣"爲衍文。盧文弨《儀禮注疏詳校》以爲："攷石經無'男女改服'之文，李(如圭)本並無十三字之注"，並引金曰追云："特因《通解》而誤耳。"[②]後阮元《儀禮注疏校勘記》曰：

> 此節經注，唐石經及徐本、《集釋》、敖氏俱無，《通解》、楊氏俱有。《石經攷文提要》云："此因《通解》而誤。蓋《通解》於《士喪禮》雜附本經記及《喪大記》之文，此節乃《喪大記》誤入《儀禮》。又此記五節與《喪大記》同，鄭兩注各異，獨此節注不異，明係移彼注此。又因與《士喪禮》不合，妄改'庶人'爲'主人'，又彼注上文有'新朝服'，故曰'亦朝服'。此上文無'朝服'字，何以云'亦'？足證羼入。"[③]

可知，此處乃朱子《通解》編纂體例，割裂經文，以《禮記·喪大記》之文所羼入，本非《儀禮》之舊。張氏《句讀》以上下文本校，發現此處疑點，並以衍文的方式處理，雖不及盧文弨、阮元等詳贍，但正反映學術進展内在之脈絡。清代《儀禮》校勘學的發展，從根本上説，即是對明刻注疏文本構成内容的反動。從這一點來看，張氏《句讀》正處在由明本系統向古本回歸之承前啓後的關口。

四、《句讀》與乾嘉禮學之相異處

若將張氏《句讀》一書放在清初《儀禮》學背景上考察，除了上文所述影響於乾嘉禮學者外，尚有其時代烙印所顯示出區别於乾嘉禮學之所在。若不明此，僅僅著眼其"倡清代禮學之先聲"的價值，將會忽視《句讀》一書自身的獨特價值，轉而影響對清代《儀禮》學發展的整體關照。

---

① 張爾岐：《儀禮鄭注句讀》卷十三，第610頁。

② 盧文弨撰，陳東輝等點校：《儀禮注疏詳校》卷十三，"中研院"中國文哲研究所，2012年，第285—286頁。

③ 阮元總纂，徐養原分校，張文整理：《儀禮注疏校勘記》卷十三，北京大學出版社，2014年，第428頁。

考察《句讀》區别於乾嘉禮學者,本文以爲有以下三點:

(一) 沿襲明本之誤,未及校正

張氏雖以唐石經本校明監本,"嘉惠後學不淺",然而囿於材料之不足,所據止石本、監本、吴澄本而已,故論説多有掛漏謬誤之處。與阮元等人以宋本校勘相比,固顯疏漏。兹摘録其誤從明本之處如下,以見清代校勘之發展,如《燕禮》:大師告于樂正曰:"正歌備。"鄭注:"大師,上工也,掌合陰陽之聲,教六師以六律爲之音者也。"《句讀》:

> 六師,《周禮》磬、鐘、笙、鏄、韎、籥等,六師也。[①]

按:鄭注之"六師",宋嚴州本、阮元刻本皆作"六詩"。賈疏:"教六詩,曰風、曰賦、曰比、曰雅、曰興、曰頌。"胡培翬《儀禮正義》曰:"此約《周禮·大師》職文,六詩,謂風、賦、比、興、雅、頌也。刊本注六詩或作六師,張氏爾岐據誤本以爲之説,云'六師,《周禮》磬、鐘、笙、鏄、韎、籥等六師也',謬矣。"[②]胡培翬以爲張氏據誤本强爲之説,謬誤之盛。然細考版本,《儀禮》明刻,自陳鳳梧編刊《儀禮注疏》此處即訛作"六師",後閩本相沿不改。至萬曆北監本,此處又訛"六"爲"大",毛晉汲古閣本襲之,至乾隆武英殿本始更正"大師"爲"六詩"。[③]則張氏所釋,實因沿明本之譌而爲之彌縫。

又如《有司徹》:"卒盛,乃舉牢肩,尸受,振祭,嚌之。"鄭注:"舉七。"《句讀》:

> 前此舉牢肺,舉正脊,舉牢幹,舉魚,舉腊肩,舉牢骼,已六舉;至此舉牢肩,故云舉七也。[④]

按:鄭注"舉七",宋嚴州本、《集釋》、阮元刻本俱作"卒已"。七,楊氏《禮圖》作匕。胡培翬《正義》曰:"秦氏蕙田云:案卒盛謂盛畢,注訓卒已,是也。楊氏本作舉匕,張爾岐舉七,皆非是。盛氏云:上篇尸七飯時,注云卿大夫之禮不過五舉,至是八飯舉牢肩,則六舉矣,乃云舉七,非也。坊本或誤作舉匕,張氏因改匕爲七,而分牢肺正脊爲二舉,以足其數,謬甚。今案盛氏説是,《禮

---

① 張爾岐:《儀禮鄭注句讀》卷六,第 256 頁。

② 胡培翬撰,胡肇昕、楊大堉補,張文等校點:《儀禮正義》卷十二,第 565 頁。

③ 按:文中所依據之陳鳳梧本、汲古閣本《儀禮注疏》爲國家圖書館藏本數字化影像;明北監本爲日本國立公文書館藏本數字化影像;閩本《儀禮注疏》爲中國社會科學院歷史研究所文化室編,東方出版社 2011 年影印《明版閩刻十三經注疏》第四册,卷六,第 157 頁上;武英殿本《儀禮注疏》爲齊魯書社 2019 年影印《武英殿十三經注疏》第四册,卷六考證,第 2157 頁上。

④ 張爾岐:《儀禮鄭注句讀》卷十七,第 768 頁。

經釋例》亦以舉牢肩爲六舉。"[①]是秦蕙田、盛世佐皆從行禮的過程闡釋,根據禮例斷言無論楊復抑或張爾岐之説爲誤。然檢此處,陳鳳梧本即作"舉匕",閩本、北監本、毛本襲之。張氏直覺其誤,故以意改爲"七",是亦沿元、明以來之譌而説解爲誤之一例。此類尚夥,恕不一一列舉。總之,張氏《句讀》雖對清代《儀禮》校勘學具有重要影響,但受限於時代,從整體上看,依然未脱明本之牢籠。

(二) 未完全擺脱宋學視域,誤判鄭注

張爾岐《句讀》一書,雖以鄭注爲本,然在闡釋具體儀文禮意之際,並不拘泥於鄭、賈之説。[②]對此,前賢雖多有論及,但對其何以質疑鄭、賈之緣由,並未深究。本文以爲,這與整個清代《儀禮》學詮釋視域的轉换有關。張氏對於鄭玄,開始並非出於自覺的選擇,乃因"旁無師友可以質問,偶於衆中言及,或阻且笑之。聞有朱子《經傳通解》,無從得其傳本,坊刻《考註》《解詁》之類皆無所是正,且多謬誤",致"所守者唯鄭註、賈疏而已",[③]看來更多是一種歷史的無奈或巧合。而當時整個環境,《儀禮》之學久絶,敖繼公《儀禮集説》影響力相當之大,"鄭玄則爲學者所冷落和批評",在"經學界的地位一落千丈"。[④]這與乾嘉"漢學"興起之後,論禮多尊鄭玄的風氣以及鄭玄經師地位的重新確立,顯示出一定的區隔。

張氏身處學術範式轉移之先,固不必牽涉後世敖、鄭之争,[⑤]對鄭注的態度也就更爲開放。[⑥]不過其區别或質疑鄭玄者,雖有深思自得之處,然亦多有受宋元人經説的詮釋影響,誤讀鄭注的情況。乾嘉之後,隨著考證方法的越加精細和對鄭注的理解越發精深,此種誤判之處,往往得到清人的批評。是以,《清儒學案》以爲其"精研《禮經》,墨守高密"的説法,並非知人之論。[⑦]而近人所謂《句讀》全書"又没有涉及敖繼公、郝敬之説"也並不完全準確。[⑧]如《士相見禮》:"凡言,非對也,妥而後傳言。"鄭注:"凡言,謂己爲君言事也。妥,安坐也,傳言,猶出言也,若君問,可對則對,不待安坐也。古文妥爲綏。"《句讀》:

---

① 胡培翬撰,胡肇昕、楊大堉補,張文等校點:《儀禮正義》卷四十,第1777頁。

② 案:周啓榮以爲張爾岐的著作基本上完全遵循了鄭玄的那套注釋傳統,並不準確。見其《清代儒家禮教主義的興起——以倫理道德、儒學經典和宗族爲切入點的考察》,第229頁。

③ 張爾岐:《儀禮鄭注句讀序》,《儀禮鄭注句讀》,第23頁。

④ 彭林:《清人學術視野中的敖繼公與鄭玄》,《清代經學與文化》,北京大學出版社,2005年,第38—39頁。

⑤ 有關清代禮學中鄭玄、敖繼公之争的問題,學界如喬秀岩、程克雅、彭林、顧遷、郭超穎等皆有論及,讀者可以參看。

⑥ 按:就清人論禮整體風格而言,固有尊鄭一面,但對宋元經説如敖繼公也並非一概排斥,亦有重視一己發明的一面,其中問題相當複雜。本文僅就學術史的發展而言,張氏對鄭注的誤讀確實是日後乾嘉學者批評的一個焦點。

⑦ 徐世昌等撰:《用六學案》,《清儒學案》卷十六,燕京文化事業股份有限公司,1976年,第1册,第699頁。

⑧ 彭林:《清人學術視野中的敖繼公與鄭玄》,《清代經學與文化》,第39頁。

此下言進言之法。凡進言，唯承尊者之問而對，則不待安坐；苟非對也，則必安坐而後出言。《大傳》曰“君子易其心而後語”，亦此指也。注專指爲君言，似泥。疏以妥爲君安坐，亦不可從。①

按：鄭玄以爲所謂“凡言”，是指己爲君言事。賈疏釋鄭注曰“此據臣與君言之法也”，謂：“臣有圖事爲君言也。《禮記·少儀》云‘量而後入，不入而後量’，是臣有事將入見君，須量己所言，亦當量君安坐，乃可得入，而後傳出己言，向君道之。”②但鄭、賈的詮釋脈絡到了敖繼公則發生轉變，其曰：

凡言，謂凡與人言也。妥，安也。謂安和其志氣乃言，不可忽遽也。《易大傳》曰：君子易其心而後語。惟有所對答，則或可忽遽言之。③

比較鄭玄與敖繼公的説法，最明顯的不同在於，鄭注以“凡言”爲對君而言，敖氏則釋爲“凡與人言也”；鄭注以“妥”爲君安坐，敖氏則泛指人心氣之安，實涉及人的功夫修養層面。反觀《句讀》的説法，詮釋模式很明顯的同於敖繼公，也同樣引用了《易大傳》之文，以鄭注爲“泥”、賈疏爲“不可從”。

實則此處，鄭玄乃本之先秦古訓，“妥，安坐也”語出《爾雅·釋詁》。後褚寅亮《儀禮管見》不僅指出鄭注所本，並進一步指出：

郭注《爾雅》亦引此經文爲證。又《詩》：“以妥以侑。”《毛傳》亦云：“妥，安坐也。”可見古人訓妥總以安坐爲義，無有言心之安和者；且此“妥”字指俟君安坐而言，不指己説。敖説言未可從。④

褚氏的詮釋思路正顯出了漢學“由故訓以通經”的解經模式，敖氏“心之安和”的新解正是師心自用，恰成爲乾嘉儒者不滿與批評的所在。其後焦以恕、胡培翬皆沿此脈絡，以鄭説爲憂長。兩相對照，不但彰顯了鄭、敖兩家釋經風格之異，也展現了張氏《句讀》未完全擺脱宋學的詮釋視域，對鄭注立説的詞義背景未作深入探究，做出不應有的誤判，形成與乾嘉“漢學”釋經路徑

---

① 張爾岐：《儀禮鄭注句讀》卷三，第117頁。

② 《儀禮注疏》卷七，影印嘉慶二十年南昌府學刻本，藝文印書館，1976年，第74頁上。

③ 敖繼公撰，孫寶點校：《儀禮集説》卷三，上海古籍出版社，2017年，第116頁。

④ 褚寅亮：《儀禮管見》卷上，第22頁。

的明顯區别。[①]

又如《公食大夫禮》："三牲之肺不離，贊者辯取之，壹以授賓。賓興受，坐祭。"鄭注："肺不離者，刌之也。不言刌，刌則祭肺也。此舉肺不離而刌之，便賓祭也。祭離肺者，絶肺祭也。壹，猶稍也。古文壹作一。"《句讀》：

> 壹，《説文》訓"專壹"。《廣韻》訓"合"，當是總合授賓使之祭，如上文祭黍稷之例。注云"猶稍也"，下文注云"每肺興受"，恐與經未合。食禮本殺，節文不宜如是其繁。[②]

按：此處所涉儀節爲《公食大夫禮》賓祭正饌時，由贊者辨取切割好的牛、羊、豕的肺"壹以"授給賓，賓起身接過之後，再坐下用以祭先人。鄭玄以爲"壹以"，指的是"稍稍"，也就是"一一"的意思。賈疏對鄭注"壹，猶稍也"並無疏文。張氏取《説文》訓"壹"爲專壹，《廣韻》訓"合"，與鄭注"猶稍也"相違。其實，敖繼公《儀禮集説》已對鄭玄説法提出異義。敖氏云：

> 云"不離"者，見其爲切肺，且明無舉肺也。食而舉肺脊者，其肺則離之。云壹者，見其不再也。必著之者，嫌每肺當别授之也。上言"興授"，此言"興受"，文互見耳。[③]

敖氏認爲"壹"爲"不再"，雖與張爾岐所訓略别，但就欲表達的意思而言並不相違，二者認爲此處贊者取三肺授賓的動作僅一次，並不是鄭玄以爲的分三次，逐一進行。實則敖、張的質疑並未理解此處經文的上下語境和鄭注的微義，僅據常理判斷，故乾嘉時期的清人並不認同。褚寅亮《儀禮管見》曰：

> 本宜用離肺，因便賓故，故不用離肺，用刌肺。然不可竟稱爲刌肺，故變其文曰"不離"，見宜離而不離，以優賓也。於"辯取"下而復加"壹"字，異於授黍稷者，見逐一授之也。賓亦三次祭，故不云兼一祭之。[④]

褚氏認爲經文特别加"壹"，乃是爲了區别授黍稷這一動作，是逐一來進行的，是對鄭注的發揮。

---

① 焦以恕：《儀禮彙説》卷三，《續修四庫全書》，上海古籍出版社，2002年，第13頁下—14頁上；胡培翬撰，胡肇昕、楊大堉補，張文等校點：《儀禮正義》卷四，第205頁。

② 張爾岐：《儀禮鄭注句讀》卷九，第428頁。

③ 敖繼公撰，孫寶點校：《儀禮集説》卷九，第561頁。

④ 褚寅亮：《儀禮管見》卷中，第86頁。

後胡培翬《儀禮正義》亦贊同鄭説,批評敖、張之非:

> 云"壹,猶稍"者,贊者徧取牛、羊、豕之肺,一一授賓。吴氏《疑義》亦云:"壹,謂一一授之,一一與稍稍義近,故注轉壹爲稍。"褚氏云:"經加壹字,異於授黍稷者,見逐一授之也。賓亦三次祭,故不云兼一祭之。"案:此説足申注義。敖氏及張氏爾岐訓"壹"爲不再,爲專壹,皆非。①

考諸經文之義,"壹"謂一一授之,與鄭注所謂"稍"義近,故鄭注實較長。這正可體現鄭玄對於《儀禮》經文的通慣,以及結合語境,隨文注義的特色。②張爾岐雖利用《説文》等工具,表面上與乾嘉漢學注重文字訓詁的方式相似,但具體到禮學,還必須考慮鄭注本身的詮釋體例,並非簡單破之即可。最終其與敖繼公類似,並未能完全理解經文上下之間的語境内涵,做了化約式處理的同時,也對鄭注做了不必要的質疑。

(三)《句讀》性質與乾嘉漢學有别

就清代《儀禮》學史而言,張氏《句讀》一書作爲清初禮學復興的開山之作,自有相當之價值。但有論者將其性質定位爲"對於考證之重視",③"採用漢人治經的方法,從句讀開始,首先讀懂經書,然後思索其理",④"體現了漢學質樸的治學風格"則似值得商榷。⑤且不論清初尚無"漢學"的名目,所謂"質樸",也不一定就是漢學的風格;考其立論之點,大多因顧炎武與《四庫全書總目提要》對其之推崇,尤其《總目》之言可爲代表:

> 是書全録《儀禮》鄭康成注,摘取賈公彦疏而略以己意斷之。因其文古奥難通,故並爲之句讀。……案《禮記》曰:"一年視離經辨志。"注曰:"離經,斷句絶也。"則句讀爲講經之先務。……難句者爲之離析,亦古法也。至於字句同异,考證尤詳。……蓋《儀禮》一經,自韓愈已苦難讀,故習者愈少,傳刻之譌愈甚。爾岐兹編,於學者可謂有功矣。顧炎武少所推許,而其與汪琬書云:"濟陽張君稷若名爾岐者,作《儀禮鄭注句讀》一書,頗根本先儒,立言簡當。以其人不求聞達,故無當時之名,而其書實似可傳。使朱子見之,必不僅謝監

① 胡培翬撰,胡肇昕、楊大堉補,張文等校點:《儀禮正義》卷十九,第916頁。
② 有關鄭玄注經體例的特色,可參郭超穎:《〈儀禮〉文獻探研録》,人民出版社,2020年,第18—33頁。
③ 張麗珠:《清代之三禮學復興暨清初禮學名家》,《經學研究集刊》第6期,高雄師範大學經學研究所,2009年,第164頁。
④ 王鈞林:《張爾岐的學問與思想》,第76頁。
⑤ 鄧聲國:《試論張爾岐的〈儀禮〉詮釋特色及其成就》,第63頁。

> 嶽之稱許也。"又其《廣師》一篇曰:"獨精三《禮》,卓然經師,吾不如張稷若。"乃推挹之甚至,非徒然也。①

是《四庫》館臣所重視者,在張氏"全録《儀禮》鄭康成注""難句者爲之離析,亦古法也""字句同异,考證尤詳""根本先儒,立言簡當"之類,確實有從"漢學"立場出發者。此後,江藩撰《漢學師承記》,其卷一於閻若璩、胡渭之後即列"張爾岐"條目,作爲"清初南北治漢學之代表"。②然而深入閲讀張氏《句讀》一書,其寫作目的與性質,實與乾嘉時期專門漢學者有别。

對此,顧炎武有深刻的揭示:

> 後之君子,因《句讀》以辨其文,因文以識其義,因義以通制作之原,足夫子所謂,以承天之道而治人之情者,可以追三代之英。而禮亡之歎,不發於伊川矣。如稷若者,其不爲後世太平之先倡乎?③

顧氏肯定該書,並非著眼於考據,而是認可其釋經合於先儒,且解説簡要。更重要的是,通過此書,可以由文識義,因義通制作之原,帶有鮮明的經世追求,視張氏"爲後世太平之先倡"。近人戴君仁亦認爲張氏"對於《儀禮》,不顧其艱難,特别下功夫,著作成書,含有保存先民衣冠儀容之意","文化保存,應當是匹夫有責焉,張氏著了《儀禮鄭注句讀》,正是盡了他匹夫的責任"。④如果結合周啓榮的"從 17 世紀 60 年代開始,從總體上看反清復明的遺民反清鬥争的主體形式逐漸集中到保持和弘揚古代禮教和漢文化兩類活動中"這一論述來看,戴君仁顯然把握住了張氏《句讀》的内在目的。

同時,張爾岐在《經學社疏》一文中,自述其治經目的:"蓋聞聖人之道,備在六經。大人之學,首先格物,格物莫切於窮經,而窮經要歸於體道。前有孔孟,後有程朱,軌轍如新,遺篇可考。"⑤在此,張氏明顯帶有朱子理學的色彩,這與乾嘉年間學者相繼針砭"宋學",轉而表彰"漢學",標榜直承兩漢,據其古訓以上溯孔門微言,强調"經之義存乎訓"的學術路徑根本相背。⑥江藩僅僅從其釋禮以鄭注爲主,而將其納入《漢學師承記》中,顯然是刻意無視張氏宗主程朱及

---

① 《四庫全書總目》卷二十,經部禮類二,第 162 頁。
② 江藩纂,漆永祥箋釋:《漢學師承記箋釋》卷一,第 25 頁。
③ 顧炎武撰,華忱之校注:《儀禮鄭注句讀序》,《亭林文集》卷二,第 32—33 頁。
④ 戴君仁:《書張爾岐〈儀禮鄭注句讀〉後》,《梅園論學集》,臺灣開明書店,1970 年,第 84 頁。
⑤ 張爾岐撰,張翰勳等點校:《蒿庵集》卷三,齊魯書社,1991 年,第 142 頁。
⑥ 參張素卿師:《清代漢學與左傳學——從古義到新疏的脈絡》,里仁書局,1996 年。

《句讀》一書的背後宗旨，帶有一定的"建構"目的，衡以今日眼光，並不完全恰當。

至於《總目》引述《禮記》"一年視離經辨志"與沈約《宋書・樂志》，將"句讀"這一體例定之爲講經之先務與"古法"，固然無誤。但其有意或無意地忽視了朱子學派對於"句讀"的重視。朱子多次强調讀書需注意於"句讀"："學詩者當本之二南，以求其端；參之列國，以盡其變；正之於雅，以大其歸；和之於頌，以要其止：此學《詩》之大旨也。於是乎章句以綱之，訓詁以記之，諷詠以昌之，涵濡以體之。"①"讀《中庸》者毋跂於高，毋駭於奇，必沈潛乎句讀文義之間，以會其歸；必戒慎恐懼乎不睹不聞之中，以踐其實，庶乎優柔厭飫，真積力久，而於博厚高明悠久之域，忽不自知其至焉。"②因此，就張氏對於程朱理學的服膺而言，很難説其採用"句讀"的體例一定受古法的啓示。

另一方面，如上文所言，張氏選用鄭注，亦不同於乾嘉漢學的"自覺"歸趨。其云：

> 注文古質而疏説又漫衍，皆不易了，讀不數翻，輒罷去。至庚戌歲，愚年五十九矣，勉讀六閱月乃克卒業焉。於是取經與注章分之，定其句讀。疏則節録其要，取足明注而止。或偶有一得亦附於末，以便省覽，且欲公之同志。俾世之讀是書者，或少省心目之力，不至如愚之屢讀屢止，久而始通也。③

從其自序足見《句讀》一書，乃爲幫助後學學習《儀禮》而作，具有"讀書"(讀本)的性質。且其初衷，本欲以朱子《儀禮經傳通解》爲本，奈何久覓不得，相較於坊本的疏漏訛謬，只得以鄭注、賈疏爲參考，或許僅是不得已的選擇。再以張氏另一著作《周易説略》爲例，其自序云："朱子作《本義》，亦但依貼卦詞，銷釋凝滯，寧爲略不爲詳者"，張氏有鑑於此，以"《本義》又不易讀，乃本其説，稍微敷衍，名曰《説略》，以便童蒙"。④兩相對照，可見張氏的共通性皆出於便於後人掌握經典的考量，對"經注内容簡約者加以解釋與發揮，對内容繁複者則加以删減，簡要論述其意"，"藉以探求並傳承聖人之道"，實無門户之見和堅守鄭學之立場。⑤

這一出發點，與乾嘉之後《儀禮》學研究趨向於專門及宗鄭呈現出鮮明的對照。如褚寅亮《儀禮管見》："夫鄭氏之注《儀禮》，簡而核，約而達，精微而廣大，禮家莫出其範圍。一旦敖氏之説行，而使人舍平平之正道，轉入於歧趨，竊恐鄭學晦而禮經之文亦將從是而晦矣。不揣檮昧，

① 張洪等編，馮先思點校：《朱子讀書法》，浙江人民美術出版社，2017 年，第 49 頁。
② 張洪等編，馮先思點校：《朱子讀書法》，第 50 頁。
③ 張爾岐：《儀禮鄭注句讀序》，《儀禮鄭注句讀》，第 23—24 頁。
④ 張爾岐撰，張翰勳等點校：《蒿庵集》卷一，第 4 頁。
⑤ 楊自平：《張爾岐〈易〉學特色與定位析論》，第 43 頁。

摭敖説之故與鄭違而實背經訓者,一一而訂正之。"[①]孔廣森(1751—1786)《禮學卮言》:"經《禮》十七篇,或行於廟,或行於寢,非詳識古宫室之制,其升降進退之節,不可得而知也。"[②]胡承珙(1776—1832)《儀禮古今文疏證》:"取注中疊出之字,並讀如讀爲當爲各條,排比梳櫛,考其訓詁,明其假借,參稽羣經,旁采衆説,一一疏通而證明之。"[③]是以,《句讀》無論從詮釋視域還是性質而言,都不能直截以"漢學"來視之。且以乾嘉之際標準來看,張氏《句讀》只能視爲"入門",與當時學者的"深造"有别。

五、結　論

綜上所述,《句讀》一書在對《儀禮》性質的看法、治禮之方法等方面,影響及於乾嘉,儒者承襲不少。張氏固未嘗以"漢學"自居,但其爲乾嘉儒者所尊崇的,乃在於其對漢唐注疏的重視,客觀上促進了清代經學研究"範式"的轉變。

然而《句讀》畢竟成書於清初特殊的環境之中,除影響於乾嘉禮學,開清代《儀禮》復興的"共性"之外,揭示其自身學術特點,區别於乾嘉學者的"個性",方是推進當前清代《儀禮》學研究邁向縱深發展的應有之義。因此本文從未突破明代文本藩籬,未完全擺脱宋學視域進而誤判鄭注和帶有朱子學派重視"讀書"、藉經求道的色彩與經世先王之義、保存漢族文化的追求等方面對《句讀》一書的"特質"進行了一定的探討。

張氏嘗言:"人同於始而異於終,學不同也。人同而學異者,志不同也。"[④]循此,我們也可説張氏《句讀》與乾嘉禮學之分合,其同處,概出於二者皆能把握到禮學研究内在之規律與適合之方法。其異處,或正緣於爲學之志與時代環境,先後有别。這也提醒我們,對於經學史上前人相傳的説法,尚需考慮其提出的背後是否帶有一定的建構性目的,或片面的放大,而遮蔽了某些歷史實情,此等處正有賴後人的仔細分辨與比較。則本文之作,不但於張氏《句讀》一書能有更深入的瞭解,對於理解清代禮學從清初到乾嘉之間的學術發展當亦不無小補。

---

① 褚寅亮:《儀禮管見自序》,《儀禮管見》,第 3 頁。

② 孔廣森撰,張詒三點校:《經學卮言(外三種)》,中華書局,2017 年,第 131 頁。

③ 胡承珙:《儀禮古今文疏義自序》,《儀禮古今文疏義》,清光緒三年(1877)湖北崇文書局刻本,第 2 葉 A。

④ 張爾岐撰,張翰勳等點校:《蒿庵閒話》卷一,齊魯書社,1991 年,第 348 頁。

吴縣江艮庭處士年譜

□張鑫龍

［摘　要］ 與江聲相關的資料很少，唯孫星衍《江聲傳》、江藩《漢學師承記·江艮庭先生》二文爲稍詳，其他傳記乃陳陳相因而大同小異。余頗憾其簡略，不足以見一代經師之學術。今結合前人研究，並略事搜採，爲作《年譜》，勾勒其生平，鋪陳其行事。於考見當時學術、學人交往等，庶幾不無小補。年遠人遥，文獻難徵，存其大略而已。

［關鍵詞］ 江聲；年譜；乾嘉學術

［作者簡介］ 張鑫龍，南京師範大學文學院講師（南京　210023）

年譜之作，昉自宋人。千餘年來，凡名公碩儒、鉅學鴻生，逮其殁後，或及門之弟子，或論道之友朋，相與撰其年譜，所以紀當時之實事，標主人之德行。以其年歲之近，交契之深，故可别異而就同，遂使信今而傳後。況時世移换，書典淪亡，又可補文獻之難徵，訂陶陰之多誤，此夫子因故三致嘆，而牛弘所以每椎心者也。縱籍册今存，資材易見，而撰者綴輯排比之功，指示輕重先後之力，未可輕忽也。後人一覽而全豹略窺，細究則門徑可獲。年譜之事，豈爲小哉！自江艮庭先生之殁，已二百餘年，無爲撰年譜者。蓋因先生希古醇穆，不事帖括爲營生；久處丘門，每以著述爲樂事。考其行止，恐不出吴中之域；論其交友，僅二三素心之人。況不喜以文章示人，唯好以篆隸作書。是故往蹟多隱，令名不彰。雖有杖朝之年，竟乏可陳之事。

（圖取自《吴郡名賢圖傳贊》①卷二十）

① 顧沅撰，孔繼堯繪：《吴郡名賢圖傳贊》，清道光九年（1829）刊本。《江聲傳》後贊曰："臺佟鑿穴，栗里閉關。讀書識字，業在名山。"

斯堪長太息者也。今依仿前賢,略事搜討。孫淵如之《傳》,自當借重;江子屏之《記》,在所必徵。才識有限,掛漏必多。豈敢妄附著述之林,唯期讀者海涵之量。

簡　傳

江聲,[①]本字鱷濤,后改字叔[②]澐。祖籍安徽休寧,屢遷爲江蘇吴縣人。自稱"巨孝公五十七世孫"。[③]自六世祖江禹奠始自休寧遷於吴門。曾祖江大淅,祖父江文懋,父江黔。有兩兄一弟,其兄江筠精通"三禮""三傳",著有《讀儀禮私記》等書。[④]弟兄二人皆"學問浩博,精詣古人,時有'休寧二江,無雙有雙'之譽"。[⑤]江聲爲人生性耿介,不慕榮利,内行淳篤,以古人繩尺律己,對家屬如賓客,未嘗有慍色。其好友王鳴盛、王昶、畢沅、孫星衍等人皆十分器重他的人品及才學,但江聲從未以私事求取於諸人。孫星衍嘗將匹繒寄給江聲,江聲累書千言,却而後受,足見其虚懷孤介。晚年因個性及行爲與時俗相暌違,因此自取《周易》"艮卦"之意,自號"艮庭",後學遂稱其爲"艮庭先生",艮庭學派即以其爲宗。其子江鏐,孫江沅、江湘,曾孫江楨、江檀,玄孫江文煒能傳其家學。弟子以顧廣圻、江藩、徐頲、鈕樹玉等最爲知名。

康熙六十年辛丑(1721),一歲

某月某日先生生。

孫星衍《平津館文稿·江聲傳》云:"嘉慶四年(1799)九月三日卒于里舍,得年七十有九。"[⑥]以此逆推,可知先生生於康熙六十年。

---

① 江聲生平大體依孫星衍《江聲傳》(見《平津館文稿》卷下)及江藩《漢學師承記》卷二。另,《清史稿》卷四八一《儒林傳》二、《清史列傳》卷六八、《國朝耆獻類徵》卷四二一、《碑傳集》卷一三四、《國朝先正事略》卷三六、《文獻徵存録》卷三、《國朝書人輯略》卷八等亦有簡略記載。

② 江聲書己名以小篆作"尗",此即後世"叔"字。

③ 見《雨香集序》,陳鴻森輯:《江聲遺文小集》,載彭林主編:《中國經學》,第四輯,廣西師範大學出版社,2009年,第19頁。按,江聲另有"巨孝五十七世孫"印,見近市居刻本《尚書集注音疏述》與《尚書集注音疏後述》後,亦見《重刻禮説敘》(《江聲遺文小集》前附)後。巨孝,東漢名士江革,字次翁。事母克盡孝道,鄉里稱之曰"江巨孝",事跡見《後漢書》卷三九。

④ 《清史列傳》卷六八《江聲傳》附《江筠傳》云:"(筠)博雅好古,長於'三禮''三傳',著有《讀儀禮私記》。"見王鍾翰點校:《清史列傳》,中華書局,1987年,第5522頁。

⑤ 陳康祺:《郎潛紀聞初筆二筆三筆》,中華書局,1984年,第593頁。

⑥ 孫星衍:《平津館文稿》,《叢書集成初編》,商務印書館,1937年,第2526册,第77頁。後見於此書者,不再標注頁碼。

附按，江藩《漢學師承記·江艮庭先生》云“卒年七十有八”，漆永祥《漢學師承記箋釋》引閔爾昌《江子屏先生年譜》及《尚書集注音疏》等書辨《漢學師承記》之誤，①稍嫌迂曲。實則江聲《論語竢質》自序明云：“元和江聲書，時年七十有九。”②則“卒年七十有八”之言顯誤。

雍正五年丁未(1727)，七歲

先生始就傅讀書，且著力於舉業之學。

《江聲傳》云：“聲弱不好弄，聰慧絶倫，七歲，就傅讀書。問讀書何爲，師以取科舉爲言。聲求所以進於是者。”

江聲《論語竢質自敘》云：“余僮蒙時，師授以朱注《論語》，方在幼沖，焉識是非。”

雍正十三年乙卯(1735)，十五歲

先生與過葆中、吴企晉同結詞社。

王昶輯《國朝詞綜》載：“惠松崖云：‘鯨濤少與過葆中、吴企晉以詞相倡和。逮專心經術，輟不復爲。而所存秀句名篇，並堪諷詠。’”③可知江聲之詞乃少年之作，姑且將結詞社之事隸於十五歲之時。李元度《國朝先正事略》亦云：“(聲)喜爲北宋人小詞。”④錢泳《履園叢話·艮庭徵君》條亦云：“(先生)生平不作詩賦時文，而好填詞，有《烏雲》《春山》《櫻桃》《藕簪》《金蓮》諸闋，柔情旖旎，又絶似宋、元人筆墨。”⑤

乾隆五年庚申(1740)，二十歲

先生始讀何晏《論語集解》，喜其簡括。

江聲《論語竢質·自敘》云：“弱冠後，見何晏《集解》，頗采漢儒之説，喜其簡括，不似宋注之繁蕪，而於晏之注，未以爲是也……何晏所采諸儒之注，往往取其糟粕，而遺其精英。至晏自下己説，率皆詩繆荒誕。”

---

① 江藩纂，漆永祥箋釋：《漢學師承記箋釋》，上海古籍出版社，2013年，第247頁。

② 江聲：《論語竢質》，《叢書集成初編》，第495册，第2頁。後見於此書者，不再標注頁碼。

③ 王昶：《國朝詞綜》卷三七，嘉慶七年至八年刊本，第十九葉A。

④ 李元度：《國朝先正事略》，見《三十三種清代人物傳記資料彙編》，齊魯書社，2009年，第31册，第421頁。

⑤ 錢泳：《履園叢話》，中華書局，1979年，第165頁。

乾隆十年乙丑(1745),二十五歲

夏,借閲吴城藏《三朝北盟會編》,並校正百餘字。

上海圖書館藏清抄本《三朝北盟會編》有吴城跋文:"余校勘是編,頗費歲月。今年夏,江聲先生借觀,復改正不下百餘字,其有功于是書不淺,而余前此開卷之疏忽,不勝自愧云。乾隆乙丑中秋後三日,甌亭又記。"①

乾隆十八年癸酉(1753),三十三歲

開始點讀《儀禮注疏》,並以之教子江鏐。

上海圖書館藏明崇禎九年毛氏汲古閣刻《儀禮注疏》十七卷(殘存卷一至四、卷十六至十七,凡六卷)有吴志忠過録江聲題跋:"癸酉歲,吾家阿昭十一歲,以此課之,因先點其句。"②

又江沅《先府君行略》云:"府君生而穎慧,讀書過目不忘,先大父艮庭府君方治經學,自五經外,《周禮》《儀禮》並鄭注口授之,旁及《國語》《國策》《史》《漢》《莊》《騷》《文選》,皆背誦無遺。"③

因福建建寧庠生李大仁事跡而作《李孝子傳論》。

陳鴻森輯《江聲遺文小集》有《李孝子傳論》,④無落款年月。李孝子名大仁,字居在,一字存齋。江慶柏《清代人物生卒年表》定其生於雍正六年,卒於乾隆十七年,文獻出處爲朱仕琇《梅崖居士文集》卷三。⑤按,查《梅崖居士文集》卷三並無李大仁傳,其傳實在卷二,名《李生傳》。⑥且《清代人物生卒年表》所定生卒年亦小有訛誤。考《李生傳》云:"歲壬申,父遘病且危矣……父死期年而生果以毁卒矣……卒時年二十五。"壬申年即乾隆十七年,

① 陳先行、郭立暄:《上海圖書館善本題跋輯録》,上海辭書出版社,2017年,第145頁。

② 題跋全文見《上海圖書館善本題跋輯録》,第27—28頁。又見陳鴻森輯:《江聲遺文小集》,載彭林主編:《中國經學》,第四輯,第21頁,陳氏所輯此跋乃轉引自王文進《文禄堂訪書記》卷一。

③ 江沅:《染香盦文集》卷下,《清代詩文集彙編》,上海古籍出版社,2010年,第484册,第234頁。

④ 陳鴻森據朱珔《國朝古文彙鈔二集》卷九十、姚椿《國朝文匯》乙集卷三六輯録《李孝子傳論》一文。按,清李桓輯《國朝耆獻類徵》卷三八八《孝友十四》亦收有江聲《李孝子傳論》,見周駿富輯:《清代傳記叢刊》第177册・綜録類七(《國朝耆獻類徵》第51册),明文書局,1985年,第876—879頁。

⑤ 江慶柏:《清代人物生卒年表》,人民文學出版社,2005年,第269頁。

⑥ 朱仕琇:《梅崖居士文集》,《清代詩文集彙編》,第336册,第209—210頁。

即李大仁父"病且危"而歿之年,李大仁"期年"而"以毀卒",則卒年爲乾隆十八年。得年二十五,則生於雍正七年。

乾隆十九年甲戌(1754),三十四歲

自去年至今年九月,一直點讀校勘《儀禮注疏》一書。九月十五日(10月30日),點讀校勘《儀禮注疏》畢,並作題記。

前揭《儀禮注疏》跋文落款時間爲"乾隆甲戌秋九月丁丑朔,長洲後學江聲記",可知江聲自去年教子讀書開始,至今年九月,一直從事《儀禮注疏》點讀校勘工作,落款之"丁丑朔"一詞乃標朔日之法,非指題跋作於初一日。又,"央圖"藏毛氏汲古閣刊《儀禮注疏》一書載有江聲題記:"乾隆甲戌秋九月望,長洲後學江聲閱。"①據此知,江聲於九月望日點讀《儀禮注疏》畢,並作此題記。

乾隆二十年乙亥(1755),三十五歲

先生入同郡惠棟門下問學,得讀《古文尚書考》及《尚書古文疏證》,始知《古文尚書》及孔傳乃晉人僞作。

《漢學師承記》:"年三十五,師事同郡通儒惠松崖徵君,得讀所著《古文尚書考》及閻若璩《古文疏證》,乃知古文及《孔傳》皆晉時人僞作。"

附按:《江聲傳》云:"年三十,師事同郡惠徵君棟,質疑難,居門下,學日以進。"漆永祥《漢學師承記箋釋》引《尚書集注音疏》江聲自疏,以證《江聲傳》"年三十"之誤,誠是。從《江聲傳》本傳看來,亦可證"年三十"實屬誤書。《傳》先敍述"年二十九,遭父疾……及居憂,哀毀骨立,逾三年,容戚然如新喪者",可知江聲年三十正處守喪之時,何能"居門下"而進學?

十二月,作《〈汗簡〉跋》一篇。

陳鴻森輯《江聲遺文小集》有《〈汗簡〉跋》一篇,落款爲"乾隆二十年歲次乙亥十二月□"。

① 《標點善本題跋集録》,"央圖"特藏組編,1992年,第17頁。

乾隆二十一年丙子(1756),三十六歲

作《三家者以〈雝〉徹》時藝一篇。

江聲著有《艮庭小慧》一卷,[①]有近市居刻本,扉頁右欄題"江尗澐時蓺",每卷版心有太歲紀年法所記年份,《三家者以〈雝〉徹》一文,版心記"柔兆困敦",即丙子年。

乾隆二十六年辛巳(1761),四十一歲

本年秋至明年冬,完成《堯典》《咎繇謨》《禹貢》《甘誓》《湯誓》諸篇以及百篇《敘》之集注。

江聲《尚書集注音疏述》:"自重光大荒落之烼,迄元弋敦牂之冬,成《堯典》《咎繇謨》《禹貢》《甘誓》《湯誓》諸篇臮百篇之敘。"[②]重光大荒落即辛巳年,元(玄)弋敦牂即壬午年。

乾隆三十一年丙戌(1766),四十六歲

本年夏至明年夏,完成《盤庚》以下二十餘篇之注,並對之前所輯加以釐正。至此《尚書》集注完成。

江聲《尚書集注音疏述》:"又自柔兆閹茂之夏,迄彊圉大淵獻之夏,匔一歲而成《般庚》以後二十餘篇之注,并莽所緝者亦重加釐正。其亡篇之遺文有楸見它書者則并其原注采之,其无篇名者總列于後。"柔兆閹茂即丙戌年,彊圉大淵獻即丁亥年。

乾隆三十二年丁亥(1767),四十七歲

七月初七日(8 月 1 日),完成《尚書集注音疏述》。七月廿一日,完成《尚書集注音疏述》之疏文。

江聲《尚書集注音疏述》落款爲:"乾隆卄有二季,歲在彊圉大淵獻相月乙丑朏粤五日己巳,江聲僎。既旁生霸,粤六日癸未疏訖。"相月即七月,經查,己巳爲本月初七日,癸未爲本月廿一日。

① 江聲:《艮庭小慧》,《清代詩文集彙編》,第 349 册。

② 以下引江聲此書内容皆依近市居刻本字形。

乾隆三十三年戊子(1768),四十八歲

作《武王是也至湯是也》時藝一篇。

《艮庭小慧》之《武王是也至湯是也》一文,版心記“箸雝困敦”,即戊子年。

乾隆三十四年己丑(1769),四十九歲

作《文王也至尚文王之聲》時藝一篇。

《艮庭小慧》之《文王也至尚文王之聲》一文,版心記“屠維赤奮若”,即己丑年。

乾隆三十五年庚寅(1770),五十歲

致信親家范慰農,賀其五十大壽,並送壽幛一懸、皮靴一雙、寶紋二十兩。

陳鴻森輯《江聲遺文小集》有《與□慰農書》。書云:“慰農仁兄親家大人閣下……欣維筵開六秩,慶衍一堂……兹特謹備壽幛一懸、皮靴一雙、寶紋二十兩,聊爲添補稱觥之需,尚祈莞存爲荷。”陳鴻森輯文失其姓,考江沅《先府君行略》云:“府君……娶范孺人,吴庠廩膳生諱宏星公女,翰林院編修名來宗從妹。”[①]江聲僅一子名江鏐,江沅之父,可知江聲親家名范宏星,“慰農”當是其字,爲范來宗叔父。范宏星生平無考,范來宗《洽園詩稿》[②]亦無文字涉及。姑且認范宏星與江聲同歲,隸於是年。

乾隆三十七年壬辰(1772),五十二歲

拜訪汪縉,並同汪縉一道拜訪陳芳林,汪縉有詩記之。

汪縉《江叔澐見訪同詣陳芳林留酌有作二首》其一:“陳侯舊相得,偶欲話襟期。忽枉江郎步,同披董氏帷。談經尊漢學(叔澐方注《尚書》),脱字補唐詩(芳林出示手校《李太白集》)。笑我瞢騰甚,衔杯百不思。”[③]此詩無作年,本當闕疑不論。然考陳芳林,名樹華,著有《春秋經傳集解考正》一書,其《校定春秋經傳集解自序》落款爲“乾隆三十有五年庚寅春

---

① 江沅:《染香盦文集》,《清代詩文集彙編》,第484册,第236頁。

② 范來宗:《洽園詩稿》,《清代詩文集彙編》,第393册。

③ 汪縉:《汪子詩録》卷三,《清代詩文集彙編》,第355册,第614頁。

三月吴郡陳樹華識於響山書屋”。①而詩中小注云“叔澐方注《尚書》”及“芳林出示手校《李太白集》”，陳芳林於乾隆三十五年著成《春秋經傳集解考正》，校《李太白集》至少亦須一二年功夫，此時江聲《尚書集注音疏》亦未成（明年完成，參“乾隆三十八年”條），合於“方注”之文，姑且隸於是年。

乾隆三十八年癸巳(1773)，五十三歲

五月，完成《尚書集注音疏》之疏文。五月十八日（7 月 7 日），完成《尚書集注音疏後述》。

江聲《尚書集注音疏後述》：“歲在彊圉大淵獻之六月，《尚書厶注》始成，擬更三秫而成疏。乃歫今昭陽大荒落之五月，六匊寒暑而卒業焉。……聲又述籑疏之意云。乾隆三十有八季，歲在昭陽大荒落皋月既望，粤三日丙子，江聲籑并疏。”昭陽大荒落即癸巳年，皋月爲五月，經查，丙子爲本月十八日。

乾隆四十年乙未(1775)，五十五歲

爲同郡過臨汾作《過翁傳》。

陳鴻森輯《江聲遺文小集》有《過翁傳》。②文云：“年七十一，卒於家，於時乾隆四十年也。……繼配朱氏，産元閔。……翁下世未久，交遊輒稱道之，以故予知之悉。今元閔以狀來，請爲之傳，狀與人言符，遂據而詮次之。”

乾隆四十一年丙申(1776)，五十六歲

作《齊人歸女樂季桓子受之》時藝一篇。

《艮庭小慧》之《齊人歸女樂季桓子受之》一文，版心記“柔兆涒灘”，即丙申年。

乾隆四十二年丁酉(1777)，五十七歲

先生結識錢大昕。

---

① 陳樹華：《春秋經傳集解考正》，《續修四庫全書》，第 142 册，第 3 頁。

② 陳鴻森據朱珔《國朝古文彙鈔二集》卷九十、姚椿《國朝文匯》乙集卷三六輯録《過翁傳》一文。按，清李桓輯《國朝耆獻類徵》卷四三七《藝文十五》亦收有江聲《過翁傳》，見周駿富輯：《清代傳記叢刊》第 183 册 · 綜録類七（《國朝耆獻類徵》第 57 册），第 505—507 頁。

錢大昕手訂《竹汀居士年譜》:“(乾隆)四十年……在廣東學政任。……四十一年,在家讀《禮》。……四十二年……秋杪游洞庭東西山。”錢慶曾案云:“洞庭山在蘇州府西太湖中。”①而上海圖書館藏《清代學者手札》册有孫星衍《與江艮庭書》:“星衍始聞足下名於嘉定錢少詹事大昕,少詹事之言足下屏迹著述,不妄交與。……己亥十一月廿七日。”②己亥爲乾隆四十四年。此前錢大昕已結識江聲,並告知孫星衍其人,時當在乾隆四十二年錢大昕游於蘇州府期間,姑且隸於是年。

乾隆四十三年戊戌(1778),五十八歲

江藩從先生遊,先生教之讀七經、三史、許氏《説文》及惠氏《易》。

江藩《漢學師承記·江艮庭先生》:“藩少從古農先生學,先生没後,藩汎濫諸子百家,如涉大海,茫無涯涘。先生教之讀七經、三史及許氏《説文》,乃從先生受惠氏《易》。”按,古農即余蕭客,卒於乾隆四十二年丁酉(1777)。③

王鳴盛至先生家,見江藩所著《爾雅正字》一書,深爲嘆賞,遂囑先生招江藩往謁之。

《漢學師承記·王鳴盛》:“藩十六[八]歲時,著《爾雅正字》,光禄在艮庭先生家見此書,囑艮庭先生招藩往謁。”④

乾隆四十四年己亥(1779),五十九歲

江藩爲先生所作“小紅吹簫”小影作詩兩首。

江藩有《伴月樓詩鈔》三卷,大體依作年前後編纂。卷上有《題艮庭先生小紅吹簫小影二首》詩。考本卷有《國香者荆州女子也不知其姓山谷謫居時曾屬意焉後嫁與小民家故和馬荆州水仙花詩有可惜國香天不管隨緣流落小民家所爲作也谷曾以此意告其友

① 陳文和主編:《嘉定錢大昕全集(增訂本)》,鳳凰出版社,2016年,第一册,第27頁。

② 陳鴻森:《孫星衍遺文再續補》,載《中國典籍與文化》編輯部編:《中國典籍與文化論叢》,第十五輯(《中國典籍與文化》增刊),鳳凰出版社,2013年,第261頁。

③ 此卒年據任兆麟:《有竹居集》卷十《余古農先生墓誌銘》。見《清代詩文集彙編》,第484册,第452頁。余蕭客生卒年各書記載有不同,然據後引《〈香聞續集〉敘》,可知余氏確卒於乾隆四十二年。

④ 江藩纂,漆永祥箋釋:《漢學師承記箋釋》,第268頁。

高子勉後山谷卒於宜州荆州地歲荒小民鬻其妻爲本州田氏侍兒子勉過荆飲於田氏田氏出侍兒侑酒子勉以山谷事告之且勸以谷詩國香字之高友王子亦聞此事於高索高作國香詩詩見任淵山谷集注十五卷中古農先生昔有和作辛丑春墨莊問及此事予爲之細述感嘆唏吁遂和高詩焉》一詩,據詩題知作於乾隆四十六年辛丑(1781)。《國香者……》一詩前有《七月十一日夜宿龍潭驛韓大春山索贈口占一首》詩,後有《孟陬十八日陪筍河夫子遊聖恩寺作此以呈》詩,既云"孟陬",則與《國香者》非同一年作,可知《國香者》作於辛丑年七月之後,或在秋冬之時。《七月十一日》前有《句容道中有懷胡大眉峰》詩,此詩有"渠穿四野秋時雨,木落千山暮夜云"之句,所寫乃秋景,則與《七月十一日》詩非同一年。再前有《蠟梅二首》《詠雪用東坡尖韻叉韻十六首》等詩,與《句容道中》詩又非同一年。此數詩已是三年之間事,而《題艮庭先生小紅吹簫小影二首》詩又在《句容道中》詩之前。[①]江藩於乾隆四十三年始入艮庭門下,至辛丑前後凡四年,故《題艮庭先生小紅吹簫小影二首》詩當作於乾隆四十四年。

爲江藩《雨香集》作敘。

陳鴻森輯《江聲遺文小集》有江聲《〈雨香集〉敘》,但此文無落款年月。敘中云:"予有同門友余仲林者,豪於詩,馳騁乎唐宋,時而邁軼乎齊梁,當代詩家之哲匠也,雨來師事之凡四年。一日者,雨來出其詩稿示予,題曰《雨香集》,屬爲敘之。……予讀其詩,能自出機軸,不盡得之於師授。"江藩請艮庭先生作敘當在拜入門下不久,且爲艮庭之作題詩,順請師爲己作作敘,亦在情理之中,姑且隸於是年。

爲《香聞續集》作敘。

陳鴻森輯《江聲遺文小集》有《〈香聞續集〉敘》,無落款年月。文中云:"予與古農暨香聞爲莫逆交,古農少予八歲,香聞又少古農五歲。而香聞先歿,其葬也,古農猶爲誌其墓;尋而古農亦歿矣,距香聞之歿未三期也,于兹又將再期矣!"香聞即薛起鳳,卒於乾隆三十九年(1774),[②]余蕭客卒於三年後,爲乾隆四十二年,既云"再期",則爲乾隆四十四年。

---

① 以上數詩見江藩:《江藩集》,上海古籍出版社,2006年,第174—181頁。

② 江慶柏:《清代人物生卒年表》,第836頁。

十一月廿七日(1780年1月3日),孫星衍給先生寫信。

前揭上海圖書館藏《清代學者手札》册有孫星衍《與江艮庭書》,落款時間爲"己亥十一月廿七日",①公曆已至1780年1月3日。此信末尾所附江聲信末附記亦爲江聲佚文,兹迻録於下:

聲聞之師云:"龍,辰也,辰有五干,故云五龍;天六地五,故云六甲。五龍戊爲中宫,五六天地之中,故云'六甲五龍相拘絞'。"《繫傳》亦不得其解。聲案《易》曰"天五地六",兹云"天六地五"者,天謂甲乙等,以配十二辰,各有其六;地謂子丑,以配十日,各有五也。

王鳴盛延請先生至家,商訂《尚書》疑義。

王鳴盛《尚書後案·自序》云:"草創于乙丑,予甫二十有四。成于己亥,五十有八矣。寢食此中,將三紀矣。又就正于有道江聲,乃克成此編。"②孫星衍《江聲傳》云:"時王光禄鳴盛撰《尚書後案》,亦以疏通鄭説,考究古學爲書,延聲至家,商訂疑義,始以行事焉。"

乾隆四十五年庚子(1780),六十歲

十月,孫星衍登門造訪。

《孫淵如先生年譜》乾隆四十五年載:"十月,歸常州,遊吴門,以王光禄鳴盛、江布衣聲撰注《尚書》,造門訪謁,與談鄭學。"③

乾隆四十六年辛丑(1781),六十一歲

作《匍匐》時藝一篇。

《艮庭小慧》之《匍匐》一文,版心記"重光赤奮若",即辛丑年。

① 陳鴻森輯:《孫星衍遺文再續補》,第261頁。
② 王鳴盛:《尚書後案》,《續修四庫全書》,上海古籍出版社,2002年,第45册,第1頁。
③ 張紹南、王德福:《孫淵如先生年譜》,《叢書集成續編》,清繆荃孫《藕香零拾》本,新文豐出版公司印行,第259册,第719頁。

乾隆四十八年癸卯(1783),六十三歲

三月十六日(4月17日),先生以小篆書寫蔣元益所撰《袁節婦韓氏旌門頌並序》一文。

南京博物院藏有松陵女史陸淡容所畫《袁節母韓孺人小影》,爲海内孤本。此珍稀手卷後有諸名家題跋詩文,首篇即爲蔣元益撰、江聲篆書《袁節婦韓氏旌門頌並序》,落款爲"乾隆四十八年歲次昭陽單閼莕三月既望,賜進士出身誥授資政大夫兵部左侍郎長州蔣元益纂,吴縣布衣江聲書"。①蔣氏《旌門頌》原文亦見《霜哺遺音》②卷一,然《霜哺遺音》所收者無手卷中江聲書年落款。

作《蹠之徒也至柳下惠》時藝一篇。

《艮庭小慧》之《蹠之徒也至柳下惠》一文,版心記"昭陽單閼",即癸卯年。

乾隆四十九年甲辰(1784),六十四歲

擬刻《尚書集注音疏》。四月初九日(5月27日),作《募刊尚書小引》募集刻書資金。

《尚書集注音疏》卷首有《募刊尚書小引》一文,落款爲:"乾隆四十有九季,歲在焉逢執徐,則余月癸巳。"則余月爲四月,經查,癸巳爲本月初九日。

先生結識錢泳。

錢泳《履園叢話》:"余於乾隆甲辰、乙巳之間,教授吴門,始識江艮庭先生。……余嘗雪中過訪,見先生著破羊裘,戴風巾,正録《尚書集注音疏》,筆筆皆用篆書。"③

十二月十二日(1785年1月22日),爲嚴蔚《詩考異補》一書作敘。

① 參見毛文芳:《霜哺之音:盛清袁節婦的畫像觀看與抒情復調》,載杜桂萍主編:《明清文學與文獻》,第四輯,社會科學文獻出版社,2016年,第3—40頁。按,毛文芳女史所撰論文中所附《旌門頌》一文,圖片不甚清晰,末尾落款無由辨識。筆者蒙其惠賜原圖片,得以認清以上落款文字,謹此致謝。

② 中國國家圖書館藏清嘉慶年間卧雪草堂刻本,索書號爲SBA04159。中國國家圖書館"中華古籍資源庫"有全文影像可查看。

③ 錢泳:《履園叢話》,第165頁。

嚴蔚《詩考異補》一書卷首有江聲篆書《詩考異補敘》，落款爲“乾隆卌有九季歲陽閼逢陰執徐圉涂月癸巳，江聲未溇是[①]饗”，[②]即乾隆四十九年甲辰十二月十二日，公曆已至1785年1月22日。

乾隆五十年乙巳(1785)，六十五歲

正月，畢沅抵都入覲，擬薦先生、孫星衍及洪亮吉書三體石經，因阻而止。

李金松《洪亮吉年譜》引清人吕培所作《洪北江先生年譜》本年條云：“正月，畢公入覲，並摩唐開成石經進呈，擬薦先生、孫君及吴縣江布衣聲書國朝三體石經，即在西安刻石以進，爲當軸者所阻而止。”[③]

乾隆五十一年丙午(1786)，六十六歲

作《入公門全章》時藝一篇。

《艮庭小慧》之《入公門全章》一文，版心記“柔兆敦牂”，即丙午年。

乾隆五十四年己酉(1789)，六十九歲

九月初一日(10月19日)，畢沅《釋名疏證》刻成，寄往先生處請審正其字。先生欲以篆書付刻，畢沅未許。

畢沅《釋名疏證序》：“凡三閱歲而成，復屬吴縣江君聲審正之。江君欲以篆書付刻，余以此二十七篇内俗字較多，故依前隸寫，云所以仍昔賢之舊觀，示來學以易曉。時乾隆五十四年歲在己酉，九月朔日，是爲序。”[④]

先生結識鈕樹玉。

---

① 江聲此文用小篆書，“是”即“氏”字。

② 嚴蔚：《詩考異補》，《四庫未收書輯刊》，第3輯，北京出版社，1997年，第6册，第682頁。陳鴻森《江聲遺文小集》據以採輯此文。

③ 李金松：《洪亮吉年譜》，人民出版社，2015年，第127—128頁。

④ 畢沅：《釋名疏證》，《叢書集成初編》，第1155册，第3—4頁。

鈕樹玉《匪石日記鈔》序云："年三十，始得謁見竹汀先生於紫陽書院，又獲見艮庭先生……漸磨切瑳，每有所聞見，因筆録之。"①據《碑傳集補》載梁章鉅《鈕山人墓誌銘》云："山人生於乾隆二十五年。"②則鈕氏"年三十"時爲乾隆五十四年。

乾隆五十五年庚戌(1790)，七十歲

先生致信畢沅，再請篆書刊刻《釋名疏證》，並願任鈔寫之勞。畢沅以删改定本寄先生屬鈔寫，先生費三月寫畢此書。

江聲《續釋名識語》："制府畢公饕《釋名疏證》……刊本寄歸，招聲在其府中重加審正。聲……謂若用鄦尗重《説文解字》之字體重刊行世，俾有志者得藉此書以識字，則嘉惠後學之功，豈不益大？因修書以請于制府，願任鈔寫之勞，董剞劂之事，適制府復有删改之本，即以寄示屬鈔，于是書之，帀三月而竟。"③

二月初三日(3月18日)，代畢沅作《篆字釋名疏證敍》。

《篆字釋名疏證》前有敍文一篇，末署畢沅名，陳鴻森謂："其文當爲江聲代作，蓋《疏證》改定本即出江氏之手，此序與畢沅前序説多歧互，可以推知也。"其説可從。敍末落款爲"乾隆五十五季歲在上章閹茂如月甲寅朏"，如月爲二月，經查，甲寅爲本月初三日。

春，顧廣圻執摯拜於先生門下。

顧廣圻《思適齋集》卷十五《題江艮庭先師遺札册後》云："廣圻自乾隆庚戌春執摯於先生，在門下十年。"④同書卷五《惠松崖先生四世畫像記》亦有相似記載："千里以乾隆庚戌歲，執摯請業於同郡江艮庭徵君。"⑤

段玉裁與黄丕烈諸人出資襄助先生刻《尚書集注音疏》。

① 鈕樹玉：《匪石日記鈔》，見潘祖蔭輯：《滂喜齋叢書》，第三函第一册(總第十九册)。
② 閔爾昌：《碑傳集補》卷四十，第二葉A。
③ 江聲：《續釋名識語》，《篆字釋名疏證》附《續釋名》《釋名補遺》，《叢書集成初編》，第1158册，《續釋名》第8頁。
④ 顧廣圻：《思適齋集》，《清代詩文集彙編》，上海古籍出版社，2008年，第482册，第764頁。
⑤ 顧廣圻：《思適齋集》，第686頁。

劉盼遂《段玉裁先生年譜》"乾隆五十五年庚戌"條下云:"江艮庭刻《尚書集注音疏》,先生與黄丕烈諸人助佽,共銀四百六十兩。"①參下"乾隆五十八年"條。

十二月十三日(1791年1月17日),完成《尚書補誼》。

《尚書補誼》小序落款爲:"上章閹茂之歲,則涂之月,十三日己未,江聲識,時季七十。"上章閹茂即庚戌年,則涂月爲十二月,經查,己未爲本月十三日。

重書《尚書集注音疏》之《禹貢》篇,改"洛"字爲"雒"字。

據《尚書補誼》末尾"附識寫《尚書》誤字"一條,江聲曾因段玉裁見示徐鍇《説文解字》而改正書中"鼓"字爲"鼔"字,《尚書補誼》時間爲本年。而《尚書集注音疏》卷三云:"段氏玉裁曰:'巍丕欲改"雒"爲"洛",詭言漢火行忌水而去'水',此不根之談也。'……聲按,'漢'字亦从'水',不聞忌水而易其偏傍,何獨忌于洛水邪?予初時亦惑于漢忌水改'雒'之説,故是書'雒'皆作'洛',聞段君之言,重書《禹貢》,悉作'雒'字也。"(本卷第二十八至二十九頁)此處改《禹貢》或亦在同時,姑且隸於是年。

乾隆五十六年辛亥(1791),七十一歲

夏、秋兩季,各寫一信寄焦循,探討焦氏《群經宫室圖》一書所論古時宫室制度。焦循僅復先生第一信。

焦循《江處士手札跋》云:"乾隆庚戌,余館於深港卞氏宅,嘗撰《群經宫室圖》五十篇。是冬嘔血幾死,遂梓之,疏陋所不免也。吴中處士江君艮庭聲以書規之,規之有未協,至於往復論辯焉。"②可知乾隆庚戌冬,《群經宫室圖》方刻梓流佈。而焦循與江聲之子江鏐"情好最密"(《江處士手札跋》文),次年江聲當已見及此書,故有書信往來論辯。江聲有《與焦理堂論宫室書》,焦循有《復江艮庭處士書》。③又,焦循《復蔣徵仲書》云:"去年夏間,江艮

① 段玉裁:《經韻樓集》,上海古籍出版社,2008年,第454頁。
② 焦循:《焦循詩文集·雕菰集》卷十八,廣陵書社,2009年,第326頁。
③ 江聲:《與焦理堂論宫室書》,見王昶撰:《湖海文傳》卷四三,《續修四庫全書》,第1669册,第21—22頁。陳鴻森《江聲遺文小集》據以輯録。焦循《復江艮庭處士書》亦見《湖海文傳》卷四三,第22—24頁,又見《焦循詩文集·雕菰集》卷十四,第249—251頁。

庭先生書來,辨此二條之誤,僕當[①]以書復之。秋末又有書來,僕念草野著書,各信所是,非可用以相攻詰,遂受之不復置辨。”[②]且《江處士手札跋》云“處士兩書,皆用許氏《説文》體,手自篆之,工妙無一率筆”,今只見《與焦理堂論官室書》一篇,另一篇當已亡佚不存。

王鳴盛因遭目疾,遂口占而請先生書寫《窺園圖記》一文。四月廿一日(5 月 23 日),先生書畢,復作跋文一篇,皆用小篆。

雅昌拍賣網上有北京瀚海拍賣有限公司 1997 年秋季拍賣會書畫拍賣專場篆書《窺園圖記》題跋長卷。[③]網站所見圖片即江聲篆書《窺園圖記》及自作題跋,據介紹知尚有章太炎、陳垣、黄節、余嘉錫、楊樹達、高步瀛跋,且有楊鍾羲題簽。此卷以四萬四千元價格成交,歸啓功先生。朱玉麒《元白先生所藏〈窺園圖記〉題跋》[④]一文專記此卷淵源,並録有諸題跋。王鳴盛《記》落款爲“乾隆五十六年歲在重光大淵獻四月丁未朏,西莊拙老人王鳴盛饔”,江聲跋落款爲“是月既望粤六日乙丑,艮庭江聲書,時年七十有一”。此篇跋文,陳鴻森《江聲遺文小集》失收,兹迻録於下:

《漢書·董仲舒傳》言仲舒三年不窺園,道其嫥精于學也。費君玉衡肆力于經學,博考群書,网羅放佚之漢注,手録而編揖之,其勤不下于董子。乃命畫工寫照,作窺園之像,欲言己業荒于娭,不如董子之嫥精也。王光禄西莊爲作《窺園圖記》,以失明故,倩予爲書之。予以爲窺園奚害于學?《雜記》曰:“張而不弛,文武弗耐;一張一弛,文武之道。”《學記》曰:“君子之于學也,臧焉、修焉、息焉、游焉。”費君之窺園,所謂息焉、游焉也。斯一張一弛之道也,奚害于學哉?予既爲西莊書,并附書此以復于費君云。是月既望粤六日乙丑,艮庭江聲書,時年七十有一。[⑤]

乾隆五十七年壬子(1792),七十四歲

臧庸致信先生,指出先生《尚書集注音疏·堯典》“克明俊德”下引“蔡氏《辨名記》”乃襲舊文之誤,“蔡氏”下當脱一“引”字。

---

① 按,據文意,“當”字疑爲“嘗”之誤字。然《文選樓叢書》本及《江氏聚珍版叢書》本俱作“當”,無可質證,故識疑於此。

② 《焦循詩文集·雕菰集》卷十四,第 252 頁。

③ https://auction.artron.net/paimai-art09030089/.

④ 朱玉麒:《元白先生所藏〈窺園圖記〉題跋》,《文獻》,2006 年第 2 期,第 11—24 頁。

⑤ 以上文字皆據依篆書形體轉寫,故“嫥”字不改“專”字,“网”字不改“網”字,“娭”字不改“嬉”字,與朱玉麒《元白先生所藏〈窺園圖記〉題跋》一文所録稍有不同。

《拜經堂文集》卷三有《與江叔雲[1]處士書》,[2]題目下標"壬子仲冬"。

十二月初八日(1793年1月19日),先生重書《尚書集注音疏後述》。

《尚書集注音疏後述》末有"五十七季涂月壬申重書"之文。涂月爲十二月,經查,壬申爲本月初八日。

乾隆五十八年癸丑(1793),七十三歲

正月初三日(2月13日),《尚書集注音疏》刻成,作識語一篇,詳述捐資相助者姓名。

《尚書集注音疏》卷首《募刊尚書小引》後有此識語,落款爲:"乾隆五十八季,歲在昭陽赤奮若,畢陬月丁酉朏,江聲記,時年七十有三。"畢陬月爲正月。

七月初六日(8月12日),完成《尚書續補誼》。

江聲《尚書續補誼》小序落款爲:"昭陽赤奮若之歲,窒相之月,六日丁酉,江聲又識,時季七十有三。"昭陽赤奮若即癸丑年,窒相月爲七月。

八月三十日(10月4日),爲臧庸刻臧琳《經義雜記》作敘。

臧琳《經義雜記》末有《敘録》一卷,中有江聲《經義雜記敘》,落款爲"乾隆五十有八年歲在昭陽赤奮若塞壯月庚寅晦,東吴後學江聲拜譔",[3]即乾隆五十八年癸丑八月三十日。江聲此敘用楷書刊入《經義雜記》書内,不同於其所作其他敘,皆用小篆,此敘後有臧庸小注,云:"江孝廉序,手書篆文,珍藏於家,行笈中失檢未帶,故以另録副本付梓。鏞堂記。"據此知江聲原敘亦用小篆。

與臧庸有學術探討。

---

① 原文即作"雲",當是"澐"字之誤。
② 臧庸:《拜經堂文集》,《清代詩文集彙編》,第484册,第68頁。
③ 臧琳:《經義雜記》,《續修四庫全書》,第172册,第291頁。

臧庸《拜經日記》卷首《贈言校勘里居姓氏》中有"吴縣江叔澐聲"。[1]據卷一臧庸自序："辛亥，校訂高祖玉林先生《經義雜記》成，不量其力，思克紹先德，遇一隙之明，簪筆書之，久而彙録，題曰《拜經日記》，以就正有道。……時乾隆甲寅仲夏，鏞堂識於武昌督署。"[2]辛亥年《經義雜記》校訂成，而《拜經日記》創始，癸丑年江聲爲《經義雜記》作序，或在此時與臧庸有探討，即臧庸所謂"贈言"也，姑且隸於是年。

乾隆五十九年甲寅(1794)，七十四歲

孫星衍致信先生，論中星古今不異。並送《問字堂集》三卷、《堯典質疑》一册給先生。先生有復信，當在次年，連類而及，姑述於此。

孫星衍《問字堂集》卷四有《答江處士聲書論中星古今不異》[3]一文，不同意江聲認爲薛季宣本《尚書》就是隸古定本的説法，並就《尚書集注音疏·堯典》中江聲以爲中星非終古不變的説法提出異義。江聲有復信，載《問字堂集》卷首《閲〈問字堂集〉贈言》。《贈言》中江聲復信稱"接奉兩次手函"，無落款時間。而《問字堂集》所載錢大昕之復信首稱"去歲兩奉手教"，落款爲乙卯年，可知今年江聲、錢大昕與孫星衍頗有往來，孫星衍之答書當在是年，而江聲復信亦當如錢大昕復信，時間在次年乙卯。

桂馥致信先生，討論《尚書集注音疏·堯典》"暘谷"當作"崵谷"。

桂馥《晚學集》卷六《與江艮庭先生書》："嘉定錢可廬言先生著有《尚書集注音疏》，既從吴江陸直之乞得一本，伏而讀之……然則《堯典》元作'崵谷'，非'暘谷'矣。"[4]按，《尚書集注音疏》刻竣，即有書賈攜出吴中售賣。閔爾昌《焦理堂先生年譜》："越十年癸丑、甲寅間，江艮庭先生《尚書集注音疏》出，其書用篆。不識篆者，莫之能目也。書賈自吴中攜十部來，無售者。先生買其一，費十日力閲一過。"[5]癸丑即《尚書集注音疏》刻竣之年。陸直之即陸繩，江蘇吴江人，見其書當更在焦循前。桂馥自陸直之處乞得一本，後致信江聲，當在刻竣後一二年内，姑且隸於是年。

---

① 臧庸：《拜經日記》，《續修四庫全書》，第1158册，第50頁。
② 臧庸：《拜經日記》，《續修四庫全書》，第1158册，第52頁。
③ 孫星衍：《問字堂集　岱南閣集》，中華書局，1996年，第99—101頁。
④ 桂馥：《晚學集》，《清代詩文集彙編》，第389册，第579頁。
⑤ 北京圖書館編：《北京圖書館藏珍本年譜叢刊》，北京圖書館出版社，1999年，第127册，第74頁。

十一月初八日(11月30日),爲袁廷檮《霜哺遺音》作《敘》。

《霜哺遺音》[①]卷首載有江聲此《敘》,用小篆書寫,落款爲:"乾隆五十九季太歲在焉逢攝提格,歲星在析木之津,朔數則辜月八日,中數則猶是陽月小雪氣也。壬辰,江聲㩶籑。"辜月爲十一月。

附按,《霜哺遺音敘》爲江聲遺文,陳鴻森《江聲遺文小集》未收録。復旦大學圖書館藏有王欣夫輯《艮庭雜著補遺》一卷,[②]其中收録四篇文章:《儀禮注疏跋》《詩考異補敘》《霜哺遺音敘》及《蔡氏月令序》。其中《蔡氏月令序》爲江沅道光四年(1824)所撰,另三篇則爲江聲文。其中《儀禮注疏跋》和《詩考異補敘》已見於《江聲遺文小集》,不贅述。姑録《霜哺遺音敘》於此,以供稽考:

弇明袁重其少孤,其母鞠育之成立,廣匄士大夫詩文頌揚其節行,積數十軸。陳眉公爲之題曰《霜哺篇》。霜者,喪也;哺者,比況于烏之哺雛也。今袁君又愷之母韓太孺人,奉直大夫栁邨公之莛也,季二十五而寡,守𠬝撫孤,葡嘗艱苦,霜凥十五年而歿。巡撫閔公嘉其志𠬝,爲請于朝而旌其門。梁谿顧姓沙觀察題其所凥曰竹柏樓。竹柏也者,毋四時而不改柯易葉者也。一時名賢鉅卿,又各爲詩歌、記傳、頌贊、碑碣以褫揚其芳徽。又愷簙而梓之,褎嗾成帙。于是瞀卧雲先生題其櫱曰《霜哺遺音》,仍其遠族之故事也。玆者又愷以是編屬敘于余,余嗣以卑賤,不叡介與于諸先達。又愷固請,勉爲述其梗概而已。若夫孺人之嘉言懿行,諸先達道之詳,寱煩余贅矣。乾隆五十九季太歲在焉逢攝提格,歲星在析木之津,朔數則辜月八日,中數則猶是陽月小雪氣也。壬辰,江聲㩶籑。

乾隆六十年乙卯(1795),七十五歲

三月十五日(5月3日),同王樸莊往李鋭家,討論恒星問題。

江聲《恒星説》:"予初算恒星之行,積六十九季二百九日半而行一度,而于半日之間,不能灼知其有無盈歉。聞李君精於算學,乃往質之。"[③]而李鋭《觀妙居日記》乾隆六十年三月十五日云:"聞江艮庭、王樸莊兩先生皆云:'比來昴宿不明,其光僅如鬼宿積尸。'"[④]江聲"往質"則當在此時。按,王樸莊即王丙,《清史稿》卷五〇二、《吴門補乘》有簡

① 參見本年譜"乾隆四十八年"條。

② 一册一函,索書號爲3800。

③ 江聲:《恒星説》,《清代詩文集彙編》,第349册,第383頁。

④ 郭世榮:《李鋭〈觀妙居日記〉研究》,《文獻》,1986年第2期,第251—252頁。

略傳記，[①]然不言與江聲有交往。唯江沅《染香盦詩録·王先生繩孫》載："先生諱丙……與先大父交最契。"[②]

五月十五日（7月1日），李鋭以算恒星三紙答復先生。

李鋭《觀妙居日記》乾隆六十年五月十五日云："答艮庭先生算恒星東行三紙呈閲。"[③]《恒星説》一文所載"李尚之曰"内容當爲此三紙。

六月，作《江子屏藏新莽泉母跋》。

陳鴻森輯《江聲遺文小集》有此跋，落款時間爲"旃蒙單閼之且月"，即乾隆六十年乙卯六月。

十月，阮元視學浙江，過江蘇時拜見先生。

據王章濤《阮元年譜》，乾隆六十年"十月初三日，阮元赴浙江學政任"，"十一月初一日，至杭州"，[④]其間經過江蘇。據江沅《先府君行略》云："閣學阮芸臺先生視學浙江，道過蘇，見先大父。"[⑤]則拜見江聲當在此數日之間，《阮元年譜》失載。

附按，江沅《先府君行略》"見先大父"後記江鏐與阮元交往事，《阮元年譜》亦失載，皆可據此以補。

先生有信寄孫星衍，謝贈《問字堂集》及《堯典質疑》等。

見上述"乾隆五十九年"條下説明。

孫星衍有書信寄先生，請先生書篆字對聯。

---

① 趙爾巽等：《清史稿》，中華書局，1977年，第13882頁；錢思元：《吴門補乘》，《蘇州文獻叢書》第三輯，上海古籍出版社，2015年，第459頁。

② 江沅：《染香盦詩録》，《清代詩文集彙編》，第484册，第206頁。

③ 郭世榮：《李鋭〈觀妙居日記〉研究》，第252頁。

④ 王章濤：《阮元年譜》，黄山書社，2003年，第79、82頁。

⑤ 江沅：《染香盦文集》，第235頁。

陳鴻森輯《江聲遺文小集》有《與孫淵如書二》。文云:"近日偶檢得乙卯年之尊札,屬聲篆聯……久未報命。"

作《桃應問曰全章》時藝一篇。

《艮庭小慧》之《桃應問曰全章》一文,版心記"旃蒙單閼",即乙卯年。

嘉慶元年丙辰(1796),七十六歲

著《恒星説》成。正月廿六日(3月5日),贈送《恒星説》給李鋭。

李鋭《觀妙居日記》嘉慶元年正月廿六日云:"江艮庭來,見贈新著《恒星説》一卷。"①

有信寄孫星衍,並附《中星説》一文。四月初二日(5月8日),孫星衍得先生信。四月初六日,孫星衍復信。

《孫淵如外集》卷五《答江處士聲書》:"四月初二日,得手書並《中星説》。……自抵山左,即奉檄簿録閩督贓籍及茇舍聽斷。"落款爲:"四月初六日,金鄉行館拜復。"②考《孫淵如先生年譜》:"嘉慶元年丙辰……官兖沂曹濟道。"③

附按,陳鴻森輯《江聲遺文小集》之《與孫淵如書二》或即同《中星説》一道寄孫星衍。

五月,阮元與孫星衍各從官所寄信給江蘇巡撫費淳,力薦先生舉孝廉方正。

孫星衍《江聲傳》:"今上(嘉慶)元年,詔舉郡縣孝廉方正之士,有召用爲京外官者。阮撫部與予各從官所馳書江蘇大府,交薦聲,聲固不知。陳方伯奉兹造門請見,聲辭勿見。及府縣申牒敦請,又陳情不肯應命。費撫部淳及方伯卒以徵君應聘,賜六品頂戴。"據《阮元年譜》:"五月,阮元奉詔薦舉孝廉方正。"④

① 郭世榮:《李鋭〈觀妙居日記〉研究》,第253頁。
② 孫星衍:《孫淵如外集》,《清代詩文集彙編》,第436册,第405、406頁。
③ 張紹南、王德福:《孫淵如先生年譜》,第722頁。
④ 王章濤:《阮元年譜》,第99頁。

嘉慶二年丁巳(1797),七十七歲

有信寄孫星衍,感謝贈金資助,並請勿復再賜。

陳鴻森輯《江聲遺文小集》有《與孫淵如書三》,然無落款年月。文云:"計閣下貺我於今四次矣,去年曾致書閣下,勿復見賜,不至傷惠,俾聲亦不至傷廉。……且聞今閣下卸篆候補……"考《孫淵如先生年譜》:"嘉慶三年戊午……二月,大府奏稱君熟習刑名,操守廉潔,辦理地方事務均屬裕如,惟河務非其所長。因以河工同知署理,請以君留補地方道,奉旨允准。"①可知孫星衍卸篆候補在嘉慶三年,則信中所言"去年"自是嘉慶二年。

嘉慶三年戊午(1798),七十八歲

四月初十日(5 月 25 日),爲彭霖純重刻惠士奇《禮説》一書作敘。

嘉慶二年彭氏蘭陔草堂刻《禮説》一書卷首有江聲篆書《重刻禮説敘》,落款爲"嘉慶三秊歲在箸雝敦牂圉余月乙未朔,粤十日甲辰,小門生江聲謹譔",②即嘉慶三年戊午四月初十。

孫星衍託張止遠寄手函及《明堂考》給先生,並賜十金。又託周雋寄信給先生,討論占驗之學。

《與孫淵如書三》:"止遠張公回南,接奉手函及《明堂考》,且承厚惠十金……又續接周曼亭先生處寄來之札,謂'西法於測景、占驗及地動儀諸法,俱未能了了'。"此信作於嘉慶三年,見上述"嘉慶二年"條下考論。張止遠生平不詳。據《[道光]濟南府志》卷三二,周雋,字曼亭,江蘇元和人,乾隆二十一年舉人。嘉慶六年任陵縣知縣。③

因《尚書集注音疏》卷四第六十四頁"詔"字不妥,補刊"又六十四頁",並以篆書重書之。

《尚書集注音疏》補刊後印本卷四"又六十四頁"欄外有字一行:"嘉慶三年補刊,爲'詔'字不安,疑非原文。原文必實作'告',但疑事毋質,姑重一頁,'詔''告'兩存,俟後賢酌奪。"

---

① 張紹南、王德福:《孫淵如先生年譜》,第 725 頁。

② 見陳鴻森輯:《江聲遺文小集》。

③ 《道光濟南府志(二)》,《中國地方志集成:山東府縣志輯》,鳳凰出版社,2004 年,第二册,第 62 頁。

十二月二十日(1799年1月25日),始作《論語竢質》一書。

《論語竢質》一書末有識語:"嘉慶三年十二月二十日創始,四年三月二十三日終。"

嘉慶四年己未(1799),七十九歲

三月二十三日(4月27日),著《論語竢質》成。五月初五日(6月7日)端陽節,作《論語竢質敘》。

據上揭識語可知《論語竢質》成書時間。《論語竢質敘》末尾落款爲:"嘉慶四年歲在屠維協洽夏五端陽日壬戌,元和江聲書,時年七十有九。"

九月初三日(10月1日),卒於家,遺命子江鏐速葬。

孫星衍《江聲傳》:"以嘉慶四年九月三日卒年里舍,得年七十有九。"江沅《先府君行略》:"阮公巡撫浙江,府君往見,阮公欲留之,府君以先大父遺命速葬,遂辭歸。"①

江聲批校題跋本目録②

書 名	撰 者	版 本	批校題跋	館 藏	備 注
春秋公羊傳注疏二十八卷	漢何休注,唐徐彦疏,唐陸德明音義	明嘉靖李元陽刻十三經注疏本	清江聲校清丁丙跋	南京圖書館	
儀禮注疏十七卷	漢鄭玄注,唐賈公彦疏,唐陸德明音義	明崇禎九年毛氏汲古閣刻十三經注疏本	清吴志忠跋並過録江聲、段玉裁、顧廣圻、江沅跋	上海圖書館	殘存一至四、十六至十七凡四卷
儀禮注疏十七卷	漢鄭玄注,唐賈公彦疏,唐陸德明音義	明崇禎九年毛氏汲古閣刻十三經注疏本	清吴志忠過録江沅題記並手跋,江聲、陳奂題記	臺灣"央圖"	

① 江沅:《染香盦文集》卷下,第236頁。

② 材料來自《中國古籍善本書目》《上海圖書館善本題跋輯録》《標點善本題跋集録》諸書。

續表

書名	撰者	版本	批校題跋	館藏	備注
經典釋文三十卷	唐陸德明撰	清康熙刻通志堂經解本	清費念慈跋並録，清何煌、惠棟、江聲、段玉裁、鈕樹玉、袁廷檮、顧之逵、臧庸、江沅、顧廣圻、管慶祺、潘錫爵校	復旦大學圖書館	
經典釋文三十卷	唐陸德明撰	清刻本	佚名録，清潘錫爵傳録，何煌、惠棟、段玉裁、孫星衍、黄丕烈、臧庸堂、顧廣圻等校跋	上海圖書館	
説文解字十五卷	漢許慎撰	清初毛氏汲古閣刻本	清陳嘉言録，清惠士奇、惠棟、江聲批校	湖北省圖書館	
説文解字十五卷	漢許慎撰	清初毛氏汲古閣刻本	清潘錫爵録，清惠棟、江聲、錢大昕、段玉裁校	重慶市圖書館	
説文解字十二卷	漢許慎撰，宋李燾重編	明萬曆二十六年陳大科刻本	清江聲録，惠士奇、惠棟批校	國家圖書館	
汗簡七卷	宋郭忠恕撰	清康熙四十二年汪立名一隅草堂刻本	清江聲校並跋	國家圖書館	
惠定宇先生更定四聲稿不分卷	清惠棟撰	清朱邦衡抄本	清江聲批注	復旦大學圖書館	殘存平聲十三部、上聲二十三部
三朝北盟會編二百五十卷	宋徐夢莘撰	清抄本（四庫底本）	清吴城校並跋，清江聲校，清朱文藻、吴玉墀、彭元瑞校並跋，傅增湘、張元濟跋	上海圖書館	
淮南鴻烈解二十一卷	漢劉安撰，漢高誘注	明萬曆八年茅一桂刻本	清江聲校	國家圖書館	《鐵琴銅劍樓藏書目録》卷十六《淮南鴻烈解》條云："此明茅氏刻本，文多脱譌，注皆删節。郡人江尗澐氏以《道藏》本校改完善，間加訂語，考正不苟。"末有雙行小注："卷首有'江聲叔澐''江沅'諸朱記。"①

① 瞿鏞：《鐵琴銅劍樓藏書目録》，《清人書目題跋叢書》，中華書局，1987年，第三册，第233頁。

論王念孫"二十三母"之性質

——兼議王氏"因聲求義"之發展*

□馬　坤

[摘　要]　王國維推測《釋大》原書有二十三篇，對應王念孫"二十三母"，認爲當中吸收了錢大昕的古聲紐成果。近年來，學者整理王念孫另一部未刊稿《叠韻轉語》，發現該書編次正依"二十三母"，似可印證此説。但王國維對"二十三母"性質之判斷主要得自外部因素，未深入《釋大》聲紐框架之内，似是而非。文章首先考察《釋大》《叠韻轉語》之體例及同源系列的聲紐關係，其次分析《方言疏證補》《廣雅疏證》"轉語"的聲紐接觸，並聯繫乾嘉古聲紐研究進展，對"二十三母"之性質做如下判斷：它與戴震"轉語二十章"接近，是反映聲轉關係的紐目表，不宜簡單視作對"三十六字母"的歸併。

[關鍵詞]　"二十三母"；聲轉説；《釋大》；《叠韻轉語》；《廣雅疏證》

[作者簡介]　馬坤，中山大學中國語言文學系副教授(廣州　510275)

一、引　　言

王念孫是乾嘉時期研究古音的大家，也是"就古音以求古義"的先驅，段玉裁謂其"尤能以古音得經義，蓋天下一人而已矣"(《廣雅疏證序》)，殆非虚美。作爲音節的有機組成部分，聲與韻在訓詁實踐中佔有同等重要的地位。由於王氏生前未刊佈古聲紐方面的專論，故他在"因聲求義"中的聲紐審音標準存在疑點。

據《高郵王氏遺書》卷首《目録》附識語，羅振玉於1922年購得高郵王氏父子遺稿一箱，① 其中《釋大》(七卷)和《叠韻轉語》(一卷)涉及王念孫的古聲紐研究。羅氏隨即與王國維合作整

---

* [基金項目]本文爲2022年國家社科基金重大項目"出土文獻與商周至兩漢漢語上古音演變史研究"(22&ZD301)中期成果。

① 王念孫卒後，王引之從其遺稿中整理出與《讀書雜志》相關的材料二百六十餘條，刻爲《讀書雜志餘編》兩卷。引之卒後，遺稿由子壽同收藏整理。1853年壽同殉難，上述材料蓋於此後散出。

理，王氏次年發表《高郵王懷祖先生訓詁音韻書稿叙録》，對相關手稿做了介紹：他推測《釋大》原書有二十三篇，對應"二十三母"，認爲當中吸收了錢大昕的古聲紐學説；而他對《叠韻轉語》的介紹僅有寥寥數語，未説明該書之體例及與《釋大》的聯繫。1925 年，羅振玉將"可整理繕寫"的材料刻入《高郵王氏父子遺書》，當中有《釋大》，《叠韻轉語》未見收録。王國維卒後，鑒於訓詁、音韻類手稿整理難度大，羅氏將大部分材料轉售北京大學，保存至今。

近年來，趙曉慶、張錦少等考察北大藏《叠韻轉語》，發現其體例與《釋大》存在相似之處，即都以"二十三母"爲全書框架。至此，王國維上述推測似乎可視爲定讞。但從《釋大》體例以及《叠韻轉語》《方言疏證補》《廣雅疏證》中的"轉語"來看，"二十三母"之性質尚有討論餘地。黄侃曾説："音韻之學最忌空談音理，必求施之文字訓詁，則音韻不同虚設，而文字訓詁亦非以音韻爲之貫串，爲之鈐鍵不可。"①推而論之，清人古聲紐學説多由諧聲、聲訓、通假等材料考求得出，疑難訓詁問題之解決又往往憑借古音。故本文從訓詁材料入手，考察王念孫在"因聲求義"中所依據的古聲紐觀念，並結合乾嘉古聲紐研究進展，對"二十三母"之性質做出判定。

二、"二十三母"之得出及疑點

在王國維之前，王壽同董理王念孫遺稿，已對《釋大》做過考證：②

> 就母推之，只有七母之□，餘二十二篇不知何在。然此以明轉注之説，若能因指見月，得魚忘筌，亦不必盡羅三十六母字而後爲全書。③

所謂"七母之□"，當指《釋大》七篇"正書清稿"（詳後文），"之"字後有一空格，疑是闕文，"餘二十二篇不知何在"較爲費解。④蓋王壽同認爲《釋大》原有三十六篇，對應"三十六字母"，然此説

---

① 黄焯：《文字聲韻訓詁筆記》，武漢大學出版社，2013 年，第 34—35 頁。

② 王恩錫、王恩炳《子蘭府君行狀》："（王壽同）侍曾王父（王念孫）時，質疑辨難，精益求精。至重闈棄養，手澤所存片言隻字，必繹而通之，計數百條……《釋大》一書，府君力求其解而爲説，以示後學。"（《高郵王氏遺書・王氏六葉傳狀碑志集》卷六，鳳凰出版社，2013 年，第 52—53 頁）

③ 王壽同：《觀其自養齋燼餘録》，收入北京大學圖書館古籍特藏部編：《稿本叢書》（第五册），天津古籍出版社，1996 年，第 379 頁。

④ 此處引文據北京大學圖書館古籍特藏部編《稿本叢書》第五册，趙曉慶《王念孫"古聲廿三紐"考證》（《語言研究》，2019 年第 1 期）亦據此本而誤作"二十三篇"，由此得出王壽同認爲《釋大》原有二十三篇，非是。

根基薄弱，信從者少。

王國維《高郵王懷祖先生訓詁音韻書稿叙録》對《釋大》介紹如下：

《釋大》七篇，二册，正書清稿。[①]取字之有"大"義者，依所隸之字母匯而釋之，並自爲之注，存見、溪、群、疑、影、喻、曉七母，凡七篇，篇分上下。據第四篇"岸"字注云，"説見第十八篇灑字下"；又第三篇"碁"字注云，"物之大者皆以牛馬稱之，説見第二十三篇"：是先生此書略已竣事，惜遺稿中已不可見矣。[②]

從七篇"正書清稿"來看，《釋大》每篇各對應一聲紐；據注語提示，此書完本不下二十三篇。鑒於《釋大》體例特殊，王國維認爲只要復原該書篇次，便能了解王念孫的古聲紐觀念。《叙録》又云：

案，唐宋以來相傳字母凡三十有六，古音則舌頭、舌上，邪齒、正齒，輕唇、重唇並無差别，故得二十三母。先生此書亦當有二十三篇，前八篇爲牙、喉八母，而灑字在第十八篇，馬字在第二十三篇，則此書自十五篇至十九篇當釋齒音精、清、從、心、邪五母之字；第二十至二十三篇當釋幫、滂、並、明四母之字；然則第九至第十四六篇當釋來、日、端、透、定、泥六母無疑也。今存首七篇，視全書不及三分之一。

其依據包括：(1)生紐"灑"字在第十八篇，明紐"馬"字在第二十三篇；(2)清人古聲紐研究成果，即"古無輕唇及舌上""邪齒(精組)、正齒(照組)古音無别"。王國維由此推測《釋大》原有二十三篇，代表王念孫具備古音"二十三母"之觀念。具體情況可總結如表1：

表1　王念孫"二十三母"

一 見	二 溪	三 群	四 疑	五 影	六 曉	七 喻	八 匣	九 來	十 日	十一 端	十二 透
十三 定	十四 泥	十五 精	十六 清	十七 從	十八 心	十九 邪	二十 幫	二十一 滂	二十二 並	二十三 明	

① 王氏後來又清理出"草書初稿"一篇，對應匣紐，但只有字頭缺少注語，並不完整。《高郵王氏遺書》所收《釋大》即附匣紐爲八篇。王國維識語云："此第八篇初稿，與第七篇及《釋始》清、從二母字初稿同在一紙上，塗乙草率，幾不可讀。亟録出之，雖非定稿，而牙喉八母字得此乃備，致可喜也。"

② 王國維：《高郵王懷祖先生訓詁音韻書稿叙録》，《國學季刊》，1923年第1卷第3期；收入《觀堂集林》卷八，中華書局，2002年。

此説爲沈兼士、李開、陸宗達、劉盼遂、于廣元、李葆嘉、趙曉慶等采納，影響甚廣。①實際上，泥娘歸併後來由章太炎提出（《國故論衡》上卷"古音娘日二紐歸泥説"），錢大昕"古無舌上説"只針對塞音端—知、透—徹和定—澄（《十駕齋養新録》卷五"舌音類隔之説不可信"條）。此外，"邪齒、正齒古音無别"是字母家的觀點，即劉鑑《切韻指南》所謂"精照互用門"，與精、照組在韻圖中的等第配合以及在近代方言中的淆混有關。②清代古音學家從"轉語"材料出發，不再墨守此説：戴震以齒頭爲一類，正齒與舌上併爲一類（表 6）；錢大昕以齒頭爲一類，舌上、舌頭爲一類，且傾向於認爲正齒與舌音古讀接近。③後來，黄侃在陳澧《切韻考》基礎上提出"照二歸精""照三歸端"之説，正齒音之分配得以確立。④可見，王國維的上述第二項證據存在疑點。

相較之下，王國維《高郵王懷祖先生訓詁音韻書稿叙録》對《疊韻轉語》的介紹較簡略：

> 《疊韻轉語》，散片，有書題。雜記聯綿詞，以字母二字爲之綱：如"具區"二字入"見溪部"，"扶疏""夫須""夫蘇""扶胥"諸字入"並心部"。所記寥寥，亦無解説。

王氏未對此書體例及聲紐標目字做進一步説明。《疊韻轉語》初爲"散片"，入藏北大後羅常培、陸宗達清點此書，發現已被裝訂爲兩册，第一册署《疊韻轉語》。上述改動可能是爲便於整理。⑤張錦少對北大藏本《疊韻轉語》介紹如下：

---

① 參看沈兼士：《右文説在訓詁學上之沿革及其推闡》，《沈兼士學術論文集》，中華書局，1986 年，第 96 頁；李開：《漢語語言學研究史》，江蘇教育出版社，1993 年，第 280 頁；陸宗達：《王石臞先生韻譜合韻譜遺稿後記》，《陸宗達語言學論文集》，北京師範大學出版社，1996 年，第 10 頁；劉盼遂：《高郵王氏父子著述考》，《劉盼遂文集》，北京師範大學出版社，2002 年，第 373—374 頁；于廣元：《經傳釋詞的排序法及其價值》，《揚州大學學報》，2010 年第 3 期；李葆嘉：《清代古聲紐學》，上海古籍出版社，2012 年，第 138 頁；趙曉慶：《王念孫"古聲廿三紐"考證》，《語言研究》，2019 年第 1 期。于廣元和李葆嘉還結合《經傳釋詞》按聲紐分卷之體例，認爲王引之也採用"二十三母"。按，《經傳釋詞》實質是依傍"三十六字母"：第一、二卷爲影喻，第三卷爲影喻匣，第四卷爲影喻曉匣，第五卷爲見溪群疑，第六卷爲端透定泥澄日來，第七卷爲日來，第八卷爲精清從心，第九卷爲照穿牀審禪，第十卷爲幫滂並明非奉微。其中，正齒按精、照組分卷，正與前述王國維第二項依據（"古音邪齒、正齒無差别"）相齟齬。

② 章太炎有類似看法："精清從心邪本是照穿牀審禪之副音，當時不解分等，析爲正齒、齒頭二音……古今音既非大異，故亦如律分配。"按，章氏此説鮮有信從者。參看章太炎《新方言·音表》，《章太炎全集》，上海人民出版社，2014 年，第七册，第 145 頁。

③ 錢大昕《十駕齋養新録》卷五"舌音類隔之説不可信"條："古人多舌音，後代多變爲齒音，不獨知徹澄三母爲然也。"

④ 黄侃：《黄侃國學文集》，中華書局，2006 年，第 101 頁。

⑤ 劉盼遂爲王國維門人，曾接觸過此批材料。《高郵王氏父子年譜》"乾隆四十一年"條按語（第 351 頁）："《疊韻轉語》散片釘成一本。"所謂"散片釘成一本"，蓋就第一册而言。

> 《疊韻轉語》兩册雜記古書中的聯綿詞，以聯綿詞聲母爲綱，分爲見、溪、群、疑、端、透、定、泥、精、清、從、心、邪、來、日、幫、滂、並、明、曉、匣、影、喻共二十三類……各類詞例不多，且無解説，當爲王氏平日的雜記草稿。①

據此，該書先按“三十六字母”標注聯綿詞的聲紐，構成“聲紐組”，再將衆多“聲紐組”歸納爲二十三個“聲紐類”。如：“具區”標作“見溪”，“句吴”標作“見疑”，“乖離”標作“來見”，“見溪”“見疑”“來見”三組皆歸見紐類。見、溪等二十三“聲紐類”與“二十三母”格局相符（表 1）。由於《疊韻轉語》未區分聯綿詞的音讀類型，一律按聲紐編次，導致各“聲紐類”所轄“聲紐組”異常複雜。如“見紐類”包括見溪、見群、見疑、端見、定見、精見、見心、心見、見來、來見、幫見、滂見、並見、見明 14 組。

儘管王國維對《疊韻轉語》之介紹尚不完備，但不代表他對此書缺乏了解。王國維著《聯綿字譜》一書，搜集古籍中的聯綿詞（包括疊音詞），與《疊韻轉語》關係密切。②全書分“雙聲”“疊韻”及“非雙聲疊韻”三篇，前兩篇分别按王念孫“二十三母”及二十一部編次，體例更爲完善。可見，王國維對《釋大》篇次之推測還可能受《疊韻轉語》二十三“聲紐類”啓發。

總之，結合《疊韻轉語》二十三“聲紐類”來看，王國維對《釋大》篇次推測當屬可信。但我們認爲，他對“二十三母”性質的判斷值得進一步商榷。

三、《釋大》《疊韻轉語》所見聲紐觀念

（一）《釋大》音韻框架及同源詞聲紐關係

《釋大》以聲紐爲綱，彙集一批有“大”義的詞，帶有同源研究特徵。對於該書體例，以往學者多指出它按聲紐分篇之特色，而在各篇上下之分、字頭排列次序、同源詞審音等方面闡發未盡，導致對其音韻性質判斷産生偏差。

從保存較完整的七篇“正書清稿”來看，《釋大》體例爲：(1)按聲紐分篇，分别對應見、溪、

① 張錦少：《北京大學所藏高郵王氏手稿的流布與現狀考實》，《中國文化研究所學報》，2021 年第 73 期。

② 王國維 1922 年任北京大學研究所導師，向學生提出“研究四題”，即包括“古文學中聯綿字之研究”：“分類之法，擬分雙聲字爲一類，疊韻字爲一類；其非雙聲、疊韻者，又爲一類。雙聲字以字母爲次（古音字母不過二十餘，不妨借用三十六字母），疊韻字以《廣韻》爲次……聯綿字取材之處，須遍四部，先以隋以前爲限，好在五君共同研究，可以分擔經、史、子、集四部。就一部分中每閲一書，即將其中聯綿字記出（並記卷數，以便再檢）。”（袁英光：《王國維年譜長編》，天津人民出版社，1996 年，第 362—366 頁。）以上研究設想與《聯綿字譜》中的實際情況相吻合。

群、疑、影、曉、喻七紐；(2)各篇按開、合口分上下兩部分；(3)上/下篇内部按韻母等第羅列字頭，不同等之間用“○”隔開。以第一篇上（見紐開口）爲例：①

一等：岡（唐②）緪（登）皋（豪）灝（皓）舸（哿）剴（咍）○

二等：絳（絳）簡（産）監（銜）覺（覺）椵（馬）佳（佳）夰（怪）○

三等：京（庚）景（梗）矜（蒸）喬（宵）㕡（旨）○

四等：堅（先）䁱（嘯）○

依上述體例，《釋大》前七篇所列字頭可歸納如表 2：

表 2　《釋大》各篇字頭

		一等	二等	三等	四等
第一篇	見開	岡緪皋灝舸剴	絳簡監覺椵佳夰	京景矜喬㕡	堅䁱
	見合	公廣昆衮睔奃告章傀會	鰥	栱矍	狊
第二篇	溪開	康顲凱	嵒鍇	衾丘	頚契
	溪合	廫寬酷廓邁魁魌顝恢	誇	穹困券頯虚③巋	奎
第三篇	群開	—	—	�健幹噱奇	衹祁④
	群合	—	—	莙渠巨夔	—
第四篇	疑開	眼⑤岸敖咢剴艾	喦牙疋頟	垠言圪牛業	—
	疑合	吳魌	—	顒侌元願俣巍	—
第五篇	影開	瀾阿	齀豿窊	央殷匽㬡奄俺懿	—
	影合	𩢍汪	奃⑥	䫜鬱	—
第六篇	喻開	—	—	昜寅衍至艶褎亦夷𦣞	—
	喻合	—	—	王雲瑗于宇芋偉胃戉	容豫蠵蜼
第七篇	曉開	厂欱欱	詨嘐閜奃	瀻囂獻咥赩	奊
	曉合	巟奂幠霍𧆞	—	兄揮烜籲詡矍撝焜徽	鑴

表 2 各字頭之下依次羅列同源詞及相關疏解，構成同源系列，各系列之間也以“○”隔開。

① 按，王氏對某些生僻字加注了反切或直音，本文從略。

② 括號内爲《廣韻》韻目，後同。

③ “虚”《廣韻》朽居、去魚二切，皆屬魚韻開口三等，《韻鏡》《七音略》列開口圖，江永《四聲切韻表》轉入合口，王氏之處理可能參酌此書。

④ “衹”《廣韻》巨支切，《韻鏡》《七音略》列（重紐）四等；“祁”渠脂切，韻圖列三等。江永《四聲切韻表》將二者分别列入支開三和脂開三，云：“（支、脂）三等開口呼牙音有四等字。”王氏之處理蓋據此。

⑤ “眼”《廣韻》五限切（開口二等），王氏改作“魚懇切”（開口一等），與“岸”“敖”等字頭相配。

⑥ “奃”《廣韻》古胡切，屬見紐，王氏改用《説文》大徐音“烏瓜切”，歸影紐。

以“岡”字頭爲例：①

> 岡，山脊也；亢，人頸也。二者皆有大義，故山脊謂之岡，亦謂之領，人頸謂之領，亦謂之亢。强謂之剛，大繩謂之綱，特牛謂之犅，大貝謂之魧，大瓮謂之瓬，其義一也。岡、頸、勁聲之轉，故强謂之剛，亦謂之勁，領謂之頸，亦謂之亢。

同源系列中的音讀關係分音同和音異兩類：“音同”指同屬《廣韻》某小韻，如“亢”“剛”“綱”“犅”“魧”同屬“岡”小韻（古郎切）；“音異”指聲或韻不同，以“聲之轉”“音近”標注，附於末尾，如“頸（居郢切）”“勁（居正切）”與“岡”同聲不同韻。

我們在《釋大》前七篇檢得同源系列125條，其中音同68條，音異57條。音異條目中，王氏標注“聲之轉”50條，“音近”7條。由於二者聲紐接觸存在差異，故分别討論。“聲之轉”條目見表3：

表3 《釋大》“聲之轉”條目

第一上 岡（見唐）—頸（見静）—勁（見勁） 岡（見唐）—縆（見登）—亘（見登） 岡（見唐）—監（見銜） 京（見庚）—高（見豪） 景（見梗）—杲（見晧） 景（見梗）—光（見唐） 京（見庚）—廣（見蕩） 第一下 公（見東）—官（見桓）—貫（見换） 第二上 空（溪東）—孔（溪董）—康（溪唐） 契（溪霽）—開（溪咍） 契（溪霽）—券（溪願） 曠（溪宕）—闊（溪末）—空（溪東）—孔（溪董）—寬（溪桓）—款（溪緩） 第二下 空（溪東）—廓（溪末）—開（溪咍） 空（溪東）—科（溪戈）—款（溪緩）—坎（溪感） 顤（溪宵）—顝（溪没） 祛（溪魚）—開（溪咍）—啓（溪薺） 第三上 虔（群仙）—勍（群庚） 第四上 厓（疑佳）—岸（疑翰）—圻（疑痕）—堮（疑鐸） 牙（疑麻）—業（疑業） 鋙（疑魚）—業（疑業）	第四下 嗷（疑豪）—咢（疑鐸）—吳（疑模）—言（疑元）—沂（疑微） 沂（疑微）—咢（疑鐸） 圻（疑痕）—咢（疑鐸）—言（疑元） 言（疑元）—吳（疑模） 元（疑元）—敖（疑豪） 元（疑元）—咢（疑鹹） 願（疑願）—顒（疑鐘） 第五上 柍（影養）—殷（影欣）—檼（影焮）—阿（影歌） 第五下 滃（影董）—奄（影琰）—淹（影鹽）—央（影陽） 汪（影唐）—滃（影董）—泱（影陽） 顡（影諄）—顱（影肴） 第六上 揚（以陽）—越（雲月） 寅（以真）—引（以軫）—袁（雲元）—遠（以阮） 淫（以侵）—泆（以質） 尤（雲尤）—又（雲宥） 引（以軫）—融（以東）—繹（以昔） 怡（以之）—陽（以陽）—養（以養）	第六下 雲（雲文）—爰（雲元）—遠（以阮） 雲（雲文）—衍（以獮）—淫（以侵）—遠（以阮） 于（雲虞）—爰（雲元）—遠（以阮） 羽（雲麌）—翼（以職） 韋（雲微）—胃（雲未）—雲（雲文）—運（雲問） 越（雲月）—爰（雲元）—遠（以阮）—俞（以虞） 第七上 咥（曉至）—歌（曉哿） 第七下 幠（曉模）—荒（曉唐） 霍（曉鐸）—涣（曉换） 揮（曉微）—霍（曉鐸） 籲（曉虞）—呼（曉模）—唤（曉换）—呵（曉歌）—詨（曉效）—哮（曉肴）—囂（曉宵）—奄（曉怪） 矍（曉藥）—盱（曉虞）—暖（曉元）—眓（曉末） 喧（曉元）—咺（曉元）—籲（曉元）—矍（曉藥）

① 書證材料從略。

由表 3 可見,50 組“聲之轉”全爲雙聲關係,差别在於韻母不同。當中既包括主元音、韻尾和聲調差異,也包括開合、等第差異,表明《釋大》按開合分上下篇、按四等列字的格局與“因聲求義”的現實需求之間存在隔閡。

值得注意的是喻母的情形。江永曾指出喻母三、四等反切用字不同:“取上一字有寬有嚴,甚嚴者三、四等之重唇不可混也,照、穿、牀、審、禪之二等、三等不相假也,喻母之三等、四等亦必有别也。”(《音學辨微》“辨翻切”條)《釋大》第六(喻母)篇依例分上、下兩部分(表 2),上篇只含喻四開口(易寅衍至艷褎亦夷歋),下篇包括喻三合口(王雲瑗于宇芋偉胃戉)及喻四合口(容豫蠵蜼)。且在 12 組同源系列中,喻三、喻四的交涉有 6 組:越—揚、袁遠—寅引、雲遠—衍淫、爰遠—于、羽—翼、越爰遠—俞(表 3)。足見王念孫未采納江氏按等第區分喻母的設想。

《釋大》標注“音近”7 條,分“雙聲”(4 組)和“叠韻”(3 組)兩類:

表 4　《釋大》“音近”材料

雙　聲	叠　韻
皋(見豪)—詔(見嘯)—篙(見宵),卷一上	夲(透豪)—皋(見豪),卷一上
鰥(見山)—昆(見魂)—鯀(見混),卷一下	康(溪唐)—荒(曉唐),卷二上
强(群陽)—勍(群庚)—競(群映),卷三上	中(知送)—棟(端送),卷三下
偉(雲尾)—胃(雲未),卷六下	

透—見、溪—曉、知—端 3 組爲《釋大》前七卷僅有的異紐接觸(佔 2.4%):知—端既合於錢大昕“古無舌上”,又合於戴震“位同變轉”,溪—曉僅合於“同位正轉”(詳下文),透—見則無法通過當時的學説解釋。上述 3 例具有一定偶然性,不足以反映王念孫的古聲紐觀念。

綜上,《釋大》按聲紐分篇,各篇先按開合口分上下,再依四第列字頭,韻尾及聲調不做區分;各字頭下列同源詞,音讀關係分音同和音異兩類:前者同屬《廣韻》某小韻,後者聲或韻不同,其中聲異的材料極少。具體情況可歸納如圖 1:

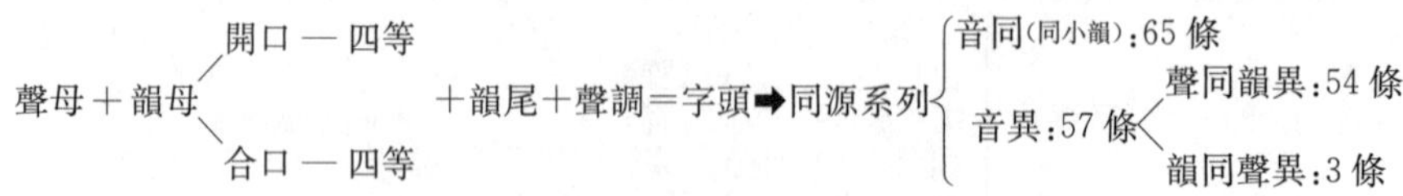

圖 1　《釋大》之體例及同源系列構成

可見,該書體例及同源詞審音都帶有“字母等韻之學”的特徵。陸宗達云:“《釋大》於聲紐開合等呼尤爲詳察,觀其繩墨所准,蓋取則於江氏《四聲切韻表》。”[①]其説甚是。

---

① 陸宗達:《王石臞先生韻譜合韻譜遺稿後記》,《陸宗達語言學論文集》,第 10 頁。

(二)《叠韻轉語》同源分析

《叠韻轉語》按"三十六字母"標注聯綿詞的聲紐,將衆多"聲紐組"歸納爲二十三"聲紐類"。趙曉慶《王念孫"古聲廿三紐"考證》從"組與類不合""條目與聲紐組之標目不合"兩方面分析唇、舌、齒音材料,以論證"二十三母"反映古音。前者如端紐類雜"知來"組,精紐類雜"穿照""定照""澄照"組;後者如"鸊鷉"標作"定疑"本當爲"澄疑","藩籬"標作"幫來"本當爲"非來"。但從後一類材料來看,當中有不少反例顯示王氏無歸併"字母"之意圖。①

《叠韻轉語》唇、舌、齒音所用標目字分三類:(1)輕唇標作重唇、舌上標作舌頭、正齒標作齒頭;(2)輕唇、舌上、正齒自作標目字,如"株離(侏離)"標作"知來","橦褣(童容、幢容)"標作"穿喻";②(3)重唇標作輕唇、舌頭標作舌上、齒頭標作正齒。其中,第(3)類情況包括:

表 5 《叠韻轉語》輕唇、舌上、正齒標目字

	聯綿詞	單字	王氏標目	"三十六字母"
輕唇	玻璃(玻瓈、頗黎)	玻	敷	滂
	鋪于	鋪	敷	滂
舌上	等夷	等	知	端
	偷懦	偷	徹	透
	瑀琈	瑀	徹	透
	廜廝(屠蘇)	廜	澄	定
	提撕	提	澄	定
	條支	條	澄	定
	蘇屠	屠	澄	定
正齒	狋氏	氏	照	精
	猗嗟	嗟	照	精
	浽溦	浽	審	心
	摸㩳	㩳	審	心
	須臾	須	審	心

來源:趙曉慶《王念孫"古聲廿三紐"考證》

① 此外,尚有部分材料存疑。例如,"洿池"《叠韻轉語》記作"影定",趙曉慶認爲"池"屬澄紐,反映王氏並澄入定。按,"池"《廣韻》直離、徒河二切,後者注云:"呼池,水名,在並州界出。"蓋王氏以"虖池"爲"洿池"之叠韻轉語,故標作"影定"。

② 部分聯綿詞後有時列出變體,但音讀並不總是一致,王氏往往只標注常見形式。如此處"侏(照三)—株(知)""橦(穿三)—童(定)—幢(澄)"涉及正齒與舌音接觸。但這只反映聯綿詞本身的音讀特性,不能表明王氏已具備類似"照三歸端"之觀念。

若依王國維之意見，即“二十三母”吸收了錢大昕的學説，則唇、舌、齒音標目字不當古今混雜。此外，“即裴(榔裴)”之“裴”《廣韻》符非切，屬奉母，王氏標作幫母，爲全濁—全清交涉，也與錢氏理論不合。

綜上，儘管《疊韻轉語》將聯綿詞“聲紐組”歸併爲二十三個“聲紐類”，但一方面王念孫仍以“三十六字母”標注音韻地位，另一方面輕—重唇、舌頭—舌上、齒頭—正齒標目字古今雜用。故我們認爲，此書音韻材料適足以體現“二十三母”與“三十六字母”之間的關係，尚不能反映當中包含“古無輕唇及舌上”等觀念。值得注意的是，《疊韻轉語》同源材料中的韻部關係井然：支、脂、之不混，已具備二十一部之規模，且古合韻之迹可尋。[①]上述情形可能是由聯綿詞本身之性質所致，即構成聯綿詞的兩個音節往往有雙聲或疊韻關係。但從雜入的音譯詞來看：“姑蘇”“蒲姑”“硨磲”“(狼)居胥”“(醫)無閭”爲魚部疊韻，“龜兹”爲之部疊韻，“玻璃”爲歌部疊韻，“條支”爲幽之旁轉，“句吴”爲侯魚旁轉，“句麗”爲侯支旁轉(按，此條可疑)。音譯詞固然也以單字對應音節，但由於它們並非漢語本土詞，[②]單字之間無必然語音聯繫，不屬於聯綿詞範疇。王氏之所以將“姑蘇”等列入，蓋由於它們與古韻二十一部之畛域相符。據此，我們認爲王念孫在《疊韻轉語》中對其古韻成果已有所運用。

四、《方言疏證補》《廣雅疏證》中的“聲轉説”因素

據《高郵王氏父子年譜》，王念孫十三歲時(1756 年)，其父王安國延請戴震“館於家，命先生從受經……先生相從一年，而稽古之學遂基於此矣”。戴震於 1773 年入四庫館，從《永樂大典》中録出宋本《方言》，與明本及古籍中的相關引文對勘，加按語而成《方言疏證》。1776 年前後，王念孫“居湖濱精舍校正《方言》，後攜至京師與戴本對勘”。[③]王氏還計劃撰成《方言疏證

① 之部疊韻 2 條：負兹、罘罳；脂部疊韻 1 條：質劑；支部疊韻 1 條：提撕；支歌旁轉 3 條：條支、支離、離支；魚侯旁轉 2 條：泭漚、騶虞；耕元旁轉 1 條：狋氏；侵談旁轉 1 條：泛淫；脂質對轉 2 條：即裴、匹妃；歌元對轉 2 條：卷施、藩籬；東侯對轉 1 條：籠簸。(參看趙曉慶：《王念孫“古聲廿三紐”考證》)按，王念孫遺稿中有《古韻譜》(六種十八册)、《合韻譜》(九種二十五册)兩書，前者分古韻爲二十一部，後者考察韻部通合，並吸收了孔廣森冬部獨立之説。以上韻部接觸類型與《合韻譜》相符。

② 狼居胥、龜兹、條支等爲漢代音譯西域地名，見於《漢書》之《西域傳》《匈奴傳》等；姑蘇、句吴、蒲姑等爲古吴越地名，可能爲侗台語詞彙。參看鄭張尚芳：《古越語地名人名解義》，《鄭張尚芳語言學論文集》，中華書局，2012 年，第 664—667 頁。

③ 按，中國科學院圖書館藏王念孫手校微波榭本《方言疏證》(存七卷)，蓋即此本。參看華學誠：《王念孫手校明本〈方言〉的初步研究》，《文史》，2006 年第 1 輯。

補》，但在 1787 年前後，他中斷該書寫作，轉而疏證《廣雅》。①《方言疏證補》僅成一卷，經王國維整理刻入《高郵王氏遺書》。此書既爲補苴《方言疏證》，王念孫復爲戴震之門人，自然與戴氏學術思想存在聯繫。

戴震是聲轉理論的開創者，其《轉語二十章序》分聲紐發音部位爲五“大限”，分發音方法爲四“小限”，二者交互爲“二十章”：

表 6　戴震“轉語二十章”②

章	一	二	三	四	五	六	七	八	九	十	十一	十二	十三	十四	十五	十六	十七	十八	十九	二十
小限	1	2	3	4	1	2	3	4	1	2	3	4	1	2	3	4	1	2	3	4
大限	一				二				三				四				五			
清	見	溪	影	曉	端	透	—	—	知照	徹穿	—	審	精	清	—	心	幫	滂	—	敷非
濁	—	群	微喻	匣	—	定	泥	來	—	澄牀	娘日	禪	—	從	疑	邪	—	並	明	奉

據《轉語序》，同“大限”的聲紐得以發音部位爲樞紐“正轉”，同“小限”的聲紐得以發音方法爲樞紐“變轉”。由此，戴氏基於“字母”學說創造出一種考察聲紐親疏關係的範式。

戴震《方言疏證》標注“轉語”32 條，對聲轉理論做了初步實踐。王念孫《方言疏證補》對聲轉說有所措意，例如：

> 《方言》卷一“慎、濟、曙、愵、溼、桓，憂也”，王念孫《方言疏證補》：“懠與濟聲近義同。”

按，“濟”字戴震《疏證》無說，盧文弨《重校方言》：“濟者，憂其不濟也，古人語每有相反者。”王氏駁盧說，認爲“濟”讀作“懠”，甚是。如《大雅・板》五章“天之方懠”，《毛傳》：“懠，怒也。”“濟—懠”假借關係得以揭示，蓋由於王氏採用了聲轉說：懠(從霽)與濟(精霽)聲紐同在第四大限，可正轉。

王念孫《廣雅疏證》常以“一聲之轉”“聲之轉”等標注轉語，還偶見“同位而相轉”“異位而相轉者”等術語：

> 凡字從包聲者，多轉入職、德、緝、合諸韻。其同位而相轉者，若包犧之爲伏犧，抱雞之

① 王念孫與劉台拱書：“去年夏秋間，欲作《方言疏證補》，已而中止……去年八月始作《廣雅疏證》……念孫將以十年之功爲之。”(《高郵王氏遺書・王石臞先生遺文》卷四)又，王引之《石臞府君行狀》：“嘗作《方言疏證補》一卷，精核過人，晚年猶以精力衰頹，不能卒業爲憾。”可見，王氏晚年有撰成《方言疏證補》之計劃，但終未如願。

② 引自馬坤：《論聲轉說之產生及推闡》表 2，《古漢語研究》，2017 年第 3 期。

爲伏雞是也。亦有異位而相轉者,《續漢書·五行志注》引《春秋考異郵》云:"陰氣之專精,凝合生雹,雹之爲言合也。"是雹、合聲相近。(《廣雅疏證》卷六"軫〔軳〕軳,轉戾也"條)

此條分析轉語間的音讀關係。其中,聲方面的審音標準與聲轉説相關:包(幫肴)—伏(奉屋)—抱(並晧)—伏(奉屋)"同位而相轉",雹(並覺)—合(匣合)"異位而相轉"。但依戴震理論:前者同大限,固然可正轉;後者大小限皆異,缺乏轉換條件。蓋王氏在吸收聲轉説的同時還做了某些改動,可聯繫轉語材料做一步考察。

(一)《方言疏證補》同源材料

據我們統計,《方言疏證補》標注同源材料如下:

表7 《方言疏證補》同源材料

同源詞及中古音讀	古 韻①	出 處
烈(來薛)—枿(疑曷)	祭部	"烈、枿,餘也"條
撫(敷麌)—憮(微麌)	魚部	"憮、憐、牟,愛也"條
磷(來震)—夌(來蒸)	真—蒸部	"悛、憮、矜、悼、憐,哀也"條
哀(影咍)—愛(影代)	脂部	同上
懠(從霽)—濟(精霽)	脂部	"慎、濟、曆、惄、溼、桓,憂也"條
慘(清感)—曆(從鹽)	侵部	同上
鬱悠(喻四尤)—鬱陶(喻四宵)	幽部	"鬱、悠、懷、惄……思也"條
脂(匣陷)—歁(溪感)	談—侵部	"虔、劉、慘、掛,殺也"條

以上8例,王氏標注"聲同"2條:悠—陶爲喻四雙聲、幽部叠韻,哀—愛爲影紐雙聲、脂部叠韻;"聲近"6條,包括:(1)雙聲+韻轉:磷—夌爲來母雙聲、真蒸部交涉;(2)聲轉+叠韻:慘—曆爲第四大限正轉、侵部叠韻,懠—濟爲第四大限正轉、脂部叠韻;(3)聲韻俱轉:脂—歁爲第一大限正轉、侵—談部交涉;(4)聲紐關係存疑+叠韻:烈—枿爲來疑紐交涉、祭部叠韻,撫—憮爲敷微紐交涉、魚部叠韻,聲紐大、小限不同,無法用戴氏之理論解釋。

綜上,《方言疏證補》標注8條同源材料,其中雙聲3例,非雙聲5例,反映出:(1)王氏對音讀關係的判斷聲、韻並重;(2)韻方面據二十一部審音;(3)聲方面的審音依據與戴震聲轉説不盡相符。

(二)《廣雅疏證》轉語材料分析

《廣雅疏證》在整理、疏通《廣雅》的基礎上大量標注"轉語"。就聲紐關係而言,據我們統

① 古韻地位據王氏《古韻譜》,若某字不入韻,則據諧聲偏旁判斷其歸屬。

計,"同紐相轉(雙聲)"有 156 項(約佔 73.9%),"異紐相轉"有 55 項(約佔 26.1%)。我們主要關注輕—重唇、舌—齒、牙—喉正轉及位同變轉的情況。

1. 輕—重唇

《廣雅疏證》轉語材料中,輕唇字 16 見,"異紐相轉"有 11 例;重唇字 26 見,"異紐相轉"有 15 例。輕、重唇交涉情況見表 8:

表 8 輕—重唇接觸

同源詞及中古音讀	出　處
娉(滂耕)—妨(敷陽)	卷三下"塗娉……害也"條
榜(並庚)—輔(奉麌)	卷四下"拔、拂……翼輔也"條
曼(明桓)—莫(明鐸)—無(微虞)	卷五上"曼、莫,無也"條
莫(明鐸)絡—孟(明陽)浪—無(微魚)慮	卷六上"揚榷……都凡也"條
浮(奉幽)游—仿(滂陽)徉	卷六上"翺翔,浮游也"條
爸(並果)—父(非麌)	卷六下"翁、公、叟……父也"條
蔽(幫月)—韠(幫月)—韍(非月)	卷七下"大巾……謂之綼"條
焷(並支)—燔(奉元)	卷八上"焷謂之霙"條
沸(非未)—濆(滂魂)	卷九下"濆泉,直泉也"條

在 42 條唇音材料中,輕、重唇交替有 9 例(約佔 21.4%),包括幫—非、滂—敷、滂—奉、並—奉、並—非、明—微 6 種類型。微紐還有 1 例同喉音匣紐交涉:

表 9 微—匣紐接觸

同源詞及中古音讀	出　處
鈎吻(微吻)—固活(匣末)	卷十上"茛,鈎吻也"條

按錢大昕的觀點,微、匣古音相差較大,而依聲轉説,微、匣同在第一大限,可正轉。故我們認爲王念孫不具備"古無輕唇"的觀念,他對輕、重唇關係的看法與戴震接近,即認爲二者部位接近,可以正轉。

2. 舌—齒

《廣雅疏證》轉語材料中,舌頭字 26 見,"異紐相轉"有 10 例;舌上字 14 見,"異紐相轉"有 5 例。舌頭、舌上的交涉情況見表 10:

表 10 舌頭—舌上接觸

同源詞及中古音讀	出　處
竺(端沃)—竹(知屋)	卷十上"竺,竹也"條
蛛(知魚)—蝃(端霽)	卷十下"蛛蝥……鼅鼄也"條

在全部 38 條舌音材料中，舌頭、舌上的接觸僅有 2 例(約佔 5.3%)。可見，在王念孫的觀念中二者有較强獨立性。

齒頭音字 22 見，“異紐相轉”有 12 例；正齒音字 18 見，“異紐相轉”有 12 例。齒頭與正齒的交涉情況見表 11：

表 11 齒頭—正齒接觸

同源詞及中古音讀	出 處
浚(心稕)—湑(心魚)—縮(生屋)	卷二下“清、 ……湑也”條
麪(生養)—差(初麻)—錯(清鐸)	卷三上“磋、礪……磨也”條
榕(精屑)—筰(莊禡)	卷七上“榕謂之筰”條
縮(生屋)—籔(生麌)—匴(心緩)	卷七下“箭、籮……篡也”條
滫(心有)—瀡(生效)—灈(澄效)	卷八上“瀡、灈，滫也”條
綏(心脂)—舒(書魚)	卷四上“攄、展……舒也”條
蜙(心鍾)蝑(心魚)—蠢(昌准)蝫(書語)	卷八上“蜙蝑，蠢蝫也”條
橡(邪養)—〔柔〕杼(船語)	卷十上“橡，〔柔〕杼也”條

在 33 條齒音材料中，齒頭、正齒接觸有 8 例(約佔 21.2%)：前 5 例爲照二組與齒頭接觸，後 3 例爲照三組與齒頭接觸。上述情況表明王念孫傾向於認爲正齒與齒頭關係密切。

此外，齒音還有 3 例與舌音的交涉：

表 12 舌—齒接觸

同源詞及中古音讀	出 處
沖(昌鍾)—動(定董)	卷一下“鎭傪……動也”條
輸(書侯)—脱(透月)	卷四下“揄墮、剥免，脱也”條
曙(禪禦)—藷(章魚)	卷十上“王延、藷薁，署預也”條

其中，舌音包括舌頭、舌上，齒音僅限照三組，與照二、精組無涉。可見，王氏對舌—齒關係的看法與戴震不同，即認爲二者界限甚嚴，不能隨意互轉。

3. 牙—喉

《廣雅疏證》轉語材料中，牙音字 48 見，“異紐相轉”有 9 例；喉音字 40 見，“異紐相轉”有 7 例。牙、喉的交涉情況見表 13：

表 13 牙—喉接觸

同源詞及中古音讀	出 處
蔿(雲紙)—訛(疑戈)	卷三上“訇、〔質〕貨……變化也”條
篋(溪怗)—械(匣鹹)	卷七下“匧謂之緘”條

戴震聲轉説的一大特色在於揭示出牙喉音古讀接近，可以互轉（大限第一）。但從 86 條牙喉音材料來看，二者交涉僅有 2 例（約佔 2.3%），表明王念孫未采納上述觀點。

4. 位同變轉

《廣雅疏證》55 條“異紐相轉”材料中，僅有 4 例與正轉不合，其中 1 例滿足戴震對變轉的規定：

表 14 “位同變轉”材料

同源詞及中古音讀	出 處
與（以語）—如（日魚）—若（日藥）	第五卷上“易、與，如也”條

以紐在第一大限第三位，日紐在第三大限第三位，屬位同變轉。餘下 3 例爲：

表 15 無法解釋的材料

同源詞及中古音讀	出 處
輸（書侯）—脱（透月）	卷四下“揄墮、剥免，脱也”條
蔑（明屑）—衁（曉唐）	卷八上“衁、蔑、〔䘏〕，血也”條
盧茹（日魚）—離樓（來侯）	卷十上“屈居，盧茹也”條

書紐在第三大限第四位，透、定紐在第二大限第二位；明紐在第五大限第三位，曉紐在第一大限第四位；來紐在第二大限第四位，日紐在第三大限第三位。依戴説，都缺乏聲轉條件。

綜上，《廣雅疏證》聲轉關係以雙聲爲主，正轉次之，單純的變轉極少（1 例），另有 3 例無法解釋。上述情形同樣與戴震原説有所背離。我們跳出“轉語二十章”外，參照等韻學家對發音部位的劃分，對“異紐相轉”做了進一步考察：①

表 16 《廣雅疏證》“異紐相轉”中的部位接觸②

	輕唇	重唇	舌頭	舌上	齒頭	正齒	牙	喉	總計③
非雙聲	11	15	10	5	12	12	9	7	81
同部位交涉	2	5	5	2	3	1	7	2	27

依“十音”統計，同部位接觸（輕唇—輕唇、重唇—重唇等）共有 27 例，佔 49.1%；若按唇、舌、齒、牙、喉、半舌、半齒“七音”統計，將輕—重唇（9 例）、舌頭—舌上（2 例）、齒頭—正齒（7 例）計入，則同部位接觸達 45 條，佔 81.8%。故我們認爲，王念孫對戴震的聲轉理論做了以下改動：

① 來、日二紐接觸行爲特殊，故排除在外。

② 引自馬坤、王苗：《論清人“一聲之轉”的聲紐審音標准》表 10，《中國語言學報》（*Journal of Chinese Linguistics*），2021 年第 2 期。

③ 當轉語中出現兩類或以上發音部位時，對應聲紐各記一次，故“總計”不等於轉語數量。

(1)放棄以發音方法爲條件的變轉;(2)未接受"五大限"之分,仍以"七音"或"十音"爲聲轉條件;(3)認爲舌頭—舌上、舌—齒、牙—喉界限較嚴,不得隨意互轉。綜上王氏所謂"同位相轉"指以"七音"爲基礎的同部位聲紐轉换,"異位相轉"指異部之間的接觸,與戴氏原説有别。

五、餘論:"因聲求義"之發展

《釋大》和《疊韻轉語》爲王念孫未刊稿,撰著時間不詳。前者按等呼列字,以《廣韻》同音字組及"三十六字母"作爲判斷同源的音讀標準;後者也依"三十六字母"標注聯綿詞聲紐地位,且唇、舌、齒音標目字古今雜用。故儘管兩書都按"二十三母"分篇,但從音韻框架和同源詞審音來看,它們在很大程度上仍受"字母等韻學"影響。

《方言疏證補》意在補苴戴震《方言疏證》,然僅成一卷,其後王氏便轉向《廣雅疏證》的寫作。儘管兩書不按聲紐篇次,王氏之古聲紐觀念實寓於其中。尤爲突出的是,非雙聲轉語比重顯著增加:《方言疏證補》有 5 例(佔 62.5%),《廣雅疏證》有 55 例(佔 26.1%)。從聲紐接觸來看,轉語的審音依據與戴震聲轉説存在聯繫,但又不盡相同。主要差異在於:(1)王氏放棄以聲紐發音方法爲樞紐的變轉;(2)牙—喉正轉罕見(《廣雅疏證》3 例),表明王氏對此持謹慎態度。依表 16,我們進一步按"七音"歸併"三十六字母":

表 17 按"七音"歸併"三十六字母"

脣				舌				齒					牙				喉				半舌	半齒
幫	滂	並	明	端	透	定	泥	精	清	從	心	邪	見	溪	群	疑	影	曉	匣	喻	來	日
非	敷	奉	微	知	徹	澄	娘	照	穿	牀	審	禪										

將輕—重唇、舌頭—舌上、齒頭—正齒分别歸併,正得二十三"聲紐類"(表 1)。我們推測,王念孫取消了變轉,且以"七音"而非"五大限"爲樞紐製造正轉。"二十三母"與戴震"轉語二十章"性質接近,是反映聲轉關係的紐目表,需結合聲轉條例解讀,不宜簡單視作對"三十六字母"的歸併。值得一提的是,《廣雅疏證》部分輕—重唇轉語屬發音方法異類接觸,與錢大昕考證結論不符:滂—奉(浮:仿)、並—非(巴:父)、微—匣(吻:活)。王念孫《書錢氏〈答問〉説"地"字音後》認爲"錢氏於支脂之三部之界未能了了",[①]蓋王氏不特對其"古韻新説"持批評態度,對"古無輕唇

① 按,錢氏於古韻主要采用段玉裁十七部,並無專門研究。但其《答問》謂"經典讀'地'字大率與今音不異",主張"地"字仍《廣韻》之舊隸脂部,反對顧炎武歸歌部。王念孫此文針對錢氏韻例分析中的疏漏多有駁斥。

及舌上說”也未能深信。

綜上所述分析，我們贊同劉盼遂的意見，認爲《釋大》《疊韻轉語》爲王念孫早年所作，在《方言疏證補》和《廣雅疏證》之前。從中可見王氏古音觀念的變動，亦即對“因聲求義”的探索：《釋大》據《廣韻》同音字組及“三十六字母”審音，可稱作“就今音系聯同源”；《疊韻轉語》在“聲”方面仍依據“三十六字母”，但在“韻”方面對二十一部已有所應用；《方言疏證補》《廣雅疏證》全面運用了聲轉說及古合韻成果，可稱作“就古音以求古義”。劉盼遂曾論云：“石渠之疏《廣雅》，如劉先祖之帝巴蜀。誠以中原無用武之地，故遯入險巇者，其成功之難易，詎不遠哉。”①《廣雅疏證》的成功，很大程度上正是由於王念孫完成了由今音到古音，尤其是古韻的轉換。

① 劉盼遂：《王石渠先生年譜》，《劉盼遂文集》，第354頁。

日本江户時代朱子語録注解類著作四種敘録*

□潘牧天　潘琳卓娜

［摘　要］江户時代，林羅山、岡島冠山、留守友信等日本儒生爲“明文字以求理義”，以學習朱子理學爲目的創作了一批朱子語録注解著作，其中尤以《語録解義》《語録字義》《字海便覽》《語録譯義》爲代表。百餘年間形成獨有日本特色的語録注解體系，收詞規模急劇擴大，體例趨於完善，展現出現代辭書的雛形，其中頗有精彩且異於故訓的釋義解説，以及所系聯的大量同義、同素詞語，對朱子語録的解讀及漢語史研究有所啓示。本文在整理四種注解書的基礎上，敘録四書文獻概貌，並就其體例、收詞、釋義等方面的傳承發展略作探討。

［關鍵詞］《語録解義》;《語録字義》;《字海便覽》;《語録譯義》

［作者簡介］潘牧天，上海師範大學人文學院副教授（上海　200234）；潘琳卓娜，上海師範大學人文學院碩士研究生（上海　200234）

鐮倉時代中葉，宋學開始傳入日本，①受朝鮮退溪學派的影響，朱子思想在日本産生了空前而巨大的影響，朱熹著作也在日本大量刊刻，如寬文七年（1667）刊刻的《宋名臣言行録》、寬文十年刊刻的《近思録》、明和五年（1768）刊刻的《孟子集注》等，《朱子家禮》亦直接影響了日本的喪葬禮俗。《朱子語類》或在明代流行於日本，其版本爲萬曆年間朱吾弼刊本。②

《朱子語類》包含大量的文人口語與方言俗語，由於語言的隔閡，朝鮮、日本學者殊難理解，濫吹子《語録指南》序即指出：“聖賢垂教之心，而非于初學鹵莽之得可通爾。寧雖欲因其語而求其理，亦不可得焉，況孤陋寡聞之徒乎？遂令學者而有暴棄半塗之患矣。”千手興成校補《語録譯義》所作序稱：“學問之道無他焉，求理義而已矣。理義布在字上，故學者不

---

*　［基金項目］本文爲國家社會科學基金青年項目“東亞朱子語録文獻語言研究”成果。

①　朱謙之指出：“從鐮倉時代中葉爲宋學傳入日本之始，宋儒之書在鐮倉時代因宋日交通與禪學東傳，來宋僧與宋僧赴日之輩，他們往來所攜物品中，已有儒道書籍。”南宋嘉定四年（1211）日僧俊芿訪宋歸日攜帶的儒書中即有朱熹所著新刊《大學中庸章句》與《論孟集注》等。朱謙之：《日本的朱子學》，人民出版社，2000年，第37頁。

②　日本靈元天皇寬文八年（1668）山形屋所刊《朱子語類》即題明朱吾弼編。

可不先明文字以求理義也。"出於讀懂朱子理學的硬性要求，兩國學者編寫了多部語録注解書，摘録其中大量方俗口語、禪儒文化詞，並作出注音、釋義，可稱之爲朱子語録注解類著作。江户時代日本學者所著如《語録解義》《文會筆録》《常話方語》《語録字義》《字海便覽》《語録譯義》等。

日本江户時代語録注解類著作受到日本学者的重視，關於《語録解義》的研究如村上雅孝(1989、1995)等，①《語録譯義》的研究如鳥居久靖(1952)、神林裕子(1997)等；②竹越孝在《語録解》與《語録解義》的對比研究上用力甚多。③近年來，國内學者也採用日、韓對比的方式考察朱子語録注解書，如田小維(2018)、陳明娥(2022)等。④

下文在前賢基礎上，對《語録解義》《語録字義》《字海便覽》《語録譯義》的文獻概貌及四書在體例、收詞、釋義等方面的傳承發展對略作探討。⑤

一、四種語録注解著作文獻概貌

(一)《語録解義》

朱子學傳入日本之後的數百年間，藤原惺窩(1561—1619)開創日本儒學，使之逐漸擺脱對神佛之學的附庸，其弟子林羅山(1583—1657)歷任德川幕府四代將軍的侍講，參與幕藩體制文教政策的制訂，將宋學提升到了"治國，平天下"的高度，提出"神儒調合"，提倡大義名分，人倫尊卑，積極促進朱子學成爲德川幕府時代的統治思想。⑥

---

① [日]村上雅孝:《唐話学の夜明け前——唐話辞書〈語録解義〉のテキストとその性格》,《國語論究》,1989年第5期;《唐話資料〈語録解義〉の二字漢語》,《文藝研究》,1995年第139期。

② [日]鳥居久靖:《留守希斎〈語録訳義〉について——近世日本中國語學史稿の一》,《天理大學學報》,1952年第3期;[日]神林裕子:《江户時代における中國近世語の受容——留守希斎撰〈語録訳義〉を通じて》,《中國研究集刊》,1997年總第19輯。

③ [日]竹越孝:《〈語録解〉と唐話辞書:〈語録解義〉との比較を通じて)》,《KOTONOHA》2011年百號紀念論集;《〈語録解〉と唐話辞書》,嚴翼相、遠藤光曉主編:《韓漢語言探討》,學古房,2013年;《〈語録解義〉と〈語録解〉(一字語の部)》,《神户外大論叢》,2010年第61卷第2號;《〈語録解義〉と〈語録解〉(二・三・四字語の部)》,《神户外大論叢》,2013年第63卷第4號。

④ 田小維:《17—18世紀韓國和日本的朱子學辭書比較研究——以韓國〈語録解〉和日本〈語録譯義〉爲例》,厦門大學碩士學位論文,2018年;陳明娥:《東亞視域下日韓朱子文獻的語言闡釋——以日韓"語録解"文獻爲例》,《厦門大學學報(哲學社會科學版)》,2022年第6期。

⑤ 本文的撰寫得到陳明娥、李乃琦、皮昊詩等先生在資料等方面的慷慨相助,謹致謝忱。

⑥ 朱謙之:《日本的朱子學》,第175—198頁。

林羅山所著《語録解義》是目前所見最早的日本朱子語録注解書,主要有四種版本:①

(1) 林氏舊藏本現藏於日本内閣文庫,收藏編號爲191—377。寬13.6 cm,長19.7 cm,封面有墨筆書寫的書名"語録解義",全書27葉,每半葉9行。此本第1至8葉爲《語録解義》,第9至19葉爲淺見絅齋所撰《常話方語》,第20至21葉爲《與汪德夏筆語》,第21至27葉爲《與朝鮮進士文弘績筆語》。該本卷首題有"語録解義林氏編",書末有跋文曰:"此書羅山先生之編述也,予秘不出者尚矣。今鏤梓以傳萬世者也。于時延寳六戌午曆正月上澣吉日下總國本庄住人依田氏山本九左衛門板行。"可知該本根據延寶六年(1678)刊本抄寫。此本《語録解義》部分收目228條,其中單音86個,雙音129個,三音9個,四音4個。

(2) 内閣文庫藏抄本,收藏編號爲191—384。寬20.0 cm,長27.5 cm,全26葉,每半葉8行。此本由四部分内容組成,分别爲《語録解義》(1—8葉),《常話方語》(8—13葉),《語録辭義》(14—15葉),《文會筆録》摘抄(15—26葉)。②此本《語録解義》部分收目230條,其中單音86個,雙音131個,三音9個,四音4個。其間錯雜有朱筆日文注。

(3) 日本國立國會圖書館藏抄本,收藏編號爲111—140。寬19.2 cm,長25.6 cm,全11葉,每半葉9行。此本由三部分内容組成,《語録解義》後有《常話方語》(4葉左—8葉左),《學術辭》(8葉左—10葉左)。該本卷首題"語録解義　羅山",末題"寫本云　右羅山先儒語録解義者就寺西忠右衛門雅丈壂志延寳八年庚申仲夏廿日於武江麻布寫書之了"(11a1—3)和"于時　貞享四丁卯終夏二日寫書之了　政相"(11b1—2)。該本末尾又有"政相公御筆　十六藏"等字款識,可知該本爲政相公貞享四年(1687)抄延寶八年(1680)本。該本《語録解義》部分共收238條,包括單音86個,雙音127個,三音9個,四音4個。末附"恁地、只恁底、那裹、這裹、這/那處、只管恁、這/那個、只恁、劈初頭、只恁休了、恁去、伎倆"12個條目,無釋文。

(4) 延寶九年(1681)刻本,寬7 cm,長9.6 cm,全18葉,每半葉5行,注文小字雙行。該本僅《語録解義》,卷末有跋文:"《語録解義》一册,耆舊之藏也。世言藤歛夫先生所編撰也,予憶不然。疑非中華村儒之所著,則本邦叢林家之抄録也耶?字義之解然韻書不載者間有之焉。玆者應棗人之需而附柳,贅加蛇足,爲童課之一助者也。時延寳歲次辛酉麥秋山重顯把筆于銅駝寓舍。"重顯認爲該書世傳爲藤原惺窩所編,或爲僧人所抄集。③延寶九年刻本《語録解義》部

① 村上雅孝據《江户時代書林出版書籍目録集成》指出《語録解義》最早的刊本是1675年。參陳明娥:《東亞視域下日韓朱子文獻的語言闡釋——以日韓"語録解"文獻爲例》,《厦門大學學報(哲學社會科學版)》,2022年第6期。

② 末題"右山崎氏撰之",指出此篇由山崎闇齋所撰《文會筆録》中摘出。

③ 延寶九年刻本影印本收録於[日]波多野太郎:《中國語文資料彙刊》第五篇第二卷,不二出版,1995年,第455—464頁。

分收録 236 條,包括單音 88 條,雙音 139 條,三音 5 條,四音 4 條。[①]刻本於《語録解義》之後附有 65 字,多爲異體字,簡字尤多,以“某,某也”表明正字。如“凮、凨,風;陊、阴,陰;陜、阳,陽”等。

從日本内閣文庫林氏舊藏本首尾“林氏編”“此書羅山先生之編述也”及日本國立國會圖書館藏抄本首尾“羅山”“右羅山先儒語録解義者”的題識可知,《語録解義》當爲林羅山所著,延寶九年刻本稱“世言藤斂夫先生所編撰”,或林羅山亦參藤原惺窩所作之注釋。

比勘三種抄本和延寶九年刻本,收詞數量和内容互有參差,集合四本所有詞目,除去重複及刻本末尾所附 65 個疑難字,共有 276 條,其中單音 91 條,雙音 171 條,三音 10 條,四音 4 條。較之各個本子增多四五十條,可見林羅山原著《語録解義》面世後,各家在抄録的過程中,又加以增删,從釋義上看又有改潤。因此,現傳《語録解義》皆可以看作林羅山原著的修訂本。

考察三種抄本後附的不同文獻,大致可歸爲三種類型:第一類爲語録注解類文獻,如《常話方語》[②]《語録辭義》《學術辭》[③]皆是對《朱子語類》等書中所見詞語加以日文注釋、翻譯,與《語録解義》同屬注解書。第二類爲林羅山就漢語語詞問題與他人的討論實録,如《與汪德夏筆語》爲與明人汪德夏關於漢語字義的問答記録(又見《林羅山文集》卷五九),《與朝鮮進士文弘績筆語》爲與朝鮮使節文弘績圍繞漢語語義問題展開的對話記録(又見《林羅山文集》卷六〇)。第三類是俗語詞的彙釋,内閣文庫藏抄本所附的“摘抄”實際上是對山崎闇齋《文會筆録》中關於俗語詞考釋部分的摘録,每詞後注有出處。

因此,幾種版本所附皆是關於《朱子語録》等書中所載宋元以來俗語、口語或與學問相關詞語的討論或摘釋,與《語録解義》旨趣類同,但亦可見日人掇集當時流行的同類著作是抄録者的個人興趣,而非當時已形成某種彙集定本,正如延寶刻本後重顯所附的疑難字釋正爲“應棗人之需而附柳,贅加蛇足,爲童課之一助者也”。這也正反映了日本學者對語録注解類文獻的細心收拾,以及認識上的不同取向,可以看出江户時代早期語録詞語研究的累積與疊加過程。

(二)《語録字義》

《語録字義》是已知現存最早的以日文作解的朱子語録注解書,作者不可考。濫吹子於寬

---

① 以上版本描寫,部分參考竹越孝:《〈語録解〉と唐話辞書:〈語録解義〉との比較を通じて)》,《KOTONOHA》2011 年百號紀念論集,第 55—72 頁。

② 《常話方語》常附録於《語録解義》之後,安永六年(1777)寫本記有“安永六年丁酉二月十四日寫之”,“此書者淺見絅齋先生所集之俗語也。從奥野滝川翁乞借之以祐筆書模訖”的識語。文中有“右常話方語淺見先生ノ雜記ヲ以寫ス”“右丁丑四月淺見先生物語也”,或淺見絅齋敘述,奥野滝川隨記(長澤規矩也:《唐話辭書類集》)。收録單字類 85 個,二字類 333 個,三字類 80 個,四字類 56 個,五字類 7 個,六字類 6 個,七字類 2 個,八字類 3 個,短語 5 個(此據羅熾統計)。書中有“以上水滸傳”“右同月宵録”“以上語類鬼神部”“以上實紀年譜”等,以示來源。

③ 《唐話辭書類集》第五集收録有影印本。[日]長澤規矩也:《唐話辭書類集》(第五集),汲古書院,1971 年。

文十一年(1671)爲之作序,[①]稱“聖賢垂教之心,而非于初學鹵莽之得可通爾”,不能“因其語而求其理”,因此刊刻《字義》“拔萃群書之要語,各要解其下,後附記誦詞章之階梯而便于童蒙,信是聾瞽相導之一助爾”。

是書現存元禄七年(1694)山岡四郎兵衛刊一册本,藏於日本富山市立圖書館,收藏編號爲W814.4,《唐話辭書類集》第八集收有影印本。該本寬 15.0 cm,長 22.6 cm,無外題,濫吹子序題爲“語録指南序”,卷首又題爲“語録字義”,全 18 葉,每葉 8 行,注文爲雙行小字。[②]

《語録字義》按照詞目字數分類,部分詞右注有音讀或訓讀,詞下注有漢字與假名夾雜的釋文。全書共收 481 條詞語,分爲一字部(72 條)、二字部(356 條)、三字部(7 條)、四字部(42條)、五字部(4 條)。[③]元禄刻本後又附有“素讀一助”,包含有 102 個帶有一到兩種訓讀的單音節詞。經過對《語録字義》詞目的逐一查考,其所收詞語幾乎皆可見於二程、朱熹的語録和文集。

(三)《字海便覽》

岡島冠山(1675—1728)在唐話研究上成就卓著,翻譯了大量中國文獻,編著《唐話纂要》《唐話便用》等多種唐話教科書,極大程度上推動了江户時代唐話學的發展。

所著《字海便覽》存世有享保十年(1725)大野木市兵衛刊本,現收藏於日本内閣文庫,收藏編號爲 191—383。[④]此本共七册,寬 18.9 cm,長 27.2 cm,外題《經學字海便覽》,“經學”二字爲雙行小字,序文題爲“字海便覽”。

全書共計 2325 條,按照《朱子語類》的章節依序摘録其中俗語並加以注解,範圍幾乎涵蓋了整個《語類》,以便閱讀時查檢疑難詞句。如《朱子語類》卷一《理氣上》:“蓋氣則能凝結造作,理無情意,無計度,無造作。只此氣凝聚處,理便在其中。且如天地間人物草木禽獸,其生也,莫不有種,定不會無種了白地生出一箇物事,這箇都是氣。”(1, 3)[⑤]《便覽》依《語類》文中次序釋出“凝結”“物事”“這箇(個)”三詞。

---

① 由序文可知,濫吹子並非《語録字義》的作者,其從友人處獲得此書,然未説明何人。需要注意的是,序文中提到本書原題名爲《語録指南》,留守友信撰寫《語録譯義》之初亦曾有稿本名爲《語録指南》,二書相差近百年,不可混爲一談。

② 《唐話辭書類集》中《語録字義》提要中提到本書還有京都野田藤八刻本,藏於日本關西大學圖書館,編號爲 BA72859290,同爲元禄七年刊本。

③ 五字部收録 3 個五字詞語,另收有 1 個六字條目“改頭换面出來”。

④ 《唐話辭書類集》第十四集收有影印本。同一版本還藏於新潟大學附屬圖書館佐野文庫(編號爲 39—41),築波大學附屬圖書館(編號爲チ320—91)。

⑤ 本文《朱子語類》引文皆據王星賢點校的黎靖德《朱子語類大全》,中華書局,1986 年。括號中表示卷次與頁碼,下同。

(四)《語録譯義》

留守友信(1705—1765)師從三宅尚齋,後又前往大阪開設講席,講授闇齋學派的學説,著有《稱呼辨正》《和學譯通》等。①

留守友信編集、千手興成校補的《語録譯義》是日本朱子語録注解諸書中規模最大、收詞最多、體例最完備的集大成之作,代表了江户時代日本語録注解書的最高成就。

據日本國立國會圖書館藏《語録譯義》凡例末尾款識"延享改元甲子之冬留守友信撰"可知,該書最晚於延享元年(1744)冬天開始編撰;又據山宫維深序款識"延享戊辰春三月武藏山宫維深仲淵父敘"可知,該書於延享五年(1748)三月前完成。山宫維深《語録譯義序》言:"《譯義》之爲書,凡語録之語所難通曉者,櫛比而縷分,訓解粲然,靡有遺漏,其便於後學也,可謂大矣。世之讀聖經者,非讀宋朝先賢之語録,則不能窺其平素教導之密,而語録之多俗語,讀者往往苦其難通今也,有此書而無斯患。何其幸耶?"

《語録譯義》彙集《語録解義》《文會筆録》《語録字義》《唐話纂要》《字海便覽》等數十部輯釋雅俗詞語的著作,按首字筆畫分類,收釋朱子語録詞語及方俗口語、名物典章等約 2000 條,並對前人釋義作有訂正。②此後,千手興成又於日本文政十三年(1830)對《語録譯義》完成校補,③在校訂留守原文舊詞的基礎上,增補了大量新詞,最終收詞數量約爲原本的兩倍。興成自序言此書"傳寫之久,魯魚衍脱頗多。余間嘗校正之,間記鄙説,且補其遺漏,而授初學。初學臨文索其義,則庶乎求理義之一助云爾"。

留守友信原著今不存,但《語録譯義》在當時被廣泛地使用與傳抄,過程中各人或多或少地作了修訂和增補,因此留下了多種形態各異的傳抄本。④現存《語録譯義》可分爲留守友信編本和千手興成等後人校補本兩個系統,皆爲抄本。據鳥居久靖考察,現存傳抄本有一册本、二册本、三册本、四册本之分,其中前三者皆爲三卷本,四册本爲四卷本。

留守友信原編爲一册本,有石浜純太郎藏本、太田辰夫藏本(1857 年寫)、天理大學附屬圖書館藏本、東京大學圖書館藏本。二册本有青木迷陽藏本。三册本有天理圖書館藏本、長澤規

① [日]平重道:《大阪の崎門学者留守友信の学問と人物》,《近世日本思想史研究》,吉川弘文館,1929 年。

② [日]長澤規矩也:《唐話辭書類集》(第二集),汲古書院,1970 年。譯文參羅孃:《〈唐話辭書類集〉及其所録詞彙研究》,上海師範大學博士學位論文,2018 年。

③ 據日本國立國會圖書館藏《語録譯義》增補語録譯義序末尾款識"文政十三年歲次庚寅秋八月日向旭山千手興成"。

④ 長澤規矩也《唐話辭書類集》收録了三種《語録譯義》相關文獻。第二集收録留守友信撰、千手興成補《語録譯義》四卷四册本,亦有内容相關的其他書籍行世,第十七集收録留守友信撰《官府文字譯義》一册本和留守友信撰、富永辰補的《俗語譯義》的富永辰手稿二册本。長澤規矩也認爲《官府文字譯義》或保留了《俗語譯義》的較早形態,是在留守有信原著基礎上删減修訂而成的,對文集引文删減較多,又將記有"二先生云"的條目略去,"二先生"爲三宅尚齋與淺見絅齋。

矩也藏本及東京大學藏本。傳世四册本分别爲日本國立國會圖書館藏本、長澤規矩也藏本和楠本正繼藏本,皆爲千手興成校補本。①

日本國立國會圖書館藏四册本載有千手興成《增補語録譯義序》及山宫維深《語録譯義序》,長澤規矩也藏本無千手興成序,收録於《唐話辭書類集》第二集。二本字跡工整,絶非俗工敷衍之抄。②值得注意的是,以日本國立國會圖書館藏本爲代表的部分抄本還在每畫首頁左上以紅筆寫出筆畫數,又於書口將同一筆畫的書頁塗紅,下以墨筆小字標明筆畫數,已初具現代辭書的檢索手段,此本在衆本中最爲晚近,製作最精良,收詞亦最多。③

二、語録注解類著作的編纂體例和收詞特徵

綜觀上述四書的體例和收詞,大致反映了從日本儒學者對朝鮮朱子語録注解書的仿襲至形成日本朱子語録注解體系繼而集爲大成的過程,四書也分别代表了四個階段。

(一) 對朝鮮語録注解書的仿襲

作爲現存最早的日本語録注解書,林羅山編纂《語録解義》時廣泛參考了鄭瀁《語録解》,神林裕子將内閣文庫藏抄本的 230 個條目與《附藝海珠塵駢字分箋〈語録解〉》比較,統計不見於後者的詞目共 22 個,④詞目重合率高達 90.4%。竹越孝將内閣文庫藏抄本與鄭瀁、南二星所著兩種《語録解》的詞目作對比,統計出僅有 5 詞未見,19 個詞僅見於鄭本而不見於南本。⑤内閣文庫藏抄本《語録解義》與鄭瀁《語録解》重合率高達 97.8%,與南二星《語録解》重合率亦高達 89.6%。综合《解義》各本所有詞目,較内閣文庫本多出 46 個詞,僅有"耐可""落落""鶻突"見於《語録解》。可見内閣文庫本藏抄本與林氏原著面貌更爲接近,其他諸本又續有添入。

① [日]鳥居久靖:《留守希斎〈語録訳義〉について——近世日本中國語學史稿の一》,《天理大學學报》,1952 年第 3 期;[日]神林裕子:《江户時代における中國近世語の受容——留守希斎撰〈語録訳義〉を通じて》,《中國研究集刊》,1997 年總第 19 輯。

② 此外,楠本正繼據其藏本做了整理和校正,1958 年由九州大學中國哲學史研究室印出,名爲《增補語録譯義》。駒澤大學木村晟、片山晴賢又作有整理本,收録於《駒澤大學文學部研究紀要》:1988 年總第 46 期。

③ 我們以長澤規矩也藏《語録譯義》四卷本爲底本,比勘日本國立國會圖書館藏本,參考木村晟、片山晴賢整理本及楠本正繼所作校記,整理了新的"合集本"。

④ 神林原文將"内閣文庫藏抄本"稱作"闇齋本《語録解義》",《附藝海珠塵駢字分箋〈語録解〉》稱作"木活字本《語録解》"。參[日]神林裕子:《江户時代における中國近世語の受容——留守希斎撰〈語録訳義〉を通じて》,《中國研究集刊》,1997 年總第 19 輯,第 135 頁。

⑤ [日]竹越孝:《〈語録解〉と唐話辞書:〈語録解義〉との比較を通じて)》,《KOTONOHA》2011 年百號紀念論集,第 55—72 頁。

《語録解義》收釋了一批朱子著述特色詞，如"惺惺、直下、禁忌指日(目)、提撕、撑眉努(弩)眼、生面工夫、巴鼻、䜣䜣、腔子、體當、郎當、分疎、閑汩董、打空"等，亦有出自禪宗語録的"擔板漢、較些子"等，有名物詞"不托""緈絻"等，疊音詞"灑灑""倀倀""䜣䜣"及連綿詞"伶俐""儱侗""鶻突"等，亦有不成詞的"却慮""替你""之字"等。

《語録解義》的詞目排列没有一定之規，大致是按照字數排列的。部分詞目按同義關係排列，如"從教、任教""什麽、作麽生、怎麽、怎生、甚麽""上頭、裏頭、到頭""隔是、格是""頭緒、端倪""由來、從來、從前""陡然、驀地""一襲、一套、一副""收殺、末梢"等。然而，抄寫者有時將位置錯抄，如國會圖書館藏抄本、内閣文庫藏本"依前"條注"上同"，列於"解教"後"甚麽"前，顯然不妥，恐當在"由來、從來、從前"之間。

(二) 日本朱子語録注解體系的發軔

《語録字義》481個條目中僅有137條與《語録解》相同，佔《字義》的28.5%，相較《語録解義》近乎全同於《語録解》而言，已是本質上的變化。①《語録字義》在收録條目上擺脱了《語録解》的影響，並開始採用假名注音、釋義，真正代表了日本朱子語録注解書體系的發軔。同時，《語録字義》與《語録解義》重複條目僅67個，且釋義亦與《解義》迥然不同，顯非因襲之作。可以説，《語録字義》當是《語録解義》的續作。

《語録字義》在部分詞目右側以假名小字標注音讀或訓讀，如"走作(ソウサク)、擔負(タンフ)、溷濁(コン)、劄記(サッキ)"等。釋文中間或使用"○"標記，用以提示異義、異音的列舉，語法功能的説明及字書韻書的徵引等，雖僅十餘處，然在語録注解書中亦屬首見。②這種標記在《語録譯義》中大量使用，凡徵引文獻、例舉同義詞或同語素詞、興成按語及補充説明等獨立語句，皆以"○"提示，此外在並列幾個相關詞目亦以"○"隔開。③此外，《字義》還有意識地對單音虚詞或多音詞中的虚詞成分注出"付詞"或"ツケ字"，如"頭、般、着、底、地、去、了"等。④

在詞目排列上，《語録字義》雖然仍呈現出較大的隨意性，細味之又可見作者有意地按同素和同義關係排列，體現出組合關係與聚合關係兼顧的傾向性。如二字頭前十八條依次爲"理會、提省、提醒、提撕、提起、提掇、提警、扶起、唤醒、唤覺、醒覺、醒悟、覺悟、了悟、曉會、曉達、解

① 此外有部分詞目與《語録解》相近或部分重合的，如"承當、錯承當/直下承當""出來、撈出來""當當亭亭、亭亭當當""根脚、根底""將去、挨將去/領略將去""落著、着落""内面、裏面""説話、閑説話""透、不透""因循、因循擔閣"。

② 所增補内容與《語録字義》求簡的釋義總體風格略有牴牾，頗疑爲作者或讀者後補。

③ 如"参政○参知政事""甲夜○丙夜○戊夜""任從○任放○任遣○任教""沍落○潚沍○脱沍"等。

④ 《字海便覽》即以"助字"注出"子、地、着、頭、個、將、將去"。《語録譯義》以"助字"標注"子、頭、兒、來、地、個、着、上、道(解道)、段(頓段)、非(除非)"，以"助語"標注"者、打、得緊、噫、諸、要"，以"語助"標注"生、寧馨"，以"語助辭"標注"耳"。

曉、分曉”，皆表示“提醒”與“曉悟”概念，有的以“同上”關聯；“許多”下爲“許大(注‘同訓同義’)”，依次又有“多少、大小、若干”，注“皆同上”；“甚事、底事、怎麽、什麽、甚麽、甚生、怎生、奈何、甚物、甚處”皆表疑問。又如“逐件、逐事、逐物、逐句、逐行、逐項”以“逐”爲語素關聯，“這箇、這裏、那箇、那般、那裏、這般、這邊、那邊、這處、那處、這様、那様、這底、那底”，是依“這”“那”這對反義單音詞的組合關係排列的；“千岐萬轍、千頭萬緒、千緒萬端、千變萬化”依“千×萬×”格式排列，然此下收“千億萬年”則完全拘泥於字面形式了。總的來説，《語録字義》體現出作者觀照漢語詞彙系統的聯繫型語言思維，但尚未形成嚴密的體例，仍屬於一種聯想式的編次方式。

(三) 朱子語録循文注解體式的創立

《字海便覽》是依《朱子語類》次第摘録詞、句而作的訓點和注解，間有疏通句義的直譯，按照《朱子語類》的門目排列，始於《理氣上・太極、天地上内俗話》，終於《朱子十一已下諸篇内俗話》。這種類似隨文作解的體例較成書於朝鮮英祖五十年(1774)的李宜哲《朱子語類考文解義》早了近五十年，且不同於後者全以漢語撰著，《便覽》皆以本土語言作注。同時，區别於《解義》《字義》《譯義》或多或少兼釋禪宗文獻、筆記小説的俗語，《字海便覽》是一部真正完全圍繞《朱子語類》所作的專書辭典。

從仿照鄭瀁《語録解》所著的《語録解義》撰成以來的百餘年時間，日本學者對朱子語録的研究有了突飛猛進的發展，《字海便覽》的面世代表著日本學者對朱子語録詞語的注解真正走向成熟，且從步趨朝鮮學者體式的窠臼中跳脱出來，自成體系。

依條目字數計，《字海便覽》收有單音詞 10 個，二字詞語 989 個，三字詞語 184 個，四字結構 492 個，五字及以上 650 條。《字海便覽》因其體例，收釋了大量五字以上的短語、短句，亦有完整的條目，如最長的一條爲《朱子語類》卷九四《周子之書》中黄義剛所録“天地之初，如何討箇人種”一條中 146 字整條摘録(除末句)、訓點並直譯爲日文，末言“故今特此全句譯出”。這可以看作最早對朱子語録作出整條翻譯的作品。

《字海便覽》對《朱子語類》中多字短語的摘摭頗有意趣。如“潑了椀中飯，去椀背拾”：

> 問：“四端不言信，如何?”曰：“公潑了椀中飯，去椀背拾!”(53，1297)

《字海便覽》以字面義譯出，即將碗中的飯倒掉，去碗背面拾撿飯粒，喻指捨本逐末。這種收釋俗諺的取向對《語録譯義》産生重要影響，《譯義》收録有同義的“颺了甜桃樹，沿山摘醋梨”：

數年不見公,將謂有異問相發明,問這般不緊要者,何益? ……今若此,可謂是“颺了甜桃樹,沿山摘醋梨”也!(118, 2843)

《譯義》釋作“捨棄手頭的東西,而去尋求遠處的東西”。又作“棄甜桃樹,緣山摘醋梨”:①

或問《左傳》疑義。曰:“公不求之於六經、《語》《孟》之中,而用功於《左傳》。且《左傳》有甚麽道理? 縱有,能幾何? 所謂‘棄甜桃樹,緣山摘醋梨’! 天之所賦於我者,如光明寶藏,不會收得,上他人門教化一兩錢,豈不哀哉!”(121, 2938)

例中“光明寶藏,不會收得,上他人門教化一兩錢”所指亦同,皆喻指修身治學過程中捨本逐末、捨近求遠的癡愚行爲。

經比對,《便覽》與《譯義》重複條目中,五字以上者有 17 條被《譯義》引用,如“猝猝做將去”“打併掃斷了”“掉放一壁不管”“泛然之鬼神”“歷歷落落,在自家肚裏”“夢寐中讝語”“潑了椀中飯,去椀背拾”“容受不去了”“軟了便一步也進不得”“失脚跌落下去”“鐵定底道理”“退後底説話”“嗛然而終日不言”“依文按本做”“硬將來拗縛捉住在這裡”“越見不平正”“著人代他説話”等。

(四) 朱子語録注解書的集大成者

千手興成校補《語録譯義》的各個版本收詞數量亦有差異,長澤規矩也藏本共有 3190 條,而日本國立國會圖書館藏本增至 3732 條。②相較於《語録解義》近 300 條與《語録字義》481 條,《譯義》收詞數量激增近十倍,較通解《朱子語類》的《字海便覽》亦增多近千條。國會圖書館藏本有單音詞 203 條,雙音節詞語 2612 條,三音節詞語 456 條,四字條目 380 條,五至十字條目 95 條。《語録譯義》收詞數量遠超前人主要有兩方面原因:

(1)《譯義》充分參考《語録解義》《語録字義》《字海便覽》《唐話纂要》《文會筆録》等同類著作,是江户時代朱子語録注解書的集大成者。《解義》《字義》《便覽》與《譯義》分别有 42、75、242 個相同條目,佔前者條目數量的 15.22%、15.59%、10.43%。相反以《譯義》觀之,三書與《譯義》重合條目僅佔後者的 1.12%、2.00%和 6.46%,去除重複合計 329 條,亦僅佔《譯義》的 8.76%。可見《譯義》在匯總前人成果的同時,更重要的是其本身所作的巨大貢獻。

(2)《語録譯義》除了釋出《朱子語類》中大量唐宋新詞和特色詞語外,也是一部近代漢語

① 又作“抛甜桃樹,尋山摘醋梨”。如宋賾藏主《古尊宿語録》卷四〇:“汝等諸人與麽上來,大似抛甜桃樹,尋山摘醋梨。”

② 鳥居久靖推測《語録譯義》三卷本收詞條目約爲 1570 例,分别爲上卷 480 例,中卷 640 例,下卷 450 例,加上書中所列同義詞,總收詞數或超過 2000 例。

俗語辭書，收釋對象豐富。相較於前書主要以《朱子語類》爲解釋對象，《譯義》中見於《語類》的條目僅有約 1755 條，尚不及總數一半，①如其凡例所説，"漢土語録、野史方言、俚語之類難解者，字義轉換而異於字書正注也，故當就句讀上曉其意義"，"雜載非俗語者，蓋語録中有難曉文字，則飜譯以便童蒙"。②

就編纂體例和編排方式而言，《語録譯義》採用按首字筆畫排列，在日本朱子語録注解書中實屬開創之舉。凡例指出"取其句首字以照畫數，循數索部，一舉手得矣"。分設一畫至三十畫，每個筆畫下以首字歸類，依字數次第列入。如一畫有"一"字頭收録了"一遭、一番、一般、一向、一餉、一次、一搽、一半、一點、一副當、一息間、一轉語、一落索、一霎時、一團爛泥、一劄眼間便不見、一棒一條痕一摑一掌血"等 70 條；二畫有"了"字頭的"了、了了、了得、了當、了事漢"5 條，"九"字頭有"九析、九經、九重、九丘、九鼎大吕"5 條；二十三畫收有"體"字頭的"體象、體會、體當、體認、體驗、體面"6 條；三十畫有"驪駒、鸞臺"2 條。③

經統計，《語録譯義》收條最多的 5 個字頭分别是"一、大、打、三、小"。這種有意識地將字頭相同的詞排列在一起的體例，對漢語學習者系統地考察由同一語素組成的系列複音詞無疑是有幫助的，對研究單音詞的組合關係亦有裨益。如《語録譯義》對"打"的詞義有較爲系統的闡釋，下又收釋"打過、打酒、打草、打話、打魚、打車、打水、打飯、打傘、打黏、打量、打張、打試、打掃、打嗳、打點、打啑、打疊、打空、打坐、打成、打牌、打拳、打扮、打併了、打衣糧、打秋風、打磕梱、打不過、打扮得好、打併掃斷了"等 35 條。此外，在同一字頭、同音節數下又間有按同義排列者，如"大凡、大抵、大都、大畧、大約、大要、大較、大槩、大率"等，亦爲漢語詞義聚合關係研究之助。又如在數詞"三"下收録"三端、三公、三孤、三槐、三鼎、三参、三少、三韓、三墳、三伏、三竿、三元、三釜、三昧、三秀、三省、三司、三禮、三院、三傳、三舍、三朝、三瓦、三長、三介、三珠樹、三大守、三老五更、三侯之章"等 33 條，爲名物、制度、職官、禮儀等文化、典故詞語研究提供了材料。

需要注意的是，由於日本學者對漢語的理解有一定隔閡，四種注解書難免收録不少非詞的條目，如《語録譯義》收"天彎紙"一條謂"見《語類》二之十二版左，未詳何義"，檢《朱子語類》卷二："叔重問星圖。曰：'星圖甚多，只是難得似。圓圖説得頂好。天彎，紙平。方圖又兩頭放小不得。'"日本國立國會圖書館藏本又於其後補上語録例。"天彎紙"不辭。此等尚有不少，此不贅舉。

① 其中有部分詞語雖與語録同形，却並非釋朱，如"可惜許""底事"等。

② 《語録譯義》還收録了一些外來詞，如表"虎"義的蒙語詞"巴而思"，表"居士"的梵語詞"伊蒲塞"和表齋食的"伊蒲饌"等。此外又收釋了一批日本和字，以及表示日本本土概念的詞如"味噌""三大守""五棋家"和日語中表示尊稱的"様"、表示煙草的"蔫"等，多見於較晚出的國圖藏抄本，或非留守原著。

③ 因所用字形或涉俗書，如"體"作"體"、"驪"作"驪"，兼之檢點之法不同，字目歸併與實際筆畫個别有出入。

三、語録注解類著作的釋義特徵

前文已述,《語録解義》脱胎於朝鮮時代鄭瀁所作《語録解》,在釋義上對《語録解》亦有相當程度的參考與繼承,具有"釋義從簡,約略舉之""文白雅俗,同義互釋""别於故訓,饒有異趣""揭示義理,直指要旨"等特徵。[①]《語録字義》開始採用日文注音、釋義,雖仍較爲簡略,但標示著日本朱子語録注解書體系的發軔,並尤其關注同義詞的互訓與系聯。《字海便覽》作爲第一部依文摘摭詞句作解的語録注解書,繼承了《字義》日文訓釋的傳統,間或在釋文中舉出近義、反義詞。釋文中亦記注讀音,並區别多音字的聲調。[②]四字以上條目多採用訓點和直譯句義的方法。此外,還説明"古點"所誤之處。[③]

作爲江户時代朱子語録注解類文獻的集大成者,《語録譯義》的釋義方式較之《解義》《字義》等前人同類著述亦有相當的進步,凡例稱"抄出熟字連用者,而用國字贅其下,其他撮拾象胥之説以增補于此","俗語多有所本,愚所考者於各條下書出某書"。據日本學者考察,《語録譯義》釋義方式大致可分爲只寫出訓讀和釋義、只列舉出處、兼有訓讀和出處、兼有釋義和出處、附上他書對應注解且引前人言論以使意義更加明確、引用他書注解並在按語中加以訂正或批判、列舉同義詞並進行説明 7 類。[④]《語録譯義》多以漢、日雙語相雜而爲訓,多在詞目下作出日文釋義,以意義界定或同義相訓的方法注解詞義,且博引他説,多有文獻引證,試圖探源溯流。

(一) 釋義的繼承與發展

比較諸書釋義異同,多承前作而遞相補充,《語録解義》仿照鄭瀁《語録解》,以漢語簡要作解而有大量改訂,部分釋義帶有强烈的理學色彩,發日人注朱之濫觴;《語録字義》首創日文釋義體系,與《字海便覽》皆繼承了《解義》要言不煩的特徵,《語録譯義》總合三書之説而一改只釋不證的風格,廣徵博引漢、日群籍,間參朝鮮、日本儒者著述,探求詞義演變源流,務求詳盡。經比覈,四本共有的條目有"放下、底、頓放、胡亂、儱侗、提撕、體當、些子、怎生、這箇、自家、甚麽"等 12 條。

---

① 參潘牧天:《林羅山〈語録解義〉的釋義特徵》,待刊。

② 如注出"認"讀作"トメル","便了"讀作"ベンリヤウ","當先"讀作"トウセレ";又指出"指縫"之"縫"讀去聲,"投降"之"降"讀平聲,"屏疊"之"屏"讀上聲等。

③ 所謂"古點",指和刻本《朱子語類》中鵜飼石齋、安井真祐所作的訓點。

④ [日]木村晟、片山晴賢:《語録譯義》,《駒澤大學文學部研究紀要》,1988 年總第 46 期,第 132 頁。

1. 釋文遞相累增

總體而言，四書的釋義皆在前人基礎上續有增補。如“甚麽”，《語録解義》釋爲“怎也”。《語録字義》釋同“什麽”，釋“什麽”爲“ナンゾ(什麽;何)”。《字海便覽》釋爲“ナニ(何)”，讀作“イヅレ”，並指出與“什麽”同，又釋“什麽”爲“ナンゾ”，此承《字義》而來，又言“云如何義也，亦與‘甚麽’同義也”。《語録譯義》引《便覽》，訓爲“ナンゾ”“イカン”，與“什麽”同。《字義》《便覽》《譯義》有明顯的繼承關係，《譯義》在總結匯總前人所釋的基礎上，增補了大量考源溯流的内容。如：

這箇　猶言此也。(《語録解義》)

這箇　此等ナリ。(《語録字義》二字部)

這個　トハ。コレト云フヿ也。那個ハ。カレト云フヿ也。(《字海便覽・太極、天地上内俗話》)

“這”作近指代詞是唐代出現的俗語詞。《增韻・馬韻》：“這，凡稱此箇爲者箇，俗多改用這。”《增補五方元音・蛇韻・竹母》：“這，此也。”“這”作近指代詞唐代始見，如敦煌變文《廬山遠公話》：“這下等賤人心裡不改間無。”“這箇”又作“這個”，亦見於唐代。如敦煌變文《歡喜國王緣》：“人人皆道天年盡，無計留他這個人。”“這箇/這個”《朱子語類》1125 例，此不贅舉。

《解義》釋“這箇”爲“此”，《字義》釋作“此等”，《便覽》釋“這個”爲“コレ(這個)”，又舉反義詞“那個”釋作“カレ(那個)”。《譯義》亦以“コレ”釋“這箇”，“箇”爲語辭，一作“個”，並指出“此箇、是箇、那箇、他箇、别箇、則箇、幾箇、許箇皆同”。釋文中除引用《字義》《便覽》外，又廣徵《龍龕手鑒》、《韻會》引毛晃注、《佩觿集》①、《祖庭事苑》等文獻説明“這”的音義，本作“者”，或作“遮”，並引山崎闇齋曰：“《傳燈》這、遮、者三字皆用，《廣燈》用者字，《續燈》用遮字，《普燈》《聯燈》用遮字。”

釋文之末又有千手興成按語曰：“《程子遺書》中‘是這個人’，《論語》序引此作‘是此等人’。‘這’即雅文‘此’字之意，‘箇’雅文中用‘等’。”②此似爲對《字義》釋“這箇”爲“此等”的補充，檢《二程語録・伊川五》：“今人不會讀書……如讀《論語》，舊時未讀是這箇人，及讀了後又只是這箇人，便是不曾讀也。”朱熹《四書章句集注・論語序説》引作：“今人不會讀書。如讀《論語》，未

---

① 清伊秉綬《談徵・言部》“者箇”條亦引毛晃曰：“凡稱此箇爲者箇，此回爲者回，俗改作這。這乃魚戰切，迎也。”郭忠恕《佩觿集》云：“以迎這之這，爲者回之者，其順非有如此。”並案：“這爲俗迓字。迓，本作訝。今合訝之言旁、迓之辵旁，成體爲這，其實古無這字也。”

② 《語録譯義》部分條目釋文較長，漢文、日文摻雜，本文轉譯引述之，不附列全文，下同。

讀時是此等人，讀了後又只是此等人，便是不曾讀。”此爲朱熹意引，語境中“這箇”“此等”意義相當，非敢謂二者同義。①語録多有“這—此”的異文。如宋本《池録》卷二七：“蓋一事各有一箇當然之理，真見得這理，則做這事便確定；不然，則這心末梢又會變了。”例中“這”，黄士毅、黎靖德《語類》各本皆作“此”。

上例可見《語録譯義》較前代釋朱諸書釋義風格迥然不同，詳盡細緻，徵引大量文獻試圖説明詞的源流，頗類《通俗編》等明清漢語俗語辭書，山崎闇齋還關注不同文獻中的實際用字情況，千手興成又指出“此”和“這”的雅俗之别，較早著眼字詞關係、文白演變等漢語史問題，多有啓發之論。

關於漢語的文白雅俗之别，《字海便覽》亦已有所關注，如“怎生”條，《語録解義》釋爲“何也”，《語録字義》釋作日文“イカンソ(如何)”，《字海便覽》指出“怎生”與“怎麽”“怎樣”同義，與文言中“如何”同義，僧家語録中作“作麽生”三字，又寫作“怎”一字者亦同義。《譯義》在《便覽》基礎上增同義詞“怎的”，又增釋“怎生地”，“地”爲助字；“怎麽生”出禪家語録，“生”是付字，②又所謂“怎麽處”即“如何做”。③《便覽》已指出“怎生”“怎麽”“怎樣”爲口語詞，文言作“如何”。

2. 補釋相關詞語

就各書的釋義發展而言，一個顯著的特徵是關聯補入了大量同義及相關的詞語。如：

些子 小貌，乍貌。(《語録解義》)

些子 スコシト云事ナリ。(《語録字義》二字部)

些子 トハ。スコシノ㇖ナリ。些⁻兒ト同シ。(《字海便覽・天地下内俗話》)

些子 スコシト云㇖些兒。些少並ニ同シ。(《語録譯義》八畫)

例中《解義》“小貌，乍貌”分别標示空間、數量和時間上的少量或短暫，《字義》《便覽》《譯義》皆釋“些子”爲“スコシ”，即“一點；一些”，有明顯的繼承關係。《便覽》補“些兒同”，《譯義》補爲“些兒、些小並同”。《朱子語類》例如：“他本自光明廣大，自家只著些子力去提省照管他，便了。”(12，201)“如用兵相殺，争得些兒小可一二十里地，也不濟事。”(10，163)徐時儀指出

① 諸書他處用“此等”亦常作“此”義。

② 關於“怎”等一系列疑問代詞，學界多有論述，朱子語録有“怎生地—怎地”的異文，可參潘牧天：《朱子語録文獻語言研究》，上海人民出版社、上海書店出版社，2019年，第91—93頁。

③ 明馮夢龍《喻世明言・蔣興哥重會珍珠衫》：“夜深了，廚下火種都熄了，怎麽處？”清金聖歎《唱經堂語録纂》卷二：“崑崙是河之源，只是崑崙有許大家私，出許多水，竭了怎麽處，滿起來怎麽處？”

北方一般用“兒”作詞尾，南方多用“子”作詞尾，《朱子語類》中“些兒”僅此一例，而“些子”有395例。①語録諸本又有“些子”與“些小”的異文。如《池録》卷二七：“畜獸禀得昏塞底氣，然間或禀得些子清氣，便也有明處，只是不多。”“些子”，《語類》作“些小”。②又如：

自家　我也。（《語録解義》）

自家　自身ヲ云。（《語録字義》二字部）

自家　トハ。ジブント云フ⺊ナリ。自己ト同シ。（《字海便覽・性情、心意等名義内俗話》）

自家　自分ノ⺊自己ト同シ。自家己事トハ自分ノ⺊ト云⺊。（《語録譯義》六畫）

《字義》釋“自家”爲“自身”，《便覽》言即云“ジブン（我；自分，義即自己）”，同“自己”。《譯義》承《便覽》釋義，又補釋“自家己事”即所謂“自分之事”。《朱子語類》“自家”1195例，“自家己事”1例。如：“且如而今對人説話，人説許多，自家對他，便是自家己事，如何説是外面事！”（52，1242）

再如“胡亂”，《解義》釋作“漫擾貌”，指肆意無拘束、煩擾混亂的狀態；《字義》釋爲“次第、條理隨意”；《便覽》訓作“放蕩、無節制”。《譯義》承《便覽》之訓而又舉出“胡罵亂罵”“胡亂使”“胡思亂想”，皆出《語類》。③

“頓放”，《解義》釋作“安置也”，《字義》釋爲“擱置事物”。《便覽》釋爲“放置。頓，與安頓之義近也。”《朱子語類》39見，如：“且要收拾此心，令有箇頓放處。”（12，201）“太極不是一物，無方所頓放，是無形之極。”（75，1931）《譯義》引用前書，又釋出“頓著”一詞爲“放置”之義。《語類》3見，如：“毅而不弘，如胡氏門人，都恁地撐腸拄肚，少間都没頓著處。”（35，929—930）“近得他書，已自别架屋，便也是許多人無頓著處。”（90，2308）

“放下”，《解義》釋作“棄也”，《字義》釋爲“放棄，棄之不顧義。云‘丢棄’”。《便覽》釋“放下”爲“擱置”，又釋“放置”爲“擱置。與‘放下’同”。《譯義》又補充“放下着”同義，系聯同義詞“放過”“放置”，復釋“放下屠刀，立地成佛”。千手興成按：“俗語説‘放下捨棄的東西’便是‘放下’。”《朱子語類》“放下”61見，如：“一念纔放下，便是失其正。”（15，303）“放下着”1見，如：“且放下着許多説話，只將這四句來平看，便自見。”（79，2034）早見於禪録，如《祖堂集》卷六

① 徐時儀：《〈朱子語類〉詞彙研究》，上海古籍出版社，2013年，第157—158頁。

② 潘牧天：《朱子語録文獻語言研究》，第161頁。

③ 詳參潘牧天：《論“胡亂”的成詞及“胡V”的由來》，《辭書研究》，2014年第3期。

《投子和尚》:"問:'一物不將來,爲什麼言放下著?'"《五燈會元》卷一《釋迦牟尼佛》:"佛曰:'放下著。'梵志遂放下左手一株花。佛又召仙人:'放下著。'梵志又放下右手一株花。"《緇門警訓》卷六《長蘆慈覺賾禪師龜鏡文》:"爾諸人要參禪麽?須是放下著。放下箇甚麽?放下箇四大五蘊,放下無量劫來許多業識。"從禪、儒語録可見"放下"由將手中事物從高處放至低處,喻指拋棄一切妄念,《朱子語類》引申指"擱置、停止進行"。"放置"亦有此義,如:"今且放置閑事,不要閑思量。只專心去玩味義理,便會心精;心精,便會熟。"(10,164)《漢語大詞典》以魯迅書信爲首證,晚甚。

3. 所釋義位轉變

另一方面,《語録解義》多就文本作解,揭詞義之一端而已,因而多有隨文釋義者,而《語録字義》等諸書則多著眼於所釋詞語在作者所處時代的常用義,這亦是江户時代語録注解類文獻釋義的發展之一。如:

底　極處也。(《語録解義》)

底　ツケ字也或ハ此等ノ義ナリ。(《語録字義》一字部)

底　ノ字ハ。今用ユル的ノ字ト同フソ。之ノ字ノ義ト。者ノ字ノ義トアリ。其文句(モンク)ニヨリテ分ー別スベシ。(《字海便覽・太極、天地上内俗話》)

《解義》釋"底"爲"極處也",是就《朱子語類》的個別語境而釋。至《字義》釋爲:"付字也。或言此等之義也。"《便覽》進一步釋曰:"與今用之'的'字同,有'之'字與'者'字之義,據其文句而分別之。"《譯義》引《錦繡萬花谷前集》卷三八"底事":"師古《正謬》問曰:'何物爲底?底義訓何?'答云:'此本言何等物,其後遂省促言直云等物。底音都禮切,又轉音丁兒反。'"指出《中峰光録》《帝鑑圖説》中"的"字與"底"通。引《便覽》,復言"大概用於字中時'底'字皆爲'之'字義,'私小底人'即此類,用在字後爲'者'字義,'十分難曉底'即此類"。《字義》釋出"底"的助詞用法,《便覽》指出"底"同"的",並以"之""者"相比指出用法差别,《譯義》則舉《語類》爲例,歸納出用於字中和字後的意義區别。

正如陳明娥指出,雖然最初日本的語録闡釋文獻,編纂目的也是掃清朱子學閲讀障礙,且深受朝鮮半島語録解文獻的影響,但日本很快便走出了傳統經典詮釋的模式,快速轉變成爲各自獨立、更加實用的近代漢語俗語辭書。①

① 陳明娥:《東亞視域下日韓朱子文獻的語言闡釋——以日韓"語録解"文獻爲例》,《厦門大學學報(哲學社會科學版)》,2022年第6期,第161頁。

4. 釋義後出轉精

朱子語録作爲朱熹師生授課問答的實録,記録了許多理學概念詞,四種注解書對這類詞語的理解逐漸明細準確。如修身類詞語"提撕",《解義》釋爲"執持"。《字義》指出"提撕"同"提省""提醒",並認爲"執持也"之注尤佳。《譯義》則釋爲"我心覺悟,又執持也"。檢古注訓作"執持也"的有"秉、操、搤、柄、挑、把、搏、捫"等,指手部動作執拿或捉拿義,《語類》引申表"持守"義,如:"居敬是箇收斂執持底道理,窮理是箇推尋究竟底道理。"(9, 150)"人須常常收歛此心,但不可執持太過,便倒塞了。"(40, 1030)"提撕"則指"提醒;警醒",如:"當静坐涵養時,正要體察思繹道理,只此便是涵養,不是説唤醒提撕,將道理去那邪思妄念。"(12, 217)"此一箇心,須每日提撕,令常惺覺。頃刻放寬,便隨物流轉,無復收拾。"(16, 334—335)多與"唤醒""唤起""惺覺""省察""警覺"等共見。可見"提撕""執持"並非一義,然皆屬修身概念,故亦常有"惺覺""執持""收斂""提撕""省察"等詞連用,如:"以至正心、修身以後,節節常要惺覺執持,令此心常在,方是能持敬。"(13, 226)"今且要收斂此心,常提撕省察。"(113, 2739)《解義》以"執持"釋"提撕"未確,《字義》揭出義同"提省""提醒",至《譯義》釋作"我心覺悟",方屬闡明。①

又如"體當",《解義》釋爲"猶言體驗甚當"。《字義》謂"身體承擔之義",與"體認"同義。《便覽》釋作"仔細地品味以取得"。《譯義》承之。"體當"猶"體會承當",即"體會領受,體驗領會"義,朱熹《答董叔重》:"讀書亦是如此,先自看大指,究諸説,一一就自己分上體當出來,庶幾得力耳。"《語類》8 見,如:"程子又云:'修省言辭,乃是體當自家"敬以直内,義以方外"之實事。'"(69, 1717)"'體',猶體當、體究之'體',言以自家身己去體那道。"(97, 2488)

以上可見,無論從釋文解義的精準度、釋義内容的豐富性及源流關係的探討,四書漸次遞補,趨於深入,而於《語録譯義》集其大成,且在部分内容上發同時代中國學者所未發,對近代漢語研究頗有啓示。

(二) 釋義的顯著特徵

1. 注重同義詞的系聯

承朝鮮學者之舊,日本儒者釋詞亦注重同義詞的關聯與比較,通過條目參照關聯了一批同義、近義詞,多順次排列而注"同上",《語録解義》如"從來、由來、從前、依前""多少般、幾多般""差、較""照領、照管""陡地、驀地"等。又通過相同的釋義關聯了一批同義詞,如表"何"的"什麽、伊麽、作麽生、怎麽、怎生、甚麽",表"設或"的"倘若、脱",表"知"的"了、解、會、知道"等。

《語録字義》在同義詞的系聯上著力甚多,所釋四百餘條被關聯者即有百餘詞。如"許多、

① 鄭澔《語録解》引柳希春已釋出"提而振之也",堪稱精當。陳明娥認爲《解義》"執持也"之釋仍爲手部動作,依《解義》隨文釋義的總體訓釋風格,所釋"執持也"可能是就語録所作的"持守"義。

許大、多少、大小、若干；麽、甚、詎、怎、那；逆、預；唤醒、唤覺、醒悟；覺悟、了悟；起脚、立脚；俄頃、頃刻、少頃；恁他、遮莫；甚事、底事；懸空、脱空；緊要、切要；説話、話説、話頭；標的、標準、準則、標則；塗轍、路脈；假饒、借使、縱使、縱；後來、向來；徹上徹下、徹頭徹尾；千頭萬緒、千緒萬論(端)"等。

《字海便覽》因其依文作解的體例，在釋文中關聯同義詞300餘，如："一齊：云'一同'也。俗云'一起'，同。""倚靠：靠近，依靠也。同'靠賴'。""等待：待也。同'等候'。"又如"物事、東西；周圍、週遭；趕趁、追逐；差忒、差池；窄狹、窄隘、匾狹；盡頭、梢頭；緊要、要緊；含糊、糊塗；你、汝；他、彼；次序、次第；田地、地位；地頭、場所；措置、處置；不妨、不打緊；窒礙、滯礙、障礙；將息、將養、養息；點認、點視；嚥下、吞下；們、輩；瞌睡、困睡、磕困；幹、做；提掇、提撕；蓋庇、蓋覆；端倪、端緒；恰方、恰纔、剛纔、適間、適纔、適者、方纔；忒、太、甚；易直、平直、白直；詰問、盤詰、盤問；合下、當下；牢固、牢紮；思索、思忖；妥貼、停妥；省悟、覺悟；借使、假使；局定、拘定；截然、決然、斷然；指撥、點撥；周備、全備；榁梏、杻械；大家、衆家；依舊、仍舊、照舊、依然、仍然；方言俚語、鄉談；大頭腦處、大總腦處"等。

《語録譯義》條目間與釋義中相關聯的同義詞如"大凡、大抵、大都、大畧、大約、大要、大較、大槩、大率；小遺、小溲；土毛、土産、土宜；竹萌、竹胎；步、行；官寓、官次；花押、花約、花字；饒渠、饒任、聽他；恁樣、個樣；裏許、裏頭、裏首；寒素、寒家；尊閫、尊壼；應允、應承；震死、震殺；遷延、延捱；隸書、八分；釁序、釁宇；鱗次、鱗比；藏頭没尾、藏頭伏腦"等。

2. 重視中朝日文獻與日人之説的徵引

有别於林羅山、岡島冠山等所編三書，留守友信在編纂《語録譯義》之初便確定了在充分採納《語録解義》《唐話纂要》《字海便覽》等同類著作的基礎上繼而集其大成的體例，其所撰《凡例》規定了三書的簡稱，以"解"代表《語録解義》，"要"代表《唐話纂要》，"便"代表《字海便覽》。此外《譯義》還引用了超過一百種中朝日文獻，十分精彩，往往整條全引諸書而不作一字解者，却能充分反映該詞語的源流、用法，可見其精心安排。如《語録譯義》釋"打不過"：

> ①《李退溪集》卷二一《答李剛而問目》書，所問爲"(朱)書曰'更無打不過處'"。李退溪答："漢語凡做事皆謂之'打'。如與人説話曰'打話'，買酒曰'打酒'，取草曰'打草'之類是也。'過'猶收訖也。'更無打不過處'猶言'更無做不了處'。"

第一部分爲對"打不過"的解釋。《譯義》首引李滉答弟子關於"打不過"語義之問，檢《晦庵集》卷三二《答張敬夫》："夫舉措自吾仁中出而俯仰，無所愧怍，更無打不過處，此惟仁者能之。"

此即李剛而所問之出，李滉答"'過'猶收訖也"，[①]以"做不了處"釋"打不過"。退溪所釋甚是，"打不過"是"打過"的否定形式。"打過"義爲"將就過去、放過去"。《語類》例如："今人所以悠悠者，只是把學問不曾做一件事看，遇事則且胡亂恁地打過了。"(8，134)"'君子深造之以道'，語勢稍倒，'道'字合在'深造'之前……如'之以'二字，尋常這般去處，多將作助語打過了。"(57，1342)"打不過"則爲"過不去、通不過；做不成"，《朱子語類》8見。如："如今人記書，熟底非全不記，但未熟底比似這箇較用著心力照管。這也是他打不過處。"(21，483)"既知得到這處，若於心有些子未盡處，便打不過，便不足。"(60，1423)"唐初，隋大亂如此，高祖太宗因羣盜之起，直截如此做去，只是誅獨夫。爲他心中打不過，又立恭帝，假援回護委曲如此，亦何必爾？所以不及漢之創業也。"(136，3244)李滉答書又指出"漢語凡做事皆謂之'打'"，《譯義》以此引入關於"打"音義的探討。

②《朱子文集·偶讀漫記》："'打'字，今浙西呼如謫耿切之聲，亦有用去聲處。大抵方言多有自來，亦有暗合古語者。如浙人謂'不'爲'弗'，又或轉而爲'否'。(呼若甫云)閩人有謂'口'爲'苦'，'走'爲'祖'者，皆合古韻，此類尚多，不能盡舉也。"歐陽永叔《歸田録》二："今世俗言語之訛，而舉世君子小人皆同其繆者，惟'打'字爾。(打，丁雅反)其義本謂'考擊'，故人相毆、以物相擊，皆謂之'打'，而工造金銀器亦謂之'打'可矣，蓋有槌(一作撾)擊之義也。至於造舟車者曰'打船''打車'，網魚曰'打魚'，汲水曰'打水'，役夫餉飯曰'打飯'，兵士給衣糧曰'打衣糧'，從者執傘曰'打傘'，以糊黏紙曰'打黏'，以丈尺量地曰'打量'，舉手試眼之昏明曰'打試'，至於名儒碩學，語皆如此，觸事皆謂之'打'，而徧檢字書，了無此字。(丁雅反者)其義主考擊之'打'，自音謫(疑當作滴)耿，以字學言之，打字從手、從丁，丁又擊物之聲，故音'謫耿'爲是。不知因何轉爲'丁雅'也。"《玉篇·奇字指迷》曰："打，《篇》《韻》都挺切，俗音都雅反。"

第二部分引朱熹《偶讀漫記》與歐陽修《歸田録》對"打"的音義流變作出考辨，歐陽修認爲"打"由"考擊"之本義詞義泛化而"觸事皆謂之'打'"，並指出有謫耿、丁雅二切，當以謫耿切爲正音，但不知丁雅切之由來；又引《玉篇·奇字指迷》指出音都挺切。檢宋葉夢得《避暑録話》卷下則謂："歐陽文忠記'打'音本謫(黄鈔本"謫"作"滴")耿切，而舉世訛爲丁雅切。不知今吴越俚人，正以相毆擊爲謫耿音也。"以謫耿切爲俗音。《譯義》所引朱子《偶讀漫記》則就"今浙西呼如謫耿切之聲"辨之曰："大抵方言多有自來，亦有暗合古語者。"以浙西所呼謫耿切爲古音，丁

① 此處"收訖"似言"完成、完畢"。

雅切爲時俗音。[1]《譯義》以朱子所言解歐公之惑。

> ③《字彙》:"打,丁雅反,音答。擊也。世俗用打字義甚多,如打疊、打聽、打扮、打睡之類,不但打擊而已。"《字學集要》云:"打,又德冷反,打字因之尤多,凡打疊、打聽、打話、打扮、打量、打睡,無非打者,不但擊打之義而已。"《項氏家説》曰:"俗助語每與本辭相反,其用打字尤多云云。(本見《歐陽全書》)"《博物類纂》"打"説采《歐陽全集》説,無"打衣、打傘"四字。

第三部分承《歸田録》而引四種字書與筆記。

該條用由朱子"打不過"一詞引入,以《李退溪集》《朱子文集》《歸田録》等 8 種文獻説明"打"的音、義,並例舉"打"組成的詞語。編者未著一字,而通過所徵引文獻的編排,層層遞進,闡明"打"由"打擊"義引申出泛指行爲的詞義變化現象。[2]

此外,日本語録注解書對漢籍時有暗引,如《語録譯義》"打量"條釋作"以丈尺量地也",此出自宋歐陽修《歸田録》卷二。《語類》2 見:"若人人都教他算,教他法量,他便使瞞不得矣。打量極多法,惟法算量極易……少間病敗便多,飛産匿名,無所不有。須是三十年再與打量一番,則乘其弊少而易爲力,人習見之,亦無所容其奸矣。"(109, 2696)

除引用漢籍外,《語録譯義》還廣泛參考了日本儒學家的觀點,如三宅尚齋、淺見絅齋、山崎闇齋、井澤灌園、岡島冠山、荻生徂來、梁田蜕巖等。前文所舉"這箇"引山崎闇齋考察燈録中"這、遮、者"的使用即是一例,此外引闇齋者尚有"好看""恁地"二條。留守友信師從三宅尚齋,《譯義》凡引師説 5 例,如"二税、將護、點掇地、邀阻抽税"等條:

> **一ニ-究ニ-説キ-レ-了ル** 究者謂ニ衮同無ヲ-レ別按ニ衮或ハ作レ滚尚齋先生云兩点皆通ス。(《語録譯義》一畫)

例中引三宅尚齋之説,指出"衮"通"滚"。[3]"滚"本爲"大水流皃",引申有"混同"義。今本

---

① 清黄生《字詁》則認爲"此字見於六朝,當是本音鼎(都挺切,本孫愐《唐韻》),北俗語音不正,呼丁雅反,流轉南方,亦變其音","時俗所呼,文字所用,皆未必從其音也",並認爲歐公所疑"蓋未晰北音之染於南也"。(《字詁義府合按》,中華書局,1984 年,第 57 頁)

② 曹先擢指出"打"從本義"擊打"義泛化爲進行某些動作、從事某種工作、處理某種問題,逐漸與具體動作無關,引申指"發生、出現"。見曹先擢:《"打"字的語義分析》,《辭書研究》,1996 年第 6 期。

③ 例中"究",當爲"衮"訛,或流行於日本。

《朱子語類》"衮""滚"多混用，各本亦有異文。如："看《鄉黨》一篇，須是想像他恂恂是如何，誾誾是如何，不可一滚看。"(38，998)"此四句是四件事，不可一滚説了。"(34，860)二例中"一滚"成化本皆作"一衮"。"一衮/一滚"爲"混同、混雜"義，"一衮説了/一滚説了"猶言"混雜在一起説了"。

3. 兼顧漢語與日本本土語言對比

日本語録注解書發展至《語録譯義》，已不局限於對《朱子語類》或筆記小説詞語的解釋，亦留意漢日語言的比較。解釋漢語俗語詞的同時，在釋文中或採用"吾方言……""本邦……"等形式説明相應的日語表達。如釋"一文"爲"一錢曰一文"，又言"漢土之書中多見，不見於吾方言"。釋"夕者"爲"昨夜也"，見《晏子春秋》，"夜者"亦同，"者"爲"助語"，同時又指出"本邦只云'昨夜'"。又如："姅：經水。《説文》曰：'姅，女汙也。'《漢律》曰：'見姅變，不得侍祠。'本邦亦然。"

在解釋職官制度相關的詞時，大量釋出日語中的對應稱呼，凡百餘例。如："大都督：《唐書》曰：'總二十州者爲大都督，貞觀二年去大字。'本邦筑紫大宰府ニアタレリ。"又如下表：

漢	日	漢	日	漢	日
司馬	掾	主簿	目(サクバン)	長史	介
刺史	大守	中書監	大輔	内史	諸司代
内給事	大進	羽林	近衛府	東宫	皇太子
房老	老女官	直學士	直講	金吾	衛門府
城門郎	監物	春巧	春宫坊	亞相	大納言
樞密院	大連	大卜師	陰陽師	大鴻臚	玄番寮
大倉令	大炊頭	中書令	中務卿	中書省	中務省
太師	大政大臣	太常寺	神祇官	司天臺	陰陽寮
羽林大將	大將	羽林次將	少將	宗正卿	正親正
尚書省	大政官	拾遺補闕	侍從	相國	大政大臣
秘書監	圖書頭	國子監	大學寮	國子助教	助教
將作監	木工寮	給事中	少納言	提點刑獄	刑部
諫議大夫	參議	大官令	大膳大夫	工部侍郎	木工助
户部尚書	民部卿	左馮翊	左京大夫	司户參軍	民部卿
吏部尚書	式部卿	兵部尚書	兵部卿	廷尉	檢非違使佑
員外郎	兵部少輔	國子司業	大學寮	國子祭酒	大學頭
御史大夫	彈正尹	禮部	治部省	中書舍人	中務大丞

續表

漢	日	漢	日	漢	日
屯田/倉部	主税寮	兵部侍郎	兵部大輔	左右司郎	左右少辨
黄門/龍作	中納言	御史中丞	彈正大弼	翰林學士	文章博士
老師/宿儒	大先生	大理卿	檢非違使別當	大都督	筑紫大宰府
大長秋/長秋監	大夫	臺官/御史臺	彈正臺	柱下/起居郎	大内記
尚書奉御/殿中監	主殿頭	侍御史/監察御史	彈正忠	京兆少尹	左京亮/右京亮
虎賁中郎將/羽林中郎將	中將	中書侍郎	中務輔/中務少輔	度支郎中/金部郎中	主計頭
京兆尹	左京大夫/右京大夫/諸司代	左中丞/右中丞	左中辨/右中辨	司直	刑部省大判事
尚書左丞/尚書右丞(左大丞/右大丞)	左大辨/右大辨	左丞相/左府/左相府/左僕射	左大臣	右相丞/右府/右相府/右僕射	右大臣

四、結　　語

隨著日本儒家文化與朱子思想的興起,及朝鮮退溪學派的影響,語録注解類文獻應運而生,從朝鮮《語録解》中脱胎而出,形成了明清時期日本"語録解"類辭書。從《語録解義》276條,至《語録字義》481條,再至《語録譯義》3732條,體現出日本朱子語録注解書在規模上的急劇擴大;從《語録解義》的憑己意揀擇詞目,到《語録字義》的大量關聯同義詞,《字海便覽》的逐章依次注釋,以至《語録譯義》的按筆畫、字頭編排,體現出日本朱子語録注解書在體例上的趨於完善,展現出現代辭書的雛形;從《語録解義》釋義要言不煩,到《字海便覽》因文説解,以至《語録譯義》大規模徵引文獻、溯源探流、闡發音義,標誌著江户時代語録注解書由草創到成熟,及日本儒學家對漢語的認識逐漸深入;從《語録解義》以漢語作解到《語録字義》採用假名釋文,以至《語録譯義》廣引中日韓文獻並兼及漢、日語言比較,體現出日本文化從漢文化中獨立而逐漸趨於交融平衡的過程。

正如入矢義高爲鹽見邦彦編《〈朱子語類〉口語語彙索引》(1984)所作序中指出的,"對於《朱子語類》中所見口語的研究,舊時只有朝鮮的朱子學專家和我國江户時代學者所得的一些成果"。長期以來,由於漢語古今一脈相承,且文言白話分別存在於書面語和口語中,《朱子語類》中的大量宋代文人口語與方言俗語，中國學者在閲讀上大致没有窒礙，這也導致元明清鮮有對朱子語録釋義作解者，而朝鮮、日本學者爲了學習朱子理學，對其中大量口語、方言、俗語及禪儒文化詞作出解釋，填補了這一空白。其中頗有精彩且異於故訓的釋義解説，所系聯的大量同義、同素詞語，以及關於文白雅俗的探討和字詞關係的考察，對漢語史研究具有啓示性意義。

《孟子》毛扆校本中所用吴寬抄本爲《孟子注疏解經》考

□楊　錦

［摘　要］《孟子》毛扆校本作爲清代孔繼涵新刻《孟子趙注》和韓岱雲新刻《孟子趙氏》的主要參校本之一，是研究清代《孟子》趙注版本流傳不可或缺的一環。毛扆校本參校了吴寬抄本。此吴寬抄本，一般認爲它是經注本，其説起自余蕭客、盧文弨、戴震，至阮元《孟子注疏校勘記序》出而廣爲人知，幾成學術界定論。今據相關資料，發現此説有誤，毛扆校本中所用吴寬抄本并非經注本，實爲吴寬叢書堂抄本《孟子注疏解經》。

［關鍵詞］《孟子》；毛扆校本；吴寬抄本；叢書堂抄本《孟子注疏解經》

［作者簡介］楊錦，武漢大學文學院博士研究生（武漢　430072）

唐宋元明通行之《孟子》注解本，主要有單行的趙岐注本、宋某氏《孟子注疏》本、朱熹《孟子集注》。其中的趙岐注本，本文稱“《孟子》趙注本”“經注本”，或因刊刻所題徑稱“《孟子趙注》”，以與注疏本相區别。自朱熹《孟子集注》大行而《孟子》趙注本漸隱，趙岐注雖隨《孟子注疏》通行，但每章注末已無存章指之名及其全文。所謂“章指”，即趙岐於每章末以“章指曰”云云開頭的總括大旨之言，多爲韻文。清人稽古右文，見唐宋人著述多有論及“章指”者，如李善注《文選》四次引“孟子章指曰”，晁公武《郡齋讀書志》云：“《孟子》十四卷，漢趙岐注，自爲章指。”[①]王應麟《困學紀聞》云：“趙氏《孟子章指》引《論語》曰‘力行近仁’。”[②]是以知《孟子趙注》原有章指。又《崇文總目》：“善經，唐人。以軻書初爲七篇，因删去趙岐章旨與其《注》之繁重者，復爲七篇云。”[③]則趙注中之無章指，蓋出陸善經删簡本。考《新唐書・藝文志》有《孟子》趙岐注十四卷，又有陸善經注《孟子》七卷，《宋史・藝文志》《郡齋讀書志》《直齋書録解題》並有《孟子》（趙岐注）十四卷，則唐宋人所傳，《孟子》趙岐注有全本。清人或考輯僞疏，或搜求經注本、校本，輯佚章指，以復趙注之全。在此背景下，清代産生了兩部《孟子趙注》新刻本：一爲韓岱雲

---

① 晁公武：《郡齋讀書志》卷三上，台灣商務印書館股份有限公司，1978年，第190頁。

② 王應麟著，翁元圻輯注，孫通海校點：《困學紀聞》卷八《孟子》，中華書局，2016年，第1076頁。

③ 王堯臣等編次，錢東垣輯釋：《崇文總目：附補遺》卷三《儒家類》，商務印書館，1937年，第127頁。

《孟子趙氏注》(以下簡稱“韓本”),一爲孔繼涵《孟子趙注》(以下簡稱“孔本”)。孔本、韓本之底本皆得自於戴震。韓本之底本情況,刊刻者語焉不詳。[①]孔本之底本,戴震自述爲朱奂所藏何煌校本和毛扆校本。何煌校本底本爲盱郡重刊廖氏本(以下簡稱“廖本”);毛扆校本所用參校本較多,有吴寬抄本、小宋本、元本、廖氏本四種。[②]吴寬抄本,余蕭客、盧文弨、戴震據毛扆校本卷末“從吴文定抄本一校”之語,以爲其章指出自吴寬抄本,因注疏本無章指,故判定其爲經注本,後人咸從其説。鑒於余蕭客、盧文弨、戴震三人在未見過吴寬抄本原本的情況下徑直斷定吴抄本爲經注本,其説有嫌專輒,值得商榷。

一、吴寬抄本爲經注本説之形成

吴寬抄本爲經注本,此説最早可追溯至余蕭客、盧文弨二人。

清乾隆辛巳(二十六年,1761),余蕭客始於朱奂滋蘭堂坐館。借此時機,他得以博覽其“所未見及所求而不得”之本,[③]終於在壬午(1762)繕寫完成了《古經解鉤沉》一書。此書中輯有《孟子章指》,《古經解鉤沉·例》云:

> 毛斧季扆(按:清毛扆,字斧季)曾見章丘李氏(按:明李開先)所藏北宋蜀大字章句本,趙氏《篇敘》從此校出。而斧季手校《注疏》,不言章指出自蜀本。惠松崖(按:清惠棟,號松崖)先生亦僅從盱郡重刊廖氏本校録,非世綵堂元本。然章指舊在各章章句之末,今本混入疏中,零落大半……故從兩家所校,急爲補入。[④]

---

① 韓岱雲《孟子趙氏注》跋曰:“右趙氏《注》足本十四卷,孫氏《音義》二卷,休寧戴吉士震從館書録副,以畀益都李南澗(按李文藻,號南澗)先生。蓋即毛斧季借鈔正定梁玉立(按:梁清標,字玉立)相公宋槧本也。”韓岱雲以爲李文藻此抄本爲戴震編纂《四庫全書》時依照宋槧原本所録,此宋槧原本乃是梁清標所藏之蜀本。桂馥《與龔禮部麗正書》曰:“當四庫館初開,正定梁氏獻《孟子趙注章旨》及宋槧《説文解字》,官府以《孟子》《説文》非遺書不爲上,有識者或鈔其《章旨》,流布世間,《説文》則仍歸梁氏。”韓跋所謂“戴震編纂《四庫全書》時依照宋槧原本所録”蓋受桂説影響。桂氏所述蜀本流傳係傳聞,無確證。梁氏蜀本後歸之於王之樞,方棨如曾於同年王虛舟處見閲,詳見方氏《困學紀聞》注。比較韓、孔、蜀三本行款和《章指》異文,可以發現孔韓二刻相似度極高,當出自同一底本,韓跋底本得自戴震之説信不誣。孔韓二本底本皆得自戴震,雖經校勘付梓,但據章指異文知兩書關係緊密,與蜀本關係較遠。

② 趙岐注,孫奭音義:《孟子趙注·音義下》,《叢書集成續編》影印清微波榭叢書本,新文豐出版公司,1989年,第37册,第160頁下—161頁上。跋文詳見下文,爲免重複,此處不再引用。

③ 余蕭客撰:《古經解鉤沉》卷一上《後序》,影印乾隆三十四年刻本,中華書局,2016年,第6—8頁。

④ 《古經解鉤沉》卷一上《例》,第14—15頁。

余蕭客《孟子章指》依據毛扆和惠棟兩個校本輯成,惠棟校本章指出自元盱郡重刊廖瑩中世彩堂《孟子趙注》刻本,毛扆校本章指來源,《例》未言。因余氏《古經解鉤沉》於輯文"每條下注所出書名",[①]故檢《孟子章指》章指下有用雙行小字注"惠校盱郡重刊寥氏本""毛扆校吴文定鈔本""毛校叢書堂本""毛校匏菴本"諸文。吴寬,字原博,號匏菴,謚文定。"叢書堂"是吴寬藏書樓名,據此可知余氏認爲毛扆校本章指出自吴寬抄本。

除《古經解鉤沉·孟子章指》中所記書名外,余蕭客再無隻言片語提及吴寬抄本。那麽本文何以將吴寬抄本爲經注説之源頭追溯至余氏?有鑒於《孟子》章指的特殊性——注疏本之趙注章指已混入疏中,殘缺不全,唯《孟子趙注》經注本保存了完整章指。有無章指是《孟子》經注本和注疏本的區别性特徵,故依據章指之有無,可以反向判定出經注本與注疏本。余蕭客將毛扆校本章指文獻出處注爲吴寬抄本,即是以爲吴寬抄本有章指,爲經注本。《例》"斧季手校《注疏》,不言章指出自蜀本"之語正可佐證:李開先所藏北宋蜀大字本(以下簡稱"蜀本")爲經注本,[②]余氏將毛扆校本章指文獻來源與蜀本相掛鉤,是以爲毛扆校本章指出自經注本,换言之,即認爲吴寬抄本爲經注本。

至於吴寬抄本的底本爲何,由於未見其書,余蕭客没有妄下結論,僅推測其底本當非蜀本。余氏認爲雖然毛扆"曾見章丘李氏所藏北宋蜀大字章句本,趙氏《篇敘》從此校出",但毛扆既然没有寫明"章指出自蜀本",那麽就不應當認爲吴寬抄本底本是蜀本《孟子趙注》。

乾隆辛巳(1761),盧文弨亦從朱奂處借得毛扆校本。與余蕭客不同,他在相關題跋及答友人汪中書信中明確稱吴寬抄本爲經注本。

乾隆丙申(1776),盧文弨《孟子注疏校本書後》曰:

> 乾隆辛巳,余從吴友朱文游奂(按:朱奂,字文游)處借得毛斧季所臨吴匏菴(按:吴寬,號匏菴,謚文定)校本,乃始見所爲章指者,獨於末卷缺如也。[③]

《答汪容甫中書》曰:

> 在辛巳歲,從吴友朱君文游處,借得毛斧季所臨吴匏菴趙注《孟子》校本,獨末卷缺《章

---

① 《古經解鉤沉》卷一上《例》,第12頁。

② "北宋蜀大字本"孟子章句,毛扆以爲北宋蜀大字本,後人本之,亦稱北宋蜀大字本。孟森《宋槧大字本孟子校記》考證此本避北宋諸帝諱,刊刻時代當爲南宋孝宗時,實當稱爲南宋蜀大字本。

③ 盧文弨撰:《抱經堂文集》卷八《跋》,《抱經堂全集》,浙江大學出版社,2017年,第八册,第164頁。

指》,於意終未慊也。①

乾隆丁酉(1777),盧文弨作《孟子章指序》曰:

乾隆辛巳之歲,借得毛斧季所臨吴匏菴鈔本《孟子注》,始見之,而末二卷尚闕,越十有六年而後覯其全焉。②

如上所示,吴寬抄本,盧文弨一稱"校本",一稱"鈔本",且言毛扆校本"末二卷尚闕"章指,則盧氏同余氏一樣所目見者僅有毛扆校本,没有見過吴寬抄本原件。"臨",過録之意,盧氏以爲毛扆《孟子》校注迻録自吴寬抄本。其言"毛斧季所臨吴匏菴趙注《孟子》校本""毛斧季所臨吴匏菴鈔本《孟子注》",蓋盧氏所見毛扆校本爲經注批校本形式,且有章指,故推斷毛扆校本所過録之吴寬抄本爲經注本。

余蕭客、盧文弨之後,唯戴震用過朱奂所藏毛扆校本。戴震跋《孟子趙注》:

吾友朱君文游出所藏校本二示余:一有"虞山毛扆手校"印記,稱引小宋本、元本、抄本,又有宋本又或稱寥氏本,而逐卷之末多記從吴文定抄本一校。何屺瞻(按:清何焯,字屺嶦)云:"毛斧季從真定梁氏(按:梁清標)借得宋槧本影鈔。"今未見其影鈔者。而此本《盡心下》惟"梓匠輪輿"有章指,餘並缺。一爲何仲子(按:清何煌,號仲子)手校之本,末記云:"文注用盱郡重刊寥氏善本校。"外有章邱李氏所藏北宋蜀大字章句本,毛斧季影鈔者,併得趙岐《孟子篇序》。於是臺卿之學殘失之餘,合之復完,亦一大快也。③

孔本由《孟子趙注》和《孟子音義》(附《篇敘》)兩部分組成,其所用參校本有毛扆校本、何煌校本、蜀本三種。毛扆校本、何煌校本爲孔本中《孟子趙注》之參校本,蜀本爲孔本中《孟子音義》(附《篇敘》)之參校本。戴跋"外有章邱李氏所藏北宋蜀大字章句本,毛斧季影鈔者,併得趙岐《孟子篇序》"之語,不免讓人生疑——孔本《孟子趙注》部分是否參校過蜀本?

黄丕烈《重雕蜀大字本孟子音義跋》曰:

① 《抱經堂文集》卷十九《書》,第367—368頁。此文從"從吴友朱君文游處"斷句,與《孟子注疏校本書後》中標點有别。

② 《抱經堂文集》卷二《序》,第31頁。

③ 《孟子趙注·音義下》,《叢書集成續編》影印清微波榭叢書本,第37册,第160頁下—161頁上。

> 余偶得影宋鈔本，爲虞山錢遵王述古堂藏書，即以付梓。其用爲校勘者，復假香嚴書屋（按：周錫瓚藏書樓名）藏本，**係汲古閣影宋鈔**，與此同出一源。卷中有一二誤字，兩本多同，當是宋刊原有。且文義顯然，讀者自辨，弗敢改易，致失其真。毛本有斧季跋，云："余在京師，得宋本《孟子音義》，發而讀之，其條目有'孟子篇敘'，注云'此趙氏述《孟子》七篇所以相次敘之意'，茫然不知所謂。書賈又挾北宋板《章句》求售，**亦係蜀本大字，皆章丘李氏開先藏書也**。卷末有《篇敘》之文，狂喜叫絶，令僮子影寫攜歸，附於《音釋》之後。後人勿易視之也。"①

黄丕烈所刊刻蜀本《孟子音義》以述古堂本爲底本，以周錫瓚所藏汲古閣影宋鈔本爲參校本。其所借用汲古閣本影宋鈔本有毛扆跋，跋載毛扆從李開先蜀本《孟子章句》中影鈔《篇敘》之事。據此跋知毛扆所影鈔者爲蜀本《孟子音義》及《孟子趙注》所附《篇敘》，即戴跋"外有"云云。綜上，孔本《孟子趙注》經注部分，戴震所用參校本唯朱奂毛扆校本和何煌校本兩個藏本。

戴震跋描述毛扆校本"稱引小宋本、元本、抄本，又有宋本又或稱寥氏本，而逐卷之末多記從吴文定抄本一校"，毛扆校本似以吴寬抄本爲主要參校本，而未明言吴寬抄本是經注本。吴寬抄本爲經注本由下句"何屺瞻云：'毛斧季從真定梁氏借得宋槧本影鈔。'今未見其影鈔者"之語而知。"何屺嶦云"云云本自《困學紀聞》何焯注："今刊本趙岐注，非全文……毛斧季從真定梁相公借得宋槧本、影鈔者具在，安得一好古之士重刊以復趙氏之舊也？"②按："真定梁相公"，即梁清標。梁清標，字玉立，號蕉林。今《續古逸叢書》所收之影清内府藏《宋槧大字本孟子》（蜀本）有"蕉林藏書"印，何焯所謂毛扆從梁清標借得之宋槧本即此本。戴震將吴寬抄本與毛扆影鈔蜀本之説聯繫起來，隱晦地提出了他的猜想：吴寬抄本底本爲蜀本。蓋因其"今未見其影鈔者"，故不敢直接斷言吴寬抄本底本是蜀本。

毛扆跋言曾見李開先所藏蜀本《孟子趙注》，并影鈔了《篇敘》。何焯跋載毛扆影鈔梁清標所藏蜀本《孟子趙注》之事，閻若璩曰："聞所未聞。"③戴震言"今未見其影鈔者"。毛扆是否影鈔過蜀本不得而知。余蕭客、戴震雖未見蜀本及毛扆影鈔者，但見毛扆校本以吴寬抄本爲主要參校本，受毛扆曾見蜀本之事與何焯所謂毛扆影鈔蜀本説之影響，不免將毛扆校本中吴寬抄本

---

① 黄丕烈撰，占旭東點校：《蕘圃刻書題識》，《黄丕烈藏書題跋集》，上海古籍出版社，2013 年，第 685 頁。"其條目有《孟子篇敘》，注云此趙氏述《孟子》七篇所以相次敘之意"，今標點改爲"其條目有'孟子篇敘'，注云'此趙氏述《孟子》七篇所以相次敘之意'"。

② 《困學紀聞》卷八《孟子》，第 1096 頁。

③ 《困學紀聞》卷八《孟子》，第 1094 頁。

與蜀本聯繫起來。至於吴寬抄本與蜀本關係,余蕭客認爲吴寬抄本底本非蜀本,而戴震懷疑吴寬抄本底本爲蜀本。儘管余蕭客、戴震二人對吴寬抄本的抄録對象看法不同,但在以吴寬抄本爲經注本這一點上是一致的。

余蕭客、盧文弨、戴震以吴寬抄本爲經注本的看法對後學影響巨大。阮元《孟子注疏校勘記序》言:

> 吴中舊有北宋蜀大字本、劉氏丹桂堂巾箱本、相州岳氏盱郡重刊廖瑩中世綵堂本,皆經注善本也。賴吴寬、毛扆、何焯、何煌、朱奂、余蕭客先後傳校,迄休寧戴震授曲阜孔繼涵、安邱韓岱雲鋟版,於是經注譌可証,闕可補。①

阮元受余蕭客、盧文弨、戴震之説影響,以爲毛扆所傳校者有吴寬所藏蜀本。後之學襲余、盧、戴、阮四人之説,或在研究清代《孟子章指》輯佚活動時將毛扆校本章指來源追溯至吴寬抄本,如日本學者杉山一也;②或有研究《孟子趙注》版本源流者,將吴寬抄本列入明代經注本抄本,如高正偉《〈孟子趙注〉版本源流考述》一文;③或有介紹藏書家者,生造《孟子章指》抄本一書而歸入吴寬名下,如任繼愈主編的《中國藏書樓》"見於記載者:影宋抄本《孟子章指》一卷",④李楠、李傑編著《中國古代藏書》"見於記載者有:影宋鈔本《孟子章指》一卷"。⑤毛扆校本參校所用之吴寬抄本爲經注本説幾成定論。

然而仔細分析余蕭客、盧文弨、戴震關於吴寬抄本的論述,可以發現三人當時僅見過毛扆校本,未曾見吴寬抄本和《孟子趙注》刻本。此三人受毛扆校本影響而對吴寬鈔本性質作出的論斷是否正確,值得討論。

---

① 趙岐注,孫奭疏:《孟子注疏》卷一上《孟子注疏校勘記序》,《十三經注疏》,影印清嘉慶二十年江西南昌府學刻本,中華書局,2009 年,第 5801 頁下。

② [日]杉山一也:《趙岐撰〈孟子章指〉輯佚》,《中國研究集刊》,1988 年第 6 號,第 19 頁。杉山一也"輯佚過程"圖中列毛扆校本來源有小宋本、元本、抄本、廖氏本、吴寬鈔五種。

③ 高正偉:《〈孟子趙注〉版本源流考述》,《圖書館雜誌》,2012 年第 2 期,第 77—78 頁。原文:"明代《孟子趙注》版本主要集中於注疏本,可考的經注本有吴寬抄本……在衆多吴氏抄本中,有《孟子注》。盧文弨《孟子章指序》云……"高説據盧文弨序跋而來。

④ 任繼愈編:《中國藏書樓 2》,遼寧人民出版社,2000 年,第 966 頁。按:查閲吴寬相關資料,未見吴寬有影宋抄本《孟子章指》之記載。蓋因編者受盧文弨《孟子章指序》及余蕭客輯《孟子章指》影響,從而著録如此。

⑤ 李楠、李傑編:《中國古代藏書》,中國商業出版社,2015 年,第 99 頁。按:此書列影宋抄本《孟子章指》於吴寬名下,可能襲自任繼愈《中國藏書樓》。

二、吴寬抄本爲經注本説質疑

余蕭客、盧文弨、戴震未見過吴寬抄本，而以吴寬抄本爲經注本的結論是基於毛扆校本章指出自吴寬抄本這一判斷而來。值得注意的是，毛扆校本所用參校者除吴寬抄本外，還有"小宋本、元本、廖本"。其中廖本爲經注本，有章指。那麽他們何以確定毛扆校本之章指必出自吴寬抄本而非廖本或小宋本、元本？他們的判斷是否合理？

毛扆校本、吴寬《孟子趙注》抄本今皆未見，在此條件下要回答上述問題，能利用的只有余蕭客、盧文弨、戴震關於毛扆校本的材料。通過對這些材料的整理分析，我們可以構建出毛扆校本的概貌，進而檢驗三人之説是否合理。經考證，筆者認爲僅據毛扆校本信息不能得出吴寬抄本爲經注本的結論，吴寬爲經注本之説甚爲可疑。以下從毛扆校本概貌和章指底本兩方面論述其疑。

有人懷疑戴震校本"所用毛扆校記應該與余蕭客所用的注疏本不是一個"，①此猜測可能受孔本《孟子趙注》影響而誤以爲戴震校本參校所用之毛扆校本爲經注本。因下文對毛扆校本情況的討論基於余蕭客、盧文弨、戴震所用毛扆校本是同一本這一大前提，故有必要首先釐正此説。毛扆校本爲朱奂藏本，盧文弨、余蕭客、戴震題跋皆言其所用毛扆校本皆借自朱奂處，且有毛扆手校印記，實爲同一本無疑。盧文弨見毛扆校本時間爲乾隆辛巳（二十六年，1761），余蕭客見於1761—1762年之間，所見時間相近，盧文弨所見本爲"毛斧季所臨"、余蕭客所見本亦爲"斧季手校"。戴震借於乾隆壬辰（1772），晚於盧、余二人十年左右，其所見本"有'虞山毛扆手校'印記"，②且所缺章指卷與盧文弨題識所載合，足以見余、盧、戴所用本同。

（一）毛扆校本概貌

關於毛扆校本，盧文弨言"毛斧季所臨吴匏菴趙注《孟子》校本""毛斧季所臨吴匏菴鈔本《孟子注》"，余蕭客言"斧季手校《注疏》"。結合兩人描述，余氏所謂"注疏"指毛扆校本的工作底本，盧氏所謂"孟子注"則是就毛扆批校者爲注疏本經注部分而言。

余蕭客"注疏"是指毛扆校本工作底本，這點從余氏《孟子章指》輯本中所注章指文獻出處可證。余蕭客《孟子章指》分上下兩卷，以《離婁下》爲界，《離婁下》卷八上屬"孟子上"，《離婁

---

① 李暢然：《清代〈孟子〉學史大綱》，北京大學出版社，2011年，第258頁。文中未對此觀點有進一步論證。

② 《孟子趙注・音義下》，《叢書集成續編》影印清微波榭叢書本，第37册，第160頁下。

下》卷八下爲“孟子下”始。今依照《孟子注疏》卷次對余蕭客書中注明出處者重新整理，爲了便覽，章指内容以其所在章之章次號代表。①列表如下：

卷次（首章—終章）	各卷章指之文獻出處注語
《梁惠王上》卷一上(1—5)	1 毛扆校吴文定鈔本；2 同前(按：毛扆校吴文定鈔本)
《梁惠王上》卷一下(6—7)	6 並毛校吴文定本
《梁惠王下》卷二上(8—12)	12 並毛扆校叢書堂録本
《梁惠王下》卷二下(13—23)	17 並毛扆校匏菴藏本；18 毛校匏菴本；23 並毛校匏菴本
《公孫丑上》卷三上(24—25)	24、25 毛校叢書堂本
《公孫丑上》卷三下(26—32)	(毛校吴文定本)②
《公孫丑下》卷四上(33—38)	38 並毛校吴文定本
《公孫丑下》卷四下(39—46)	41、45 並毛校叢書堂本；42 毛校叢書堂本；46 惠校盱郡重刊廖氏本
《滕文公上》卷五上(47—49)	48 並毛校吴文定本；49 毛校吴文定本；
《滕文公上》卷五下(50—51)	51 並毛校吴文定本
《滕文公下》卷六上(52—57)	52、53 毛校叢書堂本；57 並毛校叢書堂本
《滕文公下》卷六下(58—61)	59 並毛校匏菴本；60、61 毛校匏菴本
《離婁上》卷七上(62—69)	(毛校吴文定本)
《離婁上》卷七下(70—89)	89 並毛校吴文定本
《離婁下》卷八上(90—111)	90、91 惠校盱郡重刊廖氏本；108、111 並毛校吴文定本；109 毛校吴文定本
《離婁下》卷八下(112—122)	121 並惠校盱郡重刊廖氏本；122 惠校盱郡重刊廖氏本
《萬章上》卷九上(123—126)	123 毛校吴文定本；126 並毛校吴文定本
《萬章上》卷九下(127—131)	127 毛校吴文定本
《萬章下》卷十上(132—134)	(毛校吴文定本)
《萬章下》卷十下(135—140)	140 並毛校吴文定本
《告子上》卷十一上(141—147)	141、142、147 毛校吴文定本；146 並毛校吴文定本
《告子上》卷十一下(148—160)	160 並毛校吴文定本
《告子下》卷十二上(161—166)	162、166 並毛校吴文定本

① 《孟子》261 章，每章趙岐皆作有章指，故 261 章章指可與阿拉伯數字 1—261 一一對應。如“1”代表《梁惠王上》第一章“孟子見梁惠王”章章指，“5”代表《梁惠王上》第五章“晉國天下莫强焉”章章指，以此類推。

② 余蕭客小注凡有“並”字的包括前面若干條。“《公孫丑上》卷三下(26—32)”無注，卷三上 25 注“毛校叢書堂本”，卷四上 38 注“並毛校吴文定本”，據“並”，知 26 至 38 毛扆題識内容皆爲“毛校吴文定本”，爲了直觀便覽，今加括號補於表中以示區别。表中“《離婁上》卷七上”“《萬章下》卷十上”情況同此，下文不另出注説明。

續表

卷次(首章—終章)	各卷章指之文獻出處注語
《告子下》卷十二下(167—176)	169 並惠校盱郡重刊寥氏本;172 毛校吴文定本;174、176 並毛校吴文定本
《盡心上》卷十三上(177—197)	187、190、196 並毛校吴文定本;188 惠校盱郡重刊寥氏本
《盡心上》卷十三下(198—223)	201、203、210、213、216 並毛校吴文定本;217 惠校盱郡重刊寥氏本
《盡心下》卷十四上(224—248)	224 並毛校吴文定本;228 毛校吴文定本①
《盡心下》卷十四下(249—261)	

如上表所示:

1. 余氏出注有詳有略,凡有"並"字的,包括其前未出小注的若干條。如此,表中"《公孫丑上》卷三下""《離婁上》卷七上""《萬章下》卷十上"若出注,注語當爲"毛校吴文定本"。

2. 各行内章指出處名稱統一,或以吴寬之號"匏菴",或以其謚號"吴文定",或以其藏書樓名"叢書堂"代指吴寬抄本。如"卷二下"之文獻來源,余蕭客一作"並毛校匏菴本",一作"並毛扆校匏菴藏本",一作"毛校匏菴本",三者小異而大同,皆是以吴寬之號代稱吴寬抄本;"卷三上"注"毛校叢書堂本",是以吴寬藏書樓名代指吴寬抄本。戴跋言"逐卷之末多記從吴文定抄本一校",由此可以推知余蕭客所注出處之名稱襲用自毛扆校本卷末識語。

3. 表中《梁惠王下》卷二上下、《公孫丑上》卷三上下、《公孫丑下》卷四上下、《滕文公下》卷六上下之文獻出處名稱有别,此正可證毛扆校本乃以注疏本爲工作底本。若毛扆校本爲經注本,則卷二上下、卷三上下、卷四上下、卷六上下之出處名稱當統一,同作"叢書堂本""吴文定本""匏菴本"。據此四例,可以確定毛扆校本的工作底本爲注疏本,余蕭客所説信不誣。

毛扆校本工作底本爲注疏本,以盧文弨書跋驗之亦相合。盧文弨《孟子注疏校本書後》和《答汪容甫中書》言毛扆校本"獨末卷缺《章指》",②《孟子章指序》又言"而末二卷尚闕"章指。③盧氏兩説"末卷",一説"末二卷","末二卷"之"二"是否爲筆誤?如果不是筆誤,那麽毛扆校本所缺章指卷到底是哪一卷?盧氏所記爲何前後不一?戴震《孟子趙注》跋記毛扆校本"《盡心下》惟'梓匠輪輿'有章指,餘並缺"。余蕭客《孟子章指》輯本《盡心下》只輯有"不仁哉"和"梓匠輪輿"兩章章指,"不仁哉"章章指下注"並毛校吴文定本","梓匠輪輿"章章指下注"毛校吴文定本"。此兩章章指余氏皆注明録自毛扆校本,戴震跋僅記一條,是戴氏漏記"不仁哉"章章指。綜合戴震、余蕭客所言,知毛扆校本所缺章指卷爲《盡心下》。《盡心下》,經注本爲一卷,注疏本

① 毛扆校本《盡心下》章指僅有"不仁哉"和"梓匠輪輿"兩章章指,特此注明。

② 《抱經堂文集》卷十九《書》,第 367 頁。

③ 《抱經堂文集》卷二《序》,第 31 頁。

則分爲上下兩子卷。只有當毛扆校本是以《孟子注疏》爲工作底本的經注批注本時，盧文弨“末卷”“末二卷”之疑方可解——所説“末卷”是就其批校内容(經注部分)分卷而言的，所説“末二卷”是就其工作底本分卷而言的。

余蕭客、盧文弨、戴震皆用毛扆校本，所記各有側重，其説既可互爲補充又可相互佐證。結合余蕭客、盧文弨之説，戴跋“逐卷之末多記從吴文定抄本一校”之語，可析爲三點：一、毛扆識語題於卷末；二、每卷末毛扆皆有識語；三、識語多爲“從吴文定一校”。已知毛扆校本是以《孟子注疏》爲工作底本的經注批注本，則其卷末識語情況大抵如下：

1.《梁惠王上》卷一上、下，《公孫丑上》卷三下，《公孫丑下》卷四上，《滕文公上》卷五上、下，《離婁上》卷七上、下，《離婁下》卷八上，《萬章上》卷九上、下，《萬章下》卷十上、下，《告子上》卷十一上、下，《告子下》卷十二上、下，《盡心上》卷十三上、下，《盡心下》卷十四上，共二十卷，卷末識語作“從吴文定鈔本(吴文定本)一校”。

2.《梁惠王下》卷二上、《公孫丑上》卷三上、《公孫丑下》卷四下、《滕文公下》卷六上，共四卷，卷末識語作“從叢書堂録本(叢書堂本)一校”。

3.《梁惠王下》卷二下、《滕文公下》卷六下，共兩卷，卷末識語作“從匏菴藏本(匏菴本)一校”。

4.《離婁下》卷八下、《盡心下》卷十四下，共兩卷，卷末識語不詳。

綜上，毛扆校本是以《孟子注疏》爲工作底本的經注批注本，每卷末皆有毛扆題識，且有章指。據此不足以推出吴寬抄本爲經注本的結論。毛扆題識中書名有規律性，合理懷疑是受到了抄録對象分卷的影響。試從此點切入加以分析，若吴寬抄本爲經注本，那麽毛扆抄寫時受抄録對象分卷影響，毛扆校本題識中文獻來源名稱變化應與經注本分卷一致。然而毛扆校本《梁惠王下》卷二上下、《公孫丑上》卷三上下、《公孫丑下》卷四上下、《滕文公下》卷六上下題識文獻出處名稱有别，據此則不能排除吴寬抄本爲注疏本這一可能。

(二) 毛扆校本章指底本考

關於毛扆校本所用參校本，戴震《孟子趙注》跋言“稱引小宋本、元本、抄本，又有宋本又或稱寥氏本，而逐卷之末多記從吴文定抄本一校”。[①]

“小宋本”疑當爲鄭師山所藏劉氏丹桂堂單注巾箱本《孟子》(以下簡稱“丹桂堂本”)。丹桂堂本，阮元《孟子注疏校勘記》稱爲“宋本”，方棨如校本稱“小字宋本”。[②]毛扆校本中“廖氏本”又稱“宋本”，“小宋本”前加“小”字，既可指明此宋本特徵，又可與廖本相區别，因此稱“小宋本”

① 《孟子趙注・音義下》，《叢書集成續編》影印清微波榭叢書本，第37册，第160頁下。

② 趙岐撰，周廣業校注：《孟子章指》，寧波市天一閣博物館藏稿本。

者極有可能指丹桂堂本。丹桂堂本原爲錢沅所有，後轉贈何焯。何焯《孟子》識語曰：

> 康熙丙戌（四十五年，1706）常熟錢楚殷（按：錢沅）以宋劉氏丹桂堂巾箱本《孟子》見贈，其中闕《公孫丑》《告子》二册，雖非完書，然猶是鄭師山（按：鄭玉）舊藏也，袪疑正誤，爲功甚大。①

此本由錢沅贈予何焯時已非完秩，缺《公孫丑》和《告子》四卷。其後，毛扆、方棨如又分别從何焯處借閲。方棨如自言曾“從義門所藏小字版補證”蜀本《孟子》。②毛扆未言“小宋本”來源，考慮到其與何焯關係密切，何焯《跋〈孟子音義〉》就講了他將建陽殘本《孟子》五册“傳於毛氏”之事，③則毛扆校本中之“小宋本”應是借自何焯。

“元本”“吴文定抄本”，此處僅據余蕭客、盧文弨、戴震描述難以判斷，詳見後文。

“宋本又或稱廖氏本”，其爲毛扆舊藏，何焯曾於康熙辛卯（1711）春日見“汲古毛氏以影寫元盱郡重刊寥氏善本質錢於志雅齋”。④《天禄琳琅書目後編・影宋鈔諸部》有“《孟子》一函，七册，趙岐注。每卷末亦有‘盱郡重刊寥氏善本’各種印。琴川毛氏影鈔，商邱宋氏藏”，⑤此即毛扆轉售志雅齋本，後由宋筠收藏，⑥又流入内府。

綜上所述，毛扆校本所用參校本有丹桂堂本、元本、吴寬抄本、廖本四種。這四種本子中，可以確定至少丹桂堂本、廖本兩種有章指。毛扆校本章指底本出自何書？余蕭客《孟子章指》輯本中，除《公孫丑下》“孟子去齊居休”（46）一章，⑦《離婁下》“舜生於諸馮”（90）、“子産聽鄭國”（91）、“可以取”（112）至“齊人有一妻”（122）十一章，《告子下》“五霸者”（167）至“今之事君”（169）三章，《盡心上》“以佚道使民”（188）、“君子之所以”（217）兩章，共 19 章章指爲“惠校盱郡重刊廖本”，加上毛扆校本《盡心下》所缺 36 章章指外，其餘 206 章章指皆録自毛扆校本，詳見上表。何焯所藏丹桂堂巾箱本已亡《公孫丑》《告子》兩册，换而言之，毛扆校本此兩篇章指未參

① 傅增湘撰：《藏園群書經眼録》卷一《經部一・總類》，中華書局，2009 年，第 5 頁。“孟子”“公孫丑”“告子”原無書名號，今補。

② 《困學紀聞》卷八《孟子》，第 1097 頁。

③ 何焯：《義門先生集》卷九《跋》，清宣統元年廣州吴蔭培刻本，第二葉 A。

④ 《藏園群書經眼録》卷一《經部一・總類》，第 5 頁。

⑤ 彭袁瑞等著、徐德明標點：《天禄琳琅書目後編》卷八《影宋鈔諸部》，上海古籍出版社，2007 年，第 565 頁。

⑥ 《天禄琳琅書目後編・影宋鈔諸部》“《孟子》一函，七册”每册首有“三晉提刑”朱文印。“三晉提刑”爲宋筠藏印。宋筠，字蘭揮。葉昌熾《藏書紀事詩》卷四“宋犖牧仲，子筠蘭輝”條：“儀顧堂《元槧白虎通跋》：‘每册有毛子晉、宋蘭揮印，《汲古閣祕本書目》爲潘稼堂開值，議價不諧，其書多爲商丘宋氏所得。’”（古典文學出版社，1958 年，第 219 頁）

⑦ 爲方便讀者參照上表，特以括號標出章指對應數字。

考丹桂堂本。今廖本存而丹桂堂本《孟子》無考，因爲存在丹桂堂本這一變量，爲了準確釐清毛扆校本章指與丹桂堂本、廖本關係，故將毛扆校本 206 章章指分兩組討論。《公孫丑》《告子》兩篇爲一組，《梁惠王》《滕文公》《離婁》《萬章》《盡心》五篇爲一組。

不計“並”“竝”、“修”“脩”、“于”“於”等異體字，《公孫丑》《告子》兩篇中，余蕭客輯本所録毛扆校本（以下簡稱“余本”）與廖本章指相異者有 5 處：

1.《告子上》“性猶杞柳”章章指“順夫自然”之“順”，孔本、韓本、諸本[①]皆作“順”，余本獨作“任”，疑爲訛字。

2.《告子上》“何以謂義内”章章指“不本其原”之“原”，孔本、韓本、諸本皆作“原”，獨余本作“源”。“源”“原”爲古今字。

3.《告子上》“拱把之桐”章章指“誠未達者”之“誠”，孔本、韓本、諸本皆同，獨余本作“誠”，形近而訛。

4.《告子下》“先名實者”章章指“淳于雖辯”之“辯”，經注本作“辯”，注疏本作“辨”，孔本、韓本、余本與注疏本同。

5.《告子下》“吾欲二十”章章指“夷狄有君，不足爲貴”，諸本皆同，韓本、余本無此兩句，孔本作“貉道有然，不足爲貴”，是毛扆校本章指漏抄。

以上 5 條異文中，一條闕文，兩條訛文，一條與注疏本同，一條古今字，一條與諸本皆異。又《告子上》“性猶湍水”章章指“迫勢激躍”之“躍”，孔本、韓本、諸本皆作“躍”，獨余本與廖本作“濯”。戴震懷疑吴寬抄本以蜀本爲底本，然其與蜀本章指相異者含上列五條在内共有 12 處，且《公孫丑上》“伯夷非其”章章指“純聖能然”，注疏本闕，蜀本“然”獨作“終”。丹桂堂本無此兩篇，毛扆校本此兩章章指不可能用了丹桂堂本。據異文情況，基本可以確定此兩篇章指出自廖本，未參用其他經注本。

《梁惠王》《滕文公》《離婁》《萬章》《盡心》五篇中，余蕭客輯本所録毛扆校本章指與廖本相異者有 29 章 31 處，可分四類：

1. 異文與注疏本同者 6 章 6 處：與八行、十行注疏本全同而與孔本、韓本等經注本異者 5 章 5 處，與汲古閣刻本、北監本、阮刻本等十行注疏本、孔本、韓本同而與八行注疏本、南監本及

---

① “諸本”包括八行、十行注疏本（北監本、南監本、李元陽閩刻本、毛晉汲古閣刻本、阮元南昌府學刻本）、蜀本、盱郡重刊宋廖氏本、《音注孟子》、《七經孟子考文補遺》、阮刻本附何煌校盱郡重刊廖本等章指輯本。注疏本每章注末雖無章指之名和全文，但十四卷每卷疏首“×章”云云和每章下疏首“此章言”云云皆乃刪括章指爲之，故有異文可比。孔本、韓本兩刻本之底本來自戴震，戴震校本章指參校書與余蕭客本同，後來經刻書者勘校，孔本、韓本、余本三本章指有出入。鑒於此，故特別列出孔本、韓本兩書異文，以期助於辨別哪些是余書承襲毛扆校本章指之誤。

其他經注本異者1章1處。

2. 異文與經文同者1章1處。①

3. 與孔本、韓本、諸本異者19章21處：注疏本存而與孔本、韓本、諸本皆異者13章14處，注疏本無而與孔本、韓本、諸本皆異者7章8處。②其中闕文者有4處，句尾語氣詞異者4處，訛文者2處。

4. 其他，2章2處。③

以上四類中，第三類因丹桂堂本這一變量的存在，異文成因難以斷言，不知襲自丹桂堂本，還是生自吴寬抄本、毛扆校本、余蕭客輯本。雖然此組異文情况複雜，但仍可以看出毛扆校本章指與廖本關係密切。且此五篇中余蕭客所録毛扆校本章指與廖本獨同者有4處，與蜀本獨同者無，與上組結論一致。對比余蕭客《孟子章指》輯本所存毛扆校本與經注本、注疏本章指文字之異同，可以發現余蕭客轉抄之毛扆校本章指是以廖本爲底本，參考丹桂堂本(存疑)、注疏本等改字的一個混雜本。如此，若依余氏、盧氏、戴氏以吴寬抄本爲經注本，毛扆校本章指抄録自吴寬抄本之説，則吴寬抄本底本當爲廖本。毛扆校本所用參校本中已有廖本，若吴寬抄本底本爲廖本，豈不重複？且毛扆爲何不直接用廖本章指而轉用廖本抄本(吴寬抄本)章指？

綜上所述，吴寬抄本爲經注本之説存在問題。首先，毛扆校本是以《孟子注疏》爲工作底本的經注批注本，此不足以證明吴寬抄本爲經注本。反而毛扆題識中吴寬抄本的名稱變化與注疏本分卷一致，其所抄録對象——吴寬鈔本有可能爲注疏本。其次，余蕭客《古經解鉤沉》所録毛扆校本章指底本爲廖本，廖本已是毛扆校本所用四種參校本之一，若吴寬抄本底本仍是廖本，於理難通。

三、吴寬抄本爲叢書堂抄本《孟子注疏解經》

毛扆校本章指出自吴寬抄本是吴寬抄本爲經注本説的充分不必要條件，换而言之，也就是

---

① 《離婁上》"求也爲季氏宰"章章指"以戰殺民"，注疏無，余本、阮刻本附何煌校盱郡重刊廖本作"以戰殺人"，蜀本、廖本、《音注孟子》、考文古本及孔本、韓本作"民"。此章經曰"争地以戰，殺人盈野；争城以戰，殺人盈城"，余本、阮刻本附何煌校盱郡重刊廖本之"人"當據經文而改。

② 其中《離婁下》"仲尼不爲"章章指"《論》曰'疾之已甚'"，注疏本無(阮刻本有，作"論曰")，余本、韓本作"論語曰"，《音注孟子》、足利本作"語曰"，他本皆作"論曰"。除此條外，其他19章，孔本、韓本亦與余本異。

③ 一爲《離婁上》"三代之得"章章指"患必及身"之"及"，唯余本、孔本、阮刻本附何煌校盱郡重刊廖本作"在"。原因不明。按：《孟子》有"殃必及身"，當"及"爲是。一爲《離婁上》"天下大悦"章章指"頑嚚厎豫"之"厎"，《音注孟子》、考文古本、余本作"底"，阮元《校勘記》"而瞽叟厎豫"下出校："閩監毛三本同，孔本、韓本'厎'作'底'，案《音義》'之爾切'是用'厎'字。案經典内凡曰'厎，致也'皆之爾切，與底都禮切不同。經典内用底字不多，而俗刻多厎訛爲底。"

説即使考證出毛扆校本章指非録自吴寬抄本,也不能推翻吴寬抄本爲經注本之説。要考證吴寬抄本爲經注本説之真僞,最終還需回到吴寬抄本本書。今吴寬抄本蹤跡不明,可參考者只有余蕭客、盧文弨、戴震三人相關遺文。然盧文弨《群書拾補》無《孟子》,孔本、韓本《孟子趙注》無校勘記,余蕭客所輯《孟子章指》實是毛扆校本之章指,不足爲憑。幸南京圖書館藏有一部盧文弨《孟子趙注》校本。

此藏本前六卷爲韓本,卷七據孔本補抄,卷八至《音義》以孔本補配。封面有丁丙跋語,曰:"《孟子趙氏注》十四卷,盧抱經校,微波榭刊宋本……此本復爲盧文弨、孫志祖再校,可謂善而又善。有'盧文昭''弓父手校''志祖校過'諸印。"①卷一末有孫志祖識語"嘉慶丙辰(元年,1796)二月三日,志祖借《七經考文》校"。自卷八起所補配之孔本始有盧文弨校文和題識,卷八卷末題識記"癸卯(乾隆四十八年,1783)二月十一日校",卷九末記"癸卯二月十四日校",卷十末記"癸卯二月十四日閱",卷十一末記"二月望日閱",卷十二末記"癸卯二月十六日閱",卷十三末記"癸卯二月十六日閱",卷十四末記"乾隆壬寅(1782)九月三日先以舊所鈔《章指》校一過,東里盧文弨書于三立書院。癸卯二月十七日,弓父校趙注全"。《孟子音義上》卷末記"二月望後,患嗽,遂腸脱呻吟甚苦。昨用五棓子生礬洗患處,乃可小坐,略閱此卷。醫者慈谿秦璉宅安也。二十一日弓父書"。《孟子音義下》卷末記"乾隆癸卯二月二十四日盧弓父閱"。由衆題識知,此書校於乾隆壬寅至癸卯間,距離盧文弨乾隆辛巳(1761)初見毛扆校本之《孟子章指》已過二十余年。惜毛扆校本闕《盡心篇》章指,盧氏搜求多年,終於在乾隆丙申年(1776)才借得汪中自録何煌本《孟子章指》。其求書經過在乾隆丙申年所書《孟子注疏校本書後》《答汪容甫中書》《十一經問對》題識及丁酉年(1777)所書《孟子章指序》中皆有論述,其所輯章指即此校本所言"先以舊所鈔《章指》校一過"之"舊所鈔"章指。此抄本匯集了盧氏多年校勘《孟子趙注》的成果,涉及衆多參校本,有"古本""足利本""《考文》""元本""監本""毛云""鈔本""疏""舊作"等,其中"毛云"當指毛扆校本中校語,"鈔本"當指吴寬抄本。此本校語中存吴寬抄本異文者共3條:

1.《離婁下》"君之視臣如手足"章經文"有故而去則君使人導之",毛云:"鈔本、舊南本無'君'字。"(孔本卷八,第二葉B)

按:"舊南本",即南監本。元代翻刻宋十行本《孟子注疏解經》,至明代修補,版歸南京國子監,世稱南監本,今有《中華再造善本》影印本,據北京市文物局藏《十三經注疏》影印。毛扆校本"稱引小宋本、元本、抄本,又有宋本又或稱寥氏本",②無"舊南本"。排除"小宋本""抄本"

---

① 此跋語亦載丁丙撰《善本書室藏書志》卷四《經部八》"孟子注疏解經十四卷"條,《宋元明清書目題跋叢刊・清代卷》第三册,中華書局,2006年,第444頁。

② 《孟子趙注・音義下》,《叢書集成續編》影印清微波榭叢書本,第37册,第160頁下。

“廖氏本”，則盧校之“舊南本”對應戴跋之“元本”，即《孟子注疏解經》十行本。

阮元《校勘記》“則使人導之出疆”下言：“閩、監、毛三本。孔本、韓本‘則’下有‘君’。”①宋刻元明遞修八行本《孟子注疏解經》亦無“君”字。②蜀本、寥本、《音注孟子》有“君”字。③“閩、監、毛”爲注疏十行本，孔本、韓本、蜀本、廖本、《音注孟子》爲經注本。綜上，注疏本無“君”字，而經注本則有“君”字。毛校言“鈔本”(吴寬抄本)無“君”字，可以推知其當爲注疏本。

2.《離婁下》“逢蒙學射於羿”章經文“我不忍以夫子之道”，“以”字旁注“於”，盧文弨於此行上有校語，云：“鈔本‘於’。”(孔本卷八，第十葉 B)

按：“鈔本‘於’”，此乃毛扆校吴寬抄本而盧氏迻録者。檢《孟子》諸本，經注本、注疏本皆作“以”，襄公十四年《左傳》孔穎達疏引《孟子》此文亦作“以夫子之道”。吴寬抄本“以”作“於”，“於”字誤。

3.《告子下》“今之事君者”章經文“今之事君者皆曰”，毛云：“廖本、小宋本俱無‘皆’字。”(孔本卷十二，第十三葉 A)

按：毛扆不言元本和吴寬抄本，是兩書有“皆”字。阮元《校勘記》“今之事君者皆曰”下出校，曰：“閩、監、毛三本，孔本同。《考文》古本、足利本無‘皆’字。”④宋刻元明遞修八行本《孟子注疏》有“皆”，⑤蜀本、《音注孟子》無“皆”字。⑥“閔、監、毛”爲注疏十行本，孔本、《考文》古本、《考文》足利本、蜀本、《音注孟子》爲經注本。綜上，注疏本有“皆”字，而經注本並無“皆”字。吴寬抄本有“皆”字，則當爲注疏本。

以上 3 例中，1 例文字與諸本皆不合，2 例文字與注疏本合而不合於經注本(包括廖本)，

結合上文毛扆校本章指之底本爲廖本之説，可知：一、吴寬抄本抄録對象非廖本；二、毛扆校本章指非出自吴寬抄本；三、吴寬抄本爲注疏本。

若以吴寬抄本爲注疏本這一綫索搜尋時，很容易注意到明常州吴氏叢書堂抄本《孟子注疏解經》一書。此書黄丕烈有題跋，現全録其跋如下：

---

① 《孟子注疏》卷八上《校勘記》，《十三經注疏》，影印清嘉慶二十年江西南昌府學刻本，第 5934 頁上。

② 趙岐注，孫奭疏：《孟子注疏解經》卷八上《離婁章句下》，《孟子文獻集成》第二册，影印宋兩浙東路茶鹽司刻本，山東人民出版社，2016 年，第 533 頁。

③ 趙岐注，蔣鵬翔、沈楠編：《景宋蜀刻本孟子趙注》卷八《離婁章句下》，影印古逸叢書本，廣西師範大學出版社，2018 年，第 252 頁；趙岐注，孫奭音義：《音注孟子》卷八《離婁章句下》，《叢書集成續編》影印吉石盦叢書本，第 37 册，第 205 頁下。

④ 《孟子注疏》卷十二下《校勘記》，《十三經注疏》影印清嘉慶二十年江西南昌府學刻本，第 6011 頁下。

⑤ 《孟子注疏解經》卷十二下《告子章句下》，影印宋兩浙東路茶鹽司刻本，第 828 頁。

⑥ 《景宋蜀刻本孟子趙注》卷十二《告子章句下》，第 406 頁；《音注孟子》卷十二《告子章句下》，《叢書集成續編》影印吉石盦叢書本，第 37 册，第 228 頁下。

> 是書於辛亥歲從學餘書肆中得來。始余於肆中見有是書，攜歸繙閲，見有殘缺，心不甚喜，因還之。後偶檢錢曾《讀書敏求記》，其所載"《孟子注疏》十四卷，是叢書堂録本，簡端五行，爲匏翁手筆。古人於注疏皆命侍史繕寫，好書之勤若是。間以建本、監本對校，踳謬脱落，乃知匏翁鈔此爲不徒也"云云，方悟所見之本爲也是翁（按：錢曾，號也是翁）家故物。亟往索之，云已攜至玉峯書籍街去矣。待至書船返棹，而是書依然在焉。喜甚，攜之歸。開卷視此五行，果與後之筆跡迥殊，其爲叢書堂録本無疑。至卷中鈔寫不全，想係照宋刻録出之故，容俟暇日取他本對校，以徵此本之善。噫！遵王所藏曾幾何時而已入書賈之手，豈不可惜！然猶幸余之因《敏求記》中語而知是書而寶之，不亦快哉！壬子九月四日命工重裝，書此數語於後。黄丕烈。①

吴寬抄本《孟子注疏解經》原是錢曾藏品，黄丕烈於書肆發現而購得。此本抄録對象，黄氏言"想係照宋刻録出"。李峻岫據其用字情況，考證出其抄録對象爲宋八行本，"而且當是刊刻時間較早的宋代原刻八行本"。②與現存宋刻元明遞修八行本《孟子注疏解經》相比，其抄録對象更早，保存了宋刻原貌。此抄本現藏於國家圖書館，索書號爲 07306。檢閲此書，其文與盧文弨《孟子趙注》校本所存三處吴寬抄本異文皆同。特别是例 2《孟子・離婁下》"逢蒙學射於羿"章經文"我不忍以夫子之道"之"以"字，經注本、注疏本皆作"以"，盧文弨校語中所言吴寬抄本獨作"於"。國家圖書館所藏叢書堂抄本《孟子注疏解經》亦作"於"，與盧文弨所記吴寬抄本異文同。此異文足以證明毛扆校本中參校所用之吴寬抄本即此本。

綜上所考，《孟子》毛扆校本參校所用之吴寬抄本非經注本，實爲國家圖書館所藏叢書堂抄本《孟子注疏解經》。毛扆校本參校所用者有宋劉氏丹桂堂巾箱本《孟子趙注》、元旴郡重刊廖氏本《孟子趙注》、元十行本《孟子注疏解經》、叢書堂八行本抄本《孟子注疏解經》四種，其中元十行本《孟子注疏解經》、叢書堂八行本抄本《孟子注疏解經》雖爲注疏本，但因爲這兩種版本稀見，文獻價值高，故毛扆選用其校勘《孟子》經注文。余蕭客、盧文弨、戴震三人校勘輯佚《孟子》時，未見吴寬抄本原本和《孟子》經注本，受毛扆校本批校形式和章指影響，誤以爲其所用參校之吴寬抄本爲經注本，後世學者咸承其説，無有異議。經考證，發現毛扆校本實是以《孟子注疏》爲工作底本的經注批注本，其章指底本爲廖本。此與吴寬抄本爲經注本説有牴牾之處。通過南京圖書館盧文弨《孟子趙注》校本中所載吴寬抄本異文與《孟子》諸本對比，最終確定吴寬抄本實是叢書堂抄本《孟子注疏解經》。吴寬抄本得以考實，對重新認識叢書堂抄本《孟子注疏解經》的價值、地位以及對研究清代孟子趙注版本、輯佚、校勘等有重要意義。

---

① 《蕘圃藏書題識》卷一"孟子注疏解經十四卷"條，《黄丕烈藏書題跋集》，第 43—44 頁。

② 李峻岫：《試析八行本〈孟子注疏解經〉的版本價值》，《儒家典籍與思想研究》，2013 年第 5 期，第 147 頁。

《左傳》整理的新高度

——讀趙生群《春秋左傳詳注》

□郭　帥

［摘　要］ 趙生群教授的《春秋左傳詳注》疏解周詳，注釋簡明，該書在典章、名物、義理、史實、文字校勘、標點、訓詁等諸多方面作了全面深入探索，尤其重視常用字詞、虛詞的釋讀，新見迭出，精彩紛呈，是當代整理《左傳》的典範之作，爲閱讀《春秋》《左傳》提供了一個精善的注本。

［關鍵詞］《左傳》；注釋；經學；常用字詞

［作者簡介］ 郭帥，山東大學文學院博士後（濟南　250100）

《左傳》是中華文化的核心典籍之一，是研究我國古代經學、史學、文學、語言學等必讀的原典。《左傳》加上《春秋》，將近二十萬字，内容涉及春秋歷史文化的諸多方面，雖經歷代學者研究，依然存在不少疑難之處，要想完全讀通，並非易事。新世紀以來，學界在《左傳》研究方面積累了豐碩成果，社會及學界亟需一部既能反映當代學術水平，又能方便閱讀普及的《左傳》注本。2008 年，趙生群教授的《春秋左傳新注》（下簡稱《新注》）在陝西人民出版社出版，廣受好評，影響海外。近期，趙先生的《春秋左傳詳注》（下簡稱《詳注》）又在中華書局出版，是作者積十餘年之力，對《新注》修訂的成果。此次修訂，删去了《新注》所附的《導論》，增加出注條目，修改注釋，可謂精益求精。《詳注》簡約詳明，創見迭出，無疑是當代《春秋》《左傳》注釋的翹楚之作，具有極高的學術水準。該書的建樹及特色主要有以下幾點。

一、開宗明義　回歸經學

《春秋》是否爲孔子所作，是經還是史？《左傳》是《春秋》之傳，還是一部獨立的史書？這都是在研讀《左傳》時無法迴避的基本問題，也是歷史上長期聚訟的學術公案。

西漢時，今文經學博士抨擊《左傳》不傳《春秋》，劉歆篤信《左傳》，他作《移書讓太常博士》，指責今文家“專己守殘,黨同門,妒道真”。[①]清代劉逢禄撰《左氏春秋考證》,質疑《左傳》解經之語皆爲劉歆竄入,劉歆改《左傳》爲傳《春秋》之書。康有爲又撰《新學僞經考》,認爲所有的古文經皆出自劉歆僞造。民國間疑古思潮興起,錢玄同指出,《春秋》非孔子所作,它不過是一部魯國的“斷爛朝報”,不但没有所謂的“微言大義”等等,並且是没有組織,没有體例,不成東西的史料而已。[②]20 世紀 80 年代,楊伯峻在《春秋左傳注・前言》中表達了類似觀點,認爲“孔丘實未嘗修《春秋》,更不曾作《春秋》”,“《春秋》是魯國的一部自隱公元年至哀公十四年(後人又續至十六年)共二百四十四年間的不完備而可信的編年史”。[③]

《春秋》是經是史、《左傳》是否爲解經而作,牽涉到《春秋》《左傳》兩書的關係、《左傳》真僞等諸多重要問題,也直接影響到《左傳》文本的解讀。因此,必須釐清是非,還《左傳》原本面目。

《詳注・前言》開篇便説:“孔子作《春秋》,敘魯國十二公(隱、桓、莊、閔、僖、文、宣、成、襄、昭、定、哀)之間各國大事,時歷二百四十二年,筆削舊史,以爲褒貶。魯太史左丘明懼弟子人人異端,各安其意,失其真,故依經立傳,以史解經。”[④]趙先生認爲,《春秋》爲孔子所作,左丘明撰《左傳》專爲解《春秋》經,它不是一部獨立的史書。

趙先生著有《春秋經傳研究》,該書立足《春秋》經傳,循史官記事之例,挖掘大量内證,證明《春秋》是經、《左傳》是傳,二者皆非史書。其中對《左傳》有經無傳、無經之傳的解釋,具有很强的説服力。如該書指出,隱、莊、閔、僖四君即位,《春秋》皆未記載;《左傳》不載四君即位,而釋《春秋》不書其即位之原因,且對文、宣、成、襄、昭、哀六君即位,也隻字未提,證明《春秋》《左傳》絶非史書。《詳注・前言》再次强調,左丘明撰《左傳》的目的不在述史,而是專爲解經,《春秋》《左傳》兩書,合之雙美,離則兩傷。如果用史書的標準去衡量《左傳》記事(如君舉必書、諸侯會盟、行人往來、祭祀與軍事等),會發現漏洞百出,不可窮詰。

趙先生注《左傳》,十分關注經傳的義例與文例,闡發《春秋》微言,明確《左傳》傳經的事實。如隱公元年《經》:“秋七月,天王使宰咺來歸惠公、仲子之賵。”[⑤]《傳》云:“秋七月,天王使宰咺來歸惠公、仲子之賵。緩,且子氏未薨,故名。”[⑥]《詳注》於“故名”出注:“《春秋》常例,天子之卿大夫不書名。宰咺使魯,惠公已經下葬;而仲子未薨,不應預贈助喪之禮。此二事皆不合禮,故書其名。”[⑦]《詳注》補述《傳》文,進一步闡明《經》書“宰咺”之名的原因。再如桓公十二年《經》:

① 《漢書》卷三六,中華書局,1962 年,第 1971 頁。

② 錢玄同:《論春秋性質書》,顧頡剛編著:《古史辨》,上海古籍出版社,1982 年,第 1 册,第 276 頁。

③ 楊伯峻:《春秋左傳注・前言》,中華書局,2016 年,第 17、19 頁。

④ 趙生群:《春秋左傳詳注・前言》,中華書局,2023 年,第 1 頁。

⑤ 《春秋左傳正義》卷二,《十三經注疏》清嘉慶刊本,中華書局,2009 年,第 3721 頁下。

⑥ 《春秋左傳正義》卷二,第 3727 頁上。

⑦ 趙生群:《春秋左傳詳注》,第 8 頁。

"夏六月壬寅,公會杞侯、莒子,盟于曲池。"①《傳》云:"十二年夏,盟于曲池,平杞、莒也。"②《詳注》:"盟于曲池:魯君與杞侯、莒子盟。《傳》蒙經文省略會盟之人。"③

《左傳》行文,多蒙經文而省略,如果不明這一文例,就可能出現校勘失誤。如桓公三年《經》:"九月,齊侯送姜氏于讙。"④《傳》云:"齊侯送姜氏,非禮也。"⑤阮元《十三經注疏校勘記》(下簡稱《校勘記》)曰:"《釋文》云:本或作'送姜氏于讙'。《水經注·汶水》篇引《傳》文作'齊侯送姜氏于下讙'。"⑥楊伯峻《春秋左傳注》據此增補"于讙"二字,⑦《詳注》未從。趙先生認爲:"'于讙'二字不當補。……《傳》言'齊侯送姜氏'非禮,非'送姜氏于讙'非禮也。《史記·十二諸侯年表》:'翬迎女,齊侯送女,君子譏之。'即其意。石經、宋本俱無'于讙'二字,亦其證也。"⑧《左傳》意在强調"齊侯送姜氏"非禮,故蒙經省略"于讙"二字。

《詳注》特别注意《春秋》與《左傳》的對應關係,對杜預分經附傳之失誤、《左傳》解説《春秋》書法之文字多有闡發。趙先生以翔實的證據,嚴謹的邏輯,從多角度論證《左傳》的經學屬性,糾正了近代以來受疑古思潮影響而漸入歧途的《春秋》學。應該明確,經學是《左傳》的本質屬性,閲讀《左傳》,如果離開經學背景,僅從史學、文學角度解讀,無異於秦伯嫁女,買櫝還珠。《詳注·前言》開宗明義,重申作者二十多年前的研究成果,引領讀者從經學角度閲讀理解《春秋》《左傳》,在今天越發突顯其重要的學術價值及時代意義。

二、注釋細緻　簡約詳明

閲讀《詳注》,最直接的感受是出注細密,行文簡潔,作者在明瞭的基礎上,不作過多徵引。如桓公二年《傳》:"夫名以制義,義以出禮,禮以體政,政以正民。"⑨這句話雖無冷僻字詞,但"制""出""體""正"這四個字並不好理解。《詳注》分别注云,"名以制義:名當從其義。制:從";"義以出禮:謂禮由義生。《國語·周語上》:'夫義所以生利也。'出:生";"禮以體政:行政以禮。

① 《春秋左傳正義》卷七,第 3812 頁上。
② 《春秋左傳正義》卷七,第 3812 頁下。
③ 趙生群:《春秋左傳詳注》,第 94 頁。
④ 《春秋左傳正義》卷六,第 3792 頁上。
⑤ 《春秋左傳正義》卷六,第 3792 頁下。
⑥ 《春秋左傳正義》卷六,第 3803 頁下。
⑦ 參楊伯峻:《春秋左傳注》,第 107 頁。
⑧ 趙生群:《〈左傳〉疑義新證》,人民文學出版社,2013 年,第 36 頁。
⑨ 《春秋左傳正義》卷五,第 3785 頁下。

體:行”;“正:治”。[①]再如昭公九年《傳》:“服以旌禮,禮以行事,事有其物,物有其容。”[②]《詳注》云,“服:物。指器物禮儀。旌:表”;“物:職,官”;“容:貌,儀容”。[③]《詳注》對可能影響理解的字詞解釋直截精準,文意豁然通暢。

趙先生注釋《左傳》的初衷是爲選修《左傳》導讀的學生提供一部合適的《左傳》讀本,因此注釋頗爲細緻。以《左傳》中的著名戰役爲例,城濮之戰集中出注 154 條,邲之戰集中出注 275 條,鞌之戰集中出注 140 條,鄢陵之戰集中出注 174 條。《左傳》對大戰的描寫非常精彩,詳細揭示戰爭的起因、過程、結果,涉及人物衆多,關係複雜,《詳注》的疏解極爲周祥。此次修訂,《詳注》繼續增加出注條目,書的題名也將“新”字改爲“詳”字。以昭公十三年《經》《傳》注釋爲例,《新注》共出注 286 條,《詳注》共出注 297 條。從數量上看,《詳注》增加 11 條注釋,但實際情況更多。如昭公十三年《傳》第一段注釋,《詳注》删去“敗焉”,增加“囚俘”“乏困”“‘將焉’句”三處注釋。[④]再如《傳》文“君不可忍,惠不可弃”,[⑤]《新注》出注云“弃:忘”,[⑥]《詳注》出注云“惠:恩。弃:忘”,[⑦]同一條目内增加注釋。

《詳注》没有在句中分散出注,而是在一段完整敘事之後,集中出注,這樣可以快速、連貫地閱讀正文,避免枝蔓過多。如果大量詳細、複雜的討論夾注在正文之中,不僅影響整體閱讀效果,而且易使初學者産生畏懼心理。無論是出注的形式,還是注釋的内容,《詳注》都十分方便初學者閱讀。需要强調的是,《詳注》雖是一部普及性的《左傳》注本,實則有著極高的學術品位。趙先生另外著有《〈左傳〉疑義新證》(下簡稱《新證》),收録《左傳》札記 600 餘條,實際討論的問題上千處。近年來,趙先生又陸續撰寫了十餘萬字的《左傳》札記,部分成果已經發表,未來計劃出版《〈左傳〉疑義續證》。這些札記成果均已收入《詳注》。《新證》及後續的札記論文,或補證舊説,或創立新解,詳細羅列訓詁資料,交代論證過程,解決了大部分疑難問題,因此《詳注》具有很高的學術含金量,欲深研《左傳》的讀者可以參看。

三、考辨嚴謹 求是創新

《左傳》歷經兩千年研究,積累了豐富的成果,要想推陳出新,有所發明,其難度可想而知。

---

① 趙生群:《春秋左傳詳注》,第 67 頁。
② 《春秋左傳正義》卷四五,第 4469 頁上。
③ 趙生群:《春秋左傳詳注》,第 1001 頁。
④ 參趙生群:《春秋左傳詳注》,第 1028 頁;趙生群:《春秋左傳新注》,陝西人民出版社,2008 年,第 813 頁。
⑤ 《春秋左傳正義》卷四六,第 4494 頁下。
⑥ 趙生群:《春秋左傳新注》,第 818 頁。
⑦ 趙生群:《春秋左傳詳注》第 1033 頁。

《詳注》對前人解釋有誤的、不清楚的、忽略的問題作了全面深入考察，在文字訓詁、天文地理、史實義理、禮制名物等方面均有精彩論述，疏難解疑，多發前人之所未發。如《詳注》前言强調，要讀懂常用字詞。常見詞有不常見義，有些詞義連辭書都不曾收録，受思維慣性的影響，很容易理解錯誤，且不易察覺。《詳注》的許多創獲就體現在常用字詞考釋方面，糾正了長期以來理解的錯誤。兹舉數例如下：

1. 莊公三十年《傳》："鬬穀於菟爲令尹，自毁其家，以紓楚國之難。"①

前人解釋"毁"爲"破損"義。如桂馥曰："毁謂破家。《蒼頡篇》：'毁，破也。'"②楊伯峻注引此説。據《左傳》文意，令尹鬬穀於菟散去家財，以紓緩楚國災難，前人注解"毁"字未允。《詳注》："毁其家：指分施其家財。毁：捨。家：家産。"③《新證》指出，"毁"有"捨棄""放棄"之義，《左傳》多有内證，皆不可理解爲"毁掉""毁壞"。如文公十八年《傳》："少皞氏有不才子，毁信廢忠。""毁"與"廢"同義。④襄公十一年《傳》："三子各毁其乘。季氏使其乘之人，以其役邑入者無征，不入者倍征。孟氏使半爲臣，若子若弟。叔孫氏使盡爲臣，不然不舍。"前用"毁"，後用"舍"，意思相同。⑤昭公元年《傳》："乃毁車以爲行，五乘爲三伍。"開戰之前不可能自己毁壞戰車，"毁車以爲行"謂捨棄車乘，改編爲步兵。⑥昭公五年《傳》："五年春，王正月，舍中軍，卑公室也。毁中軍于施氏，成諸臧氏。""舍中軍"與"毁中軍"同義。⑦

2. 宣公二年《傳》："宰夫胹熊蹯不熟，殺之，寘諸畚，使婦人載以過朝。"⑧

"熟"字前人多不出注，今天理解"不熟"就是生的意思。楊伯峻注曰："熊蹯即《孟子·告子上》之熊掌，其味甚美，然難熟。"⑨宰夫專職國君飲食，若將未煮熟的食物呈給國君，因此被殺，似不能突顯晉靈公之"不君"。《詳注》："熟：爛。"⑩《説文》："爛，孰也。"⑪《方言》："自河以北，趙、魏之間火熟曰爛。"⑫《玉篇》："熟，爛也。"⑬食物煨爛稱熟。"熟"與"爛"字意義相通，《詳

---

① 《春秋左傳正義》卷十，第 3869 頁上。
② 桂馥撰，趙智海點校：《札樸》，中華書局，1992 年，第 62 頁。
③ 趙生群：《春秋左傳詳注》，第 177 頁。
④ 參趙生群：《〈左傳〉疑義新證》，第 147—148 頁。
⑤ 參趙生群：《〈左傳〉疑義新證》，第 243 頁。
⑥ 參趙生群：《〈左傳〉疑義新證》，第 317 頁。
⑦ 參趙生群：《〈左傳〉疑義新證》，第 318 頁。
⑧ 《春秋左傳正義》卷二一，第 4053 頁上。
⑨ 楊伯峻：《春秋左傳注》，第 717 頁。
⑩ 趙生群：《春秋左傳詳注》，第 453 頁。
⑪ 許慎撰，陶生魁點校：《説文解字》，中華書局，2020 年，第 324 頁。
⑫ 楊雄撰：《宋本方言》，國家圖書館出版社，2017 年，第 101 頁。
⑬ 顧野王撰，吕浩校點：《大廣益會玉篇》，中華書局，2019 年，第 733 頁。

注》的注解精準簡潔。文公元年《傳》:“冬十月,以宫甲圍成王。王請食熊蹯而死,弗聽。”① 《詳注》出注云:“熊掌難以煮爛,王請食之,欲拖以待變。”②熊掌不易煨爛,故成王爲此緩兵之計。

3. 莊公二十七年《傳》:“二十七年春,公會杞伯姬于洮,非事也。”③

“非事也”,杜預注曰:“非諸侯之事。”④楊伯峻注曰:“會杞伯姬,與女相會也,與民事無關。”⑤諸家解釋“事”爲“事情”之義。《詳注》:“非事:非國君之本職。事:職。”⑥趙先生指出,“事”用作“職”義,《左傳》多見,如莊公十四年《傳》:“納我而無二心者,吾皆許之上大夫之事。”閔公二年《傳》:“夫帥師,專行謀,誓軍旅,君與國政之所圖也,非大子之事也。”閔公二年《傳》:“違命不孝,弃事不忠。”成公九年《傳》:“先父之職官也,敢有二事。”哀公十一年《傳》:“將戰,吴子呼叔孫,曰:‘而事何也?’對曰:‘從司馬。’”哀公十六年《傳》:“沈諸梁兼二事,國寧,乃使寧爲令尹,使寬爲司馬,而老於葉。”以上諸例,“事”字皆當訓作“職”義。⑦

4. 哀公七年《傳》:“周之王也,制禮,上物不過十二,以爲天之大數也。”⑧

杜預注曰:“上物,天子之牢。”⑨楊伯峻注曰:“據《周禮·秋官·掌客》‘王合諸侯而饗禮,則具十有二牢’,鄭玄注謂‘饗諸侯而用王禮之數’。”⑩諸家注解“物”字訓詁未明。《詳注》:“物:數。”⑪“物”有“數”義,“上物”與下文“大數”同義。《新證》舉例如定公十年《傳》:“駟赤曰:‘叔孫氏之甲有物,吾未敢以出。’犯謂駟赤曰:‘子止而與之數。’”“有物”即“有數”。《國語·周語上》:“王曰:‘虢其幾何?’對曰:‘昔堯臨民以五,今其胄見,(神之見也),不過其物。若由是觀之,不過五年。’”韋昭注:“物,數也。”⑫

5. 成公九年《傳》:“爲歸汶陽之田故,諸侯貳於晉。晉人懼,會於蒲,以尋馬陵之盟。季文子謂范文子曰:‘德則不競,尋盟何爲?’”⑬

前人於“則”字多不出注,習慣理解爲“已經”義。如沈玉成《左傳譯文》譯作:“德行已經不

---

① 《春秋左傳正義》卷十八,第 3988 頁下。
② 趙生群:《春秋左傳詳注》,第 357 頁。
③④ 《春秋左傳正義》卷十,第 3864 頁下。
⑤ 楊伯峻:《春秋左傳注》,第 256 頁。
⑥ 趙生群:《春秋左傳詳注》,第 167 頁。
⑦ 參趙生群:《〈左傳〉校讀札記》,《國學季刊》,第二十三輯,山東人民出版社,2021 年,第 4—5 頁。
⑧⑨ 《春秋左傳正義》卷五八,第 4697 頁上。
⑩ 楊伯峻:《春秋左傳注》,第 1831 頁。
⑪ 趙生群:《春秋左傳詳注》,第 1288 頁。
⑫ 參趙生群:《〈左傳〉疑義新證》,第 429 頁。
⑬ 《春秋左傳正義》卷二六,第 4136 頁下。

行，重温舊盟做什麽？"[①]《詳注》："則，若。"[②]"則"可表假設義。如僖公七年《傳》"心則不競，何憚於病"，[③]漢應劭《風俗通義》卷五引作"心苟不競，何憚於病"。[④]僖公二十三年《傳》："己則不明，而殺人以逞，不亦難乎？"[⑤]"德則不競"與"心則不競""己則不明"句法相類，"則"皆爲"若"義。由此可見，趙先生對《左傳》虚詞的注釋也下了極大功夫。

此外，《詳注》融入了作者最新的研究成果。如《史記》《漢書》等文獻都認爲周平王東遷在幽王被殺之次年，《詳注》綜合《左傳》《竹書紀年》及清華簡《繫年》，確定平王東遷的時間在幽王被殺之後二十四年（前 747 年）；幽王、平王之間尚有攜王，周攜王在位二十一年，晉文侯殺攜王而立平王，三年後東遷洛邑。[⑥]

趙先生精熟《左傳》《國語》《史記》等先秦兩漢文獻，具有敏鋭的學術視野和嫻熟的文獻考釋功夫，嚴謹細緻，勤於思考，且善於突破思維定式，故常能言人所未言，解千年之疑。《詳注》精妙之論不勝枚舉，以上所舉個例僅爲管中窺豹，欲見宗廟之美，尚祈讀者親自品讀。

四、探求奥義　修正標點

我國古代就已經出現標有句讀的《左傳》版本，如國家圖書館藏宋鶴林于氏家塾棲雲閣刻本《春秋經傳集解》、元相臺岳氏刻本《春秋經傳集解》、清武英殿刻《春秋左傳注疏》等，但這與現代意義的標點還有一定距離。當代通行的《左傳》點校本如楊伯峻《春秋左傳注》、陳戍國《春秋左傳校注》、上海古籍出版社整理的《春秋經傳集解》等。這些點校本通行多年，有的經過數次修訂，但依然存在不少標點問題。標點直接反映古籍整理者的學識，因爲遇到疑難的字詞尚可跳過不注，但標點却不能迴避。《詳注》闡幽發微，啓人耳目，修改標點往往有觸手生春之效。試將《詳注》與楊伯俊《春秋左傳注》（下簡稱楊注）的標點作幾處對比：

1.《詳注》宣公十二年《傳》："楚自克庸以來，其君無日不討國人而訓之于民生之不易、禍至之無日、戒懼之不可以怠。在軍，無日不討軍實而申儆之于勝之不可保、紂之百克而卒無後；

① 沈玉成譯：《左傳譯文》，中華書局，1981 年，第 222 頁。
② 趙生群：《春秋左傳詳注》，第 579 頁。
③ 《春秋左傳正義》卷十三，第 3903 頁下。
④ 應劭撰，王利器校注：《風俗通義校注》，中華書局，1981 年，第 260 頁。
⑤ 《春秋左傳正義》卷十五，第 3939 頁下。
⑥ 參趙生群：《春秋左傳詳注》，第 3 頁。趙先生單獨撰有長文，對兩周之際的若干重要史實作了精深的討論，部分結論收入《詳注》，參趙生群：《兩周之際若干重要史實考論》，《文史哲》，2024 年第 3 期，第 5—26 頁。

訓之以若敖、蚡冒篳路藍縷以啓山林;箴之曰民生在勤、勤則不匱。"[①]

楊注點作:"箴之曰:'民生在勤,勤則不匱。'"[②]楊注以"民生在勤,勤則不匱"爲直接引語。趙先生認爲,"曰"與上文"于""以"同義。《新證》舉例如哀公十五年《傳》:"以禮防民,猶或踰之,今大夫曰死而棄之,是棄禮也,其何以爲諸侯主?""曰死而棄之",謂以其死而棄之;俞樾曰:"《爾雅·釋詁》:'粤、于、爰,曰也。'而爰、粤、于三字,又訓'於',是'曰''於'義同。《禮記·禮運篇》'其降曰命,其官於天也',言其降於教命者,皆其法於天者也。上句用'曰'字,下句用'於'字,亦虚字變换之例。"[③]《傳》文"儆之于……""訓之以……""箴之曰……",是三個句式相同的分句,"箴之曰"之後依然是述其意,非直接引語。

2.《詳注》成公二年《傳》:"(石成子)又曰:'子,國卿也。隕子,辱矣。子以衆退,我此。'乃止,且告車來甚衆。"[④]

楊注點作:"又曰:'子,國卿也。隕子,辱矣。子以衆退,我此乃止。'且告車來甚衆。"[⑤]"我此乃止"四字,不易理解。杜預注曰:"我於此止禦齊師。"[⑥]王引之曰:"乃,猶'是'也。成二年《左傳》:'衛石稷謂孫良夫曰:子以衆退,我此乃止。'言我於此是止也。"[⑦]楊伯峻注曰:"我止於此以禦齊師。我此乃止,我乃止此之變句。"[⑧]章太炎曰:"下云'且告車來甚衆',爲敍事之辭,則'乃止'亦當爲敍事,當讀'我此'斷。《説文》云:'此,止也。'……我此,言我止以禦敵也。乃止,語訖而遂止于其地也。"[⑨]趙先生讚成章太炎的意見,認爲"此""止"同義,當訓作"禦"。《新證》舉例如成公十六年《傳》:"唐苟謂石首曰:'子在君側,敗者壹大。我不如子,子以君免,我請止。'乃死。""我請止"之"止"與成公二年《傳》"我此"之"此"同義,文法亦相類。[⑩]

3.《詳注》昭公十三年《傳》:"卑而貢重者,甸服也。鄭,伯男也,而使從公侯之貢,懼弗給也。敢以爲請。"[⑪]

楊注點作:"鄭伯,男也,而使從公侯之貢,懼弗給也,敢以爲請。"[⑫]鄭爲伯爵,爲何云"鄭伯,男也"?此句頗爲費解,歷來衆説紛紜,皆難自恰。解決問題的關鍵在於如何理解"男"字。

① 趙生群:《春秋左傳詳注》,第491頁。
② 楊伯峻:《春秋左傳注》,第798頁。
③ 參趙生群:《〈左傳〉疑義新證》,第170頁。
④ 趙生群:《春秋左傳詳注》,第533頁。
⑤⑧ 楊伯峻:《春秋左傳注》,第860頁。
⑥ 《春秋左傳正義》卷二五,第4111頁上。
⑦ 王引之撰,李華蕾點校:《經傳釋詞》,上海古籍出版社,2014年,第120頁。
⑨ 章太炎:《春秋左傳讀》,《章太炎全集》,上海人民出版社,1982年,第2册,第423—424頁。
⑩ 參趙生群:《〈左傳〉疑義新證》,第181頁。
⑪ 趙生群:《春秋左傳詳注》,第1037頁。
⑫ 楊伯峻:《春秋左傳注》,第1506—1507頁。

《詳注》云:"鄭,伯男也:言鄭應承擔伯爵之貢職。男:任。《釋名·釋長幼》:'男,任也,任王事。'《國語·周語中》云:'夫狄無列於王室,鄭,伯南也,王而卑之,是不尊貴也。''南'亦有'任'義。《廣雅·釋言》:'南、壬,任也。'"①古書"男""南"二字相通,皆可訓"任"。昭公十三年《春秋左傳正義》引《國語·周語中》"鄭,伯南也","南"即作"男"字。②"鄭,伯男也"與"鄭,伯南也"意思相同,"男"爲"擔任"之義。

詞義、文意理解不準確,標點也會隨之出錯。趙先生注《左傳》不迴避疑難,不輕易放過常見詞彙,細心縝密,論斷精嚴,進而修正標點,一掃千年氛霧。

五、慎定底本 精校異文

今傳《左傳》版本甚多,清嘉慶年間阮元校刻的《十三經注疏》本後出轉精,爲學界公認的善本。《詳注》以中華書局 1980 年影印的阮刻《十三經注疏》本爲底本,廣泛吸收前人校勘成果,又參校敦煌卷子本、蜀石經本、宋龍山書院刻纂圖本、《四部叢刊》影宋本,以及《宋本册府元龜》《太平御覽》《文選》等,精心校勘,審慎取捨,凡文字改動之處,皆隨文出注。然限於體例,許多校勘成果及詳細的校勘過程不能體現在《詳注》之中,我們可以通過《新證》窺探作者在校勘方面所用的功力。

1.《詳注》隱公元年《傳》:"仲子生而有文在其手,曰爲'魯夫人',故仲子歸于我。"③

有學者將此句點作"曰'爲魯夫人'",或認爲"曰"字爲衍文。俞樾《群經平議》云:"傳文'曰'字,衍文也。《閔二年傳》:'有文在其手曰友。'《昭元年傳》:'有文在其手曰虞。'彼傳無'爲'字,故有'曰'字。此傳有'爲'字,則不必有'曰'字。"④《詳注》云:"曰爲:爲。曰、爲同義。"⑤趙先生指出,"曰"有"爲"義,"曰爲"同義連用,"曰"字並非衍文。《新證》舉例如《左傳》閔公二年云"有文在其手曰友",昭公元年云'有文在其手曰虞',昭公三十二年云'有文在其手曰友',文例一貫,則知"曰"非衍字;《論衡·雷虛》:"魯惠公夫人仲子,宋武公女也,生而有文在掌,曰爲魯夫人。"又《自然》《紀妖》二篇敘其事,皆云"曰爲魯夫人"。知王充所見之本亦有"曰"

① 趙生群:《春秋左傳詳注》,第 1039 頁。
② 《春秋左傳正義》卷四六,第 4501 頁上。
③ 趙生群:《春秋左傳詳注》,第 1 頁。
④ 俞樾著,王其和整理:《群經平議》,汪少華、王華寶主編:《俞樾全集》,鳳凰出版社,2021 年,第 840—841 頁。
⑤ 趙生群:《春秋左傳詳注》,第 2 頁。

字無疑。①

2.《詳注》桓公二年《傳》:"武王克商,遷九鼎于雒邑,義士猶或非之,而况將昭違亂之賂器於大廟,其若之何?"②

楊伯峻校曰:"此句無動詞,'將'或'器'下應有'寘'字。"③趙先生則不讚成此處理校。《新證》曰:"'將'下之'昭'字,即此句動詞,不必增字。若加'寘'字,'寘''昭'並列,於義難通。《爾雅·釋詁》:'顯、昭、覲、釗、覿,見也。'郝懿行《義疏》:'顯、昭皆觀示之義。''觀示'即'示''昭示'之義。……《國語·周語中》:'夫王公諸侯之有飫也,將以講事成章,建大德、昭大物也。'韋昭注:'大物,大器也。''昭大物'與'昭違亂之賂器'同一詞法。"④

3.《詳注》哀公二十六年《傳》:"《詩》曰:'無競惟人,四方其順之。'"⑤

阮元《校勘記》曰:"閩本、監本、毛本'順'誤'訓'。顧炎武云'石經訓誤作順',非也。錢大昕云:'《左傳》古本作"順"。'"⑥洪亮吉曰:"此則當作'順'甚明。顧氏《石經》作'訓',反云'順'非,失於詳審。"⑦阮元、洪亮吉等認爲"訓"爲"順"字之訛。《新證》指出,"訓""順"義通,《廣雅·釋詁上》"訓,順也",《左傳》作"訓"者,蓋爲古字。⑧

儒家經典經過歷代学者校勘,訛誤相對較少,各版本之間的異文前人亦多有討論。趙先生以現代科學的校勘理念、扎實的小學功底,重新審視前人的校勘意見,撥雲見日,還《左傳》文本之真。

六、結　　語

趙先生學殖深厚,剛毅儒雅,對弘揚和傳承中華優秀傳統文化始終抱有强烈的使命感和責任感,敢於挑戰重大的、疑難的學術課題,修訂《史記》、爬疏《左傳》,皆爲無量之功。從《春秋經傳研究》,到《春秋左傳新注》《〈左傳〉疑義新證》,再到《春秋左傳詳注》,可以看出,趙先生對《左傳》的研究既宏大又精微,兼顧考據與義理,更無門户派别之見,每考釋問題,必充分發掘内證,

---

① 參趙生群:《〈左傳〉疑義新證》,第 3 頁。
② 趙生群:《春秋左傳詳注》,第 62 頁。
③ 楊伯峻:《春秋左傳注》,第 97 頁。
④ 參趙生群:《〈左傳〉疑義新證》,第 32—33 頁。
⑤ 趙生群:《春秋左傳詳注》,第 1362 頁。
⑥ 《春秋左傳正義》卷六十,第 4748 頁上。
⑦ 洪亮吉撰,李解民點校:《春秋左傳詁》,中華書局,1987 年,第 901 頁。
⑧ 參趙生群:《〈左傳〉疑義新證》,第 459—460 頁。

通貫經傳，排比歸納，竭澤而漁，展現出嚴謹質樸、求是創新的治學精神。趙先生長期講授《左傳》，非常樂於跟學生探討問題，對《左傳》的注釋不斷精進。如定公九年《傳》："東郭書讓登，犂彌從之，曰：'子讓而左，我讓而右，使登者絶而後下。'"①"讓"字用常見的義項解釋，如"禮讓""責讓"等，文意皆不可通。趙先生在《新注》中解釋"讓"爲"喧呼"義。②這次修訂，《詳注》改爲："讓：同'攘'。推，前。"③筆者認爲，"讓"與"襄"字古相通，"襄"有"上"義，"讓登""讓而左""讓而右"之"讓"字，解作"上"義更加明瞭。此説得到趙先生認可。經典常讀常新。《詳注》是作者沉潛《左傳》四十餘年的結晶，簡約詳明，極富創見，是當代《左傳》整理的新高度，足以代表當今的學術水平，更無愧"《左氏》功臣，樸學佳作"的讚譽。④

① 《春秋左傳正義》卷五五，第4656頁下。

② 參趙生群：《春秋左傳新注》，第980頁。

③ 趙生群：《春秋左傳詳注》，第1232頁。

④ 參劉立志：《左氏功臣　樸學佳作——評趙生群〈春秋左傳新注〉》，《古籍整理研究學刊》，2008年第6期，第92—94頁。

會冣研摩之《左傳》教本：讀《春秋左傳詳注》

□陸駿元

[摘　要]　趙生群教授新著《春秋左傳詳注》，立足於以明白曉暢、深入淺出的"簡明"注釋風格，爲研讀者提供一部通識《春秋》《左傳》的全解教材，内容涵蓋字詞訓詁、文字校勘、經學義理、典章制度、史實彙整等各面向。《詳注》創見頗豐，建立在作者熟讀歷代《左傳》學注疏文獻、綿密的考證成果的基礎上，反映了最新的研究結晶，洵爲語文學習者、經典閱讀者、經學研究者的優質讀本。

[關鍵詞]　《左傳》注釋；修訂版；經學教材；考證成果

[作者簡介]　陸駿元，浙江大學文學院博士後（杭州　310030）

近四十年來，趙生群教授持續耕耘於《左傳》《史記》一經一史等兩部原典之研究，在古典文獻學、傳統語言學兩方面不僅用力甚深，且創獲頗豐。若言《太史公書研究》(1994)、《〈史記〉文獻學叢稿》(2000)、《〈史記〉編纂學導論》(2006)奠定了其主持《史記》修訂之基礎，則新近出版的《春秋左傳詳注》(下文簡稱《詳注》)是趙先生繼《〈春秋〉經傳研究》(2000)、《春秋左傳新注》(2008)、《〈左傳〉疑義新證》(2013)三位一體擘《左》著作後，不斷會冣編磨、持續精進的最新成果。質言之，《詳注》反映了作者校訂《左傳》文本的獨到理念，熔鑄了其長期浸淫左師訓詁，反覆研讀注疏文獻的研究前沿與結晶，並同時提供學界一部深入淺出、明白曉暢的經學普及、教育之讀本。

一、立足經典語境的校勘嘗試

隨著出土文獻的不斷發現與整理、庋藏圖書館各級典籍善本漸次調查與公佈，經典校勘之學蓬勃發展，成果斐然。在此背景下，《詳注》在約取新見校勘成果的同時，能够審慎斟酌各本異文，利用出土文獻語文學的成果，移觀《左傳》之文本。①凡作者校定之文字，均是深入體會具

① 《詳注》以阮刻《十三經注疏》本爲底本，並參校敦煌卷子本、金澤文庫本、蜀石經、宋龍山書院刻纂圖互注本，以及《宋本册府元龜》等群書文獻。

體文意，力求還原經典語境之結果。不僅兼顧傳世文獻與新材料取捨之平衡，而且避免了在校勘、考證過程中好奇求異之主觀心態。相關例證甚夥，勝義紛陳。

如僖二十八年《傳》："師直爲壯，曲爲老，豈在久矣？"阮元《校勘記》："石經、宋本、淳熙本、岳本、足利本'矣'作'乎'，是也。"楊伯峻《注》亦從阮説訂正。①《詳注》不從校改，並曰："矣，義同'乎'，表示反問語氣。"②參證趙著《〈左傳〉疑義新證》(下文簡稱《新證》)，可探知其思考。作者尋繹《左傳》《國語》《新序》"矣"用作"乎"義者七例，又檢《周語中》《禮記・檀弓下》"矣乎"連用之二例，論證阮本用"矣"字"文近於古"。③今按，王引之《經傳釋詞》、吴昌瑩《經詞衍釋》臚列《周易》《論語》《公羊傳》《史記》等"矣猶乎也"例證數端，足證《詳注》之確。④阮、楊等人認爲既有石經、宋本等文獻佐證，自可結合文意校改；而作者意在表明，若明確上古語詞用例，其文意可通，未必需要校改。從文本變衍角度揣度，存在兩本竝傳，而爲不明文例之後人選擇、淘汰的情況。無獨有偶，定五年《傳》："王使由於城麇，於麇築城。復命，子西問高厚焉，弗知。子西曰：'不能，如辭。城不知高厚小大，何知？'"孔《疏》："本或有'小大'者，涉下文而誤耳。"阮元、陳樹華據石經、孔説，認爲前"高厚"下的"小大"(或"大小")均不當有，⑤二氏蓋依《正義》立論。今《詳注》正文出"高厚"，注曰："城墻的高度、厚度，敦煌寫本(P.2523)'高厚'下有'大小'二字。"⑥趙注兼顧孔《疏》記載與中古文本流傳的實際情況，《新證》曰："按：'高厚'與'小大'非一事。不知高厚，未必不知小大。一本有'小大'二字，是也，今本誤脱。"並據《正義》下文引張奂《古今人論》説，以爲張所見亦孔所謂或本。⑦今按，日藏金澤文庫本正作"子西問高厚大小焉"，與敦煌寫本同，故知中古確實存在作"高厚大小"之文本。趙先生的思考，與當時決定增刻"大小"二字於唐石經旁者相同。《詳注》在尊重文獻多作"高厚"的同時，亦出敦煌本文字，以示或本面貌。⑧歷代學者在校勘經典文本時，往往存在匯校多本而須定一本的思維。今人得見各歷史層級之文本，知除一時一地官方審定經本唯一外，於歷史長河中實際流傳的經本容有N本。不僅簡帛、寫卷時代如此，即便上至熹平石經也有校記，更毋論下逮宋代刻本，亦存在多種傳本

① 杜預注，孔穎達疏：《春秋左傳注疏》卷二六，藝文印書館，2007年，影印嘉慶二十年南昌府學本，第280頁；楊伯峻：《春秋左傳注》，中華書局，1981年，第458頁。

② 趙生群：《春秋左傳詳注》，中華書局，2023年，第322頁。

③ 趙生群：《〈左傳〉疑義新證》，人民文學出版社，2013年，第114—115頁。

④ 王引之撰，李花蕾點校：《經傳釋詞》卷四，上海古籍出版社，2013年，第90頁；吴昌瑩：《經詞衍釋》卷四，中華書局，1956年，第69—70頁。

⑤ 《春秋左傳注疏》卷五五，第971頁。

⑥ 趙生群：《春秋左傳詳注》，第1212頁。

⑦ 趙生群：《〈左傳〉疑義新證》，第407頁。

⑧ 前例或以"高厚小大"爲或本面貌，以求與後詞相合，筆者以爲如二寫本作"大小"，可能亦爲《傳》文或傳讀者不欲統一前後文的作爲。另外，上古漢語多言"小大"，鮮云"大小"，此亦考證精審處。

系統。而爲經典作注者，輒須面對所據、所校確定文字異同。於此，《詳注》有其未訴諸言外的獨到考量。

在校勘經典的過程中，學者也會因爲"好奇"，出現徑依異本而論定文字的情況。對此，《詳注》態度審慎。昭二十四年《傳》："冬十月癸酉，王子朝用成周之寶珪于河。"《詳注》："王子朝以寶珪祭祀于河。用，以人、牲玉帛祭祀神祇。"①高郵王氏據《水經・河水・注》《白帖》《史記正義》所引，以《經典釋文》所載或本"沈於河"者爲是。楊伯峻《注》皆據王説，阮元《校勘記》，並金澤文庫本增"沈"字。②然俞樾《群經平議》提出異議："'用成周之寶珪于河'文義已足，不必更言'沈'。"③趙生群先生受俞説啓發，尋繹《左傳》以"用"爲"用人祭祀"之四例，《尚書》《禮記》《春秋》經傳以"用"爲"以牲、幣玉器祭祀"之九例，明確"用"字意涵，知《釋文》所據正本爲是，有"沈"之或本當爲俗本，有文獻、訓詁依據，堪稱定論，④反映在《詳注》中，即爲"用"字作解。又如僖二十八年《傳》："曹人兇懼。爲其所得者，棺而出之。因其兇也而攻之。"杜《注》："兇兇，恐懼聲。"《會箋》曰："石經、宋本俱不疊兇字。注云'兇兇，懼聲'，則杜本疊'兇'字必矣。"⑤竹添氏所以如此言者，以其底本金澤文庫本疊"兇"字故也。《詳注》從俞樾、楊伯峻説，認爲不疊"兇"字爲是，釋曰："兇懼，恐懼。兇、懼二字同義。"⑥趙著《新證》偏檢定十年《傳》及《後漢書》《三國志》《資治通鑑》等群書文例，論證"'兇懼'爲一詞，不可分訓二義"，知從語言而論，不可能疊"兇"字。《國語・晉語一》："敵入而凶，救敗不暇，誰能退敵?"韋昭《注》："凶，猶凶凶，恐懼也。"⑦據此，知漢魏學者有注"兇"爲"兇兇"者，杜預亦此類耳。從文本衍生的角度考慮，金澤文庫本作"兇兇"者，完全可能是中古傳鈔者緣杜《注》而衍生之異本，此竹添但知其一之顯證。《詳注》從訓詁出發，推演俞、楊之説，蓋實得之。

趙《注》取捨文字，非略事比勘而已，均循清儒以來學者聚訟之關節議題討論、定奪，亦多有受前輩學者考證啓發，進而推演其意、完足其説者，顯示趙先生對正續《清經解》所載論説之熟稔。蓋《詳注》校勘之精者，如隱五年《傳》"鳥獸之肉不登於俎"，趙《注》以爲作"之"字不誤；宣四年《傳》"及食大夫黿"，高郵二王謂應據《太平御覽》等類書文獻，在"黿"下增"羹"字，"謂爲黿

① 趙生群：《春秋左傳詳注》，第1121頁。

② 王引之著，虞思徵等點校：《經義述聞》卷十九，上海古籍出版社，2018年，第1132—1133頁；楊伯峻：《春秋左傳注》，第1452頁。

③ 俞樾：《群經平議》，藝文印書館，1987年，影印《續清經解》本，第576頁。

④ 趙生群：《〈左傳〉疑義新證》，第372—373頁。

⑤ ［日］竹添光鴻：《左氏會箋》，新文豐出版公司，1978年，第499頁。

⑥ 趙生群：《春秋左傳詳注》，第320頁。

⑦ 韋昭注：《宋本國語》卷七，國家圖書館出版社，2017年，第2册，第50頁。

羹以食大夫也”。[①]作者認爲《傳》言“黿”，意已及“羹”，無須再增“羹”字；襄十一年《傳》“吾乃與之盟”，《詳注》知“乃”“又”形近，應依金澤文庫本、《宋本册府元龜》、《四部叢刊》本校改作“又”字；如此，皆作者反覆思考所得，而其裁斷、評判基礎，又多深味經典語境生發。

《詳注·後記》自陳其校勘在原《新注》基礎上，“參考金澤文庫本、纂圖互注本審定文字”。[②]經筆者粗略比勘，《詳注》最大幅度的增補，是增補纂圖互注本與《宋本册府元龜》之佐證。趙先生重視類書引文，留心宋本之舊，可反映《詳注》校勘之嚴謹。蓋類書往往存六朝經本之遺，或直抄時本，保留宋本之舊，證以宋槧，頗存價值。《詳注》此番增補校本的思考，是作者深味經典語境後力求還原的嘗試，展現趙先生深厚的舊學功力。另外，原《新注》中根據過往學者論説而徑直校改之處，若有歷史文獻佐證，今《詳注》則儘量補足版本依據，這是此次修訂的完善之舉。

二、專門之學下的經學訓詁

據趙生群先生訪談録所述，其注釋《左傳》的最初設想，是提供使高中生亦能閲讀的教本。[③]然而，《詳注》具體釋義多能解決歷代學者聚訟紛紜的難題，是作者在《左》學脈絡下會通前人論説與注疏文獻，經周密考證後博觀約取的産物。誠如《新證》爲《新注》提供研究、考證的基礎，《詳注》背後亦熔鑄了作者最新的研究成果。[④]

經學視域下的《左傳》乃專門之學，兩漢經師去古未遠，聚焦至鄭衆、賈逵、服虔、杜預等學者，或有釋讀古文之能力，或承左氏先師親炙傳授而掌握相關訓釋。研習者若能熟讀其説，廣蒐先秦兩漢故訓，並博考文獻書證，庶幾可抉發奥義、明晰確詁，《詳注》於此甚爲得之，考證精妙處不可勝數。如昭三年《傳》：“民人痛疾，而或燠休之，其愛之如父母，而歸之如流水。欲無獲民，將焉辟之？”關於“燠休”之義，前儒説解紛紛。杜《注》：“燠休，痛念之聲。”孔《疏》載賈、服之説曰：“賈逵云：‘燠，厚也。休，美也。’服虔云：‘燠休，痛其痛而念之。若今時小兒痛，父母以口就之曰燠休，代其痛也。’”[⑤]楊伯峻《注》依賈説立論，曰：“此謂陳氏

---

① 王引之著，虞思徵等點校：《經義述聞》卷十八，第 1029 頁。

② 趙生群：《春秋左傳詳注》，第 1369 頁。

③ 王鍔主編：《允也君子：禮學堂訪談録》，鳳凰出版社，2017 年，第 129 頁。

④ 趙先生於《訪談録》自陳其撰原《新注》時，將“《清經解》《續經解》《四庫全書》中有關《左傳》的重要研究著作都讀了一遍”（第 132 頁）；《詳注·後記》亦云在“修訂過程中有一些新的認識，撰成《〈左傳〉校讀札記》若干篇，共十餘萬字”，可供讀者參考（第 1370 頁）。

⑤ 《春秋左傳注疏》卷四二，第 722 頁。

于民人之痛苦，因厚賜之。”[①]《詳注》採服、杜之説，曰：“亦作‘噢煦’‘噢咻’。撫慰病者的聲音。”[②]比勘《新證》，趙先生認爲“燠休”係連綿詞，應以聲音求之，因此擴大範圍，尋繹《史記》《三國志》《晏子春秋》《陸宣公集》《新唐書》等群書之文例，以及《莊子》郭象注、《荀子》楊倞注，《玉篇》《集韻》《廣韻》等字韻書之訓釋，證明服、杜“痛念之聲”詮解之確，引申而爲撫慰之意，堪稱定論。又如宣二年《傳》：“(華元)見叔牂，曰：‘子之馬然也？’對曰：‘非馬也，其人也。’既合而來奔。”杜《注》：“合猶答也。”據孔《疏》引賈逵、鄭衆説，謂“合”爲“和合”“聚合”之義。賈、鄭乃望文生義之説，《詳注》申杜訓，曰：“合，對。《爾雅·釋詁上》：‘妃、合、會，對也。’”[③]《新證》展示了作者的論證過程：趙先生引《説文》《爾雅》之訓，認爲“合”之甲骨文象兩口相對之形，其於字書有“𢉖”義可循，《新證》曰：“凡‘應對’‘對答’之義，傳世文獻多用‘對’，出土簡牘帛書則多作‘合’。”[④]嗣後取《新序》《説苑》文例，以及阜陽西漢汝陰侯二號竹簡對應之處參證；又臚列銀雀山《孫臏兵法》、上博簡《莊王既成》等相關文例，並參用陸德明《經典釋文》之記載論證，其説可信。由趙先生之考證可知，“合”之訓爲“答”，出土文獻例證甚夥，足見《説文》《爾雅》訓釋前有所承。逮傳世文獻經整理多用後世熟悉之“對”字，則後人漸不知“合”具答義。幸賴先秦兩漢之字書存其舊訓，而爲杜預所獲存諸《注》中。

《詳注》更取《左傳》中相同訓釋者廣注之，以畢舉一反三之功；杜訓之是者，再如宣十二年《傳》：“兩馬，掉鞅而還。”杜預曰：“兩，飾也。”據《正義》，杜承服訓而來。俞樾以爲“兩”乃兩兩排比之意，楊《注》以此説爲優。趙先生受《釋文》所載徐邈“㒳”異文之啓發，廣輯經史所存鄭玄、賈公彦等舊訓，並《集韻》之説，明服、杜説前有所承爲是，《詳注》曰：“兩馬：整治馬飾。兩，通‘㒳’，飾。”[⑤]簡明概括前儒之意，並達到了準確釋義的效果。如此之類，均可證漢魏經師之説，尤足寶愛。在熟悉先儒舊義及先秦兩漢古訓的基礎上，猶須推考群書文例，觸類旁通而得其確詁。

不過，漢魏經師、音義家難以索解，而歷代學者懸而未決之訓釋，《詳注》背後的考證啓示吾人，面對因古今語義的歷史變遷，造成字詞殊義隔閡，欲明先秦古書難解處，新材料往往承擔啓發研究者、增加文例的作用。然則，最根本的仍應是學者對載籍所見古義舊訓之熟稔，以及關聯文獻的對比思考。方趙先生撰《新證》伊始，《前言》已揭示，“凡採取新材料、運用新方法、作

① 楊伯峻：《春秋左傳注》，第 1236 頁。
② 趙生群：《春秋左傳詳注》，第 935 頁。
③ 趙生群：《春秋左傳詳注》，第 451 頁。
④ 趙生群：《〈左傳〉疑義新證》，第 153 頁。
⑤ 趙生群：《春秋左傳詳注》，第 499 頁。

出新結論，或在前人論説基礎之上有所考證闡發，皆屬‘新證’之範疇”。[①]可見作者的用意所在，而待《詳注》之實際撰作，又同時能够兼顧新材料之輔助。成十六年《傳》：“君之外臣至，從寡君之戎事，以君之靈，間蒙甲胄，不敢拜命，敢告不寧，君命之辱，爲事之故，敢肅使者。”杜《注》：“言君辱命來問，以有軍事，不得答拜，故肅使者。”[②]歷來學者因不明“事”之具體所指，故産生關於校勘的思考。竹添光鴻依《國語》“爲使者故”之記載，以及金澤文庫本“執事”異文，認爲《傳》文應作“執事”；楊《注》認爲“執”字衍，但“事”字則據《經義述聞》，謂“楚子使人來問之事”。《詳注》另闢蹊徑，謂“事”即“使”也，曰：“事，使。指使者。在甲骨文、金文中‘事’與‘吏’‘使’爲一字。《晉語六》作‘爲使者故’，文義更明瞭。”[③]今古文字研究成果已極詳明地揭示了三代文字中“事”“吏”“使”的相互關係與發展脈絡。[④]此義落實到此《傳》，既可與《國語》對應文獻互勘，同時符合漢魏舊訓。

兩漢以降，學者因應整理、解説先秦各種文獻，識别、考訂東西各國文字而産生經由讀解的衆多訓詁，臚列、保存於先秦兩漢古義淵藪書中。[⑤]若能從中尋繹古訓，體味經典，猶能探得相關正解。僖二十八年《傳》：“楚伏其罪，吾且柔之矣。”杜預以爲“腦所以柔物”，而焦循認爲腦爲陰柔之物。《新證》曰：“《會箋》申杜注，楊注則用焦説。”[⑥]《廣雅・釋詁四》：“㜸、茹，柔也。”王念孫曰：“‘擾’‘柔’聲義竝同，故古亦通用。”[⑦]趙生群先生受王氏啓發，又尋《廣雅》“㜸，馴善也”之詁，並孫詒讓訓解，徧採《韓非子》《列子》中注説與相關異文，釋此《傳》之“柔”爲擾，“謂馴服”。[⑧]如“柔”之有“馴”義，《詳注・前言》歸納了《左傳》中因古今懸隔而難以讀懂的常用字詞十二例，是均作者反覆研讀《左傳》，研尋字書訓説，不斷思考的結果。

趙生群先生研經日久，《訪談録》自述讀《左》歷程云：“讀書不是讀一遍就完成了，有時候你讀到二十遍的時候，《左傳》的這個問題没有解決，讀二十一遍的時候，前後聯繫起來就解決了，就是要精熟，要反覆地讀。”[⑨]讀經千遍，趙先生確實已深諳左師舊注、先儒古義，欲通貫諸説而於疑義豁然開朗，自然功力深厚、游刃有餘。此處所謂“精熟”，不僅指的是對《左傳》本文、注文

① 趙生群：《〈左傳〉疑義新證》，第1頁。

② 《春秋左傳注疏》卷二八，第477頁。

③ 楊伯峻：《春秋左傳注》，第887頁；趙生群：《春秋左傳詳注》，第622頁。

④ 參陳英傑：《史、吏、事、使分化時代層次考》，《金文與青銅器研究論集》，上海古籍出版社，2020年，第1—126頁。

⑤ 虞師萬里：《王氏父子與〈經義述聞〉著作權公案再鞫》，《中國文化》，2022年第56期，第22頁。

⑥ 趙生群：《〈左傳〉疑義新證》，第116頁。

⑦ 王念孫：《廣雅疏證》卷四下，中華書局，2004年，影印王氏家刻本，第17頁b。

⑧ 趙生群：《春秋左傳詳注》，第322頁。

⑨ 王鍔主編：《允也君子：禮學堂訪談録》，第128頁。

之熟稔,更包含對歷代《左》學注疏文獻、考證成果之“精熟”。吾人讀《詳注》,在知其注解所由的同時,也是面對、熟悉專門之學下各家注説的細膩過程。

三、精益求精的教學典範

2001 年趙生群先生萌意注《左》的動機,就有爲多年來承擔的《左傳導讀》課程提供合適教材的思考,後撰《新證》,復申前言。此番修訂《新注》而成《詳注》,仍强調新版之修訂補充是因應“閱讀的深入和教學、研究的開展”。①職是之故,《詳注》在修訂過程中在在可見作者對經學教育的執著堅持與精心琢磨。

仔細比對《新注》與《詳注》,可知修訂版較原版注釋數量更有增多,從中可窺書名“詳”之命意。凡《左傳》經傳一字一詞均不勝其煩出注,爲的是讓初學者能讀通基本文意,達到“教學”的撰書初衷。《詳注・凡例》明示“全書不作互見,以便閲讀”,故如作者在《前言》中臚列難解之常用字詞,即便反覆在《傳》中出現,仍完整注釋一過,甚至對於較難斟酌具體文意的大量虚詞,也儘可能的一一出注。這從讀者的角度看來,不僅方便研習,同時也在不知不覺中受“細心尋繹,舉一反三”之教;②相反,就作者注釋的角度論之,則一字一句的訓釋必須落到實處,此不啻增加了工作量及其難度,兹略舉一二。如文十三年《傳》:“死之短長,時也。”原版不出注,《詳注》周備而釋之:“死之短長:壽命的短長。死,命,指壽命。時,期,命。指命分。《釋名・釋天》:‘時,期也,物之生死各應節期而止也。’”由於要爲每一句中字詞作注,則必須解釋“死”字,趙先生所釋亦有據,《吕氏春秋・懷寵》:“以救民之死。”高誘《注》:“死,命也。”③然則《詳注》在做到簡明釋義的同時,亦頗具學術高度,如僖元年《傳》:“公出,復入不書。”《新注》僅闡釋此句書法,《詳注》則增補字詞之解:“復、入皆訓爲還。”根據許子濱對《春秋》五十凡的最新研究,其以“凡去其國”例爲中心,比勘三《傳》記載與出土文獻中的辭例,發現《傳》所見“入”“復入”“歸”“復歸”與“納”“復”“反”“還”,取義相通,每每互用。這種同義複合詞的現象,表明《左傳》據以成書的簡牘如實地反映了古策書所定史法歸條,由是可見《春秋》家歷經發展後條例愈密的脈絡過程,從而檢討歷代注疏家的見解。又如僖二十一年《傳》:“公欲焚巫尪。”《新注》原據阮刻本作“尫”,未就《校勘記》校改。《詳注》則俱列唐蘭、蔣禮鴻之説,謂《説文》“尣”字,古文作“尪”。析

① 趙生群:《春秋左傳新注》,陝西人民出版社,2008 年,第 1355 頁;《〈左傳〉疑義新證》,第 1 頁;《春秋左傳詳注》,第 1369 頁。

② 趙生群:《春秋左傳詳注》,第 17 頁。

③ 許維遹注:《吕氏春秋集釋》卷七,中華書局,1985 年,第 172 頁。

言之女稱巫，男稱尫。又跛者爲尫，其字以形名，而事則巫也。作者採納二説，故於修訂版改字。以上，《詳注》解釋簡明，無不融入了《春秋》學的研究前沿。①

一如《新注》有《新證》作爲考證的學術支撑輔翼，《詳注》對部分注釋内容，根據作者最新的研究成果進行了增修。《後記》所稱正陸續發表的十萬餘字校讀札記，亦將匯爲《〈左傳〉疑義續證》出版。今取新舊二版略加比勘，可約略管窺趙生群先生十五年間持續的思考與創獲。

其中有虚詞之改釋，如隱四年《傳》："石子曰：王覲爲可。"關於"爲"字，原《新注》注作"則"，《詳注》改釋"乃"。吴昌瑩《經詞衍釋》曰："爲通惟，'乃'也。惟訓'乃'，見'惟'字詁，此義《釋詞》不載。"其後列舉《論語》《孟子》《禮記》《漢書》典籍之例多種，其中有《左傳》二例，《詳注》取之，所解較原版更精準。②又有對常用字詞的詞義之抉發，如僖二十二年《傳》："先王之明德，猶無不難也。"前儒多據前文"命不易哉"，讀"難"爲難易之難。③《詳注》訓"難"爲"敬"，曰：

> 難：通"戁"。敬。《説文·心部》："戁，敬也。"④

此受段、王啓發。《經義述聞·大戴禮記上》"恭而不難"條："引之謹案：'難'讀爲'戁'。《爾雅》曰：'戁，動也。'又曰：'戁，懼也。'《商頌·長發篇》'不戁不竦'，毛傳曰：'戁，恐也。'恭敬太過則近於恐懼，故曰'君子恭而不戁'。《荀子·君道篇》'君子恭而不難，敬而不鞏'，'難'亦讀爲'戁'。"此讀《廣雅疏證》已申之。又《説文》"戁"字下段《注》曰："敬則必恐懼，故傳説其引申之義。"⑤"難"讀"戁"有訓解支撑，也符合《傳》意，孔《疏》："《詩·周頌》臣進戒成王之辭。言爲國君者宜敬之哉，敬之哉！"⑥前言"猶無不難也"應對《詩經》"命不易哉"句，《正義》申説《詩》意，主國君宜敬，蓋與"戁"讀合。趙先生熟於故訓考證，觸類旁通。凡此，如僖二十四年《傳》："女德無極，婦怨無終。"作者受《會箋》啓發，訓"德"爲"性"。抑或同年《傳》："得罪於母氏之寵子帶。"《詳注》解"寵"若"尊"，與《國語》韋昭注合；文十三年《傳》："使者目動而言肆。"《詳注》依毛《傳》及《小爾雅》之訓，解"肆"爲"疾"。⑦是皆趙生群先生熟讀前人注説，反覆尋繹古義舊訓，精

① 趙生群：《春秋左傳新注》，第 318、153、209 頁；《春秋左傳詳注》，第 411、200、273 頁；許子濱：《〈左傳〉"凡去其國"例楊伯峻注訂補》，《人文中國學報》，第三十三期，上海古籍出版社，2021 年，第 1—45 頁。

② 趙生群：《春秋左傳新注》，第 20 頁；《春秋左傳詳注》，第 25 頁；吴昌瑩：《經詞衍釋》卷二，第 39—40 頁。

③ ［日］竹添光鴻：《左氏會箋》，第 437 頁；楊伯峻：《春秋左傳注》，第 395 頁。

④ 趙生群：《春秋左傳詳注》，第 277 頁。案：《詳注》"戁"字作上"歎"下"心"，蓋編校偶誤。

⑤ 王引之：《經義述聞》卷十一，第 669 頁；段玉裁：《説文解字注》第十篇下，洪業出版事業公司，2009 年，影印經韻樓本，第 26 頁 a。

⑥ 《春秋左傳注疏》卷十五，第 248 頁。

⑦ 趙生群：《春秋左傳詳注》，第 297、299、408 頁。

益求精的修訂成果。

《詳注》有因出土文獻而得到啓發之例，如文十年《傳》："宋公爲右盂，鄭伯爲左盂。"原《新注》解曰："盂，田獵陣名。"此蓋沿用杜解。清儒雖不滿杜《注》，但詮解理路有仿自杜預者，焦循《左傳補疏》據《宋書・禮志》《晉書・周訪傳》，謂左右甄；沈欽韓《左傳補注》言盂爲圓陣。後劉文淇、楊伯峻承之。[①]今《詳注》改釋曰："清華簡《繫年》作'宋公爲左芋，鄭伯爲右芋'，右盂：即右芋。掌田獵之官。盂：同'芋'。《左傳》楚、陳二國皆有'芋尹'。"[②]有簡牘對應文句比勘，則相關訓解豁然開朗。

千載之下，同爲《左傳》的研習者，如何在熟悉注疏文獻、考證成果的基礎上形成自己的見解，趙生群先生在《訪談録》中明確提出："讀書應該要有自己新的東西。"[③]這是趙先生研治《左傳》的自我期許與嚴格要求。徵之《詳注》，得其實也。這表現在兩方面：第一，對歷來舊説的反思與突破；第二，對自身治學成果的突破。以下各舉一例明之。僖四年《傳》："公至，毒而獻之。公祭之地，地墳。"對"墳"字，杜、孔皆無説。林堯叟《春秋左傳句解》、竹添氏《會箋》、楊《注》均讀"墳"如字，謂土地突起如墳。原《新注》承之。[④]然而，毒酒潑灑於地，如何使得土突起？《詳注》反覆考索，曰："墳：同'賁'。沸騰。"[⑤]《廣雅・釋水》："濆墳泉，直泉也。直泉，涌泉也。"王念孫《疏證》："《公羊春秋》昭五年：'叔弓帥師敗莒師于濆泉。'《傳》云：'濆泉者何？直泉也。直泉者何？涌泉也。'《左氏》作'蚡泉'，《穀梁》作'賁泉'，皆古字通用。《小雅・采菽篇》：'觱沸檻泉。'沸、濆一聲之轉。"[⑥]趙先生此番匯校三《傳》經文，應受昭五年《春秋經》異文啓發，悟"濆""墳"同从"賁"通借。尋繹古訓，知應讀作"沸"。毒酒灑地而沸，合於情理，此説得之。哀六年《傳》："(子閭)與子西、子期謀，潛師閉塗，逆越女之子章，立之而後還。"關於"潛師閉塗"，前儒杜預、王引之等各有説解，據《新證》考證，殆讀"閉"作"祕"，《新注》承之，謂"從小路潛師而行。即秘密行軍"。今《詳注》訓"閉"爲"塞"，修改曰："謂秘密還師，堵塞道路。"[⑦]作者重爲思考，既然潛師已有"隱秘師旅"之意，若仍釋"閉"爲隱秘，不免重複。故仍回歸傳統説解。

《詳注》較舊版頗有增修，如僖元年《傳》："救患、分災、討罪，禮也。"作者解"分災"爲"救濟受災者"。僖十五年《傳》："慶鄭曰：背施……"《詳注》以慶鄭爲"晉大夫"。文十年《傳》："秋，楚

① 劉文淇：《春秋左氏傳舊注疏證》，科學出版社，1959 年，第 537 頁；楊伯峻：《春秋左傳注》，第 577 頁。
② 趙生群：《春秋左傳詳注》，第 399 頁。
③ 王鍔主編：《允也君子：禮學堂訪談録》，第 130 頁。
④ 林堯叟：《春秋經左氏傳句解》卷九，臺灣"央圖"藏袁克文舊藏十行本，第 10 頁 a；[日]竹添光鴻：《左氏會箋》，第 343 頁；楊伯峻：《春秋左傳注》，第 297 頁。
⑤ 趙生群：《春秋左傳詳注》，第 212 頁。
⑥ 王念孫：《廣雅疏證》卷九下，第 20 頁 b。
⑦ 趙生群：《〈左傳〉疑義新證》，第 427—428 頁；《春秋左傳新注》，第 1020 頁；《春秋左傳詳注》，第 1284 頁。

公子朱自東夷伐陳。"作者認爲是"楚公子名朱",與"息公子朱"之舊説不同。[①]是均體現趙先生研讀《左傳》的新見解,讀者待其札記出版爾後可知。《詳注》所增訂者不惟字詞訓詁,對《傳》文涉及的書法經義、史實記載、典章制度,均有簡明切要的揭示。如清華簡《繫年》裨補傳世文獻所不知的春秋史實,修訂版多取之提示讀者注意。閔二年《傳》:"立戴公,以廬於曹。"《詳注》:"曹,疑指曹國。一説曹爲衛邑。……清華簡《繫年》第四章:'周惠王立十又七年,赤翟王留吁起師伐衛,大敗衛師於睘,幽侯滅焉,翟遂居衛。衛人乃東涉河,遷於曹。'"[②]如此種種,均不失爲啓迪初學者入門,及時追蹤新知的循循善誘之舉。

趙生群先生注釋《左傳》的初衷,是將其定爲經學課程的教本,故其一再强調注釋"簡""明"的追求與特色。《詳注》作爲《新注》的升級版,對高中生程度以上的語文學習者、經典閱讀者、經學研習者,均能够達到教育、教學的目的。對初學者而言,最重要的是俾其讀通文意,進而産生深入學習之興趣;而就《左傳》研究者論之,取歷來注疏文獻、訓詁説解參證,更可品讀、了解趙《注》考證理路。一言以蔽之,經學研究的理想狀態是回歸教育現場,歷代研經者未嘗不是原典的閲讀者與學習者。

四、結　語

左氏學者爲準確理解《春秋》《左傳》,傳其訓詁、疏通文意、闡釋經義,進而形成紛繁多樣的注解。千百年來,研習者不絶如縷。以杜《注》與孔《疏》爲代表的歷代《左傳》注釋,因應經學原典内在學理的發展,多具備研究與教育兩種功能。若言正續《清經解》中的《左》學考證過分偏重於呈現艱深的研究前沿,則近代以來的注釋如竹添光鴻《左氏會箋》、楊伯峻《春秋左傳注》等,在兼顧研究創獲的同時,亦回歸經典教育的角色,逐漸承擔起教本功能。趙生群先生的注釋《左傳》緣起於其《左傳導讀》課程之教學,《春秋左傳詳注》不僅匯聚了趙先生三十餘年的教學成果,也反映了他反覆研讀《左》學注説,經書注釋、小學訓詁,不斷會冣編摩、考證探索的歷程與成果。趙生群教授將其讀《左》創見、研經精華轉化於《詳注》之中,不僅是他致力於研讀原典、經學教育的樸實追求,《詳注》的教材定位也是其研究成果的最佳讚譽。

① 趙生群:《春秋左傳詳注》,第 201、246、396 頁。

② 趙生群:《春秋左傳詳注》,第 192 頁。

稿件格式

一、《集刊》一律採用“宋體—繁體”字體。臺灣PmingliU體、鼎文體等改爲宋體後，因内碼不同，會出現“對象”變“物件”、“字符”變“欄位”、“瑞安”變“里安”、“資料”變“數據”等，請務必仔細閲讀修正。

二、文章標題(一級標題)用三號黑體。二級標題用四號黑體，三級標題用小四號黑體。級次一般用“一、”“二、”“三、”，(一)(二)(三)，1. 2. 3. ，(1)(2)(3)。

三、文章前須附：

1. 摘要：300字以内；繁體，宋體，小五號字體。“摘要”二字用[ ]括出，後不用冒號“:”。下“關鍵詞”“作者簡介”同。

2. 關鍵詞：3個左右，中以分號分割。最後一詞後不用標點。

3. 作者簡介：姓名、單位、職稱、單位所在地郵編。

×××，××大學××學院教授(××　000000)

四、正文：五號宋體—繁體。注意事項如下：

1. 注釋碼置於句號、逗號、引號之後，不出現在頓號後。句中一般不出注。

2. 關於數字用法：

(1) 公曆世紀、年代、年、月、日和歲數。例如：20世紀、公元前278年、1992年、1957年5月26日、45歲。①年份不能簡寫，如“1997年”不能寫成“97年”，“1989—1991年”不能寫成“1989—91年”。②夏曆用漢字，如“正月初五”。③古代紀年用漢字寫朝代(或國別)和帝王年號，再在括弧中用阿拉伯數字注明公曆。如“楚頃襄王十八年至二十二年(前281—前277)”。

(2) 古今典籍卷次一律用：卷一、卷十、卷十一、卷二一、卷九五、卷一〇三、卷一一二一等，不用阿拉伯數字。注釋卷次相同。

五、凡另起一行的整段引文用五號“華文仿宋”字體，前(左)面縮進四格，後(右)面不縮進。

六、注釋：採用脚注，注碼用word文檔中開啓“插入—引用—脚注和尾注”，點擊選“編號格式”中的“①②③……”“每頁重新編號”“整篇文檔”後確定。字體用小五號宋體。

具體引注書目、雜誌文章格式如下：

1. 普通圖書標法：

作者：《書名》，某某出版社，某年，第×頁。國外作者前加[ ]括注國别。

馬衡:《凡將齋金石論叢》,中華書局,1977 年,第 199 頁。

[以]尤鋭著,孫英剛譯,王宇校:《展望永恒帝國》,上海古籍出版社,2013 年,第 55 頁。

2. 古籍標法:

(1) 經過整理的古籍

作者,整理者:《書名》卷次,某某出版社,某年,第×頁。

如整理者　三人及以上,僅注明第一位,後加"等"字。

如　全集中之一種,請注明主編。

李道平撰,潘雨廷點校:《周易集解纂疏》卷一,中華書局,1994 年,第 5 頁。

王念孫撰,張靖偉等校點:《廣雅疏證》卷一,上海古籍出版社,2016 年,第 10 頁。

廖平撰,楊世文校點:《今古學考》卷上,舒大剛、楊世文主編:《廖平全集》,上海古籍出版社,2014 年,第 15 頁。

(2) 影印古籍

作者:《書名》卷次,某某出版社,某年,第×頁(上中下)。

如　叢書中之一種,請注明叢書名、册數。

段玉裁:《説文解字注》九篇下,上海古籍出版社,1988 年,第 456 頁上。

李富孫:《易經異文釋》卷四,《清經解續編》卷五四二,《清經解　清經解續編》,上海書店出版社,2013 年,第 9 册,第 1324 頁中。

余蕭客:《古經解鉤沈》卷一上,《景印文淵閣四庫全書》,臺灣商務印書館,1985 年,第 194 册,第 355 頁下。

陳喬樅:《禮記鄭讀考》卷六,《續修四庫全書》,上海古籍出版社,2002 年,第 106 册,第 201 頁下。

(3) 未經整理或影印的古籍

作者:《書名》卷次,版本信息,第×葉(AB)。

盧文弨:《經典釋文考證・周易音義考證》,《抱經堂叢書》本,第八葉 B。

翁方綱:《漢石經殘字考》,清光緒十六年(1890)四川尊經書局刻《石經彙函》本,第三葉。

3. 轉引等書籍標法:

陳偉:《楚竹書〈周易〉文字試釋》,轉引自侯乃峰:《〈周易〉文字彙校集釋》,臺灣古籍出版公司,2009 年,第 234 頁。

4. 常用古籍如《十三經注疏》、二十五史、《資治通鑑》、先秦兩漢諸子等,不必繁瑣標注作者、注者等信息。經後人集解、校注之古籍,僅注明集解、校注者及整理者即可。

《毛詩注疏》卷一之五,上海古籍出版社,2013年,第110頁。

《春秋左傳正義》卷三十,北京大學出版社,2000年,第998頁。

《漢書》卷八八,中華書局,1962年,第3608頁。

王先謙撰,沈嘯寰、王星賢點校:《荀子集解》卷十九,中華書局,1988年,第495頁。

5. 期刊、集刊、報紙、網站:

作者:《文章名》,期刊、集刊、報紙或網站名稱,卷册號或日期(集刊需注明出版社及出版年份,網站需注明該篇文章的網址),第×頁。

張平:《王安石變法考辨》,《歷史研究》,2001年第5期,第28頁。

賈海生:《由簡本〈詩經〉的超音節特點論詩在先秦的傳習方式》,《經學文獻研究集刊》,第二十六輯,上海書店出版社,2021年,第15頁。

虞萬里:《漢唐石經:寫本時代文本與文字的價值》,《光明日報》,2019年12月18日,第11版。

梁静:《安大簡〈仲尼曰〉獻疑一則》,簡帛網(http://www.bsm.org.cn/?chujian/8801.html),2022年10月1日。

6. 外文書刊:

出版物名稱用斜體,篇名用單引號表示,頁碼用以"p."表示。

Elman, Benjamin A, *Classicism, Politics and Kinship: The Ch'ang-chou School of New Text Confucianism in Late Imperial China*, University of California Press, 1990, p.77.

7. 未正式出版物:

(1) 會議論文集

作者:《文章名》,《×××會議論文集》,第×頁。

張錦少:《論王國維對王念孫訓詁音韵手稿的校理》,《中國訓詁學會2021年學術年會會議論文集》,下册,第611頁。

(2) 學位論文

作者:《論文名》,××大學博(碩)士學位論文,某年,第×頁。

馬楠:《周秦兩漢書經考》,清華大學博士學位論文,2012年,第513—527頁。

圖書在版編目(CIP)數據

經學文獻研究集刊. 第三十一輯 / 虞萬里主編. -- 上海 : 上海書店出版社, 2024.6

ISBN 978-7-5458-2382-0

Ⅰ. ①經… Ⅱ. ①虞… Ⅲ. ①經學-研究-中國-叢刊 Ⅳ. ①Z126-55

中國國家版本館 CIP 數據核字(2024)第 106224 號

責任編輯 鄒 燁
封面設計 鄺書徑
特約編輯 曹勇慶

經學文獻研究集刊(第三十一輯)
虞萬里 主編

出　版 上海書店出版社
(201101 上海市閔行區號景路 159 弄 C 座)
發　行 上海人民出版社發行中心
印　刷 上海葉大印務發展有限公司
開　本 787×1092 1/16
印　張 20.25
字　數 400,000
版　次 2024 年 6 月第 1 版
印　次 2024 年 6 月第 1 次印刷
ISBN 978-7-5458-2382-0/Z·109
定　價 108.00 圓